21st CENTURY
实用规划教材

21世纪全国高等院校财经管理系列实用规划教材

创业基础

理论应用与实训实练

郭占元 编著

北京大学出版社
PEKING UNIVERSITY PRESS

内 容 简 介

本书是以教育部颁布的《创业教学大纲》为框架蓝本，以科学性、实用性、系统性、先进性为目标，集基本理论、基本技能、案例分析、实训实练、创业英雄演讲及创业辅助机构介绍于一体的教材。本书特别重视结合大学生创业的特点、创业学习的需要，注重吸收国内外创业理论研究的最新成果与理论应用；注重本土大学生创业案例及经验教训的深度分析，符合国情，贴近现实，使大学生能够把理论与实践紧密结合起来，突出创业技能的实训实练，突出适用、实效，突出创业管理的一般规律，有利于提高创业能力和创业学习效果；注重培养大学生创业精神和务实精神。本书共分11章，具体内容包括：创业活动与创业教育、创业过程、创业机会挖掘与评价、创业团队、构建商业模式、撰写商业(创业)计划书、新创企业融资、新创企业战略规划的制定与控制、新创企业市场营销、新创企业人力资源管理、大学生创业。

本书既可作为应用型本、专科院校的创业课程教材，也可作为各类在职人员的培训用书或者参考书，同时也适合于各类创业者和有志于创业的人士阅读。

图书在版编目(CIP)数据

创业基础：理论应用与实训实练/郭占元编著．—北京：北京大学出版社，2014.7

(21世纪全国高等院校财经管理系列实用规划教材)

ISBN 978-7-301-24465-4

Ⅰ.①创… Ⅱ.①郭… Ⅲ.①企业管理—高等学校—教材 Ⅳ.①F270

中国版本图书馆CIP数据核字(2014)第148189号

书　　名：创业基础：理论应用与实训实练

著作责任者：郭占元　编著

策 划 编 辑：王显超　李　虎

责 任 编 辑：王显超

标 准 书 号：ISBN 978-7-301-24465-4/C·1024

出 版 发 行：北京大学出版社

地　　址：北京市海淀区成府路205号　100871

网　　址：http://www.pup.cn　新浪官方微博:@北京大学出版社

电 子 信 箱：pup_6@163.com

电　　话：邮购部62752015　发行部62750672　编辑部62750667　出版部62754962

印 刷 者：北京富生印刷厂

经 销 者：新华书店

787毫米×1092毫米　16开本　19印张　431千字

2014年7月第1版　2015年1月第2次印刷

定　　价：38.00元

丛 书 序

我国越来越多的高等院校设置了经济管理类学科专业，这是一个包括理论经济学、应用经济学、管理科学与工程、工商管理、公共管理、农林经济管理、图书馆、情报与档案管理 7 个一级学科门类和 31 个专业的庞大学科体系。2006 年教育部的数据表明，在全国普通高校中，经济类专业布点 1518 个，管理类专业布点 4328 个。其中除少量院校设置的经济管理专业偏重理论教学外，绝大部分属于应用型专业。经济管理类应用型专业主要着眼于培养社会主义国民经济发展所需要的德智体全面发展的高素质专门人才，要求既具有比较扎实的理论功底和良好的发展后劲，又具有较强的职业技能，并且又要求具有较好的创新精神和实践能力。

在当前开拓新型工业化道路，推进全面小康社会建设的新时期，进一步加强经济管理人才的培养，注重经济理论的系统化学习，特别是现代财经管理理论的学习，提高学生的专业理论素质和应用实践能力，培养出一大批高水平、高素质的经济管理人才，越来越成为提升我国经济竞争力、保证国民经济持续健康发展的重要前提。这就要求高等财经教育要更加注重依据国内外社会经济条件的变化，适时变革和调整教育目标和教学内容；要求经济管理学科专业更加注重应用、注重实践、注重规范、注重国际交流；要求经济管理学科专业与其他学科专业相互交融与协调发展；要求高等财经教育培养的人才具有更加丰富的社会知识和较强的人文素质及创新精神。要完成上述任务，各所高等院校需要进行深入的教学改革和创新，特别是要搞好有较高质量的教材的编写和创新工作。

出版社的领导和编辑通过对国内大学经济管理学科教材实际情况的调研，在与众多专家学者讨论的基础上，决定编写和出版一套面向经济管理学科专业的应用型系列教材，这是一项有利于促进高校教学改革发展的重要措施。

本系列教材是按照高等学校经济类和管理类学科本科专业规范、培养方案，以及课程教学大纲的要求，合理定位，由长期在教学第一线从事教学工作的教师编写，立足于 21 世纪经济管理类学科发展的需要，深入分析经济管理类专业本科学生现状及存在的问题，探索经济管理类专业本科学生综合素质培养的途径，以科学性、先进性、系统性和实用性为目标，其编写的特色主要体现在以下几个方面：

（1）关注经济管理学科发展的大背景，拓宽理论基础和专业知识，着眼于增强教学内容与实际的联系和应用性，突出创造能力和创新意识。

（2）体系完整、严密。系列涵盖经济类、管理类相关专业以及与经管相关的部分法律类课程，并把握相关课程之间的关系，整个系列丛书形成一套完整、严密的知识结构体系。

（3）内容新颖。借鉴国外最新的教材，融会当前有关经济管理学科的最新理论和实践经验，用最新知识充实教材内容。

（4）合作交流的成果。本系列教材是由全国上百所高校教师共同编写而成，在相互进行学术交流、经验借鉴、取长补短、集思广益的基础上，形成编写大纲。最终融合了各地特点，具有较强的适应性。

（5）案例教学。教材融入了大量案例研究分析内容，让学生在学习过程中理论联系实际，特别列举了我国经济管理工作中的大量实际案例，这可大大增强学生的实际操作能力。

（6）注重能力培养。力求做到不断强化自我学习能力、思维能力、创造性解决问题的能力以及不断自我更新知识的能力，促进学生向着富有鲜明个性的方向发展。

作为高要求，经济管理类教材应在基本理论上做到以马克思主义为指导，结合我国财经工作的新实践，充分汲取中华民族优秀文化和西方科学管理思想，形成具有中国特色的创新教材。这一目标不可能一蹴而就，需要作者通过长期艰苦的学术劳动和不断地进行教材内容的更新才能达成。我希望这一系列教材的编写，将是我国拥有较高质量的高校财经管理学科应用型教材建设工程的新尝试和新起点。

我要感谢参加本系列教材编写和审稿的各位老师所付出的大量卓有成效的辛勤劳动。由于编写时间紧、相互协调难度大等原因，本系列教材肯定还存在一些不足和错漏。我相信，在各位老师的关心和帮助下，本系列教材一定能不断地改进和完善，并在我国大学经济管理类学科专业的教学改革和课程体系建设中起到应有的促进作用。

劉詩白

2007 年 8 月

刘诗白 现任西南财经大学名誉校长、教授，博士生导师，四川省社会科学联合会主席，《经济学家》杂志主编，全国高等财经院校《资本论》研究会会长，学术团体“新知研究院”院长。

前　言

创业学或创业管理作为一门在中国新兴的学科正在不断发展完善。自1998年清华大学首开创业管理课程至今已走过了16个年头，经过教育部及各高校、社会各界的推动，中国许多高校都开设创业学及相关管理课程。2012年8月1日，教育部办公厅发出《普通本科学校创业教育教学基本要求(试行)》的通知(教高〔2012〕4号)及其附件《创业基础教学大纲》，首次明确了创业教育的教学目标、教学原则、教学内容、教学方法和教学组织。通知强调高等学校应创造条件，面向全体学生单独开设创业基础，并将其列为必修课程。要加强课程教材等基本建设工作并推动高等学校创业教育科学化、制度化、规范化建设，切实加强普通高等学校创业教育工作，落实以创业带就业，促进高校毕业生充分就业，这也是加快转变经济增长方式，建设创新型国家和人力资源强国的战略举措。我们认为，国家把创业教育教学纳入高等教育体系中来，是从战略高度、长远角度认识并培养创新创业人才，促进大学生全面发展的重要举措，是非常及时的、必要的。

国家把高等教育划分为研究型和应用型两种类型的教育，应用型高等学校怎样开展和提高创业教学质量，是必须认真研究的重要课题，其中，教材的开发和建设是主要的方向之一。应用型高等学校的创业教材开发应体现创业理论与实践应用相结合，创业教育与专业教育相结合，创业教育与职业发展相结合，创业教育与学生实际状况相结合，突出适用、实效，突出创业管理的一般规律。为了使本书符合培养创新型创业人才，符合教育部通知要求，在长期从事创业教学与研究的同时，认真听取同学及同行的修改建议后，又进行了多次精心修改调整、补充完善，不断提高本书的质量。本书基本符合并扩展了《创业基础教学大纲》教学内容的要求，基本符合创业人才培养规律的要求，体现了创业理论研究的最新成果，注重理论与实践的紧密结合，注重国内外有影响的特别是本土成功创业经典案例的过程研究与分析，注重实训实练，突出学生创业理论应用能力的提高，突出创业精神和务实精神的培养。本书为应用型高校提供较高质量的、本土化的、应用性强的《创业管理》教材做出了新的探索和努力，一定会对大学生创业产生积极有效的促进作用。

编著本书的目的，是把教学改革与教材建设有机地结合起来，有效提高创业课程的教学质量与水平，达到创业精神、创业知识、创业能力三位一体协同提高的教学目标，培养更多有潜力的国家需要的创业人才，为实现中国梦、建设创新型国家打好基础。今日创业课程学习的佼佼者，孕育着明日的创业英雄，这句话是对学生的希望与祝愿。

创业基础课程是政治、经济、法律、管理、文化等知识既交叉又综合性的课程，也是理论性、实践性、应用性、技能性很强的课程。虽然教育部对本课程提出了基本要求，但由于各高校都有自己的实际情况，还应该结合本学校不同专业和学生的实际，创造性地开发并编著适应该学校的创业基础课教材，这有利于实施因材施教的教学原则，提高创业人才培养质量。本书可作为应用型本专科高校创业课程教材，也可作为各类在职人员的培训教材，或供创业人士阅读。

郭占元
长春光华学院·商学院
2014年6月15日

目　录

学不可以已。青，取之于蓝，而青于蓝；冰，水为之，而寒于水。

——（战国） 荀子《劝学》

三人行，则必有我师，是故弟子不必不如师，师不必贤于弟子。闻道有先后，术业有专攻，如是而已。

——（唐）韩愈《师说》

学习的敌人是自我的满足，要认真学习一点东西，必须从不自满开始。

——毛泽东《中国共产党在民族战争中的地位》

第1章 创业活动与创业教育

教学目标

学习完本章后，应掌握的重点：

1. 人类的创新创业活动
2. 硅谷创业活动的发展及特征
3. 国内创业活动的发展及现状
4. 国内外创业教育现状及未来发展方向
5. 普通高校创业人才培养模式

理论应用

1. 描述你知道的国内外创业活动发展历程与成功经验。
2. 描述本学校创业教育体系、创业教育教学状况。
3. 调查了解创业人才培养的现状，并进行分析评价。

2013年11月8日，习近平主席致2013年全球创业周中国站活动组委会的贺信指出："青年是国家和民族的希望，创新是社会进步的灵魂，创业是推动经济社会发展、改善民生的重要途径。青年学生富有想象力和创造力，是创新创业的有生力量。希望广大青年学生把自己的人生追求同国家发展进步、人民伟大实践紧密结合起来，刻苦学习，脚踏实地，锐意进取，在创新创业中展示才华、服务社会。""你们这次活动，以'创业梦、中国梦'为主题，传播创业文化，分享创业经验，弘扬创业精神，有利于激励更多青年特别是青年学生开启创业理想、开展创业活动，为实现中华民族伟大复兴的中国梦贡献力量。"他希望"全社会都要重视和支持青年创新创业，提供更有利的条件，搭建更广阔的舞台，让广大青年在创新创业中焕发出更加夺目的青春光彩。"

习近平主席的贺信，充满了党和国家对青年创新创业成功的殷切期待，希望广大青年为实现中华民族伟大复兴的中国梦贡献力量。

近年，我国创新创业活动取得了很大的成果，许多青年学生投入到创新创业活动中，为推动经济社会发展做出了重要贡献。国家有关部门不断加大创新创业的宣传力度，直接推动了创新创业活动的展开。2006年3月中央电视台推出《赢在中国》节目，主题是"励志、创业"，目的是在全球范围内寻找5位最具潜质的华人创业者，他们将获得国际著名投资机构提供的1000万、700万、500万人民币的创业资金以及组建的5家新公司，同时出任 CEO。2008 年 3 月中央电视台推出《我能创造未来——中国青年创业活动》和中国青年创业国际计划(YBC)共同发起的大型公益活动。目的："面向青年，扶持青年创业"。口号："扶持一个青年，成就一个未来企业家"。解决："青年创业缺少启动资金，缺少商业经验"。方式：YBC 为每位创业青年提供 3～5 万元启动资金，配备一名有经验的创业导师，对青年进行三年陪伴式辅导(资金＋辅导)，该计划现在在全国有 13 个城市设立办公室或工作站，为 5 万多名青年提供创业培训，资助几百名青年成功创办企业，创造就业岗位 3000 多个。2013 年 7 月 13 日中央电视台在北京世纪坛推出"中国创业榜样"大型公益创业活动，俞敏洪、柳传志、王健林分别发表了致青春、致梦想、致奋斗的演讲，崔万志等讲述了他们艰苦奋斗创业的历程，靳海涛等作为导师提出了殷切希望，给予积极大力支持。中国的创新创业活动已经在中国大地普及开来，不断结出丰硕的创业成果。目前，创新创业活动得到了全社会广泛认同，已经成为推动创业经济发展的重要力量。

自有人类历史以来，就始终伴随着创造性的活动。早期的原始社会，人类为了生存，无时无刻不在同大自然进行抗争，使人类不断地向前发展。进入奴隶社会特别是封建社会后，人类创造性活动取得了突飞猛进的发展，在文化、科学技术、自然与社会科学等方面，取得了一系列的重大的创新研究成果。比如，在世界有巨大影响的中国的四大发明、文学艺术等(李约瑟博士撰写的《中国科学史》有更多的展现)，古印度、古埃及以及西方的文明、科学技术，等等。进入 20 世纪以来，出现了具有金融等方面支持的现代创新创业型的活动。这是在新技术革命浪潮的催生下产生并发展着的现代工商业的一种创造财富的活动，并作为一种社会现象很快席卷了全球，特别是发源于美国硅谷地区的新经济所引发的创业浪潮，更是带动了以新技术革命为核心的在世界范围内创新创业活动的兴起，可以说，硅谷的创新创业模式对全球的创业活动起到了不可估量的重大作用，它对人类社会进步，生产力发展，社会生活的改变，科学技术的重大突破等都具有里程碑的意义。

下面，我们就从现代创新创业活动的发源地硅谷讲起。

案例导入

硅谷之父——斯坦福大学副校长弗雷德里克·特曼

30 年前，加利福尼亚州旧金山被人认为是加州的一块荒芜之地，直到 1971 年，才由《微电子新闻》的编辑唐·C·霍夫勒给它起了个正式名字——硅谷，并沿用至今。硅是电子产品的主要原材料。

如今的硅谷已被神化，有关硅谷的描写都闪耀着神奇的色彩。硅谷不仅仅是全球 IT 业的圣地，更是风险投资的大本营，是创业、财富的化身。这里拥挤着 7000 多家电子和软件公司，全球 100 家最大的高科技公司中，有 30％以此为总部，直接向全世界发言。这里平均每天新增几十位百万富翁，每五天就有一家新公司上市，每周诞生十余家新公司，全美信息技术的风险资金有 1/3 倾注于此。英特尔(Intel)、惠普(HP)、思科(Cisco)、苹果(Apple)、雅虎(Yahoo!)，等等，不但是硅谷的骄傲，也是全球关注的焦点。这里的斯坦福大学与哈佛、耶鲁、麻省理工等名牌大学相比，昔日只能算是"乡村大学"，如今却跻身世界一流。这里不但诞生了袖珍计算器、影像游戏机、个人电脑、无线电话、激光技术、微处理器和数字手表，还产生了浏览器、搜索引擎等。所有这些都与“铁路大王”斯坦福(1891年创建斯坦福大学)和20世纪50年代初的斯坦福大学副校长、“硅谷之父”——弗雷德里克·特曼(Frederick Terman)教授的远见与智慧有密切关系。特曼中学毕业后进入斯坦福大学化学系，后又攻读斯坦福电子工程系硕士、麻省理工学院博士，受聘麻省理工任教。1924年，一场大病使他留在了斯坦福大学，作为无线电工程学教授在斯坦福大学创办电子通信实验室。他的能教善导，在学生中激起了强烈的忠诚热，20世纪20年代末，特曼的实验室和他带的学生对电子、真空管、半导体、计算机充满了兴趣，他知道不少学生毕业后准备开办自己的电子企业，便鼓励这种创业精神，他为这些学生安排奖学金，并鼓励他们先创业，一定时间后再回斯坦福继续学习。

20世纪30年代诞生的惠普(HP)公司就是他这种思想和鼓励的产物。惠普创始人比尔·休利特和戴维·帕卡德是特曼的两个学生。特曼曾指导过他们的论文，发现他们有许多新的想法。在这个改革家的鼓励下，休利特和帕卡德一起拟订了一份毕业后自己创业的计划。1934年大学毕业后，帕卡德受雇于通用电气公司，而休利特则前往马萨诸塞理工学院继续深造。随着美国经济的复苏，许多公司都开始采购电子设备用于更新换代，此时的市场还有许多空缺等待着有志青年去填补，创业机会出现了。1939年初，在特曼教授的支持下，休利特和帕卡德决定成立公司，两人打算以各自姓氏作为公司的名称，以抛硬币的方式来决定谁的姓在先。休利特的运气不错，企业被注册为“休利特—帕卡德(Hewllet-Packard)公司”，简称HP公司。公司第一个产品来源于休利特的硕士学位论文，论文题目是《制造和评价一个可变频率振荡器》。特曼教授借给了他们538美元，并帮助他们从帕洛阿尔托银行得到了一笔1000美元的贷款，以便能开始生产这种振荡器。他俩在斯坦福大学附近租了一套公寓，并在公寓附近的一间车库里开了一个小小的生产间，开始了创业的第一步。这个车库已被加州当局定为历史文物并树立起碑牌，上面写着：“硅谷诞生地”。许多到加州来的各国人员都到这里参观拍照留念。后来有人概括其为“车库文化”，因为微软、苹果、谷歌等世界有影响的公司都诞生在车库。

20世纪50年代，特曼出任斯坦福大学副校长后，决心在学校的土地中划出579英亩，在旧金山附近以帕洛阿托为中心创建一个高科技的，集研究、开发、生产、销售于一体的斯坦福研究工业园区，这就是后来闻名于世的“硅谷”，世界上第一个大学工业园区。特曼创办一流大学的构想随着斯坦福研究取得的一系列显著成就而如愿以偿，特曼把斯坦福推向高技术产业(产、学、研结合)的同时，又推行了一项令人惊叹的措施：公司雇员可以到斯坦福大学读研究生，公司和大学建立长久的员工培养合作关系，这也是“硅谷”发展长盛不衰的重要原因之一。我们认为，惠普引领了硅谷创业模式，硅谷引领了世界创业模式，而这一切，都归因于特曼教授和斯坦福大学的办学理念，这也使得斯坦福大学成为世界上最有竞争力的大学之一。

【思考】

我们应学习特曼教授哪些创新创业精神？这给我们哪些创业启示？

1.1 硅谷发展与创业

硅谷位于美国加州福尼亚州的旧金山南部地区北起圣马特奥南至圣克拉拉近50公里的一条狭长地带，是美国也是世界电子工业集中地。硅谷发展与硅谷周边世界一流大学，如斯坦福、加州理工(诺贝尔奖获得者杨振宁曾在加州理工大学工作)、加州大学伯克利分校是分不开的，没有高校技术和人才及其创业园组织创建的支持就不会有硅谷的产生与发展。

1.1.1 硅谷发展简史

硅谷——旧金山南部。金山顾名思义，盛产黄金地方。1847—1851 年，人口从 500 人猛增至 3 万人，“淘金热”使小村落逐步变为大都市，而且还是盛产黄金的都市。大约百年时间盛产黄金 2430 万盎司(1 盎司＝31.103 克)。那时，中国广东沿海等省市人民漂洋过海，到旧金山淘金，吃尽人间辛苦，为美国早期开发做出过较大贡献。旧金山淘金热带动机械、木材、农林业、运输业发展。硅谷的产生与发展，首先要提到有“硅谷之父”称号的斯坦福大学的工学院长，教务长和副校长——弗雷德里克·特曼。他积极鼓励支持学生创业，用自己经费投资学生创办公司。硅谷出现的第一个高科技企业是他投资支持的，为硅谷的发展起到了重要的奠基作用。惠普公司于 1957 年 11 月 6 日上市，成为有世界影响力的品牌。他支持建立斯坦福工业园区，以“校＋企＝合作”的模式，将研究成果推向社会，使产品产业化、商品化、价值化。硅谷高新技术发展过程如图 1.1 所示。

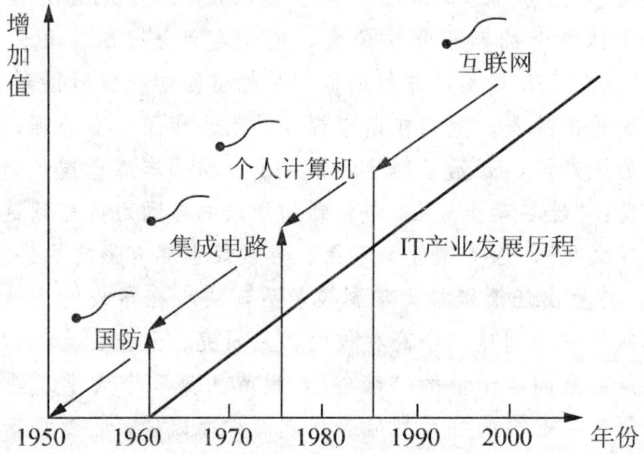

图 1.1 硅谷高新技术发展过程

惠普在发展过程中，始终坚持独特的创业理念和公司文化，有的专家概括为 11 条“车库规则”，即：相信你可以改变世界；迅速工作，随时工作，工具随时待命；了解该何时独立自主，该何时团队合作；与同仁分享你的构想，信任他们；不玩政治，杜绝官僚作风；由客户决定你的工作是否做得好；激进的创见不一定是馊主意；创造不同的工作方法；每天要有贡献，如果你当天没有贡献，必不离开车库；相信团队合作可以万事皆成；坚持发明创新。

第二次世界大战以来，硅谷以 IT 产业为核心，经历了 4 次技术浪潮，每次都对美国及世界技术经济产生了重要影响。第一次是 20 世纪五六十年代，美国国防工业需要大量电子产品，这直接推动了硅谷电子产品的开发与应用。第二次是由于 1959 年集成电路的发明导致了 20 世纪六七十年代半导体工业的急剧增长。第三次是 20 世纪七十年代中期以来，由于 1976 年生产第一台个人用计算机，历经几代微处理器升级，IBM、微软、甲骨文等企业迅速崛起，使硅谷成为IT产业的代名词。第四次是20世纪90年代至今，随着互联网、万维网、移动互联网的创立，计算机的应用中心从个人单机转化为以互联网络为中心的跨平台资源共享，在全球范围内实现24小时工作。先后出现网景、雅虎、亚马逊等，中国有搜狐、阿里巴巴、网易、百度等有影响的公司。上述4次电子技术的创新浪潮，也伴随着创业的浪潮，使创新与创业紧密地结合在一起，其中有许多“弄潮儿”取得了成功。我们来介绍全球最大的半导体公司——英特尔在硅谷的创业发展过程。

诺伊斯生于1926年，物理学博士、研究晶体管，毕业后来到肖克利半导体实验室，1957年创建仙童半导体公司，后来发明集成电路技术，将多个晶体管放在一个芯片上，使该项技术有了重大突破，引领电子技术发展。1968年与摩尔共同成立英特尔公司。摩尔在研究过程中总结提出了摩尔定律，即每18个月微处理器(CPU)的功能将翻一番且价格持续下降50%。1969年生产第一个产品3010；1971年推出全球第一个微处理器4004；1972年推出8位元处理器8008；1978年推出16位处理器8086；1982年推出80286微处理器；1992年推出含300万晶体管的新型微处理器，即“奔腾”系列。20世纪90年代，英特尔发展迅猛，股价从1995年的60美元涨到1996年的145美元，投资回报率平均达到44%。英特尔公司为什么能成功，核心因素是创新，创新是高技术企业的灵魂。其次，高层保持危机感，英特尔公司的管理理念是：“唯具有忧患意识，才能永久长存”。这是他们成功的秘密武器。

1.1.2 硅谷的经济成就

硅谷的持续开发成长成为美国经济发展的发动机。1999年硅谷人均创造价值11.5万美元，美国平均7.8万美元；1999年硅谷地区GDP总值3000亿美元，占全美3%，相当于中国1999年GDP总值的1/4。硅谷有很高的劳动生产率，平均每个员工创造的增加值都高于美国的平均增加值。增加值对比见表1-1。

表1-1 硅谷与美国平均每个员工创造的增加值对比　　单位：美元

硅谷	计算机	半导体	软件	创新服务
美元	28万	24万	17万	14万
	20万	17万	7万	7万

硅谷的平均工资高于美国平均工资50%，1999年硅谷人均工资5.4万美元，而美国人均平均工资是3.4万美元。随着新创企业不断增加，就业率不断提高，尤其软件、计算机、通信吸引就业人口占整个就业人口的40%以上，硅谷成为美国就业率高的地区之一。

1.1.3 硅谷发展原因分析

(1) 人。有一批创新创业的年轻人。人的才华、能力、知识、人格是个人成功的主要因素。比如，英特尔创始人之一安德鲁·格罗夫，雅虎创始人之一杨致远(来自中国台湾)等。硅谷有大批的高素质人才。目前，硅谷有40多名诺贝尔奖获得者，上千名工程和科学院院士，7000多名博士，40%的人拥有学士以上学位。这些数据表明，硅谷是世界科学技术开发最先进的人才聚集地，高质量的人才库，全球人才高地。硅谷70%左右的新创公司与斯坦福大学等大学毕业生有直接关系。

(2) 技术。它是硅谷成功的另一重要因素。硅谷发展主要是技术开发起了重要推动作用，技术开发、技术扩散、技术产业、技术优势、技术价值、技术交流、技术创业，等等。硅谷的创业者与大学及研究机构，不断创新技术，推动科学技术持续迅速发展。

(3) 优质服务。硅谷发展得益于众多创业服务机构共同参与，服务到位。风险投资、银行家、会计人员、律师、咨询顾问、猎头等一系列服务机构人员，全方位支持创业活动。

(4) 制度环境。在外部环境中，良好制度环境为创业活动提供了可靠的保障。美国的法律体系、证券、税收、会计、破产等完备规范的法规体系，有效保证创业活动的开展，取得良好的经济价值与社会价值。

(5) 鼓励冒险，容忍失败。

1.2 国内的创业活动

1.2.1 国内创业活动发展历程

国内创业活动与中国改革开放的历史进程相一致，与建立市场经济体制的发展历程相匹配。国内创业活动发展历程大体经历4个阶段。

第一阶段，1980年到1992年前后。城乡胆大的创业者开始进入农村自由市场、城市做小买卖、开小商店。比如，安徽傻子瓜子规模扩张很快，按当时政策等法规犯投机倒把罪，有人要抓他定罪判刑，当时，安徽省委书记万里汇报了此事。邓小平讲，不能动，允许试，摸着石头过河走。此后中国乡镇企业以江浙地区为重点快速发展。在中国有广泛影响的华西村，2006年销售额超过300亿，2010年超过500亿。温州小商品经济迅速发展，民营经济尤其是长三角、珠三角区域发展最快。这个时期，敢为天下先的创业者"下海"创业。比如，联想集团的柳传志，万达集团的王健林，华为集团的任正非，娃哈哈集团的宗庆后，万科集团的王石等人。

在工业领域，马胜利被称为国企承包第一人，组建跨省区承包企业集团第一人，首届全国优秀企业家，两次全国五一劳动奖章获得者。1984年马胜利毛遂自荐承包石家庄造纸厂，率先在国有企业打破"铁饭碗、铁工资"的旧观念，并推出改革"三十六计"和"七十二变"，造纸厂迅速扭亏为盈。在全国近千企业"求承包"的呼声下，中国马胜利造纸企业集团于1988年成立。

第二阶段，1992年邓小平南方谈话。这直接推动了中国的进一步改革开放，解决了姓资姓社的问题，许多干部下海经商创业，一批市场经济的"弄潮儿"成为创业先锋，取得很大成效。比如史玉柱、马云等。

第三阶段，20世纪90年代中后期。以互联网业为代表的新经济，涌现出一批新创企业，比如新浪、网易、搜狐、百度等。高科技领域成为创业热点，海外留学人员归国创业有80多万人，成为一股新的创业潮流。

第四阶段，2000年至今。互联网及特定市场应用。产生了腾讯等新的公司，出现新的创业环境，“80后创业”“特许加盟”“国际化”“三农”“农民工”，全国近2亿农村劳动力外出打工，有的“打工者”转变为“创业者”。

总之，中国的创业活动从无到有，从有到迅速扩大，直到党的十七大报告，第一次把创新创业写在党的重要文件中。党的十七大报告明确提出：“要实施扩大就业的发展战略，促进以创业带就业。把鼓励创业、支持创业摆到比就业工作更加突出的位置”，并上升到国家战略层面。党的十八大再次强调：“促进创业带就业，提升劳动者就业创业能力，实施鼓励创业的方针，推动实现更高质量的就业，支持青年创业”。

1.2.2 国内创业活动的现状

从国内创业活动的现状看，我国创业活动总体上比较活跃，这与我国经济持续稳定发展紧密相连。根据清华大学中国创业研究中心发布的《全球创业观察中国报告》可知，我国每100位年龄在18～64岁的成年人中，有13.7人参加创业活动，全球创业指数排在第5位。中国全员参与创业活动，是属于创业比较活跃的国家。创业活动好的地区主要是经济增长快的地区，包括京津、长三角、珠三角以及辽宁、山东、湖北、重庆等。从创业环境看，我国还有许多需要改进的地方。《清华研究报告》把创业环境分为9个维度，结论是创业环境比较好的地区表现为：市场开放程度，研究开发转移，政府政策，政府项目，基础设施建设，金融支持，教育和培训，知识产权保护，企业提供服务的环境方面比较好。而有的地区，这9个维度都比较差，创新创业活动滞后，从而影响区域经济社会发展。如果不能在这些方面加以改进，将会严重影响我国的创业活动，进而影响建设创新型国家。

1.2.3 经济转型与创业活动

1. 知识经济的概念与特点

经济社会转型是以知识经济为核心的转型，是以知识的生产和应用为特征、以高新技术为主体的经济社会发展的创造性的劳动。那么，什么是知识经济呢？知识经济是人类经济社会发展的一种新的形态，又称为新经济，是指经济社会发展建立在知识和信息的生产、分配和应用基础上的经济，它是与农业经济、工业经济相对应的一个概念。农业经济是对劳动力资源的占有和配置，劳动效率的提高主要取决于劳动者的体力；工业经济是对自然资源的占有和配置，经济的发展主要取决于自然资源的占有和使用。知识经济是以知识资源的占有、配置、生产、分配、消费、应用为最重要因素的新的经济时代。随着世界经济一体化的发展，全球产业结构的调整与重组，中国经济社会发展也必须进行以知识经济为核心的经济社会转型。

知识经济产生于20世纪80年代初期。1983年，美国加州大学教授保罗·罗默提出了“新经济增长理论”，认为知识是一个重要的生产要素，它可以提高投资的收益。这标志着知识经济在理论上的形成。知识经济作为一种新的经济形态，具有以下特点。

（1）知识经济是以新技术革命为依托的信息化经济。

（2）知识经济是以高科技人才为核心的人才经济。

（3）知识经济是一种创新创造的经济。

（4）知识经济是推进全球一体化的经济。

（5）知识经济是实现可持续发展的经济。

2. 经济社会转型与创业活动的关系

知识经济的产生加快了经济社会的转型，催生了一批以知识生产和应用为特征的新创企业的诞生，引发全球的创业热潮。由于以网络、信息产业为核心的高新技术的发展，人们的知识技术水平的不断提高，应用新知识能力的增强，各种新的创业机会不断涌现，创业活动面广且量大，使得智慧、创意、创新、创造、资源、速度、团队等成为取得创业优势的关键因素，形成了有利于创业活动开展和中小企业发展的良好环境。国内外一些成功新创企业，比如微软、苹果、阿里巴巴、腾讯、百度等正是在这种环境中迅速崛起，有的成为对世界有巨大影响的跨国公司。这说明，以知识经济为核心的经济社会转型，必然带来更高水平的创新创业活动，其创业活动以创新技术为核心，挖掘潜在用户需求为导向，以全球的视野，快速行动与变革。以知识为核心的创业将成为主导 21 世纪新经济，也可称为创业世纪。

1.2.4 创业活动的意义与作用

1. 创业活动的意义

“创新是一个国家的灵魂，是一个国家可持续发展的不竭动力”。创业意义体现在以下 4 个方面。

（1）对个人而言，创业是对个体生命价值的彰显，追求自我价值的实现。

（2）对社会而言，创业是吸纳就业人员，扩大财富的源泉。

（3）对国家而言，创业是推动国家前行，民族复兴的巨大力量。

（4）对人类社会而言，创业是实现人类社会可持续发展的助推器。

取得创业的成功，对个体而言能实现自我价值，有成就感，并能带来财富。对整个经济社会而言，在促进生产力发展，增加就业，调整结构，形成创新精神，实现中国梦等方面具有重要意义。

2. 创业活动的作用

（1）创业能有效促进社会生产力的发展。科学技术是第一生产力。高科技企业创业能够实现技术创新，技术突破，新技术扩散，进而形成新的产业。高新技术企业一般都是围绕产品研发而展开的，一旦新产品、新技术研发成功，为市场和消费者认可，就可以形成新的产业并带动相关产业的发展，进而有效促进社会生产力发展。目前创新创业发明占全社会发明总量的 50%，发明专利占全国 65%，技术创新占 75%，开发新产品占 80%。创新创业成为促进生产力发展的第一推动力，成为增强国家竞争力的源泉，成为构建创业型经济社会的有效途径。

（2）创业能较大幅度增加就业岗位。对于全社会来讲，中小企业是占整个社会就业结构中的大头。国际就业结构规律是中小企业始终是容纳就业人数最多的，世界各国超过一半以上的劳动力都集中在中小企业，对创造就业贡献最大。比如，美国2002年年底，有中小企业2700万家，占企业总数80%，创造的就业机会占全社会就业岗位50%，占新增就业岗位60%～80%。再比如，我国中小企业创造的价值占全国76%，提供就业岗位占75%，其创造的就业岗位高达80%以上。出口额、上缴税收都占有较大比重。

(3) 创业能推动区域结构调整，增强经济发展活力。创业活动的结果能调整区域经济结构，旧的产品技术被淘汰，新的产业开发出来，并在新行业中创造出巨大的价值之后，又有新的跟进者进入，又助推新行业内部的市场细分化，消费者的潜在需求被开发为新的现实需求，大量的高附加价值产品不断创造出来，更多的人才、资金被吸引进来，产业结构实现了从低到高，从不合理向合理的方向转变，增强了区域经济发展的后劲和活力。

(4) 创业能逐渐形成一种全社会的创业氛围和创新精神。创业活动的本质是寻找机会，抓住机会，整合资源，创造新的社会事业，这需要创业者的积极探索，勇于创新，用创新精神、创新思想指导创业活动、创业过程，在实现自我价值的同时，引领社会创业文化，形成一种创业精神，使整个社会充满活力，朝气蓬勃，催人奋发向上，不断推动社会前进。

总之，创业活动已经在中国快速地开展起来，创业给中国经济社会发展乃至创业精神、创业文化的形成起到无法估量的作用。杰弗里·蒂蒙斯在《创业学》第六版写道："在中国这样正在崛起或比较发达的国家，一旦创业精神像天方夜谭中的巨人那样，从瓶中释放并被完全激发，它们的经济实力将会多么强大与令人战栗！"中国正在走向复兴中华民族的伟大梦想的征途上，这一天一定会实现，也一定能够实现！

1.3 创业教育

创业教育不同于其他管理领域的培训或教育。创业教育范围更广，内容更丰富、更全面，更具实践性、可操作性、可应用性。当然，如果以1947年美国哈佛大学开设的第一门创业课程为起点，创业教育教学诞生不过66年，但创业教育的成效是巨大的，创业教育得到了发达国家特别是美国的高度重视，并始终作为创业教育的领跑者，不断开拓出创业教育的新理念、新理论、新境界、新内容、新方法，并推动着创业教育发展，引领着创新创业的活动向纵深发展。国内外成功的企业家大多是白手起家的受过教育尤其是高等教育的创业者，他们不仅为自己造福，而且引导经济和社会变迁，为未来构建一个创新创业社会。

1.3.1 美国创业教育的产生与发展

美国的创业教育与美国的创业活动相伴而生，并一直处于迅速发展之中。美国的创业教育大体经历过3个阶段。

第一，起步阶段(1947—1970年前后)。创业教育首次出现是在1947年哈佛学院迈赖斯·迈斯为MBA学生开设的《新创企业管理》课程中，这是美国大学开设的第一门创业教育课程。1949年哈佛大学出版《创业历史期刊》。此后有的学校也开设创业及相关课程，但创业型经济还没有成长起来，因此创业教育并没有得到迅速发展。

第二，发展阶段(1970—2000年左右)。这一时期美国创新创业型经济开始迅速发展起来，创业活动成为美国经济发展的发动机。在20世纪七八十年代，美国产生了一批创业精英和百万富翁，许多都是在20岁左右创办企业，比如微软公司的比尔·盖茨和保罗·艾伦，网景公司的马克·安德雷森，戴尔计算机公司的迈克·戴尔，苹果计算机公司的斯蒂夫·乔布斯，联邦快递公司的弗雷德·斯密斯，耐克公司的菲尔·奈特，等等。创业一代开创的新行业有：个人计算机、生物技术、有线/无线技术、PC软件、无线通信、桌面信息、桌面计算、电子邮件、网络购物、虚拟图形、数字媒体等20余个新行业。创业对新老美国巨人企业产生了重要影响，2000年美国通用汽车、福特、克莱斯勒三大汽车公司雇员总数是121.42万人，而英特尔、微软、思科雇员总数是12万人，但市场价值是三大汽车的6倍。2011年3月，三大汽车公司总市值1222.2亿美元，三家高新技术企业总市值6620.9亿美元，其中微软市值3620.2亿美元，是三大汽车公司的3倍以上。这些新创企业后来都成为国际著名的跨国公司，成为具有世界影响力的卓越企业。硅谷的创新创业成就引起了全球各方面的广泛关注，创业教育日益受到重视。1970年全美国有16所大学开创业学课程，到1998年增长到1400所，2005年增长到1600多所。绝大部分高校都开设了创业教育及相关课程。这一时期创业学术期刊陆续出现，包括《创业理论与实践》《创业学杂志》等。这都反映出美国高校开设创业学课程的快速增长趋势。在创业学开课层次上，有55%左右的高校在本科和研究生两个层次上开设创业学课程。由于创业学课程开设越来越多，并逐渐形成体系，有142所大学开始尝试设置创业学专业，并在49所学校设置创业学位，有的高校设置硕士、博士学位，这对创业学学科的进一步发展提供了条件。

第三，成熟阶段(2000年至今)。进入21世纪以后，新经济是美国经济的重要支柱，创业活动极其巨大成效吸引各方面的关注，创业研究日益丰富，许多学者把创业领域作为一个独立的管理领域加以考察研究。创业教育体系逐步形成，美国的《成功》《创业者》杂志每年进行全美创业教育项目排名，排名先后直接影响高校的招生及经济收入，排名靠前，申请入学越多，入学率越高。因此，各大学高度重视创业教育的排名，这也是衡量各高校创业教育工作发展的一个标准指标。

美国创业教育发展到目前，大体呈现以下几个新的特点。

第一，有比较完善的创业教育体系。美国创业教育已经纳入国民教育体系中。创业教育的内容涵盖了从初中、高中、大学、研究生及博士生的系统化教育。课程设置有针对性，完整全面，基本形成了比较完善的创业教育体系。

第二，创业教育与社会创业资源相结合。创业教育不仅在学校进行，而且注重引进社会创业资源进学校，并接受创业者和投资者的评估。同时，吸引社会各界人士参与创业教育，使创业教育与实践结合起来，这对学生毕业实施创业活动起到了重大作用。

第三，积极鼓励教师进行创业实践或参与创业实践活动。美国高度重视教师参与创业实践活动，积极鼓励教师参与创业教育培训和学术研究。同时，聘请有创业实践或成功人士参与课堂教学，这有效提高了创业教育的教学效果。

第四，创立创业研究学术组织。1978年百森商学院成立了美国第一个创业研究中心，蒂蒙斯作为学科带头人，被称为“创业学理论之父”。创业研究中心主要进行创业课程开发和创业教育研究。目前，百森商学院有 35 名专职从事创业教育与研究的教师，共开设了 33 门课程，学院围绕创业过程安排课程包括：创新，机会评估，如何实现创业机会，如何创造成长型企业 4 个模块，培养学生对创业的整体认识。此外，通过学生社团、孵化器和支持组织，为学生提供创业实践的机会。此外，学院得到社会资金的支持，比如考夫曼创业基金等。1995 年兰克林—欧林基金会赠予百森商学院 3000 万美元创业教育基金。哈佛大学创业教育走在美国高校前列。2001 年哈佛大学共开设 15 门创业管理课程，如："创业财务""创业管理""创业营销""小企业经营与成长""风险投资与个人股权""开创新企业"等。斯坦福大学开设 27 门创业管理课程，如："投资管理与创业财务""创业精神""创业精神与风险投资""营销与生产一体化设计""成长企业的管理""创业机会评估""创业战略""创业与社会发展""技术创新的战略管理"等。美国的创业教育培养了大批的创业人才，为美国新经济发展提供了人才支撑和人才保证。

1.3.2　我国创业教育发展概况

我国的创业教育和创业研究起步较晚。1998 年清华大学经济管理学院率先在 MBA 研究班开设创新与管理方向的课程，其相关课程有："技术创新管理""新产品开发""创业管理""项目融资决策""创业投资管理""技术创新经济学"等。此后，向本科生开设了高技术创业管理课程的选修课。国内有的高校也陆续开设了创业管理及相关的课程。2002 年教育部首次在北京航空航天大学举办创业教育试点工作座谈会，确定清华大学等 8 所大学为我国创业教育试点单位。北京航空航天大学成立创业管理培训班，开设创业新讲堂，聘请成功人士做讲座，进行经验介绍，增强学生的创业感受。中央财经大学开设创业先锋班，面向全校招生，学制 3 年，系统学习创业管理及其相关知识，面向创业管理实践。2003 年开始，南开大学、清华大学、吉林大学等高校陆续举办创业教育研讨会，重点探讨开展创业教育与传统管理之间的关系，如何更好地开展创业教育，并取得了初步共识。有的大学，如浙江大学、南开大学等开设创业专业博士学位。

经过近 14 年的创业教育的总结与探索，由教育部制定了《普通本科学校创业教育教学基本要求(试行)》(教高〔2012〕4 号)。文件强调高校创业教育科学化、制度化、规范化建设，增强创业教育的针对性和实效性。通知要求从教学目标、教学原则、教学内容、教学方法、教学组织 5 个方面，组织创业教育教学并提出了"创业基础"教学大纲。目前，中国有 3 个主要的国际创业教育项目。KAB 创业教育(中国)项目，由团中央、中华全国青年联合会通过国际劳工组织开发的项目。SIYB 项目培训，是由中国劳动和社会保障部与国际劳工组织共同实施，由英国国际发展部提供资金支持。YBC 中国青年创业国际计划，由共青团中央等 7 家机构倡导发起，是一个公益化的公益组织。此外，各省(市)、自治区也设立为不同层次类型的创业人才进行创业培训与支持的机构。

总之，创业教育教学在普通高校得到发展，在引进国外创业教育教学模式等方面，应在消化吸收的基础上，结合中国实际开展创业教育，并逐步形成自己的创业教育教学体系。我们相信，通过创业教育教学改革一定能提升学生创业精神、创业能力、创业品质，培养出适应经济社会发展需要的高层次创业人才。

1.3.3 普通高校创业教育人才培养模式探讨

联合国科教文组织站在国际化、信息化、多样化的高度，提出高校培养人才必须将创业精神和创业技能作为高等教育的目标，把创业人才培养、学术人才培养、职业人才培养，放在同等重要地位，认为创业教育是大学生的“第三本护照”。党的十八大再次明确指出：“以创业带就业”，实施扩大就业的发展战略。高校要完成这一战略任务，有效缓解就业压力，必须改革与创新人才培养模式，大力构建毕业创业型人才培养模式，达到《世界高等教育会议宣言》提出的“毕业生将愈来愈不再仅仅是求职者，而首先将成为工作岗位的创造者”的目标要求，培养更多社会急需的各类创新创业人才。

1. 应用型本科高校创业人才培养模式的构成要素

目前教育界对人才培养模式有不同的认识和看法。1998年教育部颁发《关于深化教学改革，培养适应21世纪需要的高质量人才的意见》指出：人才培养模式是学校为学生构建的知识、能力、素质结构以及实现组合这种结构的方式，它从根本上规定了人才特征并集中地体现了教育思想和教育观念。有的学者认为：“人才培养模式最主要的构成要素是教育目的、教育内容、教育方法”。

人才培养模式是培养目标与手段、方法的统一，是培养什么“样式”的人以及怎样培养评价人的统一。创业人才培养模式应包括七大构成要素，即培养目标、教育内容、教育方法、师资队伍、实践教学、支持系统、评价系统。这七个方面互相联系，是一个有机的整体，充分体现了创业人才培养过程的科学性、完整性和统一性，把创业教育理念与人才培养的具体实施手段、方法结合起来，从而完成创业人才的培养任务。

2. 应用型本科高校创业人才培养模式的基本特征

应用型本科高校创业人才培养模式概括起来主要有三大特征。

（1）目标明确清楚，培养更多国家需要的创业型人才。培养创业人才以创业为主，毕业后或在较短时间内实施创业。在学习了创业理论和技能后，能够有意识地寻找并能抓住创业“商机之窗”，通过开发运作创业项目的形式，完成新企业的创建与发展。

（2）突出创业能力的培养，熟练掌握创业本领。能否达到从“毕业”到“创业”的社会角色转换，关键在于有没有创业能力。创业人才能力的培养必须调整改革课程体系，适当削减一般性的理论知识或与创业联系不够紧密的专业知识，增加系统性的创业理论与实践方面的课程，模拟创业教学课程，必要的职业技能课程等，将创业人才能力培养的课程模拟化、项目化、系统化，整个课程体系的核心突出创业人才能力的培养而不是一般性理论知识的课程。

（3）扩大实践教学比重，掌握一至两门职业技能。加强实践、实习、实训教学，强调学生要精通或掌握专门知识，一至两门职业技术和职业素质的培养，并能取得职业资格证书。这是未来实施创业活动的重要条件之一，是绝大多数创业成功者的共同经验，这充分体现创业型人才培养的实用性特点。

3. 构建应用型本科高校创业人才培养模式的途径

1）制订系统的创业教育教学计划，并纳入学校人才培养方案中

系统的创业教育教学计划从大一开始就进行创业思想、创业认知等方面进行教育，直到大四完成创业理论、创业技能、创业实践、创业综合素质教育的全过程。开设的课程既有理论部分，也有创业技能和动手实践的部分。同时，对全校进行创业管理知识的普及教育，让更多的学生了解创业，感受创业，认识创业，种下创业的“种子”。“学业”与“创业”相结合，没有“学业”作支撑其创业后劲是乏力的。积极探索建立五年制双学位体系，将创业管理作为独立的专业来考虑，建立起创业教育教学的评价标准体系和评价制度，使创业人才的培养纳入科学有效的教学管理中。

2）以点带面，建立创业人才培养试点班，专门培养毕业后实施创业人才

创业人才的培养不可能使学生都成为创业者，因为每个学生的特点与自然禀赋不同，要想都成为创业型人才是不符合人才成长规律的。应从实际出发，进行创业教育的规划及试点工作，应探索培养创新创业人才规律的教育教学活动的过程。可否考虑建立创业教育试点班，以点带面，作为试点专门培养毕业后实施创业人才，也为以后建立创业管理专业打下基础。可考虑在学习创业教育系列课程后，发放创业教育的结业证书，作为学生写实性学历证明，有利于培养复合型创业人才。要加强组织领导，统一对创业教育进行全过程的教学设计与管理，建立起 4 个体系，即：课程体系、教学体系、评价体系、服务体系。

3）加强“三大”建设(师资队伍建设、教材建设、创业实践基地建设)，努力培养国家需要的合格创业人才

创业教学质量的高低取决于创业教育师资队伍建设、教材建设、创业实践基地建设的工作质量。目前，创业教育师资不仅短缺，而且师资质量亟待提高。可考虑组建创业教育学术团队，老、中、青相结合，老教师理论比较扎实，有一定的工作经验，教学科研能力较强，综合素质较高，坚持以老带新，专职与兼职相结合。要鼓励支持创业课教师创业或管理咨询，这有利于理论与实践的结合，提高教学质量。注重选聘有创业经历且创业成功的人士，并有一定教学能力的做兼职教师，做到师资结构合理。建立起综合素质高的以专为主，专兼相结合的师资队伍，充分发挥“师导生创”的引领作用。

加大教材建设与开发力度，要结合创业实践及成功经验，从学生毕业创业的实践需要出发，编写出具有中国特色的适应应用型本科高校学生特点、有理论、有案例、通俗易懂的创业教育教材。要组织精兵强将进行这项工作，尽快替代不太适用或理论性过强的教材。

创业实践基地的建设要从以下两方面入手。一方面加强创业实践基地建设，通过校外创业实践基地的实习，可以学习创业者的创业经验，切身感受创业艰辛的历程，提高学生解决创业问题的能力和水平。另一方面，加强校内创业基地的建设，也可考虑建立创业社团基地、创业岗位基地、创业实习基地、创业孵化基地。加大投入，创造条件，积极建设创业实验室，利用创业实验软件模拟新创企业的过程，使学生以创业者的角度亲身参与到创业的各种活动中去，完成其创业活动任务。创业实践基地的建设是实践教学的中心环节，是培养大学生运用学到的创业理论指导创业实践的重要途径，其独特的创业功能和创业作用是其他任何教学环节所无法替代的，可以达到事半功倍的效果。

本章小结

本章重点对创业活动进行了介绍，给学生更加直观的认识。以硅谷为例，阐述创业过程、成就、作用，介绍了美国创业教育及特点，简述我国创业活动的发展、经济转型与创业活动、创业教育的状况、发展阶段，并对创业教育发展进行了述评。对普通高校创业教育人才培养模式进行了探讨。总体结论，我国的创业活动已全面深入地开展起来，创业教育教学处于发展新阶段，还需要进一步探索，不断促进创业教育的发展。

复习思考题

1. 怎样评价“硅谷之父”美国斯坦福大学弗雷德里克·特曼扶持青年创业的重大作用。

2. 怎样评价硅谷发展成就及成功的原因。

3. 简述国内外创业活动发展历程、经济社会转型与创业的关系、创业的意义与作用是什么。

4. 简述国内外创业教育、怎样建立普通高校创业人才培养模式。

5. 中国经济发展方式的转变与就业机会来自哪里？为什么？

6. 列出当今中国的创业英雄名字，至少 10 人以上。列出当今中国创业最富有的人，他们创业对中国经济发展起了哪些作用？还有哪些问题需要解决？谈谈你的看法。

7. 中国创业快速发展，你们毕业后 10 年聚会，有多少同学会成为企业家？其创业的财富有多少？你们承担了哪些社会责任？

实训实练

1. 知识经济的产生与发展、经济发展方式的转变，给创业者带来哪些新的机会和挑战？

2. 调查了解所在学校师生有哪些消费需求？这些需求是否存在较好的创业机会，有多大把握实现创业目标？

3. 在世界上，有两个最著名的跨国公司。一个是苹果计算机公司，其创始人史蒂夫·乔布斯 18 岁组装成功第一台计算机；另一个是桑德斯上校在 65 岁时创办肯德基公司，两个人年龄差距较大，但他们创业都成功了。请在网上查阅他们的资料，回答下面的问题：创业为什么没有年龄限制？他们创业成功的关键要素是什么？你如何认识创业机会？每人交一份书面作业，选出班级若干名代表在全班发言，以 PPT 的形式汇报 10 分钟。

4. 列出大学毕业后你的人生发展目标，分为 3 个阶段：第一阶段，在 30 岁前你要实现的目标。第二阶段，在 50 岁前你要实现的目标。第三阶段，在 70 岁前你要实现的目标。

5. 调查了解你的亲属、朋友、同学或心中的创业偶像，了解他们的创业过程、经验教训，写出你的认识与建议。

创业案例过程研究与思考

联想控股董事长柳传志：中国知识分子创业的楷模

1. 柳传志创业的起步与发展

柳传志于 1967 年毕业于西安电子科技大学，1970—1983 年供职于中国科学院计算机研究所。1984 年 11 月 1 日，柳传志、李勤、王树和、张祖祥等 11 个“完全不懂得市场、不懂经营管理的科技人员”响应中科院科技体制改革的号召，靠中科院计算所 20 万元投资起家，在一间传达室里，成立了中国科学院计算所新技术发展公司。公司成立早期，其实是一家贸易公司，为了赚钱，做过很多的产品，如小电器、衣服等。当时的这些知识分子运营的这个公司，差点就被江西的一个农村妇女给搞垮。当时公司得到一个信息，江西一武装部要采购一批电视，公司一员工说要不要进点彩电，当时柳传志为了安全起见，还特意安排了人员去看了产品，最后确定了要做，于是给对方打了 14 万元的货款，谁知对方一收到货款就不知踪影，看的产品只是几台样机而已，这对只有 20 万启动资金一下海就被一妇女骗走 14 万元的联想来说无疑是一次沉重的打击。第一次下海差点就被淹死，柳传志认识到商海的险恶和创业的艰辛。

第二年即 1985 年开始，柳传志带领团队转向开始代理 IBM 的微机销售、技术服务和咨询等劳务工作，他们用汗水积累了 70 万元。通过代理 IBM 产品赚到第一桶金。当时，柳传志及团队成员连 IBM 的一个副主管都没机会见面，而 20 年后 IBM 的 PC 业务被联想收购。

1986 年，倪光南工程师设计出联想汉卡，柳传志意识这个产品的前景性，于是连人带技术把倪光南请了过来，经过不断开发、完善，联想形成了 8 个软件版本、6 个型号的联想汉卡系统，广泛应用于六大领域。联想(英文含义是传奇)汉卡拿下了国家科技进步一等奖。在联想汉卡的研发与推广过程中，还涌现出了郭为、贺志强等一批人才。当时联想代理 IBM 的产品要全部进口，中国政府为控制进口，将关税提高了两倍，这造成一些公司通过走私进入内地市场。

1988 年 6 月 23 日，香港联想电脑有限公司(计算所公司与香港导远公司、中国技术转让公司合资)隆重开业。1989 年年底 IBM 公司为了垄断市场，推出了兼容机，此时的联想汉卡用不着了，柳传志不得不被迫中止了与 IBM 公司的合作关系，使柳传志下定决心做自己的微机。

1990 年拿到国家许可生产 5000 台微机的生产许可证，在国家的支持下，联想走上了独立自主的发展道路，刻苦攻关，不断推出新成果，联想系列微机通过技术鉴定和国家“火炬计划”验收；同年，联想公司计算机及软件产品纳入国家计划，完成了 2100 台的销售任务，1991 年完成了 8500 台的销售任务，当时一台微机好几万元，这无疑是一个大的进步，企业走上了良性发展的轨道。1993 年，国际 PC 巨头纷纷抢滩中国市场，一大批国内 PC 厂商处境艰难，联想经受住了市场考验，在逆境中前行。联想集团推出了我国第一台 586 电脑。

1994 年 1 月 1 日，国务院证券委员会在给中科院的批复中指出：同意北京联想新技术发展公司控股的香港联想控股有限公司在香港发行股票并申请上市；同意香港联想控股有限公司在香港发行股票 18225 万股。1994 年 2 月 14 日，香港联想控股有限公司在香港挂牌上市，这标志着联想集团公司已正式成为一个集研究、生产和销售于一身的技工贸一体化的大型股份制企业。这次分股由完全国有控股变成由联想人来控股，这对联想的发展起到重大作用。1994 年 3 月 19 日，联想集团成立微机事业部。柳传志大胆起用年轻人杨元庆，他以市场为导向，改变管理体制，精简人员，改直销为分销，一举扭转了联想微机的颓势，在他的带领下联想连续四年增长100%以上，并实现了“让中国人用得起先进的国产电脑”的愿望，第一个将1.5万元以上的奔腾电脑标价9999元，并在一年内连续4次把更高档的奔腾PC定位在用户可接受的价位上。这在业界迅速引起轰动，一举改变了国内计算机市场的格局。1995联想推出第一台联想服务器。1996年联想笔记本问世。1997年联想MFC激光一体机问世。1995—1997年连续三年在全国电子百强企业中排名第二，全国高新技术百强企业排名第一。1997年3月5日，联想电脑以10%的市场占有率居国内市场首位。

1998年5月6日，联想第一百万台电脑走下生产线，时任全国人大副委员长的周光召，亲手将这一标志民族电脑业荣耀的“天琴”电脑作为礼物，送给英特尔公司当时的董事长兼总裁葛鲁夫博士。联想电脑第一个一百万台用了8年，而这一纪录很快就被联想自己打破。

1999年11月24日，联想在北京推出了天禧家用电脑，首开了国内因特网电脑的先河。天禧的推出标志着联想已经把PC从“个人电脑”升华为“门户电脑”，这在全世界都是一个创举。

2001年4月20日下午，北京国际会议中心，数千名联想员工齐聚在这里，揭开了新世纪联想第一次誓师大会的序幕。柳传志向杨元庆、郭为两位少帅分别授予了大旗，联想将业务分为互联网相关业务及电子商务相关服务两个方向，并以此为导向，分拆重组为新的联想集团和神州数码集团，这两位年轻人都不负众望，都取得了非凡的成就。2001年6月1日，神州数码控股有限公司在香港成功上市。至此，香港联合交易所主板上共有两家由联想控股有限公司控股的企业：联想集团和神州数码。神州数码上市，标志着联想分拆上市工作完全成功。今后联想将以因特网为核心，以全面客户导向为原则，以满足消费类(包括家庭及个人)客户和商用类(包括中小企业、大行业大企业)客户的需求为目标，从产品和服务两个维度构筑多元化业务。同时，为配合这一战略的实施，联想对自身组织架构进行改革和调整，在原有以产品线划分的事业部体制之上，划分出了消费IT、企业IT、IT服务、手机设备、信息运营、部件/合同制造(尚未组建)6大业务群组，以满足不同客户的需求。通过这些业务，联想希望实现年营业额增长50%的目标，2001年做到280亿元，2003年做到600亿元。杨元庆代表新一代联想人许下了宏愿，要在十年内把联想建成全球领先的高科技公司，2010年进入全球500强，实践联想老一代创业者的梦想！

2003年12月，联想以13.5亿美元收购IBM笔记本电脑业务，这个当时蛇吞象的故事在行业成为一段神话，联想以年收入30亿美元的公司收购了当时年收入130亿美元的公司，通过IBM这个平台，使联想走向了国际化，在国际上商业微机里成为家喻户知的品牌。

2004年，联想成为第一家国际奥委会全球合作伙伴的中国企业，为2006年都灵冬季奥运会和2008年北京奥运会独家提供台式电脑、笔记本、服务器、打印机等计算技术设备以及资金和技术上的支持。联想推出为乡镇家庭用户设计的圆梦系列电脑以发展中国乡镇市场。联想和IBM宣布达成协议，联想将收购IBM全球个人电脑(台式电脑和笔记本电脑)业务。新联想将成为全球个人电脑行业的第三大供应商。

2008年联想年度总营收达到167.88亿美元，首度进入全球500强企业排行榜，排名第499位。联想控股投资包括联想投资和弘毅投资目前都取得了不俗的业绩。联想投资管理了四期基金，共8亿美元，投资90家企业，目前一期基金已全部收回本金，回报超过6倍；弘毅投资总计28亿美元，投资超过30家企业，回报都很丰厚，在业内有很高的知名度。目前联想控股已经制定出了一个拓展新领域的发展战略，即用投资赚来的一部分资金投入到大农业、化工产业、综合服务业和能源环保等领域。同时，还推出了“联想之星”培训计划，把自己在高科技产业化过程中发展的经验向科研院所和一些高科技企业进行推广，引领中小高科企业走产业化道路。

目前，联想已发展成为国内外知名的国际化企业，经过30年的发展，联想控股从单一IT领域，到多元化，到大型综合企业，历经三个跨越式成长阶段。2012年，联想控股综合营业额2266亿元，总资产1872亿元。联想控股员工总数为62611人(含国际员工8300人)。联想控股采用母子公司的组织结构，业务布局包括核心资产运营、资产管理、“联想之星”孵化器投资三大板块。其中，核心资产运营是联想控股实现中期战略目标的支柱业务，包括IT、房地产、消费与现代服务、化工新材料、现代农业五大行业，它与资产管理板块(含君联资本、弘毅投资)、“联想之星”孵化器投资板块形成良好的互动。资产管理板块将持续创造现金流，为核心资产的运营和孵化器的投资提供资金保障；与此同时，资产管理还扮演了核心资产项目储备库的重要角色。他们的远景是：“以产业报国为己任，致力于成为一家值得信赖并受人尊重，在多个行业拥有领先企业，在世界范围内具有影响力的国际化控股公司。”2014年1月23日，联想公司再次与IBM签订收购协议，以23亿美元收购IBM的x86服务器硬件及相关维护服务业务的若干资产及负债，收购完成后，将有助于巩固公司作为全球个人计算机业者的领先地位，以及在电子产品市场等方面的创新能力的提高。

2. 柳传志创业的基本经验

联想的成功原因是多方面的，但重要的是，联想构建起始于全方位学习理论，是具有创业特色的学习型组织。联想能顺应环境的变化，从总结经验中学习，及时转变发展方式，调整组织结构和管理方式，从而健康成长。联想善于学习竞争对手的长处，从与惠普(HP)的合作中学习到了市场运作、渠道建设与管理方法，学到了企业管理经验，实现了跨越式发展。联想是一个立体的学习型组织，从董事长到一般员工，从职能部门、技术开发研究到生产一线，建立起常规的系统的学习运行机制，自我组织学习，在学习中创新，在创新中学习，不断提升学习、开发、创造、管理的能力和水平。积极开展国际、国内技术合作，与计算机界众多知名公司，如英特尔、微软、惠普、东芝等，保持着良好的合作关系，并从与众多国际大公司的合作中学习技术和管理经验。联想还善于从竞争对手、本行业或其他行业优秀企业以及顾客等各种途径学习。柳传志有句名言：“要想着打，不能蒙着打”，要进行“复盘”，这句话的意思是说要善于总结，善于思考，善于学习，不能盲目去干，这是他们成功的秘诀之一。

联想集团的发展过程是不停地创新和调整战略的过程，率先走出了一条具有中国特色的科研院所高科技产业化道路，不论是联想集团“贸—工—技”实践，还是联想控股后来开展的风险投资以及“联想之星”，都在积极推动中国科技企业的更大发展。联想集团从第一个拳头产品联想式汉卡到技工贸一体的运营体制以及第一个自有品牌电脑的诞生，直至今日发展成为一个全球化的大型企业集团，每前进一步联想人都付出了辛勤的汗水。目前，联想每年研发投入超过25亿元，多项技术领先业界，拥有全球5500余件发明专利，已获得100多项全球知名设计大奖。在联想发展历程中，有4方面经验值得总结：一是企业率先走出中国科研院所，开创了高科技产业化的道路；二是和国外企业竞争占得先机后，为民族企业张目，立足中国本土市场，在与国际PC巨头的竞争中一举胜出，带动了一大批民族IT企业的发展。之后，联想集团国际化的成功，为中国企业“走出去”树立了信心，积累了宝贵经验；三是联想实行的产权机制改革为科研院所高科技企业的机制改革开创了一条新路；四是总结了企业管理的一般规律，培养了一批领军人物，拓展了新的业务领域。

联想是一个创新型企业，联想近30年的发展历程其实就是科学发展观的实践过程，联想在可持续发展过程中，比较理性地抓住了创业机遇，不断调整自己的战略方向，才使得联想有了今天的局面。在发展过程中要有创新精神，转变经济发展方式既是企业发展壮大的过程，同时也是创新创业的过程。在转变经济增长方式过程中，企业必定生一批死一批，这是市场规律，市场经济不相信眼泪，市场竞争不同情弱者。企业要发展就要创新，在创业中创新，在创新过程中最重要的是战略创新，联想控股投资获得的回报和取得的成绩，就是战略创新的表现。在转变经济发展方式中，一定要做专、做精、做特、做强，只有这样，企业才能做稳做大。转变经济发展方式首先要转变思维方式。

柳传志曾概括联想创业成长的基本经验是：“建班子，带队伍，定战略”。

【思考】

柳传志带领团队创办与发展联想，成为国际化的著名公司，概括柳传志的创业精神、创业与发展经验。并思考带给我们哪些启示。(查阅联想集团网站及有关资料，回答上述问题)

第2章 创业过程

教学目标

学习完本章后，应掌握的重点：

1. 创业的概念、内涵与分类
2. 创业过程的概念与特点
3. 创业过程的构成要素及其作用
4. 创业过程中的阶段性发展特征

理论应用

1. 列举一些你熟悉的不同类型的创业及特点。
2. 运用创业过程构成要素分析一些创业典型案例。
3. 运用创业阶段性理论，分析一些在创业不同阶段成功与失败的案例。

20世纪90年代以来，随着世界范围内新一股创业浪潮兴起，创业研究作为管理研究的一个全新独立领域得到了前所未有的飞速发展。由于时间短，创业领域系统性地深入研究还不够，还需要结合本国实践进行梳理，提高创业理论与实践研究水平。本章主要分析创业过程，包括创业概念、内涵、分类，创业的关键要素及作用，阶段性发展特征，从纵向理清创业过程，掌握创业过程的主要影响因素，提高创业成功率。

案例导入

全球首富、微软王国的缔造者——比尔·盖茨

比尔·盖茨出生在美国西部城市西雅图，11岁上中学，12岁接触电脑并非常喜欢电脑的世界，认识了一起创业的好朋友保罗·艾伦。1973年进入哈佛大学学习法律，两年后退学与艾伦一起创立微软公司，21岁成功地为世界上第一台微型计算机编写BASIC程序，为日后微软公司成为软件帝国奠定了基础。1981年8月12日，IBM公司向全世界宣布爆炸性新闻，全球新一代个人电脑IBM的PC问世，在这场合作中，IBM和微软实现了“双赢”。IBM个人电脑迅速扩张，而微软的软件PC DOS等一系列软件也迅速打开了一个无限广阔的大市场，微软像一阵旋风，刮到了整个世界。1980年微软的年收入只有800万美元，员工仅有38人，但发展呈几何级数快速增长，20年后的2000年年底，它的销售额达到了218亿美元，员工人数超过31000人，股票总市值达到3623亿美元，全球排名第二，创造了企业发展的“神话速度”。他个人的财富比全世界

最贫穷的50%人口的财富总额还要多，比福特、通用、克莱斯勒世界三大汽车公司市值总和还多。在比尔·盖茨的率领下，微软不断推出功能强大、简单易用的软件，全世界几乎每台电脑都装有微软公司的软件。他是一个集科学研究才能和企业经营才干于一身的天才。

从40岁成为全球首富，到目前为止(1995—2007年连续13年排名第一)已有14年被《福布斯》杂志评为全球富豪排名第一，至今无人能撼动。据全球著名财经资讯公司彭博社统计，2013年全球亿万富翁财富总和达到3.7万亿美元，其中，微软创办人比尔·盖茨因股价上涨四成，身价达到785亿美元，击败墨西哥电讯大亨斯利姆，重夺全球首富宝座。他总结了创业成功的经验和体会，在《比尔·盖茨给青少年的11条准则》一书中，提出分享“财富背后的财富”的理念，这就是以下11条准则。

第一条准则：适应生活。

第二条准则：成功是你的人格资本。

第三条准则：别希望不劳而获。

第四条准则：习惯律己。

第五条准则：不要忽视小事。

第六条准则：从错误中吸取教训。

第七条准则：事事自己动手。

第八条准则：你往往只有一次机会。

第九条准则：时间，在你手中。

第十条准则：做该做的事。

第十一条准则：善待身边的人。

他评价自己的特质是：“我之所以成为世界首富，原因很简单，眼光、机遇、立即采取行动。”

【思考】

查阅比尔·盖茨创办微软过程的有关资料，他个人发表的著作、文章、演讲等，试评价他成为世界首富的基本经验？他的个性特征？你怎样规划自己的创业与人生？

2.1 创业的概念与基本分类

2.1.1 创业的概念

创业是开创新的事业或基业的系统性活动过程。创业是一个科学名词，从字义上去理解，创由“仓”和“立刀”组成。取“仓”之声，取“立刀”之意，用刀砍、划等出现的伤口为创。“创”有开始、初次之意。“仓”为储粮之地，仓库、仓房，古代多指屯粮之地，加上“立刀”，其意为用刀将成熟的庄稼收割存储起来，于是，“创”又有收获、储藏之意。“业”从事的工作为业，包括企业、家业、事业等。诸葛亮在《出师表》写道：“先帝创业未半，而中途崩殂。”这是指“帝王之业”“霸王之业”。

现代汉语词典解释：创，开始、初次。如创办、创先、创建、创举、创刊、创设、创世、创新、创意、创造、创作、创制、创业等。创业一般指创办企事业。

辞海解释：创，创始，创造。韦昭注："创，造也。为天子造创制度"。创伤，《汉书·萧何传》有"身被七十创"，也指皮肤组织的一种损伤，或因某种原因所造成的损害或损伤。创造，首创前所未有的事物。

创业就是开拓新的事业或积累财富的过程。狭义理解为个人或群体在社会开展的以创造财富为主的创新性活动。广义理解为人们进行历史上从未有过的具有革命或革新性的社会运动，包括政治、经济、军事、文化、艺术等的事业。毛泽东在《论联合政府》中指出："人民，只有人民才是创造世界历史的动力"。

创业的概念目前还没有统一的定义内涵，西方学者从不同角度对创业的概念内涵进行了分析定义。莫里斯分析近几年在欧美创业核心期刊的文章和教科书中出现的 77 个创业定义中发现，77 个创业定义出现频率最高的关键词有：开创新业务，创建新组织，资源重新整合，创新，寻找机会，承担风险，价值创造等。

奈特强调创业要："承受不确定性和风险而获得利润"。熊彼特从企业组织角度，指出创业是："实现企业组织的新组合——新产品、新服务、新原材料来源、新生产方法、新市场和新的组织形式"。

彼得·德鲁克是从系统性创新实践角度，他指出："创业这个词不是指企业的规模或者历史，而是指某种类型的活动。这种中心活动的内容是创新，创造有目的的、聚焦于企业经济或社会潜力变化的努力。创新是创业精神的特殊标志。它是一种企业家创造新的财富资源的方式，也是企业家发挥现有资源潜力创造财富的方式。创业的基础无论是在实践中还是理论上都是系统创新的实践。"

蒂蒙斯从理性领导角度指出："创业是一种思考、推理和行为方式，它为社会所驱动，需要在方法上全面考虑并拥有和谐的领导能力。"

霍华德·史蒂芬从管理风格和寻找机会的角度指出："创业是一种管理风格，它去寻找机会而不顾目前已控制的资源。"

斯蒂文森强调机会和信心，他指出："创业是一个人——不管是独立的还是在一个组织内部，追踪和捕获机会的过程，这一过程与其当时控制的资源无关。有三个方面对创业特别重要，即察觉机会、追逐机会的意愿以及获得成功的可能性和信心。"

莱斯戴德(Robertc Ronstadt)认为："创业是一个创造增长的财富的动态过程。财富是由这样一些人创造的，他们承担资产价值，时间承诺或提供产品或服务的风险。他们的产品或服务未必是新的或唯一的，但其价值是由企业家通过获得必要的技能与资源并进行配置来注入的"。

马克·多林格(Marc J. Dollinger)是从不确定性风险角度指出："创业就是在风险和不确定性条件下，为了获利或成长而创建创新型组织(或者组织网络)的过程。包含的要点是：创新、经济组织，在风险或不确定性下的成长。"

我国一些学者也对创业进行了定义。比如，王重鸣认为："创业是做新的事情，或用新方法做事情，包括一系列行动、一系列举措"。罗天虎认为："创业是社会上的个人或群体，为了改变现状，造福后人，依靠自己的力量创造财富的艰苦奋斗过程"。郁义鸿认为："创业是个发现和捕获机会并由此创造出新颖新产品或服务和实现其潜在价值的过程。创业必须要奉献时间，付出努力，承担相应财务的、精神的、社会的风险，并获得金钱的回报，个人的满足和独立自主”。林嵩认为：“创业从核心角度理解，指的是创建一个新企业的过程；从外围角度理解，指的是通过企业创造事业的过程；从广义角度理解，指的是创造新的事业的过程”。

我们认为，创业是指创业者运用知识或经验，以创新精神寻找抓住商业机会，承担风险，进行资源整合，实现社会价值和自我价值的管理活动过程。这个定义包含以下几方面的内涵。

(1) 创业者的创业首先要有创业精神和知识。创业精神的本质是创新。有知识就有智慧有头脑，能想出创业的点子，理论知识、经验为创业者的创业提供强大的支撑，可以说创业精神、知识经验是成功创业的必要条件。

(2) 创业必须以创新为前提，创新带动创业。创新是创业者的灵魂，是创业的核心。创新必须勇于进取，敢于打破传统和条条框框，取得新的突破。创新是创业发展的原动力。作为创业原动力的创新，可以是多元的，技术、产品、管理、营销、商业模式等都可以作为创新的内容。创业之初，一般创业者都缺少资源，他们能突破资源限制，进行有效的资源整合，力求以最少的代价获取更多有用的资源，包括有形的或无形的资源。

(3) 创业者必须能寻找、识别、抓住商业机会。这是创业的开始。商业机会时时都有，处处都有，关键是能不能识别、寻找和抓住机会。商业机会就是创业机会，抓住了商业“机会之窗”，才能为创业打开财富的大门。

(4) 创业伴随着风险。创业者选择创业机会本身就有相当大的不确定性，即有高度的风险性，承担一定的风险。风险与价值呈正相关性，高风险带来高回报，低风险带有低回报，无风险也就无回报或低回报。由于市场环境、资源供给、制度环境等方面的不确定性，创业者必然冒有较大风险。

(5) 创业者能进行有效的资源整合。创业者能够不拘泥于当前资源约束，通过寻找资源、合理配置资源、有效利用资源，达到创业的目标。创业的过程是资源缺少到资源增多增值的过程。

(6) 创业能实现自我价值和社会价值。创业者追求的目标是价值实现。包括个人自我价值实现，按照马斯洛的需求层次理论，创业也是为满足生存、安全、爱、尊重和自我实现的需要。他认为：“这些基本需要互相联系，按优越性的等级排列。当某一些需要得到相当好的满足之后，更高的需要会显现”。当然，他也承认社会上一般人的各种欲望大多是部分地得到满足和部分地没得到满足。在人们实现不同层次需要的同时，也是社会价值得以实现。在一定意义上说，个人价值实现是社会价值实现的基础，个人价值实现层次越高，价值越大，社会价值也越大，经济社会发展也越快，社会生产力发展也越高。因此，当创业者在实现了自我价值的同时，也提升了社会价值的水平。

2.1.2　创业的基本分类

从理论上说，站在不同的角度有不同的创业分类。比如，从创业的时代背景看，分为传统创业和现代创业；从创业的宏观环境看，分为国内创业和海外创业；从创业的微观环境看，分为内部创业和外部创业；从创业的模式看，分为独资创业、合伙创业、家族创业、集团创业；从创业发展阶段划分，可分为初次创业、继续创业和公司创业；从创业的动机看，分为自发创业、自主创业和自觉创业。

1. 依据创业者数量可分为个体创业与公司创业

个体创业就是个体独资创业。创业活动的起点往往是一个有价值的创意或新点子以及一群具备创业理念的团队成员。个体创业往往缺少资源。

公司创业是指各种类型和规模的现有公司所实施的创业活动。体现了成熟企业整合现有资源，开拓新的发展机会的创新过程。个体创业和公司创业体现了价值、创新、风险三位一体的内涵。

2. 依据创业的目的可分为机会型创业与生存型创业

机会型创业是创业者把创业作为其职业生涯中的一种选择，在创业活动中发现了新的商机，是机会导向型的。生存型创业是创业者把创业看作必须为生存而进行的选择，因为所有其他选择不是不可行就是不满意，为求生存和发展不得不做出的选择。机会型创业和生存型创业在各国都存在。但由于创业内部条件、外部环境、创业文化等因素的不同，两类创业活动存在较大差异。根据清华大学创业研究中心《全球创业观察报告》研究的结论是：生存型创业比重在降低，而机会型创业比重在提高，达到60%以上。

生存型创业和机会性创业产生的社会经济效益是不同的，一般机会型创业的效益都高于生存型创业。提供的就业在1～5个岗位的，机会型创业低于生存型创业，提供的就业岗位在6～19个岗位，或大于20个岗位的，机会型创业远远高于生存型创业。

3. 依据价值创造可分为复制型创业与风险型创业

复制型创业是指创业者简单地复制现有企业的经营模式，并未进行任何生产技术、工艺流程、商业模式等方面的创新。复制型创业也可以理解为“克隆”创业。大部分的生存型创业均属此类。

风险型创业是创业者开辟出新的领域的创业活动，其社会价值得到了很大的提升，虽然风险大，失败率高，但其创业成果在某些方面会有很大突破，能对行业甚至经济社会的发展有巨大的推动作用。机会型创业与风险型创业往往互相交叉，特别是在高科技领域。

过去创业研究重个体，如今已转移到创业过程本身，转到创业者与创业活动之间的互动关系。柏率(Bruyat. &julien)于2000年提出创业的两因素说，即个体改变与新价值创造之间的关系，如图2.1所示。

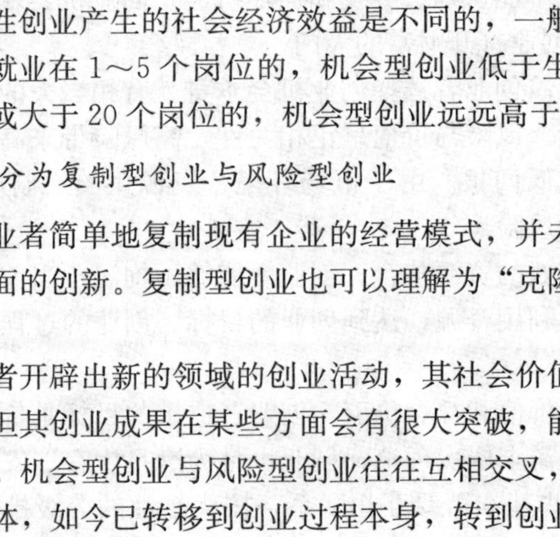

图2.1 个体改变与新价值创造之间的关系

4. 依据产业划分可分为第一产业、第二产业、第三产业的创业

第一产业是指在农业领域的创业活动；第二产业是指在工业领域的创业活动；第三产业是指在服务领域的创业活动。

【案例】

大学生林嘉喜创业的故事

林嘉喜，国金投资顾问公司CEO。2001年4月28日在东南大学环境科学系毕业前夕(年仅23岁)筹集10万元人民币创办南京国金投资顾问公司，专注于为企业提供一流的并购顾问和投融资顾问服务，创业取得巨大成功。到2012年，他们在融资与并购的财务顾问领域已经成功完成50多宗案例，涉及的交易金额达到了20多亿美元。

1. 从0到20亿仅用12年

国金顾问公司的使命和价值理念是秉持一切以客户利益为重的原则，将客户视为长期的合作伙伴，专注于协助客户实现其长期发展的策略和业务目标。坚信用服务创造价值的理念，锐意进取，开拓创新，高效务实，致力于为中国互联网和无线增值企业提供最优质的金融顾问服务。目前国金顾问已经发展成为中国新媒体领域最大的财务顾问公司。国金投资的主要业务包括以下内容。

并购顾问服务：对有意向进行内部资产重组、企业购买、企业兼并及股权转让、公司合并与分立的企业，参与筛选和选择并购对象，提供操作方案及咨询服务，并协助企业完成方案的实施。

融资顾问服务：担任企业引进国内外知名投资机构的融资顾问。为企业书写商业计划书，对企业进行价值评估，对管理团队、技术水平、市场前景、财务状况等进行详尽地分析。进行收入预测，对目标企业进行未来3～5年的投资价值分析。对企业的市场规模、风险对策、退出计划进行认真评估。

2003年1月从策划操作将中国第二大手机短信游戏公司广州讯龙以2080万美元卖给新浪，开创了中国第一个SP并购案。2004年，Tom Online以5.5亿元人民币的价格并购中国最大的电视传媒无线互动平台北京灵讯互动科技，被称为2004年中国十大外资并购案之一。2005年，中国最大的WAP服务提供商之一的深圳讯天通信以最高可达约80亿日元的价格全部售于Index Corporation。2006年英国最大的无线增值业务公司MonsterMob Group分别以1.8亿美元、8000万美元、1.3亿美元的价格对联东伟业、杭州联梦娱乐软件有限公司、万讯通进行了并购。2007年5月，国金顾问完成国内首例大型网络游戏并购案天畅科技卖给财华网，总额2亿人民币。到2012年，他们融资与并购涉及的交易金额达到了20多亿美元，业务占据移动增值并购领域三分之二的市场份额，几乎包办了所有3000万美元以上的并购交易。这些收购案无一例外都由国金投资顾问有限公司操盘运作，而谁会想到，这些有国内外影响的并购案正是国金投资的CEO林嘉喜及团队策划完成的。

2. 大学期间的各种实践锻炼，为毕业后的创业打下坚实的能力基础

林嘉喜还在高中时期，就将压岁钱投资于房地产基金，并将赚到的钱资助给家庭贫困的小学生。在大学期间，参加学校管理爱心基金会、科技协会，创办学生创业协会的过程中，通过大量的组织活动锻炼出很强的沟通和协调能力。爱心基金会需要筹款，那个时候比较特别的是不允许用筹款来做日常资助，所以要用基金的几百元基础资金去赚钱。经过申请每周被容许在食堂门口卖两次东西，于是就组织把基金会的志愿者分成采购部、财务部、销售部去执行义卖活动，然后把赚来的钱以每小时400元用于资助一些困难的同学。离开爱心基金会后又加入了科协负责活动的组织，在工作中涉及很多活动需要拉赞助；科协之后，创办了创协，主要负责包装、服务学校的参赛创业团队，通过不懈地努力，2000年获得了第

二届大学生“挑战杯”创业大赛的金奖优胜奖，实际上就是全国冠军。正是在做这些活动的过程中，能够高效利用资源并有效管理团队，一些互联网公司将整个南京的校园赞助都交由他管理，并支付每月高达7000元的工资。在一系列的组织活动实践中，为他创业打下坚实的思想基础。他的组织能力、领导能力、应变能力、协调能力等管理能力得到了很大提高，为他创业打下坚实的能力基础。

3. 坚守执著的创业精神，不断把事业做大做强

林嘉喜当年休学创业顶住家庭和社会的很大压力，由于没有各种社会资源(包括人际关系、资金等)，到2001年底，账面资金仅剩有1000元，而且还欠房租11000元，面临公司的破产。但是，他从没有觉得公司会倒下去，恰恰相反，他始终认为，他们一定会战胜暂时的困难，一定会挖掘并抓住创业机会，把公司做起来。他们坚守创业自信，坚持挖掘互联网移动业务的成长机会，靠精通专业领域的知识，长期与IT行业内人士保持联系和深度交往，终于抓住了广州讯龙寻找买家的契机，帮助新浪并购广州讯龙，取得国金投资生死转折之战的胜利，从此打开了公司业务发展的新局面。这一成功的并购案的运作，为日后一系列兼并重组打下了基础。在以后的10年间，他们先后大手笔运作了短信并购、手机游戏并购等业务，年平均融资和并购交易额达到12亿元以上，成为在业界有影响有实力的投行融资顾问公司。

在总结创业成功的关键和发展体会时，他认为，看准目标、勇于创新、坚守执着、永不言弃，挖掘并抓住创业机会是最为重要的，只有专注于潜在会爆发的专业领域，一定会有创业发展的机会，实现你的梦想。而经常变化方向，不能专注与坚守，那么你永远等不到创业机会和企业发展的到来。

案例选自郭威对创业者的访谈、林嘉喜腾讯博客(http://t.qq.com/linjiaxi)及有关资料。

【思考】

为什么林嘉喜创业能成功？他有哪些创业精神值得学习？有哪些创业经验值得借鉴？从现在起，你要为创业做好哪些准备工作？

2.2 创业过程分析

2.2.1 创业过程的概念及特点

1. 创业过程的概念

创业过程是指创业者发现并评估商机，进而将商机转化为企业，以及创业者对新创企业进行成长管理和收获的过程。这是一个系统的，时间较长的组织创建和发展过程。当然，不同类型的新创企业，在不同的发展阶段，创业活动的侧重点是不同的，这要根据市场环境以及外部环境的变化，内部条件的改变而适时调整、把握。

2. 创业过程管理的特点

和一般企业管理相比较，创业过程管理活动涉及的因素复杂多变，更具挑战性。因此，具有不同于一般企业管理的特征。具体有以下几点。

(1) 创业管理与一般管理的出发点不同。一般企业管理的出发点是重内部管理，尽可能以最少的投入取得最大的经济效益，实现管理效率高，效益最大化。而创业过程管理首先是寻找创业的发展机会，积极整合各种创业资源，创建新的企业，发展全新的事业。创业者出发点更加重视机会识别，抓住机遇，发展事业。

(2) 创业管理和一般企业管理的物质技术基础不同。一般企业管理已具备一定的物质技术基础，依托对象是已经运行的传统企业。而创业管理基本都是从头创业，物质技术基础薄弱，企业实力较弱，资源存储不足，这种先天性的差距，使得创业过程管理模式，发展突破点必须不同于一般企业管理。

(3) 创业管理和一般企业的管理模式不同。一般企业管理模式相对比较成熟，其管理体制、运行机制、开发、生产、营销、服务等管理职能比较健全，按管理程序、制度进行管理，职责明确，管理模式比较稳定。而创业管理是在新创企业不成熟的企业管理体制下的创新型管理。需要建立新的适应新创企业的管理模式。创业者更多地要依靠团队合作，要承担比较高的风险。新创企业的管理体制、运行机制、管理职能界定、发展模式等都处在探索、磨合、调整、稳固过程中，还需要一定时期的运行期，才能逐步建立适合新创企业管理模式。

在认识一般企业管理者与创业管理存在比较明显差异的同时，两者之间还有诸多共同之处。比如，两者都研究资源的最优配置，以及使用效率和取得高效益的问题，两者都必须认真研究管理创新等许多共同面对的新问题。不解决这些问题也无法适应变化了的外部环境，也不能实现可持续发展。

除上述创业过程管理与一般企业管理的异同外，创业过程还具有自身的特征，也正是这些特征反映了创业管理不同于一般的企业管理。

(1) 创业的不确定性与高风险性。创业过程的不确定性与高风险性是紧密相连的，由于外部环境始终处于动态的过程中，甚至有些创业的影响因素变数很大，使创业过程具有较大的不确定性。由于创业具有高风险性，尤其高新技术产业往往创业项目成功率很低，导致实际创业活动失败率非常高。因此，创业者必须对创业的不确定性、高风险性有十分清醒的认识，必须对创业有正确认识，不能盲目进入创业过程，也不能遇到困难就放弃，应以不怕失败，勇于承担风险，正视困难，克服困难的良好心态，做好创业的各种准备工作，更主要的是心理准备。

(2) 创业的自主性与合作性。创业过程的自主性与合作性是相伴的，创业者在寻找商机以及运作过程中，常常苦思冥想，需要拍板决策。虽然需要倾听各方面的意见和建议，但需要"一锤定音"时，创业者要拿定主意，自主决策。但自主决策也不是脱离合作者。由于创业过程会遇到各种各样的矛盾、问题、困难等，需要创业者与团队成员共同承担责任，团结一致，共同完成各类工作任务。因此，创业者充分发挥团队成员的作用，就显得尤为重要。

(3) 创业的自信性与学习性。创业过程是一个不断增强自信心的过程，任何缺乏自信心的表现，都有可能使创业活动半途而废。因此，不放弃、坚持住、顶住压力、拒绝诱惑，是创业者必须始终保持的心态，这可以鼓舞大家共同面对困难、克服困难，最终取得创业的成功。创业过程尤其是高技术企业创业，是知识密集、人才集聚之地，因此，知识不断地交流、扩散，并不断创新出知识点，才能促进新创企业健康成长。创业过程的学习，应始终伴随新创企业的成长。

2.2.2 影响创业过程的主要因素

1. 构成创业的 8 大要素

创业者的创业是围绕企业良性发展而展开的，那么，实现创业并得到良性发展，需要研究创业的构成要素。我们认为，创业的构成要素一般有人、科学资金、科学技术、组织(团队)、外部环境(市场、政策等)、信息资源、文化、定位。这可以说是构成创业的 8 大要素。

(1) 人是创业活动的主体。创业者在创业中必然涉及人的因素，人的因素第一，人始终是创业活动的主导因素，在一定意义上说，是决定性因素。创业者要同企业内外的人打交道，搞好人际关系。只有搞好内外部的人际关系，才能使创业活动比较顺畅地展开，没有人为的梗阻，或能有效化解各种人际矛盾和问题，才能谋求创业的成功。

(2) 资金是创业活动的必要条件。没有资金或风险投资的进入，创业活动只是“纸上谈兵”，资金也包括各种资产，物是资金的载体。创业活动需要技术开发或引进、生产装备、原材料、生产手段等，这都需要资金的投入，只有一定量的资金投入，才有一定量的产出。资金是创业活动的“血液”。

(3) 科学技术是创业活动的重要支撑。创业者创业活动特别是高新技术企业，必须以先进的科学技术作支撑，科学技术是第一生产力。科学技术也包括管理技术、营销模式等。

(4) 组织是创业活动的基本保障。创业者必须通过组织团队来完成创业活动目标。必定一个人的知识、能力是有限的，而组织团队的作用是无限的。创业活动通过团队分工协作，充分发挥团队多元化的知识结构和能力，注重调动每个成员的积极性，才能使创业活动取得更好、更大地成果。

(5) 外部环境是创业活动的重要组成部分。创业者在创业活动时，需要认真研究外部环境对创业的影响。寻找在特定的外部环境下能够实现的创业机会。必须要适应当地的市场环境、政策环境、制度环境等。即便企业创办起来之后，也必须使经营手段、营销策略符合外部环境，创业者的一切经营管理活动都尽可能地与外部环境相匹配，并随外部环境的变化而适时调整。

(6) 信息资源是创业活动的首要资源。创业者开始创业首先要进行信息的收集，信息整理分析，去伪存真，由表及里的分析、整理、归纳、提炼过程，经过充分调查研究，寻求创业机会，达到创业成功。因此，信息资源的开发利用是创业者首先面对思考，进而完成创业构思的比较长时间的过程。这种信息资源的整合、创新组合，是创业成功的重要保证，也是创业者进行创业活动的首先寻求的重要资源。

(7) 创业文化是创业活动的基本推动力。创业文化的核心是创业精神，其内核是创新、首创。创业文化是新创企业的生命力、凝聚力和创造力的源泉，影响着新创企业的建设与发展。新创企业需要人、财、物等，更需要先进的创业文化。创业文化是由精神文化、制度文化、环境文化、行为文化而构成的有机整体。其各个构成要素相互联系、相互作用、相互影响，并在企业的精神层面达到高度的统一。

(8) 创业定位是创业初始阶段需要明确的方向点，要回答做什么。创业定位正确与否直接关系创业的成功与失败。

从上述创业构成的8个要素的分析中，可以构建一个创业分析框架来描述各个要素在创业过程中的作用以及它们之间的联系，如图2.2所示。

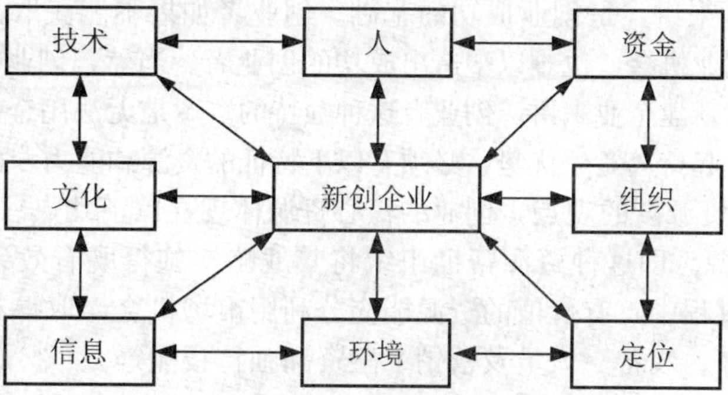

图2.2 创业过程中各要素相互联系

上述8个因素是创业活动中相互适应、相互匹配的关系。在实际创业过程中，不能顾此失彼，而要统筹兼顾，只有在诸因素协调进行，创业活动才有可持续发展的动力。

2. 影响创业过程的主要因素

我们分析了创业的基本构成要素，但是在创业过程中，影响创业成功的必定有一些主要因素，而抓住主要因素或矛盾的主要方面，其他问题或矛盾就可迎刃而解了。从创业过程特别是能达到企业成功目标角度看，主要有以下几个特别重要的因素，值得重点把握。

(1) 创业机会。创业机会实际是发现创业价值到抓住创业机会。在创业开始时，有各种各样的市场机会及其表现形式，都有很大的不确定性，但哪一个创意确实符合市场需求，具有市场价值，这需要创业者进行机会识别和认定，这是任何创业者必须首先迈出的第一步，也是在创业活动中创业者和风险投资者必备的素质。因此，创业者对创业机会的把握关乎创业的成败。

(2) 创业资源。创业资源是企业成长的基础，缺少创业资源，即使有了创业机会，往往也会丢失掉。因此，成功的创业者往往能够使内外资源优化组合，不断地开发、利用、积累创业资源，才能实现创业机会转化为有效的创业发展。创业资源的含义非常丰富，我们认为创业资源是指新创企业所需要的各种要素资源和环境资源。具体来说，创业资源包括以下具体内容。

智力和人才资源：各类专业和管理人才、高级专家及顾问。创业者及其团队知识、经验、知识结构合理性，判断力、创造力、才智胆识、社交技能、关系资本等。

资金资源：风险投资、银行及民间借贷、优惠政策给予使用的资金等。

科技资源：科研院所及科研成果，专利、技术诀窍、科研实验平台等。

组织管理资源：管理体制、运行机制、组织结构、管理诊断、营销策划等。

基础设施资源：基础设施建造状况，计算机网络信息系统，企业周边交通和生活配套设施等。

政策资源：各种创业优惠政策，包括财政金融政策等。

信息资源：各种渠道提供的信息，宣传推介，采购销售，市场反馈等。

文化资源：企业的精神文化、制度文化、行为文化、环境文化、学习氛围等。

品牌资源：优秀企业的品牌、产品品牌等。

声誉资源：人们对新创企业的认同感、忠诚度等。

资源对于创业者来讲，是创业成功的基础。创业者如果不能获取、使用配置、控制资源，即使有最好的创业机会，也难以塑造出成功的创业者。当然，创业者本身就是新创企业的核心人力资源。对新建企业来讲，创业者这种独特的资源是无法用金钱买到的。对于新建企业来讲，若能建立起持久竞争优势，必须有以下特征的资源和能力。根据马克·J. 多林格《创业学——战略与资源》的观点，创业的核心资源体现在以下几点。

① 有价值的资源。即这种资源帮助组织将其战略实施得既有效果又有效率时，就是有价值的。在创业过程中，有价值的资源能充分利用市场机会，取得利用效益最大化。有价值的资源包括财产、装备、人员及营销、融资和独特技能等。

② 稀缺资源。这种资源不能被竞争对手广泛获取。也就是说，这种资源对所有竞争对手来说并不充足，许多企业都能拥有或到处都可以获取的，不能称稀缺资源。

③ 难以复制的资源。如果某种资源在一个高价位上，即使稀缺资源也是可以买到的，当然，如果价格高到没有了利润空间，那么这种稀缺资源的优势也就不存在了。对于有些资源，竞争对手无法进行复制(或无法模仿)，这称为难以复制的资源。比如，科技创新、知识产权保护；营销过程的人脉关系；复杂的社会关系；创业者的独特状况、影响力等。

④ 不可替代的资源。是指那些不能被普通资源替换的战略资源。当新创企业资源达到上述 4 个标准时，便可以成为企业核心竞争优势的基础。这些资源是新创企业资源寻找、整合的核心，对形成、保持企业的核心竞争力具有重大作用。

(3) 创业团队。创业团队是新创企业稳定运行与发展的基本保证。团队建设的好差决定了创业是否成功。团队中的每个成员必须有适应的知识、能力、素质的角色定位，并与实际岗位相匹配，充分发挥每个成员的创造才能使他们的知识、能力、素质优势互补，形成统一的核心价值观。在科学的管理体制和运行机制下，创业团队的创业效率和效果达到最佳化，促进新创企业快速稳定成长。

(4) 商业模式。商业模式是新创企业的一个框架。其核心内涵是："新创企业如何在市场上建立可信赖的价值"，或是企业应用知识抓住价值的方式。同时，又能防御竞争者的进入，即形成有效地进入壁垒。良好的商业模式，可以把商业机会转化成商业价值，即市场价值(第 5 章将详细介绍)。

(5) 战略规划。战略与战术一词源于军事，以后应用于管理等各个方面。战略主要指方向性、全局性、长期性、全面性的军事安排，战术往往指具体的行动计划。新创企业制定战略规划，对于企业发展方向，化解创业风险，明确发展定位具有重大意义和作用。新创企业要在市场竞争中取胜，特别要形成独有特色，在差异性上下功夫，在"新、特、优"上出成果，这样才能发展核心竞争力。当然，随着企业不断发展，也要根据外部环境的变化适时调整战略规划，使战略始终引领企业的发展。

(6) 组织制度。新创企业在开始阶段，组织制度建设还不够突出，企业规模小、人员少，管理事务较为简单，创业者能管理的很好。但是随着企业规模的扩大，人员的增多，组织制度建设自然提到议事日程上来。要明确组织结构，运行机制，各职能部门的权、责，运用各种规范性的规章制度来管理企业。可以说，组织制度建设是新创企业得以稳定发展的必要条件和最基本的保障。

创业者在当老板创业过程中，其共同点都是工作非常“忙碌”，但有的成功，有的失败，其因素很多，其中一个重要因素是利用时间处理问题的方式不同。我们主张按轻重优先顺序处理不同的问题，这可节省工作时间，提高工作效率和质量。永远不要碰不紧急、不重要的事情。

【案例】

王传福：比亚迪电动汽车的打造者

1. 家贫志不贫，以优异成绩考入中南大学

王传福出身贫寒，他的成长道路充满艰辛，却同时磨炼了他的坚韧意志。1966 年 2 月 15 日，王传福出生在安徽芜湖市无为县的普通农民家庭。他的父亲是一名技艺出色的木匠，曾经担任大队书记的职务。其父为人正直、坚韧刚强、乐于助人、公私分明，在群众中有口皆碑。王传福的母亲则是传统的贤妻良母，教育孩子要忠厚本分。受家庭氛围的影响，子女们也都继承了刚强正直的性格和坚强不屈的精神。王传福亦是如此，这在他以后的创业历程中得到了明显的体现。王传福有五个姐姐、一个哥哥和一个妹妹。加上父母，一家十口人就靠世代传下的木工手艺活为生，日子倒也过得平静安详。但是好景不长，在王传福十三岁时，父亲因为长期的病痛折磨去世。家庭的经济情况开始每况愈下，王传福的五个姐姐先后出嫁，妹妹被寄养，而哥哥王传方也从此退学开始工作赚钱养家。日子的艰难不易，母亲和兄长的殷殷期盼，不断鞭策着王传福。在青少年时期，他比同龄孩子显得稳重早熟，性格比较腼腆不大爱说话，也不愿意与他人过多交往。但是他比同龄的孩子更加知道用功读书，将全部的精力和时间用来学习。因为他明白，家庭的希望都寄托在他身上，他唯有以优异的成绩作为报答。所以在他的心里永远有一条信念，那就是“永远要比别人做得好”。心有多大，舞台就有多大。王传福不服输、不断超越自己的精神，奠定了他后来事业成功的基础。在王传福即将初中毕业的时候，母亲又突然去世。命运给相依为命的兄弟俩以最沉重的打击。孟子说：“天将降大任于斯人，必先苦其心志”。生活的苦楚，年少的王传福是尝够了。深受打击的王传福，只能每日沉浸在学习中，生活的苦难也让王传福养成了坚强、独立、强势的性格。父母留给一对兄弟的全部财产就是四间茅草房，但是父母给他们留下的精神影响却让兄弟俩受益无穷，在潜意识里影响着他们的一生。王传福母亲去世时，正值初中毕业考试。王传福因此缺考了两门课程，没有考上当时热门的中专，而是进入无为县一所刚建立的普通高中无为第二中学。因为家庭的不幸遭遇，王传福的哥哥王传方在 18 岁就扛起了家庭的重担，中断学业工作赚钱。但无论生活多艰难，他始终要求弟弟要发奋读书。王传福看到家庭的困难、哥哥的辛苦，心里有所动摇时，哥哥却说：“再苦再累，卖房也要读书，只要读书才是唯一的出路。”他要求弟弟考上大学。当母亲去世时，大嫂张菊秀踏入了这个遭遇不幸的家庭。她身上所具有的中国传统妇女的贤良淑德重新温暖了兄弟俩的心窝。王传福高中的三年是整个家庭最艰难的时期，新进门的大嫂没有享受过新娘的快乐，而是要为柴米油盐发愁，照顾一家人的饮食起居。王传福从高中起住校，每周末回家向嫂子取 10 元的生活费。有一次，家里实在没有钱，而嫂子又不舍得他委屈自己，就在村子里挨家挨户的借钱，最后才筹到不到 5 元的散票子。而后来在王传福考上大学时，哥哥将结婚时所带的一块“上海牌”手表和家里全部的新东西都送给了弟弟，并一路陪同他到长沙。在王传福求学期间，哥哥也决定将自己的小生意搬到弟弟所在的城市，尽量能在生活上多照顾到他。王传方一直承担弟弟的学费和生活费，直到研究生毕业。长兄如父，哥哥

不仅在生活上照顾弟弟，更教会他做人。勤俭节约、要有志气、尽量花自己的钱是哥哥常说的话。而兄弟俩在最困难的日子也没有到成家的姐姐家里过一个春节。手足情深，兄弟间的浓浓情谊延续至今。今天已经名传天下的王传福和哥嫂家住门对门，在生活上互相照应。1983年，王传福以优异成绩考入位于长沙的中南矿冶学院冶金物理化学系，进入大学后，出身贫寒的王传福埋头于学习之中，一心把专业课学好。爱因斯坦有句名言：兴趣是最好的老师。王传福想做科学家，肯钻研问题，因此他的学习成绩在班上名列前茅。在本科时王传福就开始接触电池，这为他未来的事业打下了一个良好的基础。中国香港风险投资公司汇亚集团董事兼常务副总裁王干芝评价说："王传福是我见到少有的非常专注的人，他大学学的是电池，研究生学电池，工作做得还是电池。"正是因为长期专注于电池领域，他才能做出成果。成功有时候靠的就是坚持。他在大学期间喜欢参加各种各样的校园活动，尤其是喜欢参加舞蹈。有人将他称为学校里的"舞林高手"。结果读大学期间，王传福的名声就在学校里传开了。1987年毕业于中南大学冶金物理化学专业，同年进入北京有色金属研究总院攻读硕士，1990年毕业后留院工作，由于工作出色被提拔为301研究室副主任。

2. 快速抓住创业机会，缔造中国"电池王国"

1993年，北京有色金属研究院在深圳成立比格电池有限公司，由于和王传福的研究领域密切相关，王传福成为公司总经理。在有了一定的企业经营和电池生产的实际经验后，王传福发现，要花2万～3万元才能买到一部大哥大仅电池就要几百甚至上千元，国内电池产业随着移动电话的"井喷"方兴未艾，他敏锐意识到中国电池行业会迎来巨大的商机，考虑到在国企的一些限制，他决然辞去总经理职务。

1995年2月，他在深圳注册成立了比亚迪科技有限公司，开始了缔造中国"电池王国"的传奇历程。创业初期，面临许多困难，缺资金、缺设备、缺原材料，他带领着20多个人在深圳莲塘的旧车间解决一个又一个问题。回想起当时的情形，王传福都有些不敢相信自己哪来这么大的勇气。在当时，日本充电电池一统天下，国内的厂家多是买来电芯搞组装，利润少，几乎没有竞争力。如何打开局面？经过认真思考，王传福决定依靠自身技术研究优势，改造电池流水线，自主研发新型设备，把目光投向技术含量最高、利润最丰厚的充电电池核心部件——电芯的生产。事实证明，王传福的战略眼光和创新精神，是创业成功的关键所在。当日本宣布本土将不再生产镍镉电池时，王传福立即意识到这将为中国电池企业创造前所未有的黄金时机，于是决定马上涉足镍镉电池生产。那时，日本的一条镍镉电池生产线需要几千万元投资，再加上日本禁止出口，王传福买不起也根本买不到这样的生产线。但世上无难事，只怕有心人。他利用中国人力资源成本低的优势，决定自己动手建造一些关键设备，然后把生产线分解成一个个可以人工完成的工序，结果只花了100多万元人民币，就建成了一条日产4000个镍镉电池的生产线。利用成本上的优势，通过一些代理商，比亚迪公司逐步打开了低端市场。经过努力，比亚迪的总体成本比日本对手低了40%。为进驻高端市场，争取到大的行业用户和大额订单，不断优化生产工艺、引进人才，并购进大批先进设备，集中精力搞研发，使电池品质稳步提升。1996年，比亚迪公司取代三洋成为台湾无绳电话制造商大霸的电池供应商。1997年，比亚迪公司镍镉电池销售量达到1.5亿块，排名上升到世界第四位。

在镍镉电池领域站稳脚跟后，不甘寂寞的王传福开始了更为环保的镍氢电池和锂电池的研发，并从1997年开始大批量生产镍氢电池，销售量达到1900万块，一举进入世界第7名。但此时恰逢东南亚金融风暴，半数以上产品出口遇到了困难。此时，王传福引进战略投资者，使公司注册资金从450万元扩大到3000万元。购买先进设备，引进高端人才，成立研究院，开发锂电池，掌握了核心技术，成功进入锂电池市场，大客户名单上出现了松下、索尼、GE、AT&T和业界老大TTI等。2001年，公司锂电池市场份额上升到世界第四位，而镍镉和镍氢电池上升到了第二和第三位，实现了13.65亿元的销售额，纯利润高达2.56亿元。2002年7月31日成功地在香港主板上市。目前，比亚迪的生产规模达到了日产镍镉电池150万只，锂离子电池30万只、镍氢电池30万只，60%的产品外销，手机领域的客户既包括摩托罗拉、爱立信、京瓷、飞利浦等国际通讯业巨头，也有波导、TCL、康佳等国内手机新军，而无绳电话用户包括伟易达、松下、新利等行业领导者。比亚迪以近15%的全球市场占有率成为中国最大的手机电池生产企业，在镍镉电池领域，比亚迪全球排名第一，镍氢电池排名第二，锂电池排名第三。2008年“股神”巴菲特以战略投资者身份入股，以18亿港元认购比亚迪10%的股份。在2009年的巴菲特股东大会上，巴菲特称王传福是“真正的明星”。随着巴菲特的青睐，比亚迪的股价也一路飙升，从入股时的8港元左右上涨到2009年9月28日收盘价的61.85港币，10月最高股价达到88港币。亮丽的上升曲线让巴菲特赚的盆满钵满，实现盈利180亿港币，更最终让王传福登上了首富宝座。在2009年9月28日发布的《2009胡润中国百富榜》上以350亿身家成为中国内地首富。

3. 力排众议进军汽车市场，二次创业开发环保汽车

作为一个以电池制造和代工生产起家的民营企业，已成为国际有影响力的企业，但王传福力排众议决定进军汽车市场，开始了二次创业开发自主品牌环保汽车的征程。2003年1月23日，比亚迪宣布以2.7亿元的价格收购西安秦川汽车有限责任公司77%的股份。比亚迪成为继吉利之后国内第二家民营轿车生产企业。2003年8月，在陕西广东经贸合作推介会上，王传福再爆惊人之举，比亚迪与西安高新技术产业开发区、陕西省投资集团签订合资组建比亚迪电动汽车生产线合同，项目投资达20亿元人民币。王传福的思路是，通过电池生产领域的核心技术优势，打造中国乃至世界电动汽车第一品牌，“电池大王”将造汽车与自己的长项相结合。2004年1月，深圳市有200辆比亚迪制造的锂离子纯电动汽车投入出租运营，成为全国第一家电动汽车示范区，真正实现尾气零排放。这种电动汽车一次充电后可行驶350公里，成本价在10万元到12万元之间，零售价在14万元左右。在做完必要的改进后，将全面进入北京市场，并且在上海、广州、西安等城市陆续上市。比亚迪在2010年以前几乎连续5年实现100%的增长。迈进2010年，比亚迪高增长的势头也戛然而止。2009—2011年，比亚迪的净利润分别为37.94亿元、25.23亿元和13.85亿元，后两年分别同比下降了33.48%和45.13%。怎样在汽车领域打造新的利润增长点，其核心是抓好技术创新。王传福认为：“技术创新，技术底蕴，是我们坚定的战略，是我的梦想。”“没有先进的技术，品质不够好，自主品牌是做不起来的。”经过几年发展，比亚迪形成了集研发设计、模具制造、整车生产、销售服务于一体的完整产业链组合。汽车产品包括各种高、中、低端系列轿车，特别开发出双模电动汽车及纯电动环保汽车，成为中国最具创新性的新锐品牌汽车。

2013年比亚迪将推出3款新车，即配备夜视设备、超大触摸屏和500G硬盘的中级车思锐、配备1.5T发动机和电动机的双模混合动力汽车，以及一款比S6尺寸更大的SUV车型S7。2013年比亚迪定的目标是50万辆，将在三年调整收官的基础上进行二次腾飞。而腾飞的基础即是技术，2013年在上海车展会发布一个世界级的技术，叫绿混技术。该技术的主要特点就是把现在使用的铅酸蓄电池替换为铁电池；延长电池寿命达到10年；将电池电压由现在的12伏提升至48伏；推广启停和制动回收技术等。此外，在2014年北京车展还会发布了一个更震撼的技术——顶级驱动技术，用四个轮边电机真正做到全球第一辆独立的四轮驱动。通过把可充电电池和电力汽车两个主业的嫁接，要在2025年成为全球第一大商用车制造企业。

王传福创业成功后，始终不遗余力热心公益事业，勇于承担社会责任。比亚迪投资4000多万创办儿童福利院，汶川大地震第一时间捐赠1000万现金，从生产线汽车拆下1000只千斤顶，紧急空运灾区救助和挽救更多地生命。由于他在创业和管理等方面的贡献，先后获得国内外的奖励。2002年获香港“紫荆花杰出企业家”奖，“中国优秀民营企业家”。2003年入选“深圳十大杰出青年”；被《商业周刊》评选为25位“亚洲之星”之一。2008年度CCTV经济年度人物“年度创新奖”。2010年被评为20世纪影响中国的25位企业家之一。

王传福在总结创业过程中，创业者应具有的创业精神，他说：“生命有一种硬度，你若有不屈的灵魂，脚下就一定会有一片坚实的土地。”“成功最关键的还是要有冒险精神，许多时候不在于你能不能干，而在于你敢不敢干。”

资料来源：http://www.54288.com/fortune/share/86006907.html，网易汽车综合等资料整理。

【思考】

你认为王传福拥有哪些创业精神？他是怎样抓住创业机会的？要创业成功需要哪些资源和必备的素质？

2.2.3 创业过程的阶段划分

从创业发展的观点出发，借鉴企业生命周期理论，对创业过程进行阶段划分。我们认为，创业过程大体包括 4 个时期，即孕育期、投入期、发展期、成熟期，如图 2.3 所示。

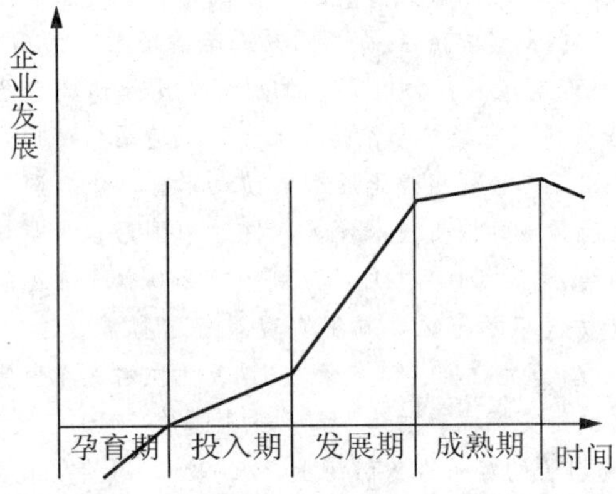

图 2.3 创业阶段

（1）孕育期。孕育期是创业者思考、寻找、选择、抓住创业机会的时期，是创业的初始阶段。这时创业的方向和市场目标仅仅是粗线条的，还不能给予明确肯定的答案。但初步的创意大体明确后，就考虑各种有形或无形资源的投入以及寻找合作伙伴，组建创业团队，进行前期的各种准备工作。

（2）投入期。创业者已经明确了创业方向和目标，各种资源要素的投入，组建创业团队，构建商业模式，准备迎接市场及客户的检验，这是新创企业能否进入发展期的关键环节。如果新创企业的产品或服务被市场认可，并赢得客户好评，新创企业就能比较顺利地度过风险期，战略投资者经过评估进入，促进新创企业的快速发展。

（3）发展期。在以产品或服务为导向的市场开发完成后，企业将进入以销售为导向的规模增长期。随着市场规模的扩大，企业资源也越来越多，盈利能力也持续性增强，不断促进企业的发展，企业成长快速，又进入了扩张期，并逐步形成经济规模，产品或市场占有率达到一定水平。这一时期，创业团队不断调整，提高管理效能，创业资源丰富，商业模式也相对稳定下来，风险降低，投入产出比较高，盈利能力和价值创造达到了较高水平，各项管理制度和运行机制比较完善，吸引风险投资开始进入新创企业，使企业发展有了更加坚实的基础。

（4）成熟期。成熟期体现新创企业的核心产品或服务已经在市场上占有较大的份额，优质产品、品牌产品占有一定的比例，市场认同度较高，客户满意度较高，销售额及盈利额增长很快。企业组织结构非常完善，企业在市场的知名度很高，具备了很强的核心竞争力。

但在企业成熟期，也正是经营存在潜在风险，管理者创业成功后的自满、自大、自我陶醉在成功的喜悦中，被成功冲昏了头脑，固步自封、墨守成规、条条框框、按部就班，创新精神降低，管理决策的失误，使企业呈现出衰退的端倪，是企业停止发展并开始衰退的转折点。

这里介绍伊查克·爱迪思的企业生命周期理论。1989 年他发表了《企业生命周期》名著，在国际上具有很大影响力。这部著作由 4 个部分组成。

第一部分，描述企业各个阶段的行为特征，确认企业的生命周期阶段，企业成长过程，每阶段正常与不正常的问题，企业目标领导风格如何随企业生命周期变化而变化，以及判断企业生命周期曲线上的位置。

第二部分，企业成长期的行为变化的分析方法。

第三部分，预测企业文化的变化。

第四部分，改变企业行为文化的诊断方法，开出解决问题的“处方”。

爱迪思的新创企业生命周期模型，是一个钟形的曲线，分为成长阶段和老化阶段，经过了孕育期、婴儿期、学步期、青春期、盛年期、稳定期、贵族期、官僚化早期、官僚期、逐渐死亡期、死亡期 11 个企业发展历史时期，成长阶段所表示的是企业活力、竞争力、发展力。这反映出新创企业在短期和长期取得的效率和效果的能力。盛年期表示成熟了，企业如果不能对变化着的外部环境和内部条件作出反应时，企业就开始走下坡路，首先是企业缺少创新精神，其核心是缺失科技进步及各种管理创新，而不是劳动力规模或自然资源的存量。分析了不同时期正常与不正常情况及应对措施。根据诊断的病灶，提出改革 11 个步骤，不同时期的诊疗方法等。企业生命周期理论给我们以下启示。

（1）企业从出生至死亡是一个不可逆的客观规律，只有不断持续性创新企业，才有可能较为长期的存在并发展下去。

（2）不同类型的企业具有不同的生命周期，其生命周期曲线的形态也存在较大差异。

（3）创业要针对不同的企业生命周期阶段，采取不同的有针对性的解决问题的措施，并不断促进企业发展。

2.3 创业理论研究的现状分析

2.3.1 创业理论研究的进展与研究重点内容

目前，在国际管理学研究中，越来越多的学者、研究人员致力于创业研究，但限于实证类研究，而创业理论研究较少。一些学者对创业研究成果进行分类，绝大部分文章集中考察创业个体、创业机会、组织行为、环境要素及其关系。如个体差异如何影响机会识别过程，或如何整合资源开发机会，新价值创造过程中的内在特征等。在现有研究中，国内外有代表性的理论研究主要有以下几位学者。

（1）卡特纳(Gartner)的创业理论研究。他提出创业理论框架主要有 4 个维度：创业者的创业活动的组织实施者，包括个人成就感、控制力、风险承受倾向、工作满意度等特征；创业的战略实施，包括总成本领先、差异化程度、集中程度等；创业过程与环境，包括锁定创业机会、积累资源、市场营销等；创业环境包括顾客、市场、产业基础、进入壁垒等。

(2) 蒂蒙斯(Timmons)的创业研究重点。他认为，创业过程是一个高度动态的过程，其中，机会、资源、团队是创业过程中最重要的3个驱动因素，影响和决定了创业过程及其方向。他认为，机会是创业成功的首要问题，应投入大量时间和精力寻求最佳的创业机会。他提出资源是相对的，创业者应更着眼于最小化使用资源并控制资源，而不必完全拥有资源，要合理利用资源。为此，要精心设计使用资源战略。团队是创业的关键因素，选择项目、吸引风险投资是团队的重要工作，体现团队的卓越才能。他强调创业要素的合适、均衡思考。

(3) 马和谭(MaTan)的创业理论研究。这是创业研究的最新研究成果，包括4个维度：创业主张、创业先行者、创业实践、创业绩效。他认为，创业主张包括创业目的和创业策略；创业先行者是创业领导者和执行者，包括创业者激情，坚定不移的信心。创业实践是指创业的行动模式包括创业者的说服力，对资源的追求。创业绩效是创业活动的成果，包括个人财富和社会价值，组织盈利。

4个维度存在3种效应关系，分为以下几点。

① 直接效应：创业先行者、创业主张、创业实践对企业绩效的直接作用。

② 调和效应：创业先行者和创业主张通过创业实践影响创业绩效。

③ 交互效应：创业先行者、创业实践、创业主张共同作用于创业绩效。

④ 全效应模型：对上述三类效应关系汇总。全效应模型如图2.4所示。

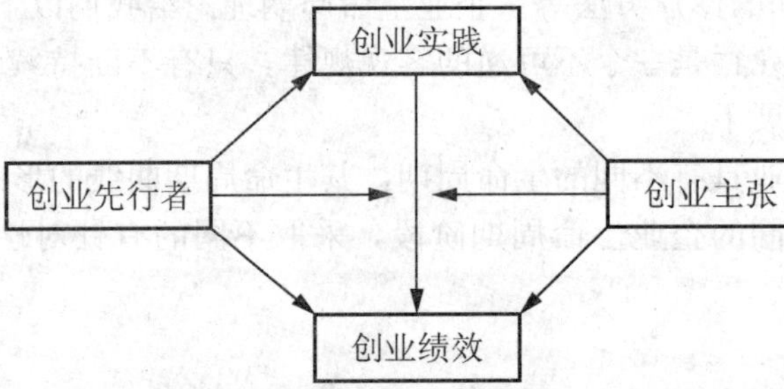

图2.4 全效应模型

(4) 我国学者张玉利和杨俊以蒂蒙斯创业模型为基础，将机会感知、创业团队和资源获取三要素作为创业的内核，以个人特质、文化环境和经济环境作为影响创业的外生因素，从而产生创业动机，并付诸创业行为，构建起创业模型。

(5) 威克姆创业的要素模型。他强调以创业者为核心，协调组织，资源、机会三要素的关系，并通过开放性学习型组织的建立，促进创业成功。此外，国内外学者有从投入产出、创业流程研究创业理论等。

(6) 普拉哈拉德提出的创业成功定律。他是企业核心竞争力理论的创立与开拓者，面对21世纪经济社会发展的大趋势，他提出鱼与熊掌都可兼得的理论思想，他提出："谁同时获得了鱼与熊掌，谁就是未来的商业主宰。"在他新的《企业成功定律》著作中，他强调无论新创企业还是原有成熟企业，要在激烈的竞争环境中制胜，必须具备两种核心竞争力，即：N=1 和 R=G。其中，N=1 表示价值是基于每一位顾客独特的个性化的消费体验；R=G 表示所有新创企业或成熟企业都应从全球多个来源的企业那里获取资源，以形成一个全球化的系统。他认为，企业洞察力来自那些发现新趋势并快速作出反应的企业，创新的根基来自最新、最科学的技术创新，搭建一个先进的信息与通信技术平台，运用因特网技术，将产品、顾客、供应商连接起来，共同创造价值。他还提出，推陈出新即是出路；既要效率又要灵活；广罗人才比降低成本更重要；重视业务流程的改造；重新定位管理业务职能等新的管理思想与理论，这对创业有很好的指导意义。

2.3.2 创业理论研究述评

创业理论研究可以有效描述创业过程中涉及的主要因素和关系。整体上创业过程趋于复杂化。不仅创业因素增加，而且创业因素之间关系复杂化。不同专业背景的人，对创业因素会有所侧重。心理学更加关注创业者的特性，社会学更加关注创业活动的社会效应，经济学更加关注创业的投入产出。我们认为，当前创业研究应侧重在以下 4 个方面展开。

（1）创业机会。创业机会是企业活动的核心，因此要深入研究创业机会及其他要素的关系。

（2）创业者及团队。创业者是机会识别，战略制定及其执行者。对创业者个性特征、偏好，以及对企业影响是未来需要研究的方面。同时，创业能否可持续发展，需要有优秀的团队做保障，怎样建设优秀创业团队是研究的重要内容。

（3）创业资源。在有限的资源条件下，通过什么途径或手段获取有用的资源，并能使各种资源优化配置，取得更好的创业成果，是需要重点研究的。

（4）创业战略。主要包括：使命、战略规划、优化配置资源、创业成长、国际化、建立学习型组织，高层管理方面尚需进一步开拓研究。

本章小结

本章首先对创业的概念、内涵、创业分类进行了介绍，对创业与一般管理的区别、创业过程的特征、创业的构成要素及创业过程的主要因素进行比较系统的分析，对创业过程的阶段及其特点进行了归纳概括，并介绍了伊查克·爱迪思的《企业生命周期理论》及其给我们的启示。介绍了创业理论研究的现状，并对创业理论研究进行了简要述评，提出今后创业理论研究的重点内容。

复习思考题

1. 怎样理解创业的概念与内涵？
2. 怎样认识创业的分类？

3. 怎样理解创业过程管理的特点？简述创业管理与一般企业管理的异同点。

4. 怎样认识创业构成的 8 大要素？怎样理解创业过程的 6 大主要因素？

5. 怎样理解创业过程的阶段划分？企业生命周期理论给我们哪些启示？

6. 结合案例，讨论创业发展过程的不同阶段及其特点。

7. 如何理解创业学研究的不同理论观点？你如何进行评价？

8. 新创企业成败的关键因素是什么？取得创业成功要抓好哪些重要的工作？

实训实练

1. 参加并组织一次校园内创业方面的活动，通过这样的活动，评价自己的创业能力、优势与劣势，并用学到的理论进行归纳总结，提高创业理论及应用水平和实践能力。

2. 调查了解校内外大学生创业典型事迹，总结他们创业的经验与教训，写出调查报告，以小组为单位在班级讲述，进行互动交流，作好 PPT，介绍不超过 10 分钟。

3. 写出自己的创业构想及目标，准备在哪个行业创业就业并作为自己喜欢的终生奉献的职业，是否有足够的资源特别是人脉资源完成创业过程目标，实现自己的创业梦想？以小组或班级为单位进行交流评价。

创业案例过程研究与思考

史玉柱：中国大学生创业的“巨人”

1. 史玉柱创业从“首富”到“首负”

史玉柱是巨人集团创办者，走过了大起大落又大起的 N 字型发展轨迹。史玉柱 1962 年生，安徽怀远人。父亲是普通的公安干警，母亲是一位普通工人。他说：“我不属于教师父母眼中的好孩子，小时候学习并不好”，在怀远一中按着“一硝、二磺、三木炭”还配过炸药，同学都称“史大胆”，为此经常被父母批评甚至挨揍，这种冒险精神对后来创业有一定影响。他喜欢玩魔方，他在事业成功后，用魔方比喻生活和人生，“人生就是魔方，是色彩斑斓还是黯淡无光，全靠自己一双手”。在怀远一中初二之前，学习成绩不好，1977 年恢复高考，(当时初二)父母对他说，收收玩的心，你不笨，考上大学到外面闯荡，别窝在这小县城了。他突然“顿悟”，从此上大学成了他奋斗的目标。初二开始，对学习发起“疯”来，学习刻苦，没有休息日，最早到教室，最后一个从教室走。结果，各科成绩直线上升，成为学校尽人皆知的“黑马”。他极具数学天赋，成为老师重点培养对象。他上大学选数学专业，受陈景润影响，同时，在数学王国里可以天马行空。1980 年以怀远县全县总分第一，数学 119(差 1 分满分)的成绩考入浙江大学数学系。他特别想攻克“1+1”，但过了一个学期，他觉得要攻克陈景润的数学理想并不容易，他的数学理想破灭。从此，失意的史玉柱开始长跑，每天从浙大跑到灵隐寺又返回，18 里地，风雨无阻，坚持 4 年，大学毕业的成绩在中等偏下水平。1984 年本科毕业于浙江大学数学系，分配到安徽省统计局，这年在中国称为“中国公司元年”，柳传志、张瑞敏、王石等都在这年下海创业，分别创办联想、海尔、万科，日后都成为中国的“标杆性企业”。在统计局他负责数据的分析和处理，局里很重视他，派他出去进修学习，在西安统计学院学习看到都是用计算机处理数据的，回到局里后，他自己编出程序处理各种数据，大大提高了工作效率，过去多人几个月的工作量，用电脑一两天就完成了。他的研究成果在全国统计系统年会上得到推广，并获得 230 元奖金和 1 个技术进步奖。相比当时月 54 元工资，他很知足，此时年仅23岁。他编完软件之后，发表了农村抽样分析的文章，被当时安徽省副省长杨纪珂看中，他是深圳大学的客座教授，他问史玉柱愿不愿意读研究生，史玉柱同意，并作为第三梯队预选干部于1986年被保送到深圳大学读软件科学专业研究生，1989年1月研究生毕业，时年27岁。在读研究生期间，搞过勤工俭学，买卖录像机等，听过创业成功人士报告，特别是四通集团总裁万润南创办四通的讲座，对他辞职创业影响很大，从那时起有了创业的理想，做一个成功的企业家。回到省统计局，就递交辞职报告，父母、妻子全家反对，领导同志为他惋惜，但他已下定决心创业，并说“下海失败就跳海”！他从朋友那里借一台电脑在家编软件，半年后即1989年7月，推出桌面中文电脑软件M-6401，并送给原单位一套，这套软件可代替四通打字机，直接在电脑上打字，效果非常好。他决定到深圳创业，怀揣东挪西借的4000元及电脑软件，想把它卖出去。他承包了天津大学深圳科贸发展公司电脑部，月交1至2千元，但电脑部无电脑，仅有一张营业执照，为了演示宣传产品，史玉柱以1000元的租金租用电脑半个月，这对史玉柱的经济压力是巨大的。如何让市场知道这个产品，他想到打广告。没钱打广告，他跑到北京闯进《计算机世界》报社广告部，演示给广告主任贺静华看，看后答应给打三期1/4版广告，史玉柱以软件版权作抵押，广告费半个月支付，最迟1个月后付款。直到广告见报13天收到三张银行汇款，总额15820元，史玉柱第一次“豪赌”成功。2个月后营业收入即超过100万元，随后推出M-6402汉卡。软件是暴利的，直接的成本是软盘的费用，也就是100多元，但卖出的价格高达3500元一套。

1991年，巨人公司在珠海成立。注册资金200万，员工15人。用“巨人”命名公司，因为IBM是国际公认的蓝色巨人，他要做中国的IBM，东方巨人。推出M-6403是一个重要的转折点，从技术来说，代表了当时中国桌面印刷系统的最高水平，三个月销售4000套，销量稳居全国同类产品首位。巨人汉卡200元成本，3100元销售价格，毛利率很高，1991年实现利润3500万元。

在开发M-6402升级版本过程中，他从临时住所搬到深圳大学一间学生公寓，与另一个伙伴合作开发，每周下楼一次买一箱方便面，过了5个月的“集中营式的生活”，没有星期天和节假日，包括春节也不休息，没吃过正餐，方便面吃20多箱。他回顾这段历史时说：“要想事业成功必须对自己冷酷无情”，企业家的精神就是拼命精神。半年开发始终与电脑、方便面为伴，当带着研制新产品的喜悦回到临时住所时，妻子已经不辞而别，妻子提出离婚，经法院调解两人离婚，为此他大哭一场。之后，对同事说，这一生中你们再也看不到我的眼泪，后来因总经理陈国出车祸去世，又哭过一次。他说：“生活上的遗憾是我最大的遗憾”。

到1992年，巨人集团资本超过1亿元，在全国民营企业中仅次于北京四通公司，跃居第二。巨人的成功吸引了新闻媒体的关注，大量报道宣传巨人公司及史玉柱创业事迹，当时称为“巨人现象”。史玉柱总结出：“夸父逐日”的巨人精神，并提出新的发展目标，即在2至3年内超过四通，成为中国最大的计算机企业。

这里，我还要介绍一下改革开放的背景。1992年邓小平南方谈话，在珠海提出了“科学技术是第一生产力”的著名论断，珠海市制订了“科技兴市”的发展战略，并决定重奖科技人员。时任珠海市委书记兼市长的梁广大支持巨人集团，亲临现场办公解决问题，比如税收全免，破例审批出国，户口落户，征地减免50%的费用等。当时国务院副总理朱镕基到巨人集团参观，到1993年1月参观接见达到高峰。短短1个月，先后有国家主席杨尚昆、国务院总理李鹏、副总理田纪云、国务委员李铁映、政协副主席钱正英等党和国家领导人视察，江泽民总书记是后来视察的，特别是1993年1月5日，李鹏参观视察后应邀给巨人集团题词：“青年科技人才是国家的希望”。他是珠海市第一批重奖的知识分子，奖品是黑色奥迪轿车，1993年6月26日作为第二批特等奖获得者获得632620元奖金，白色奥迪轿车一辆，103平方米高级住宅一套，共计价值135万元人民币。此外，又获得珠海人寿保险股份有限公司专门设立的百万元“优秀科技人才康宁保险”的人身意外伤害保险。这一年，史玉柱31岁。

2. 史玉柱盲目决策，栽了“大跟头”

随着事业的跨越式发展，史玉柱提出实现跨国集团的设想，头脑发热，心情浮躁，似乎无所不能，极度膨胀。他决定建中国第一高楼，珠海市政府积极支持，批给巨人3万多平方米土地，每平方米地价125元，市场价格每平方米2650元，地价只花1500万元，而且售楼后再补交余下款项。1992年计划盖38层的巨人大厦，后因头脑发热一改再改，从38层蹿至70层，号称当时中国第一高楼，所需资金超过12亿元。有人曾把巨人大厦“长高”视为史玉柱“雄心”膨胀的“标尺”。因为当时广州要盖全国最高楼，定在63层，史玉柱要超过广州楼层。如果按原计划38层资金仅2亿，工期2年；而增加到70层预算资金需12亿，约6年完工。巨人大厦由享誉世界的香港巴马丹拿国际公司设计，前期设计费用2000万港币，花了大价钱。做这个决策没人能够限制史玉柱，他讲：“巨人集团董事会是空的，总裁办公会议是提出议案，可以影响我的决策，但左右不了我的决策，我最后拍板定事，当时是跟着全国房地产热昏了头”。史玉柱基本上以集资和卖楼花(预售楼房)的方式筹款，集资超过1亿元。后来他总结这一致命决策教训时，说到：“当巨人规模越来越大，个人的综合素质还不全面时，缺乏一种集体决策的机制，特别是干预一个人的错误决策乏力，那么企业的运行就相当危险”。1993年，巨人推出M-6405汉卡、中文笔记本电脑、中文手写电脑等多种产品，其中仅中文手写电脑和软件的当年销售额即达到3.6亿元。巨人成为中国第二大民营高科技企业。同年下半年，史玉柱注册成立康元公司，投资300万元启动保健品项目。聘请同乡兼大学校友留美博士袁彬主持开发工作，吸收世界DHA(二十六碳六烯酸，主要从鱼脑中提炼出来的)研究的新成果，开发出天然海洋健脑益智食品，并将产品命名为脑黄金。结果，康元公司两年先后调换5任经理，却给巨人集团造成1亿元的巨额损失。1994年初，巨人集团花2400万元买下珠海香洲工业区9号大楼，楼高5层1万多平方米，又花3000万搞装修，大楼标识写上“珠海巨人高科技集团总部大楼”。大楼4层有史玉柱豪华装修的300多平方米的多用途办公室，人称中国最大的私人办公室。在集团总部有巨人长廊，整齐摆放着孔子、毛泽东、邓小平、马克思、拿破仑、牛顿、居里夫人等古今中外11位巨人塑像，还有1个只有座基没有塑像的位置空着，这引起许多参观访问者的遐想。在同年6月14日巨人集团总部大楼落成典礼上，他提出了二次创业走“多元化”扩张之路，扩张规模宏大，目标惊人。他决定：投资12亿兴建巨人大厦；投资4.8亿在黄山兴建绿谷旅游工程；在上海浦东买3万平方米土地建巨人集团总部；斥资5亿年内推出百个保健品。产值目标是：1995年达到10亿，1996年达到50亿，1997年达到100亿。同时，他剖析了集团存在的5大隐患：创业激情消失；大锅饭抬头；管理水平低；产品和产业单一；市场开发能力停滞。他提出“让激情再回到巨人来”，他说，“倘若我活到35岁就干完了一生应该干的事业，我死而无憾。”他认为，政治路线确定之后，干部就是决定的因素。他调整组织，重新任命干部，采用高度集权化的军事化管理模式，加大压力，以业绩作为奖惩标准，干得好有奖，干不好下去当普通员工，集团变成高度“人治”的企业。同年巨人大厦动土，计划3年完工。8月推出脑黄金产品，并借用邓小平“让一部分人先富起来”，创意出巨人脑黄金的广告中心语‘让一亿人先聪明起来’！史玉柱苦思苦想很长时间，认为这句广告语有时代感和冲击力。同时，又配发了一系列的软文和图像，分为综合篇、儿童篇、成人篇、老人篇。而创意团队提出的200多种广告方案都否定。1995年1～3月，脑黄金回款达1.9亿元，史玉柱决定在全国设立8个营销中心，号称“八大军区”，下辖各地180个营销公司，销售队伍迅速扩大。1995年1月1日国家实施《广告法》，国家工商总局认为，“让一亿人先聪明起来”的广告违反《广告法》，第一个予以叫停。巨人集团又做学生广告，打出“考、考、考，先健脑”；又做送礼市场广告，打出“今年过节不送礼，除非巨人脑黄金”。1994年史玉柱当选中国十大改革风云人物，这年达到了事业的顶峰。

1995年2月6日，春节后上班第一天，史玉柱提出实施“百亿计划”，打好“三大战役”，实行兵团作战。巨人推出12种保健品、10种药品、10多款软件一起推向市场，投放广告1个亿。对于完成任务好的送奖杯，后五名的送黑旗，并在旗上写着：倒数第几名。广东市场因做得不好，史玉柱给送了黑旗。在保健品市场同时推出：脑黄金、巨人钙、巨不肥、巨五株、脑黄金、巨鲨软骨、巨人吃饭香、巨人胡萝卜素、巨人银杏、巨人养胃、巨人维它命、脑黄金奶粉等，同时展开全国“巨人健康大行动”，这种全方位立体式的宣传推广活动，在社会上引起了不良反响。1995年7月国家工商总局紧急通知，立即叫停

"巨人健康大行动"及系列广告，巨人集团造成了重大损失。"三大战役全部失败"。因在广告中侵犯了娃哈哈的利益，写有"娃哈哈含有激素，造成小孩早熟"等内容，愤怒的娃哈哈集团于1996年6月18日向杭州市中级人民法院提起诉讼，巨人集团职员到娃哈哈集团当面道歉并协商解决，同意赔偿200万元经济损失。之后，史玉柱亲自到杭州娃哈哈集团致歉，表示今后一定规范运作，至此这件事才算结束。1995年5月29日，李鹏总理第三次到巨人集团视察，他向总理汇报了未来发展，今年销售突破20亿元。7月他提出"二次创业整顿"，包括：思想整顿、干部整顿、管理整顿，核心是干部整顿，进行干部大调整，成立巨人干部学院，提出了四严院训："严谨的学风，严明的纪律，严肃的作风，严格的训练"。开展秋季战役，认为是一场生死之战，只问结果，不问过程，成则英雄，败则落马。到年底，巨人销售全面下降，财务吃紧，为此宣布进入"紧急状态"，迎来有史以来最寒冷的冬天。1995年史玉柱被《福布斯》列为大陆富豪第8位。

1996年元旦，史玉柱为挽救下降趋势，展开"巨不肥会战"，在全国开展铺天盖地的广告宣传，其广告语是："请人民作证，如果巨不肥使你身材苗条，请你告诉别人，巨不肥好；如果巨不肥使你精力充沛，请你告诉别人，巨不肥好"。3个月后，销售额达到2600万元，形势开始好转，但因管理不善，巨人内部有人把"巨不肥会战"当成最后的晚餐，侵吞巨人集团利益的现象集中爆发，各种违规、违法、违纪案件层出不穷，几万、几十万甚至百万资产被侵吞、流失，史玉柱无计可施，最后想出一个办法是组织各地经理、中层以上管理人员到广东高明市的重刑犯监狱参观。这场战役全线溃败，标志着巨人危机的全面爆发。史玉柱对于创业和守业这样反省自己，他说："当企业摊子越铺越大时，企业的整体控制系统和管理能力(缺失)就显得日益突出，这实际上是走入了一种原先没有料到的恶性循环。巨人也是这样，微观上做得很好，但全局管理出现大漏洞。我们能攻下山头，却守不住"。1996年6月巨人大厦资金告急，巨人大厦共筹资1.2亿元，国内4000万元，香港8000万港币，没向银行贷1分钱。原计划地基6000万元，后因设计方案达到72层，地基共打68根桩，最短桩68米，最长桩82米，打桩费共用1亿多元。筹资钱用完后，无钱盖楼，史玉柱决定将保健品方面的全部资金调往巨人大厦，保健品业务因资金"抽血"过量，再加上管理不善，迅速盛极而衰，巨人集团危机四伏。从1997年1月至2月，全国新闻媒体共有3000多篇的负面报道，可以说是雪上加霜，产品卖不出去，应收款高达2亿多收不回来，因为媒体讲巨人破产了，欠钱的不还钱，欠别人钱的纷纷到公司讨债来。史玉柱成为全国见报频率最高的名字。他说，"媒体把我搞休克了，一怕债主，二怕媒体，媒体是双刃剑，可以捧上天堂，也可打入十八层地狱，也就是瞬间的事，连过渡都没有"。1997年春节，巨人集团近1万名员工被遣散，巨人倒下。过去给史玉柱的求爱信很多，现在没有了，有的是寻求合作或鼓励的信。有一次，史玉柱收到母校4个大学生联名写的信，信中写到："史玉柱，你不能倒，你是我们这一代人的偶像，如果你倒下了，你就会辜负一代人"，看过信的人都痛哭流涕。

1997年初巨人大厦未按期完工，国内购楼花者天天上门要求退款。1月19日巨人集团30多位核心成员汇集安徽黄山脚下太平镇，召开批评与自我批评内部会议，会上史玉柱作自我批评，总结自己三大过错。一是决策过程不科学；二是搞"大跃进"，太急功近利；三是不尊重员工的想法。媒体"地毯式"报道巨人财务危机。不久，只建至地面三层的巨人大厦停工。巨人集团名存实亡，史玉柱负债2.5亿。他自称是中国"最著名的失败者"，也是个人负债最多的一个人，在自己的笔记本上写下四个大字"天亡我也"。1997年6月，巨人集团除保留名字外，企业完全解体。但跟随史玉柱的还有十几个人，他们是陈国、费拥军、程晨、吴刚、贾明星、薛升东、王月红、张连龙等。在最困难的时候，史玉柱多次表示，"老百姓的钱我一定还"。

【思考】

巨人集团为何走向了衰败？史玉柱作了什么错误的创业决策使企业倒下的？你怎样评价？

3. 史玉柱二次创业的成功

从策划脑白金起步，最大的目的是“还老百姓的钱”。1995 年圣诞节前后，美国人疯狂购买一种保健品名字叫“褪黑素”，主要作用是改善睡眠。史玉柱想开发这种产品，他认为，中国保健品市场潜力巨大，具有很大增长空间。当 1996 年巨不肥产品走下坡路时，史玉柱决定开发以“褪黑素”为主要原料的产品，并请大学同学也是同乡的在美国读生物工程博士的袁彬主持开发工作，1997 年初研制配方做试验，10 月研制成功。同年 12 月国家批准生产，由胶囊和口服液两部分组成。当时，该产品主要作送礼市场，体积大些，外观设计有冲击去力。产品叫什么名字，进行了“头脑风暴”，提出 100 多个名字，让别人去看、去选，结果第一个都选脑白金。史玉柱认为，名字易记，有想象冲击力，神秘与科技融为一体。配方主要含两个，一个麦乐通宁(褪黑素)，一个是低血糖。这个名字在精神上具有鼓励、暗示、想象、科技、神秘、高贵、大气、易记等特点，它既是符号，更是品牌。在保健品市场如果把产品的主要成分说到名字里去，是不可能做大的。脑白金定位在礼品，突出宣传送礼要送健康的消费理念，针对子女宣传，送给老人，尽孝道。最后定价在 68 元，一般家庭是可以接受的。后来的实践证明，名字、定位、理念、定价都是正确的，是取得营销成功的重要因素。

1998 年 3 月，史玉柱开始在江阴进行调查(“今年过年不送礼，送礼只送脑白金”广告语创意灵感产生的源泉)，为启动脑白金生产销售做准备。继而启动无锡、南京、常熟等市场。脑白金快速火遍全国，月销售额最高可达 1 亿元，盈利达 4500 万元。1998 年 10 月，珠海市政府召开巨人大厦贷款现场会。

1999 年 3 月，史玉柱暗中控制黄山康奇与怀化远宏两家公司。1999 年 7 月 12 日，上海健特成立，从事“脑白金”研发与营销，史玉柱是策划总监。两年内脑白金成为国家著名品牌。2000 年脑白金销售额超过 10 亿元。2000 年 3 月，上海健特和黄山康奇收购无锡华宏集团制药有限公司，更名为无锡健特。2000 年 9 月 21 日，上海华馨在上海市卢湾区注册成立，注册资金 5000 万元，上海华馨接受上市公司青岛国货的大股东青岛市商总转让的 2811 万股。2000 年史玉柱一再表示：“老百姓的钱，我一定要还。”他非常讲诚信，这是他人格的魅力和事业成功的基础。

2001 年 1 月，上海健特生物科技公司策划总监史玉柱通过珠海士安公司收购巨人大厦楼还债。同时，新巨人在上海注册成立。2001 年 2 月 6 日，在《解放日报》上，史玉柱印上了“感谢”两个大字。2001 年 4 月 23 日，巨人投资公司成立，注册资本 5000 万元，史玉柱占有 95%的股份。3 天后，怀远宏强将所持上海健特 90%的股份全部卖给巨人投资。2001 年 5 月，史玉柱担任上海华馨的决策顾问。2001 年 11 月初，央视 2002 年黄金时段的广告招标中，史玉柱的上海健特出资 7600 多万元竞投。2001 年脑白金销售突破 13 亿元，在中国短时间仅一个产品年销售额突破 13 亿的且销售利润率高达 40%以上。一年后，陈国不幸出车祸去世，他痛哭一场并作出决定，今后中层以上人员不许开车出远门办事，每年清明节带班子成员为陈国扫墓。

2002 年 3 月 8 日，青岛国货召开股东大会，出资 12200 万元收购上海华馨所持无锡健特 39%的股权。2002 年 3 月 9 日，上海华馨出资 3128 万元收购上海健特持有的无锡健特 10%的股权，青岛国货随后更名青岛健特生物投资股份有限公司。

2003 年 12 月 15 日，四通电子以 11.71 亿港元买下史玉柱旗下的脑白金与黄金搭档的一切无形资产 75%的权益，成为当时香港上市公司金额最高的资产并购案。2004 年 2 月 4 日，段永基接手史玉柱脑白金与黄金搭档案尘埃落定。2004 年 8 月 3 日，四通集团董事长段永基宣布正式任命史玉柱为四通控股 CEO；8 月 12 日，史玉柱正式上任。2004 年 11 月，上海征途网络有限公司正式成立。2005 年 9 月，《征途》完成开发。

2006 年 4 月 8 日，史玉柱在上海金茂大厦召开《征途》新闻发布会。2006 年 7 月 26 日，史玉柱在开曼群岛注册巨人网络科技有限公司(2007 年更名为巨人网络集团)，筹备上市。2006 年 9 月，史玉柱宣布征途海外上市的时间表，目标是 2007 年第四季度上市。2006 年 10 月 11 日，在《2006 胡润百富榜》上，史玉柱以 55 亿元身家排名第 30 位。2006 年 11 月，史玉柱对外公布《征途》月盈利高达 850 万美元。2006 年 12 月 1 日起，《征途》的形象广告出现在央视节目中，业界一片哗然。

2007年1月1日，史玉柱获第三届中国游戏产业年会评选出的“最具影响力的人物”。另外，《征途》还获得许多奖项。

2007年3月1日，史玉柱在四通控股年报前夕辞去四通控股CEO职务。2007年5月20日，《征途》的同时在线人数超过100万，成为世界第三款同时在线人数超过100万的中文网络游戏。2007年9月21日，史玉柱宣布征途网络更名巨人网络。2007年10月10日，史玉柱以280亿元身家排在“2007年胡润中国百名富豪排行榜”第15位。2007年11月1日，巨人网络成功在美国纽约证券交易所挂牌上市，造就了21个亿万富翁，186个百万与千万富翁。至此，史玉柱身价突破500亿元人民币，同年，史玉柱被评为“中国CCTV最佳经济年度人物奖”。

4. 史玉柱创业的经验与体会

(1)“宁可错过100个机会，不可投错一个项目”。“让微利行业靠边站”。

(2)“坚强的意志是成功的首要因素”；“失败并不可怕，关键是在失败后要有重新崛起的勇气”；“失败是最大的财富”。“失败是成功之母，成功是失败之父”；“只要善于总结经验，就会少走很多弯路”。

(3)“欠老百姓的钱一定要还，背着污点办不了大事”。

(4)“资金安全是第一位的，永不尝试多元化”。(1995年巨人公司推出三大战役：12种保健品、10种药品、十余款软件，投放广告1个亿，由此巨人集团由盛转衰。)

(5)“媒体是双刃剑，能把你捧上天堂，同样也能将你打入十八层地狱”。(1997年1月19日深圳《投资导报》发表题为“巨人史玉柱身陷重围”“巨人集团资产被法院查封”。2002年3月14日《南方周末》发表“脑白金真相调查”“某些保健品为什么虚而能火?”，后经协调，危机平息)。

(6) 巨人失败原因，他总结为4点。

① 投资失误。不是朝阳产业不做，不熟悉行业不做，团队特长不突出、能力不能发挥不做，发现投资失误苗头，立刻砍掉；②资金结构安排失误；③管理失误。权、责、利不配套，货款管理混乱，抓管理无重点，面面俱到；④企业文化失误。做东方巨人，全国第一高楼，头脑发热，建72层。提出100亿计划：1995年产值过10亿，1996年产值过50亿，1997年达到100亿，实施三级火箭计划，头破血流。华贻芳题打油诗：不顾血本，渴求虚荣；恶性膨胀，人财两空；小事不细，大事不精；如此寨主，岂能成功。

(7)“营销无专家，唯一专家是消费者”。“采用聚焦战略，逐个攻占市场”。“关键在于如何打动消费者”。“721法则：70%服务于消费者，20%做好终端建设和管理，10%精力处理经销商关系。大学营销教材80%是错的。”他的广告被互联网评为“十大恶心广告”。市场调查第一，江阴调查，戴墨镜走村串乡，挨家挨户寻访，提出：“今年过节不收礼，收礼只收脑白金”。完成马克思讲的“最惊险的一跳”。

营销绝招：广告轰炸＋软文宣传＝产品畅销。如：《人类可以“长生不老”》、《两颗生物原子弹》、《一天不大便＝吸三包烟》、《中国人如何补充营养素》、《人不睡觉只能活5天》、《投资数亿三巨头合作》等等在不同类型期刊宣传，引起消费者关注，提升购买欲望。

总结软文炒作80字诀：“软硬勿相碰，版面读者多，价格四五扣，标题要醒目，篇篇有插图，党报应为主，宣字要不得，字形应统一，周围无广告，不能加黑框，形状不规则，热线不要加，启事要巧妙，结尾加报花，执行不走样，效果顶呱呱，成功与否看绩效”。

营销驱动型公司，老板要亲自抓营销。营销是个舵，你不去管这个最重要的舵，那这个公司很容易出错。

(8) 我用人心得是，毛主席说的又红又专。红指人品好，专指业务好。然后授权、培养，这样成长才能快一些。

(9)“战略上可以处于劣势，但战术上一定要处于优势”。集中优势兵力，打歼灭战。运用毛泽东的战略战术思想。

(10)“充分授权，挖掘属下最大潜能，放在最能发挥优势的合适岗位上去”。要允许下面的人犯错误。

(11)“真诚地对待你的员工，他们才会为你的事业忠贞不渝，成为出生入死的精英团队”。

(12) 建立团队是一个庞大的系统工程，是办企业第一重要的要素。有两点特别重要，一是收入，二是搭建自我价值实现的平台。

(13) 每一份成功都是心血浇灌，不能投机取巧。把哪一个点浇灌的足了，让它充分的滋润，就有可能成功。

(14) 创业的时候最好主攻一个方向，要做就做一个产品，一定要把你的核心竞争力那一点用足。聚焦聚焦再聚集。凡是你想干的事越多，你失败的越快。如果你搞多元化，你就无法形成你的核心竞争力。

(15) 民主集中制很重要。公司的决策一定既有民主，又有集中。你是老板，是个天才，你也会犯错误。决策权一定要民主，决策完了之后，只要方向不出错误，就要坚定的执行。在公司机制上，要走民主集中制这条路。

【思考】

史玉柱走了N字型的创业人生发展轨迹，他成功的最主要因素有哪些？他失败的原因有哪几条？对你有何借鉴意义？运用创业理论说明史玉柱的创业决策及效果。

第3章 创业机会挖掘与评价

教学目标

学习完本章后，应掌握的重点：

1. 创业机会的概念和特点
2. 创业机会的来源
3. 创业机会的特征
4. 蒂蒙斯、刘常勇创业机会筛选评价指标框架
5. 创业机会发掘方法
6. 创业机会筛选评价方法
7. 认识和科学处理创业风险

理论应用

1. 举例说明创业机会的特点与来源。
2. 举例说明创业机会的特征。
3. 结合自身情况，谈谈如何识别创业机会，选择创业项目。
4. 运用头脑风暴法等方法，进行创意开发，挖掘创业机会。
5. 有不少人有创业意愿为什么有人能发现创业机会，而有些人却看不到创业机会，谈谈你的认识。
6. 实地调查创业者运用专家提出的创业机会评价指标进行评价，看有哪些符合，还存在什么问题，给出改进的建议。
7. 结合实际说明创业风险及处理风险方法。

创业机会识别是创业领域研究的关键问题之一，创业者的创业过程开始于商业机会的发现。认识与发现创业机会是创业的前提。

案例导入

亚洲首富——李嘉诚创业创富之路

李嘉诚(1928 年 7 月 29 日—　)，现任长江实业集团有限公司董事局主席。1928 年出生于广东潮州，1938 年日军轰炸潮州，为躲避日本侵略者的压迫，全家逃难到香港，寄居在舅父庄静庵的家里。祸不单行，这时候李嘉诚的父亲李云经因劳累过度不幸染上肺病病逝。作为长

子，李嘉诚从此不得不眼含热泪，无奈地结束他的初中学业出来打工，14岁的李嘉诚毅然挑起赡养慈母、抚育弟妹的重担。李嘉诚先在舅父庄静庵的中南钟表公司当泡茶扫地的小学徒。他每天总是第一个到达公司，最后一个离开公司，生活的艰辛培养了他的意志坚强，外表谦虚，内心强大，学会了为人处事。17岁时李嘉诚不作学徒，脱离寄人篱下的生活，到一家五金制造厂以及塑胶带制造公司当推销员，开始了香港人称之为“行街仔”的推销生涯。很快，李嘉诚成了全公司的佼佼者。但李嘉诚从来不喜欢高谈阔论，他认为从事推销工作，重要的有两点：一是勤劳，二是创新。由于出色的推销成绩，李嘉诚18岁就做了部门经理，两年后又被提升为这家塑胶带制造公司的总经理。李嘉诚走南闯北的推销生涯，初步形成了商业头脑，丰富了他的商业知识，而且也使李嘉诚结识了很多好朋友，教会了他各种各样的社会知识。同时，在推销过程中，也使他学会了宽厚待人、诚实处世的做人哲学，为他日后事业的发展，打下了良好的基础。

1955年，李嘉诚用平时省吃俭用积蓄的7000美元在筲箕湾白手起家创办长江塑胶厂。“长江”取意于“长江不择细流，故能浩荡万里”，足见李嘉诚的雄心壮志。1957年，李嘉诚到意大利学习考察，回港后率先推出塑胶花，填补了香港市场的空白。李嘉诚走物美价廉的销售路线，大部分经销商都非常爽快地按李嘉诚的报价签订供销合约，有的提出预付50%订金。李嘉诚掀起了香港消费新潮流，长江塑胶厂由默默无闻的小厂一下子蜚声香港塑胶业界。塑胶花为李嘉诚带来数千万港元的盈利，长江厂成为世界最大的塑胶花生产厂家，李嘉诚很快就成为“塑胶花大王”。不仅蜚声全港，还为世界的塑胶同行所瞩目。李嘉诚发现并抓住了塑胶花生产的创业机会，为他掘到了满满的第一桶金。1957年年底，长江塑胶厂改名为长江工业有限公司。

1958年，他开始投资地产市场，又掘到了满满的第二桶金。在港岛北角建起了第一幢工业大厦；1960年，又在柴湾兴建了第二幢工业大厦，李嘉诚的事业迅速走向辉煌。1967年地价暴跌，李氏以低价购入大批土地储备。1978年，李嘉诚的“长江实业”公司成为香港最有实力的公司。1979年购入老牌英资商行——“和记黄埔”，李嘉诚因而成为首位收购英资商行的华人。1984年购入“香港电灯公司”的控制性股权。1986年购买加拿大赫斯基石油公司半数权益。2010年7月30日，竞购法国电力集团旗下部分英国电网业务。2013年1月10日美国财经杂志《福布斯》公布李嘉诚财富增至320亿美元，继续稳坐全球华人、亚洲及香港首富宝座，全球排行榜第8位。

作为著名创业家、企业家、慈善家，李嘉诚是这个社会的成功榜样，目前管理长江实业公司、和记黄埔有限公司、长江基建集团有限公司、港灯国际有限公司，其市值高达1万多亿港币。他先后获得许多社会荣誉，1985年出任基本法起草委员，香港大学、北京大学、英国剑桥等世界著名高校授予李嘉诚名誉法学博士，多次获得国内外“企业家成就奖”，先后获得中国北京市、汕头市、广州市、深圳市、佛山市、珠海市、潮州市及加拿大温伯尼市荣誉市民称号。

他热心公益慈善事业，1981年创立汕头大学，至今对大学的投资已过31亿港元(包括长江商学院)，还先后为体育事业、老人与儿童、抗震救灾、南亚海啸、北京大学等图书馆的建设、医疗事业、上海世博会中国馆等捐赠人民币几十亿元。

他创业的成功经验主要有以下体会。

(1) 刻苦学习。他说，别人是求学问，我是抢学问。我从不间断读新科技、新知识的书籍，不至因为不了解新讯息而和时代潮流脱节。知识不仅是指课本的内容，还包括社会经验、文明文化、时代精神等整体要素，知识是新时代的资本，20世纪五六十年代人靠勤劳可以成事；今天的香港要抢知识，要以知识取胜。

(2) 他认为，勤奋是一切事业的基础。要勤力努力，对企业负责、对股东负责。人家做8个小时，我就做16个小时。一个人所获得的报酬和成果，与他所付出的努力有极大的关系。运气只是一个小因素，个人努力才是创造事业的最基本条件。

(3) 做事投入是十分重要的。你对你的事业有兴趣，你的工作一定会做得好。创业的过程，实际上就是恒心和毅力坚持不懈的发展过程，其中并没有什么秘密，但要真正做到中国古老的格言所说的勤和俭也不太容易。而且，从创业之初开始，还要不断学习，把握时机。

(4) 坚守诺言，建立良好的信誉，一个人良好的信誉，是走向成功的不可缺少的前提条件。

(5) 一个有使命感的企业家，应该努力坚持走一条正途，这样一定可以得到不同程度的成就。

(6) 决定一件事时，事先都会小心谨慎研究清楚，当决定后，就勇往直前去做。我凡事必有充分的准备才去做。

(7) 扩张中不忘谨慎，谨慎中不忘扩张。

(8) 身处在瞬息万变的社会中，应该求创新，加强能力，居安思危，无论你发展得多好，时刻都要做好准备。

(9) 我常常记着世上并无常胜将军，所以在风平浪静之时，好好计划未来，仔细研究可能出现的意外及解决办法。

(10) 人才取之不尽，用之不竭。你对人好，人家对你好是很自然的，世界上任何人也都可以成为你的核心人物。

(11) 知人善任，大多数人都会有部分的长处，部分的短处，各尽所能，各得所需，以量才而用为原则。

(12) 对自己要节俭，对他人则要慷慨。处理一切事情以他人利益为出发点。

(13) 对人诚恳，做事负责，多结善缘，自然多得人的帮助。淡泊明志，随遇而安，不作非分之想，心境安泰，必少许多失意之苦。

(14) 凡事都留个余地，因为人是人，人不是神，不免有错处，可以原谅人的地方，就原谅人。指出我们错误的人，才是真正的朋友。

(15) 我觉得，顾及对方的利益是最重要的，不能把目光仅仅局限在自己的利上，两者是相辅相成的，自己舍得让利，让对方得利，最终还是会给自己带来较大的利益。占小便宜的不会有朋友，这是我小时候母亲告诉我的道理，经商也是这样。

(16) 只有博大的胸襟，才不会那么骄傲，有容乃大。

(17) 要成为一位成功的领导者，第一最重要的是责己以严，待人以宽；第二要令他人肯为自己办事，并有归属感。

(18) 有钱大家赚，利润大家分享，这样才有人愿意合作。

(19) 人，第一要有志，第二要有识，第三要有恒，有志则断不甘为下流。

(20) 始终保持创新意识，用自己的眼光注视世界，而不随波逐流。

(21) 绝不同意为了成功而不择手段，刻薄成家，理无久享。

(22) 中国古人云：万变不离其宗。这个宗就是指合乎实际情况，合乎道理。变是一定要变的，这个世界本来就是丰富多彩，千变万化的。

(23) 要给员工好的待遇及前途，让他们有受重视的感觉。当然，还要有良好的监督和制衡制度，不然山高皇帝远，一个好人也会变坏。

(24) 在我心目中，不理你是什么样的肤色，不理你是什么样的国籍，只要你对公司有贡献，忠诚、肯做事、有归属感，即有长期的打算，我就会帮他慢慢地经过一个时期而成为核心分子，这是我公司一向的政策。

(25) 假如今日，如果没有那么多人替我办事，我就算有三头六臂，也没有办法应付那么多的事情，所以成就事业最关键的是要有人能够帮助你，乐意跟你工作，这就是我的哲学。我算什么超人，是大家同心协力的结果。我身边有 300 员虎将，其中 100 人是外国人，200 人是年富力强的香港人。

(26) 领导全心协力投入热诚，是企业最大的鼓动力。与员工互动沟通，对同事尊重，才可建立团队精神。人才难求，对具备创意、胆识及谨慎态度的同事，应给予良好的报酬和显示明确的前途。

(27) 力争上游，虽然辛苦，但也充满了机会。我们做任何事，都应该有一番雄心壮志，立下远大的目标，用热忱激发自己干事业的动力。

(28) 苦难的生活，是我人生的最好锻炼，尤其是做推销员，使我学会了不少的东西，明白了不少事理。所有这些，是我用 10 亿 100 亿也买不到的。

(29) 在事业上谋求成功，没有什么绝对的公式。但如果能依赖某些原则的话，能将成功的希望提高很多。

(30) 下一个世纪的企业家将和我完全不同，因新世纪企业家的成功取决于科技和知识，而不是钱。

【思考】

查阅李嘉诚创业致富的历史资料，试概括他创业成功的基本经验，对你有哪些启示？他是怎样抓住创业机会的？他的创业精神对创业成功起怎样的作用？

3.1 创业机会的特征与类型

3.1.1 创意与创业机会的概念分析

1. 创意的界定

创意怎样理解？有人说是好主意、新点子、新灵感、新感觉；还有人说是旧有元素的重新组合；还有人说是打破传统框架的新思维。总之，任何新的思想观念及事业的开创都需要有新的创意，知识经济条件下，创意已经作为一种产业产生并发展起来。

创意从词性来看，作为名词是指创新性或原创性的想法，具有创造创业的目标指向；作为动词是指将抽象的概念转化为某种可操作性的具体的创造创业行为，把理念转化为事业。有价值潜力的创意具有以下几个特点。

(1) 独创性。独创性体现了新颖性。可以是新技术、新材料等的发明创造；也可以是解决一些问题的方案；可以是管理手段、管理方式、管理模式的创新等。

(2) 价值性。创意的核心是要有价值性。好的创意能够给创意者、投资者、消费者、生产经营管理者等利益相关者带来价值或附加价值。创意价值的实现必须通过市场检验。

(3) 实用性。创意的价值不是空想，虚无飘缈，而是具有真实的实用价值。创意通过开发可以转化成市场需要的满足消费者需求的产品或服务，促进经济社会可持续发展。

2. 创业机会概念分析

机会是客观存在的。从机会的产生角度看，机会代表着一种可能性，创业者通过资源整合，满足市场需求或满足顾客某种价值要求，以实现市场价值的可能性。从获取的角度看，机会反映着创业者寻求创业的潜在价值。从机会来源角度分析，创业机会实际上是新技术、新产品、新材料、新服务，甚至是一种新的组织形式等，企业家以敏锐的眼光发现认知机会，并经过各种资源优化配置进而实现产品或服务的价值创造。

我们认为，创业机会实际上是一种可能的未来盈利或价值创造的机会，这一机会需要有实体企业或者实际的商业行动的支持，通过各种资源的优化配置，具体的创业经营措施来实施，以实现预期的盈利或价值目标。例如：中国互联网存在巨大的商机，尤其“北斗星”在太空的布局与运行，给中国产业及各行的创造者带来巨大的创业商机。目前，中国网民 1.23 亿，网商 2000 万，1/6 的网民从事网上贸易。25～35 岁占 63%，72%的人学历在本科以上。网商认为，电子商务具有投入低、风险低、门槛低的优势。马云认为，网商存在巨大的创业潜力和空间，能够创造更大价值。

3.1.2 创业机会的主要特征

创业机会的主要特征可概括以下几点。

(1) 创业机会孕育着盈利性。这包括两个含义：一是盈利性是创业的基本要求。盈利性是创业者创业的基本动机，即吸引创业者创业的原动力。二是创业机会的盈利性是潜在的，需要通过创业活动把潜在盈利性转化为现实盈利性。例如：中国博客网，盈利少，存在很大风险。如果不能转化为商业价值和利润，容易形成泡沫，创业机会也就失去了。

(2) 创业机会具有很强的实效性，需要依托实体企业或者具体的商业行为来把握商业机会。

(3) 创业机会常常表现适时性，往往转瞬即逝。如果把握不及时，时过境迁，原有商业机会不复存在，或者其他创业者抢先一步，以快制胜，占领市场先机，原先具有的巨大商机也可能沦为一条市场信息。

(4) 创业机会一般在企业生命周期的早期发展阶段，在理论与实践中，称为“创业机会之窗”，如图 3.1 所示。

创业者在将创业机会转为商机时，不仅取决于个人的决心，还取决于许多外部环境和内部条件，创业环境及拥有的资源状况。由于主观条件不具备，也会限制和影响创业行动的实施。因此，在创业机会的识别和开发上，创业者应做好各方面的准备工作，一旦发现有价值的创业机会，应立即决断，抢占市场，实施创业行动。

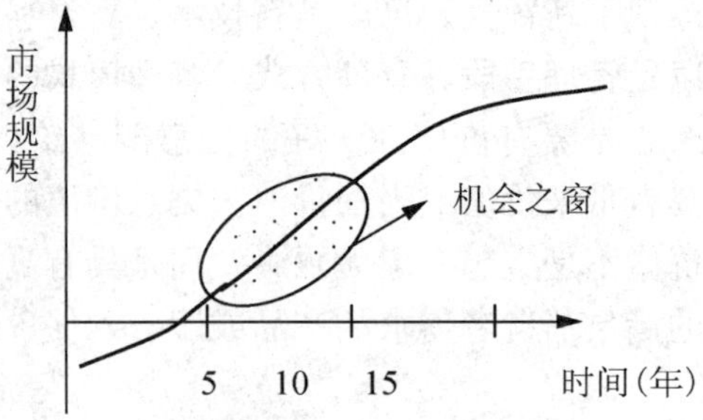

图 3.1　创业机会之窗

【案例】

上海世博会之前，梅建明就发现上海酒店业结构是高、低档的多，而适合“中产阶级”的经济性酒店严重短缺，梅建明在上海开办经济型酒店，抢占 2012 年上海世博会商机，取得了很好的经济效益。

(5) 创业机会具有潜在价值。创业机会是客观存在的，但是动态变化的创业机会其潜在商业价值依赖于创业者的开发活动，也就是说，创业者及其各类相关者积极参加机会识别中来，不断创新开发创业思路或点子，创业机会的盈利模式才能逐步可行，并建立起新兴企业。如果创业者的创业方案与创业机会不能得到很好匹配，甚至严重失误，创业机会的潜在价值不能实现。

【案例】

1998 年，叶滨成立乐都计算机软件公司，网上通话软件开发后不能为客户创造价值，用户用不起。后来，叶滨转型开发视频会议系统 3.0 版本获得成功，其潜在价值变为用户欢迎的产品，并转化为现实利润。

3.1.3　创业机会的来源

有人认为，创业机会的来源纯属偶然，这种偶然不是创业机会常态。即使有偶然性，因创业者准备不足，导致创业活动匆忙上马，从而使创业活动夭折的可能性很高。因此，创业机会的识别与开发并非“守株待兔”，而是需要创业者平时的积累，并做好各方面的准备，才能够准确地抓住商机，偶然变为必然。

美国凯斯西储大学谢恩教授提出创业机会来源于 4 种变革，即技术变革、政治和制度变革、社会和人口结构变革、产业结构变革。总之，创业来源于运动变化，没有运动变化，就没有创业机会来源。

从经济角度来看，一般创业机会来源主要是从供给与需求角度分析，都可找到创业机会，也可以从新发明、新产品、新材料、新市场、社会变动、政治变化等，寻找到机会来源。创业机会来源主要包括以下几点。

1. 市场环境等方面的变化

创业机会产生于市场环境的变化。市场供求变化及市场结构的变化会出现新的创业机会。特别注意从宏观层面对创业机会的把握。比如，城市化加速，人口结构变化，老龄化社会，居民收入水平和消费水平的变化，产业结构变化及发展趋势，消费结构升级，人们思想观念变化，政府政策的变化等。在把握宏观环境变化的同时，也要有重点地对创业机会方向进行寻找，特别是变化比较大的方面，更易寻找到新的商机。比如，伊拉克战后重建期间，一些温州人抓住这一机会到伊拉克进行饮食、房地产等方面的开发，取得很大成果。

2. 新产业的出现和新技术的发明

新的知识和新的技术往往能带来新的产业，创新使新产业能满足消费者的需求。新产业出现后，带来许多新的创业机会，形成新的创业热潮。但盲目追赶新潮流趋势的背后，也存在一定的风险。有的因头脑发热盲目创业而吞下了巨大损失的苦果。比如，网络泡沫等。但许多新技术发明带动了新创产业发展，比如以 IT 产业为核心的新技术，成就了硅谷，成为创业者的天堂，造就了许多成功人士，在实现人生价值的同时，也推动了美国经济的持续发展。因此，判断新产业出现所带来的创业机会是否可行，需要深入分析新兴产业的规模、结构、市场供求关系等，然后作出创业决策。

3. 产业与市场结构的变化，产生新的商业模式

一个产业的生命周期要经过初创、成长、成熟、衰退期，产业在发展过程中，要经过波特提出的 5 种竞争力(潜在入侵者、需求方、供给方、现有企业竞争者、替代品)的博弈，并使市场结构发生重大变化，给创业者带来新的商机，并产生新的商业模式。比如，网络出现带来 B2B、B2C 模式等。新的商业模式或改进的商业模式，使创业者更加重视企业发展战略规划，做好应对竞争者的挑战。新的商业模式可来自创业者工作经历、学识、创业经验、竞争对手存在的问题，等等。当然商业模式是否可行，还有待在市场竞争中考察验证。

4. 消费者提出的新价值诉求

创业的根本目的是满足用户需求，实现自我价值和社会价值。创业价值就在于能否为消费者创造价值或附加价值，因此，创业机会更多的是从消费者角度出发，这更易于抓住商业机会。

按照市场环境的变化、新技术发明及产业结构变化，商业模式的开发，客户价值的诉求来认识创业机会的来源，体现了以市场作为配置资源的决定作用，从宏观到微观、从间接到直接的创业活动过程，基本符合人们的认识规律。

管理大师德鲁克运用系统分析法，提出挖掘产生创业机会来源的方式，共有 7 种方式。

(1) 经由分析特殊事件来挖掘创业机会。比如，冯仑等人创办太美国际网游平台，创新国际旅游市场，借助南极国际探险，先后开发国际旅游市场，实行差异化战略，取得巨大成功。

（2）经由分析矛盾现象来挖掘创业机会。金融机构服务对象过去主要是国有企业，但中国民营经济发展已超越国有企业，金融机构要取得更好的投资收益，必须要转变观念，更好地为民营经济发展服务，挖掘这一服务对象可获丰厚回报。

（3）经由分析作业程序来挖掘创业机会。全球生产体系发生了重大变化，中国已成为世界制造业“基地”。世界工业巨头纷纷抢占中国市场，无论是计算机生产，还是汽车等工业品生产，由于全球生产体系重新布局及作业程序的改变，都带来许多的创业机会。

（4）经由分析产业与市场结构变迁的趋势等来挖掘创业机会。国家逐步放开交通等产业的准入门槛，在交通、能源(新能源)服务业中能挖掘更好的创业机会。

（5）经由分析人口统计资料的变化趋势来挖掘创业机会。比如，老龄化、高等教育大众化等都会带来新的市场机会。

（6）经由价值观与认识的变化来挖掘创业机会。比如，饮食需求变化、健康保健食品等都有许多新的商机。

（7）经由新知识的产生来挖掘创业机会。比如，人类基因组的完成、3D打印机产生、中国北斗系统的完成，都会产生大量的高附加价值的创业机会。

创业机会由系统分析研究挖掘，但经创业者孕育实施才能完成创业过程，并给顾客带来更大的价值或附加价值。创业机会的来源也可从以下几个方面寻找。

（1）找缺点，发现机会。

（2）叠加复合创新机会。

（3）借外力找机会。

（4）挖掘新资源转换新机会。

（5）兴趣爱好找机会。

（6）突出优势找机会。

（7）扩大眼界找机会。

（8）解密寻找机会。

（9）进入成长产业链抓机会。

（10）联想寻找机会。

（11）整合资源要素找机会。

（12）随波逐浪找机会。

此外还有借力模式(人、政策等)、代理模式(选好的项目作代理)、配角模式等(易起步，易生存，风险小，有效果)挖掘创业机会。

3.1.4 创业机会的类型

从不同的角度划分有不同的创业机会类型。从资源角度划分，有不可再生资源创业型和可再生资源创业型，也有新能源创业型。还有趋势、问题、组合角度划分类型。趋势型机会是创业者从观察产业、社会、经济、制度等变动趋势来寻找创业机会。问题型机会是通过找问题及解决问题来找出新的创业机会。组合型机会是通过技术、产品的变革组合，获得新创业机会。

从市场和产品两个角度划分创业机会的类型如下。

1. 市场型

(1) 面向现有市场的创业机会。比如，迈克尔·戴尔的市场营销创业型通过组装计算机，客户直销，零库存，减少销售中间环节，获得更高效益，取得成功。

(2) 面向空白市场的创业机会。空白市场是未开发的市场，比如：农村大型连锁超市开发等。

(3) 面向全新市场的创业机会。比如，新产品市场无竞争对手，无经营模式可循，要开发全新市场，但要特别注意市场的成长性，通过促销手段，把市场规模做大。

2. 产品(或服务)型

(1) 提供现有产品的创业机会。虽然产品无改进和创新，但有市场、有空间、有机会、有需求，那么创业机会就有一定的可行性。防止与竞争强的对手进行直接竞争。

(2) 提供改进产品的创业机会。改进产品(或服务)分为较小、中度、重大3个层次。比如，打字机——电子打字机——计算机文字处理系统，使改进后的产品不断提供创业机会。

(3) 提供全新产品的创业机会。全新产品是市场上从未有过的产品，风险大但价值也大。比如，陈格雷在无意中发现了盒子的社会价值，为此，成立盒子创造社，运用动漫系列产品，以张小盒为品牌，进行全新产品开发，受到市场上用户欢迎，取得了很高社会效益和经济效益。创业机会分类从市场与产品两个维度可组成9个组合(创业者可看自己属于哪个方格)，如图3.2所示。

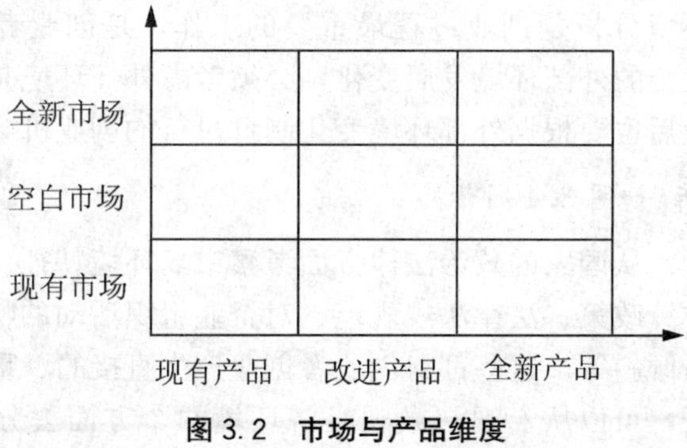

图3.2　市场与产品维度

阿帝科威利(法)根据创造的价值和潜在的市场价值及发展情况对创业机会进行分类，如图3.3所示。

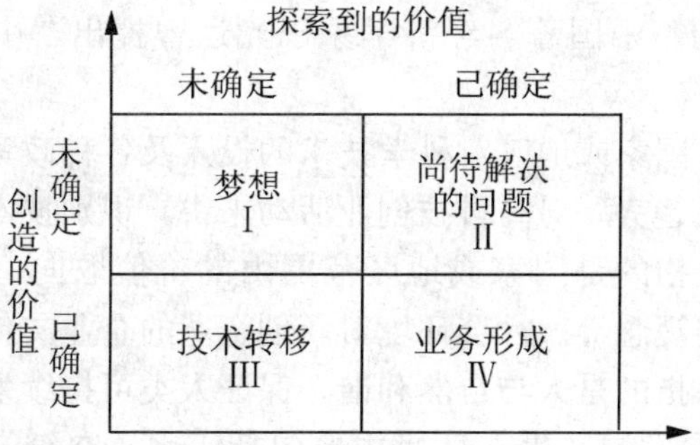

图3.3　创业价值

图 3.3 中不同象限代表不同含义。

第一象限Ⅰ：梦想，潜在市场价值和创造的价值都不确定。

第二象限Ⅱ：潜在市场价值确定，但创造的价值不确定有需要解决的问题。

第三象限Ⅲ：潜在市场价值不确定，但创造的价值已确定，通过技术转移完成创业过程。

第四象限Ⅳ：潜在市场价值和创造的价值都已确定，业务已经形成。

3.2 创业机会筛选评价

创业机会识别过程是一个从感性到理性的认识过程，也是一个不断调整的动态过程。因此，运用什么样的筛选评价指标体系评价创业机会存在一定的模糊性。但如果没有较为科学的评价指标体系，那么创业机会识别无法给予一个科学判断。因此创业机会筛选评价指标体系的建立是十分必要的。

我们认为，应从创业机会的外部环境、内部条件和成长预期 3 个方面进行系统全面的评价，更有利于筛选出价值更大的创业机会，只有把 3 个方面综合统一起来进行评价，才能比较准确把握筛选出来的创业机会，实施有效的创业。

3.2.1 创业机会的外部环境分析

创业机会的外部环境分析是创业过程最重要的工作，是创业者在创业机会筛选评价中，特别要关注创业机会的外部环境发展变化，必须考虑外部环境是否有利于创业机会的商业价值，创立新企业后也要根据外部环境变化制订可行的创业机会开发方案。

1. 外部环境的分析(如图 3.4 所示)

(1) 政治环境分析：从国家的政治法律方面考察市场环境特征。比如国际关系、国家与政体、政治稳定、方针政策、法律法规规范、对企业组织活动的特别限制和要求、是否对有些产业政策上给予倾斜等，这些都对创业者创业产生直接的、重要的影响。

(2) 经济环境分析：可以从宏观与微观经济环境两个方面去分析。宏观经济环境包括：国家宏观经济政策、经济基础结构、城镇化程度、国家的人口数量及其增长变化趋势、宏观经济走向、国民收入状况、国民经济发展水平、发展速度指标等。微观经济环境包括：企业所在或所服务区域的经济状态以及消费者的收支状况等因素。经济环境因素与新创企业的发展关系密切。中国著名经济学家于光远曾提出“中观经济学”，主要指省、地区的经济发展研究。

(3) 技术环境分析：国家或地区对科学技术的投入及各种政策支持状况，企业所处产业的技术水平和未来发展趋势。对高科技创业活动来讲，识别技术环境特别重要。

(4) 社会环境分析：指的是国家或地区范围内的价值取向、教育文化水平、宗教信仰、居民风俗习惯、审美观念等。社会环境对新创企业的企业文化有直接影响。

(5) 生态环境分析：指的是人与自然和谐，保证人类可持续发展的外部生态环境。不能以牺牲环境为代价获取发展。生态环境主要包括：水、空气、土地、沙化、气候、资

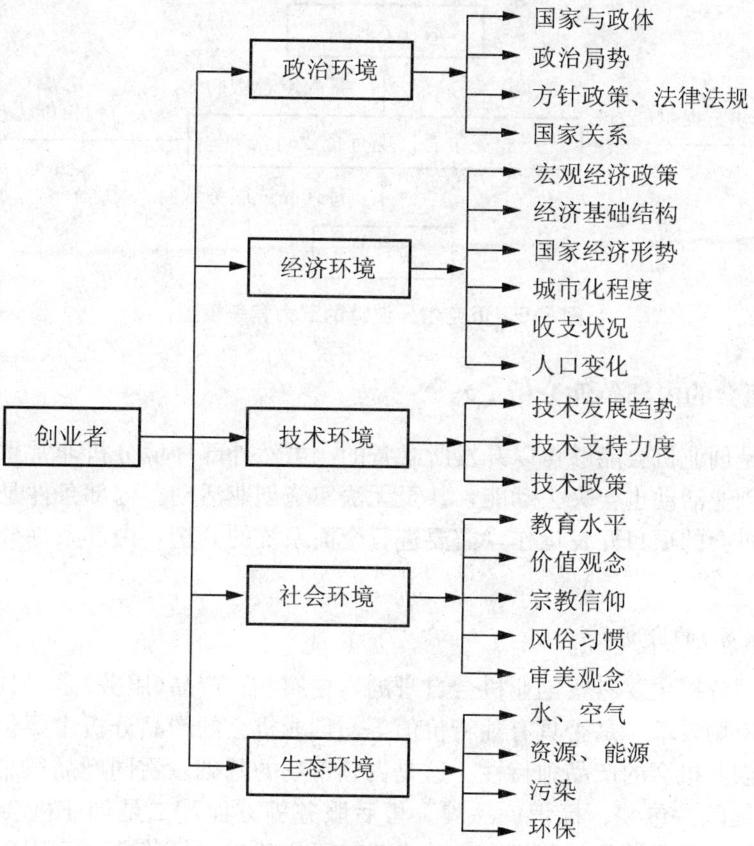

图 3.4 外部环境的分析

源、能源等生态平衡，运用一系列环保手段保证生态环境不被污染，或把污染降到最低限度，化解生态危机，促进生态、经济、社会系统可持续发展。

比如美国“硅谷”、中关村创业园都具备“鼓励创业，容忍失败”的文化氛围。中关村独创出留学生创业服务体系；全方位人性化的服务体系；高效务实的创投孵化体系；共建大学，科研院所，资源共享体系；项目融资，推介体系；政府资金支持体系。五大环境越来越好，政策环境、人文环境、资信环境、人才环境、融资环境，使更多留学人员回国创业。到 2012 年 12 月，留学人员企业 3000 多家，留学人员 1.6 万人，呈现很好的发展势头。其发展目标：研发一批世界一流科技成果；培育一批世界知名企业家；推出一批中关村跨国公司；到国外“合作”开发办企业。

2. 产业环境的分析

产业环境对创业活动的影响更为直接，产业环境分析常用的是迈克尔·波特的五力竞争模型，如图 3.5 所示。

在战略分析方面应用较广。创业中的竞争者都或多或少必须应对上述五种力量的威胁，创业者在创业时需要分析五力构成、状态，并进行分析评价。

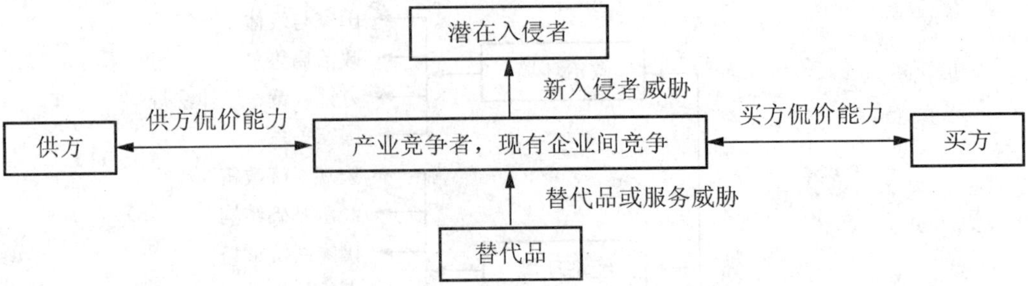

图 3.5　迈克尔·波特的五力竞争模型

3.2.2　创业机会的内部条件分析

内部条件是创业机会能够得以开发所必备的。虽然外部环境分析非常重要，但缺少必要的内部条件创业活动也会失去动能，甚至无法实施创业活动。内部条件是否适应或达到选择实施创业机会的项目开发运作，需要进行全面系统的分析，内部条件分析主要从 4 个方面分析。

1. 产品(服务)的分析

产品层面的分析主要考察创业机会自身的内在属性。产品(服务)是否具有一定的创新性，是否满足市场要求，是否具有独特价值等。创业机会的产品分析主要包括以下两方面的内容。一是创业机会的产品独特性。这是占领市场的基础。雷同产品很难吸引顾客。独特性包括产品性能、包装、标识、品牌、售后服务等方面。二是创业机会的产品创新程度，主要是从技术角度评价创业机会。技术优势可构建起市场优势，否则创业者的竞争优势难以存在或巩固。根据创业机会的产品和市场特征，可将市场优势和产品优势分为强弱两种创业机会，分为 4 种类型，如图 3.6 所示。

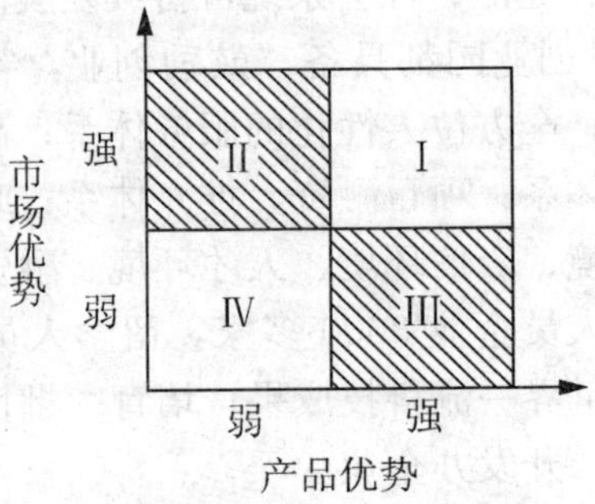

图 3.6　市场与产品分析

Ⅰ型：创业机会的市场特征和产品特征都具有优势。

Ⅱ型：产品优势较弱，有追赶者或使用者，但相对比较市场优势较强。

Ⅲ型：产品优势较强，保持技术领先地位，但市场优势相对较弱。

Ⅳ型：创业机会在市场和产品两个维度都不具备优势。如果创业者寻找的创业机会属此类型，不宜创业。在实践中创业机会常常是Ⅱ或Ⅲ型的。

2. 创业团队分析

创业团队是支持创业机会开发的人的因素。在分析创业团队要素时，重点思考以下几个方面：创业者组织怎样的创业团队开发创业机会；团队的分工与合作；团队成员的价值取向及统一目标；是否有合适人选保证创业开发方案实施到位。只有优秀的创业团队才能符合创业机会开发需要。

3. 创业资源的分析

资源要素是支持创业机会的物的因素。在分析创业资源要素时，重点思考以下几个方面：创业资金来源，创业者能够投入多少；新创企业建立后，创业者又通过什么渠道获取新资源；企业内部怎样使资源使用效率最大化；资源缺失，新企业怎样应对；只有创业者充分考虑了企业的资源获取方式及可能，并能实现资源最优配置，才能支持创业机会的发展需要。

4. 商业模式的分析

这是支持创业机会开发的全面综合性的管理、体制因素。创业者及其团队应对未来发展规划有一个全面的发展定位，这是非常重要的。商业模式明确，适应企业内部条件和外部环境发展，创业活动会实现稳定健康发展。在分析商业模式要素时，重点思考以下几个方面：创业机会发展定位，发展方向及目标；影响创业机会发展的主要因素及如何处理这些因素；创业者如何经营管理企业，如何进行产品开发和销售，一旦市场变化，将怎样进行调整应对。只有创业者及其团队对企业未来发展科学定位及发展规划清晰明确时，商业模式的支持因素才能符合创业机会的发展需要。

3.2.3　创业机会的成长预期分析

创业机会的成长预期分析是对创业机会潜在价值的最终判断。创业者对新创企业的成长预期包括各项财务指标和成长性指标及收获条件。只有对创业机会的外部环境、内部条件和成长预期作出综合评价，创业成功才有一定的把握，创业心里有数，有底气。

创业机会筛选评价综合框架，如图 3.7 所示。

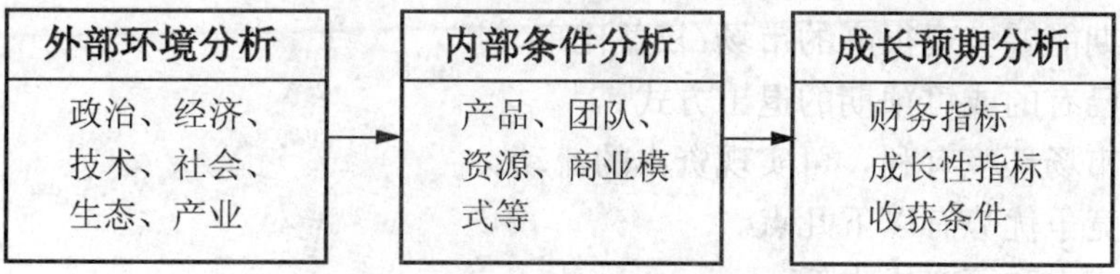

图 3.7　创业机会筛选分析框架

3.2.4　蒂蒙斯、刘常勇创业机会筛选评价指标

美国百森学院蒂蒙斯教授是国际公认的创业学理论家，他提出全面的创业机会筛选评价指标体系(或模型)，其中设计了 7 个维度(或叫一级指标)53 个二级指标。具体内容如下。

第一维度行业与市场有以下几点。

(1) 市场容易识别，常常带来收入。

(2) 顾客可以接受产品或服务，愿意付费。

(3) 产品使用者购买产品成本能在一年内偿付。

(4) 产品的附加价值高。

(5) 产品对市场影响力大。

(6) 产品生命周期长。

(7) 项目所在行业是新型行业，竞争不完善。

(8) 市场规模大，销售潜力可达到一千万元到十亿元。

(9) 市场成长率30%～50%以上。

(10) 现有市场容量全面增长。

(11) 年内占据市场主导地位，市场份额达20%以上。

(12) 拥有低成本供应商，具有成本优势。

第二维度经济因素有以下几点。

(1) 达到盈亏平衡点时间在1.5～2年以内，盈亏平衡点不会再提高。

(2) 税后利润在10%～15%以上。

(3) 投资回报率在25%以上。

(4) 项目对资金要求不是很大，可以再融资。

(5) 潜在内部收益率在25%以上。

(6) 现金流量占销售额的20%～30%以上。

(7) 毛利率达到40%以上，而且能持久。

(8) 资产集中度较低。

(9) 运营资金不多且能逐渐增加。

(10) 研发工作对资金要求不高。

(11) 销售额的年增长率高于15%。

第三维度收获条件有以下几点。

(1) 项目带来高附加价值，具有较高的战略意义。

(2) 收获期能够实现很高的市场/权益比率。

(3) 存在已有的或可预期的退出方式。

(4) 资本市场环境有利，可实现资本的流动。

第四维度竞争优势有以下几点。

(1) 固定成本和可变成本低。

(2) 对成本、价格和销售控制较高拥有很高的经营杠杆。

(3) 已获得或可以获得专利所有权的保护。

(4) 竞争对手较弱。

(5) 拥有专利或具有某种独占性。

(6) 拥有良好的网络关系，容易获得合同。

第五维度管理团队有以下几点。

（1）创业团队是一个优秀管理者的组合，拥有杰出关键人员和管理团队。

（2）技术能力达到了本行业内的最高水平。

（3）管理团队的正直廉洁程度达到最高水准。

（4）管理团队知道缺少哪些知识。

（5）不存在任何致命缺陷。

第六维度创业家的个人标准有以下几点。

（1）个人目标与创业目标相符。

（2）创业家可以做到在有限的风险下实现成功。

（3）创业家能接受薪酬减少等损失。

（4）创业家渴望进行创业这种生活方式，而不只是为了赚大钱。

（5）创业家可以承受适当的风险。

（6）创业家在压力下状态依然良好。

第七维度理想与实现的战略差距有以下几点。

（1）理想与现实情况温和。

（2）管理团队已经是最好的。

（3）在客户管理服务方面有很好的服务理念。

（4）所创办的事业顺应时代潮流。

（5）所采用的技术具有突破性，不存在许多替代品或竞争对手。

（6）具有灵活的适应能力，能快速进行取舍。

（7）始终在寻找新的创业机会。

（8）定价与市场领先者几乎持平。

（9）能够获得销售渠道，或已经拥有现成的网络。

（10）能够允许失败。

蒂蒙斯提出创业机会筛选评价指标比较全面，是目前进行创业项目及创业成长最主要的评价框架。当然，对不同的创业项目及机会筛选其评价指标的运用应有所侧重，不能一概而论，应结合创业实践来运用。这个评价指标体系将创业机会识别以后新创企业成长中涉及的因素都纳入其中，可以比较全面系统地对创业机会识别及新创企业的运行状况进行分析评价，但指标多，主次不清，有的难以量化，各个维度和评价指标有的交叉重叠，这在一定程度上影响了筛选评价的实效性。

我国学者刘常勇教授筛选评价框架比蒂蒙斯要简略些，是从市场和回报两个维度共14项评价指标进行评价筛选的。

第一维度市场包括以下几点。

（1）是否具有市场地位，专注于具体顾客需求，能为顾客带来新的价值。

（2）依据波特的五力竞争模型进行创业机会的市场结构评估。

（3）分析创业机会所面临市场的规模大小。

（4）评估创业机会的市场渗透力。

（5）预测未来的市场占有率。

（6）分析产品成本结构。

第二个维度回报包括以下几点。

(1) 税后利润至少高于5%。

(2) 达到盈亏平衡点的时间应少于2年。

(3) 投资回报率要高于25%。

(4) 资本需求量较低。

(5) 毛利率要高于40%。

(6) 能否创造新企业在市场上的战略价值。

(7) 资本市场的活跃程度。

(8) 退出和收获回报的难易程度。

3.3 创业机会的发掘与评价

创业机会识别过程是创业机会的发掘评价过程，是对创业机会的潜在价值及自身能力能否达到实施创业反复权衡的过程，经过不断地开发创业机会，筛选创业机会，使之成为真正的实施运作的项目或企业。

3.3.1 创业机会的发掘

1. 影响创业机会识别的主要因素

创业机会是普遍存在的，但为什么有的人能识别并抓住创业机会，而有些人却不能识别，看不到创业机会呢？美国佛罗里达大学布鲁斯·R·巴林格教授和德克萨斯州农工大学R·杜安·爱尔兰讲席教授在《创业管理：成功创建新企业》著作中提出了4个主要因素。

(1) 先前经验(或历史经验)。它是指某个人先前的工作经验有助于识别本行业内的创业机会，或识别出没有被满足的利基市场(指那些高度专门化的市场需求)。这些人比行业外的人更容易看到创业机会。

(2) 认知因素。机会识别是一种认知过程，有的人凭借特殊的“敏感”“警觉”“第六感”，就可以发现新的商机，这种认知能力比一般人强很多，是一种习惯性的技能。

(3) 社会关系网络。个人社会关系网络的广度与深度影响创业机会的识别。拥有更多更广社会关系网络的人比没有或少有关系网络的人，更容易获取更多创业机会和创意。

(4) 创造性。机会识别是一个创造的过程，是持续不断的创造性思维发散的过程。创造性思维能产生更多的新思路、新创意，从而能寻找识别出新的创业机会。

2. 挖掘创业机会的步骤与方法

通常创业机会系统性识别、发掘，需要遵循创业机会创意开发和创业机会调查两个步骤。

1) 创业机会创意开发

一般而言，创业者可能更喜欢独自搜索相关信息寻找创意，但从寻找创业机会成效看，往往利用“外脑”或几个人共同讨论研究能取得更好的效果。“三个臭皮匠顶个诸葛亮”，多人多个方面研究开发更有机会，可从更广角度予以分析评价，提出更多的创业机会备选方案，其成功概率会更大些。为使创业机会挖掘效果更佳，在机会创意开发中可采用借鉴以下方法。

（1）头脑风暴法。头脑风暴法是进行创意特别是有创造性创意的好方法，核心是强调打破条条框框，另辟蹊径。国内外许多著名的咨询公司(比如兰德公司)或创业团队等都经常采用此方法。

头脑风暴法有人讲是“精神病人”法。在运用头脑风暴法时，首先确定目的，选择参与者与协调人，进行广泛自发的讨论，强调不承认任何常规，不被任何规则所束缚，以超常规的思维，随心所欲提出想法，甚至是荒诞的想法，自由奔放，各抒己见，但绝不准对提出想法和意见的人进行批评、阻止、干扰、压制、打击、讽刺和评价。要给提意见、想法、点子的人无限的空间，海阔天空，提出各种方案越多越好，也鼓励其他参加讨论的人进行补充、改进和综合，使意见更加完善。最后由创业者或团队进一步提炼提高，再召开非正式的专题会议讨论，对某一创业机会形成初步共识，提出初步创业机会方案，按优先顺序排列，经过粗略评价或详细评价后，形成较为完整详细的创业机会开发方案。

（2）检核表法。检核表法是设问法中的一种创造方法。爱因斯坦曾讲过：“提出一个问题往往比解决一个问题更重要。”

检核表法是从9个方向的不同角度进行设问，启发人们提出与思考问题，进行多角度创新的一种方法。

① 能否改变：功能、颜色、形状、运动、气味、外形等。

② 能否增强：性能、时间、频率、尺寸、强度、扩大新成分等。

③ 能否减少：缩短、变窄、去掉、分割、减轻、压缩、微型等。

④ 能否代替：成分、材料、过程、能源、能否替代，用什么代替。

⑤ 有无其他用途：新用途、新使用方法、改变现有使用方法等。

⑥ 能否代用：新设想、模仿等；比如微爆破消除肾结石。

⑦ 能否颠倒：正负、上下、头尾、位置、功能等。

⑧ 能否组合：混合、合成、配合、协调、配套、特性等。

⑨ 能否变换：互换、模式、布置顺序、工序、速度、频率、规范等。

【案例】

幻灯机创新运用检核表法

能否调整：电视幻灯机。

能否扩大：巨幅广告幻灯机。

能否缩小：儿童玩具幻灯机。

能否代用：简易塑壳幻灯机。

有无其他用途：服装裁剪幻灯机。

能否借用：吸顶式动景幻灯机。

能否颠倒：户外动静监视器。

能否组合：壁挂式多功能幻灯机。

能否变换：带状幻灯片。

(3) 类比法。天文学家开普勒讲：“类比是我最可靠的老师”。类比就是把具有一定相似性的两个不同的事物进行比对，以类相比。在创新中运用类比法，就是从比较对象之间的相同点与不同点，探求同中求异，异中求同，从已知探索未知，在比较中寻找创业机会。

【案例】

独特线条的可口可乐瓶子

可口可乐瓶子的发明人是一名叫罗特的制瓶工人。一次，他看到女朋友身穿一套膝盖上面部分较窄，令腰部凸显得很有魅力的裙子。罗特越看越觉得线条优美漂亮极了。他想如果能把瓶子做的像这条裙子的形状一样，那么瓶子的外部线条曲线美就有了，能给人以赏心悦目的感觉。于是他马上进行了反复多次的研究试验，经过半个月时间的努力，新型瓶子终于问世了。1923 年罗特以 600 万美元的高价把自己的专利技术卖给了可口可乐公司，他本人成了富翁，而可口可乐公司有了更能吸引顾客的线条优美的饮料瓶。

(4) 列举法。列举法就是罗列出研究对象的特点、缺点和希望目标，并提出解决问题的措施，进而形成独创性的思路。

【案例】

圆形毛牙刷的产生

加藤信三(日)运用缺点列举法改造牙刷形状，解决牙龈出血问题。加藤信三是狮王牙刷集团的员工，他已经有好几次使用牙刷刷牙把牙龈刷出血了，他很苦恼。那么，毛变得柔软些，不行，牙刷毛柔软，不能很好地消除牙缝中的“垃圾”。使用前把牙刷泡在温水里，让毛变得柔软些，或者多用点牙膏，但刷牙效果都不够理想，使用起来不方便。有一天，加藤信三突然发现问题出在牙刷毛的形状上面，原有牙刷毛顶端是四角形的，由于这种棱角而将牙龈刺破了。缺点找到了，他就把牙刷毛的顶端磨成圆形，这样再刷牙就不会把牙龈刺出血了。他把新的改进想法向公司提出来，公司采纳他的设计并及时推广，狮王牌牙刷顶端全部改为圆形，受到了消费者普遍欢迎。在众多牙刷品牌中，狮王牌牙刷一枝独秀，长盛不衰，一度占到日本牙刷 35%左右的市场份额，为公司带来了丰厚的利润。

(5) 和田十二法。该法由中国创造学会许立言等提出。和田十二法在上海和田小学使用，因此称和田十二法。该法涉及 12 个动词，从问题入手，对问题表象充满好奇心。也叫动词检核表法，思路提示法。和田十二法的具体应用如下。

加一加：加什么，组合后有什么效果。

减一减：减什么，能更少吗？

扩一扩：在功能结构上能扩展吗？

缩一缩：在功能结构上能缩减吗？

变一变：事物在形状、颜色、味道、音响、气味、功能、结构能变吗？

改一改：事物哪些缺点可以改进。

联一联：事物可用哪些东西联系或组合。

学一学：有什么可模仿学习的。

代一代：该事物能用到别的场合产生新用途吗？替代效果好吗？

搬一搬：该事物搬到别的场合能产生新用途吗？

反一反：该事物的正反、前后、上下、横竖、里外颠倒有什么效果？

定一定：通过改进或提高确定下来，还需作什么规定？

此外，还有希望列举法、反向思维法、强制关联法、多功能组合法等。

【案例】

苹果手机包括：呼机、商务通、MP3、MP4、照相、摄像、游戏、广播、互联网、图书馆、GPS、报纸杂志、电影、电视、地图册、电脑等多功能，就是运用一系列创新开发的方法完成的。

2）创业机会调查研究

虽然经过机会搜索，对创业机会有了初步的认识，但这些认识往往是感性的，缺乏理性的分析，特别是缺少第一手的调查材料，即客观现实的调查研究，没有这一环节的调查研究，还不能作出创业的决定。系统的调查研究是实施创业的前提，是挑选、确定创业机会的重要依据。

一般调查研究方式包括：访谈法、问卷法、观察法。

访谈法：概括调查研究所确定的要求和目的，通过个别访问或集体交谈的方式，系统而有计划地收集资料的调查方法。访谈法包括：面对面交流、电话访问、网上交流等方式，做好记录和录音。

问卷法：运用统一设计好的问卷向被选取的调查对象了解情况或征询意见的方法。这个方法较为常用。特别是进行较大规模调查时，比如人口调查等。创业者应注重采用这一方法，经过数理统计分析后，可获得较为可靠的调研结果。问卷调查法的样本量应当达到一定标准。

观察法：观察者有目的、有计划地运用感觉器官(眼、手等)和辅助工具，调查了解目标对象的自然状态(实际状况)的方法。比如，运用观察法分析市场环境、顾客购买行为等很有效。这一方法能够客观真实地收集到可靠的资料，补充其他方法的不足。观察法通常与其他方法结合使用。

【案例】

杨茗钧要开汽车美容店

杨茗钧在选择加盟店时，提出考察盟主方法是："三看三不看"。三看：一看直营店，二看加盟店，三看盟主口碑。三不看：不看店面装修是否豪华，不看宣传资料是否精美，不看吹嘘赚钱如何前景诱人。这样的实地考察研究其结果是比较可靠的。

3.3.2 创业机会挖掘评价过程

创业机会的评价，首先对创业机会的外部环境和内部条件进行评价，尤其注重市场层面和产品层面的分析评价。然后分析判断创业机会优势、劣势具体表现在哪个方面，之后再设计创业成长规划。应借鉴战略分析、组织分析等工具，分析创业成长规划是否可行，在分析比较的基础上，为创业机会制定成长规划。创业者最终得到创业机会的成长预期，并符合创业者的价值追求目标，那么就可以进行创业实施活动。否则，就应考虑创业机会的定位和评价问题，是否放弃或进行调整，继续作出决断。需要强调的是，创业机会挖掘评价过程应充分发挥集体讨论创新创意开发决策，甚至潜在的投资者尽可能参加到调查研究评价中来，这样的筛选评价更为客观，不会出太大的问题，防止创业者个人主观盲目决策而造成的无法挽回的损失。

3.3.3 创业机会的筛选评价方法

创业机会的筛选评价方法常用的是打分法或确定选择因素判别法。

1. 泊泰申米特(Potentionmeter)的问卷打分法

这个方法通过让创业者来填写针对不同因素的不同情况，预先设定好评价指标权值的选项问卷打分，能比较快得到特定创业机会的结果。共有 11 项评价因素，每个因素得分可在 −2～+2 分中进行选择，通过对所有因素得分的加总得到最后总分，总分越高创业成功机会就越大，高于 15 分可进行创业策划，低于 15 分将被淘汰。问卷打分法见表 3-1。

表 3-1 泊泰申米特的问卷打分法

1. 对税前投资回报率的贡献。	7. 商业周期影响。
2. 预期的年销售额。	8. 为产品制定高价值的潜力。
3. 生命周期中预期的成长阶段。	9. 进入市场的难易程度。
4. 从创业到销售高增长的预期时间。	10. 市场检验的时间范围。
5. 投资回报期。	11. 销售人员的要求。
6. 占有领先者地位的潜力。	

2. 贝蒂(Baty)的选择因素判断法

这个方法是通过对 11 个选择因素的设定评价，对创业机会进行筛选判断。如果某个创业机会低于 6 个，则创业机会不可取；如果某个创业机会高于 7 个以上，则创业机会成功概率较高。

(1) 现阶段这个创业机会只有你一人发现。

(2) 初始产品生产成本是否可以承受。

(3) 初始市场开发成本是否可以承受。

(4) 产品是否具有高回报的潜力。

(5) 是否可以预期达到盈亏平衡点时间。

(6) 产品是不是高速成长产品家庭中的第一个成员。

(7) 是否拥有一些现有的初始用户。

(8) 是否可以预期产品的开发成本和开发周期。

(9) 是否处于一个成长中的行业。

(10) 金融界能否理解你的产品和顾客对它的需求。

(11) 潜在市场是否巨大? 是否能够快速形成核心竞争力。

3.3.4 创业机会测试体验

经过创业者筛选出的创业机会,还必须经过市场消费者等相关利益者的测试体验,只有经过消费者认可,并有意愿购买你开发的产品或服务,才能进入全面开发实施阶段。

3.4 创业风险管理

3.4.1 创业风险的构成与分类

1. 风险的属性

1) 风险的含义

风险是指在某一特定环境和时间段内,发生损失的不确定性或可能性。它有两种含义:一是强调风险的不确定性,说明风险产生的结果可能带来损失、获利或是无损失也无获利,属于广义风险,金融保险风险属于此类;二是强调风险表现为损失的不确定性,说明风险只能表现出损失,没有从风险中获利的可能性,属于狭义风险。

2) 风险的基本属性

人们重视风险与风险管理,起因于风险的属性。风险的基本属性包括自然属性和社会属性。

自然属性的风险是由客观存在的自然现象所引起的,大自然是人类生存、繁衍生息的基础。自然界通过地震、洪水、雷电、暴风雨、滑坡、泥石流、海啸等运动形式给人类的生命安全和经济生活造成损失,对人类生存发展构成风险。自然界的运动是有其规律的,人们可以发现、认识和利用这些规律,降低风险事故发生的概率,减少损失的程度。

社会属性的风险是在一定的社会环境下产生的,风险事故的发生与社会制度、技术条件、经济条件和生产力与生产关系的运动等都有一定的关系。比如战争、冲突、经济危机、恐怖袭击等是受社会经济发展规律影响和支配的。风险的社会属性也包括经济属性,强调风险发生后所产生的经济后果,只有当灾害事故对人身安全和经济利益造成损失时,才体现出风险的经济属性。比如股市风险、企业的生产经营风险等,都可能造成相关的经济损失。

风险与机会相伴,风险与收益共存。任何有价值的创业机会都存在风险。当创业机会表现为损失的不确定性时,这种具有损失的状态称为机会风险。比如,政策变化、技术研究失败、团队分裂等等,说明创业过程总是有风险的,风险是客观存在的。

2. 机会风险的构成

构成机会风险的主要因素有:风险因素、风险事故和风险损失3个方面组成。

(1) 风险因素。风险因素是风险事故发生的潜在原因,是造成损失的内在或间接原因。根据性质不同，风险因素可分为物的风险因素和人的风险因素，物的风险因素是指有形的可预见的状态，比如技术创新风险等；人的风险因素包括道德风险因素(故意)和心理风险因素(过失、疏忽大意等)。

(2) 风险事故。风险事故是造成损失的直接的或外在的原因，是损失的媒介物，即风险只有通过风险事故的发生才能导致损失。创业风险事故是指创业风险的可能性变成了现实，造成了损失。比如，市场供求关系的变化造成销售额下降等。

(3) 风险损失。风险损失是指非故意的、非预期的、非计划的经济价值或利益的减少，这种减少可以用货币来衡量。风险损失包括直接损失和间接损失。创业风险损失是指由于风险事故给创业者带来的能够用货币计算的经济损失。

上述三者关系为：风险是由风险因素、风险事故和损失三者构成的统一体，风险因素引起或增加风险事故；风险事故发生可能造成损失。

3.4.2 机会风险的分类

风险分类有多种方法，常用的有以下几种。

1. 按照风险来源的主客性分类

按照风险来源的主客性可分为主观风险和客观风险。主观风险是指创业者主观因素导致创业失败的可能性；客观风险是指客观因素导致创业失败的可能性，比如市场变化等。

2. 按照风险影响的范围分类

按照风险影响的范围可分为系统性风险和非系统性风险。系统性风险是由于创业的外部环境发生变化而自身有无法对其进行控制或施加影响的风险。比如资本市场的风险等。非系统性风险是创业者本身创业活动而发生的风险。比如团队、技术等风险，可通过一定的管理措施防范或化解风险。

3. 按照风险的可控程度分类

按照风险的可控程度可分为可控风险和不可控风险。可控风险是创业者在一定程度上可以控制或部分控制的风险，比如团队风险、财务风险等。不可控风险是创业者无法控制的风险，比如，外部环境变化造成的风险。

4. 按照创业的过程分类

按照风险在创业过程中出现的环节，机会风险可分为机会识别风险、团队组建风险、资源寻找与配置风险、新创企业成长管理风险等。

5. 按照创业管理的内容分类

按照创业管理的内容可分为机会选择与评价风险、外部环境风险、人力资源风险、技术风险、市场风险、财务分析等。

6. 按照风险致损的对象分类

按照风险致损的对象可分为财产风险即各种财产损毁、灭失或者贬值的风险；人身风险即个人的疾病、意外伤害等造成残疾、死亡的风险；责任风险即法律或者有关合同规定，因行为人的行为或不作为导致他人财产损失或人身伤亡，行为人所负经济赔偿责任的风险。

3.4.3　创业风险管理

1. 创业风险管理的一般程序

创业风险管理的程序包括风险识别、风险评估、风险应对 3 个阶段。

1）风险识别

风险识别是创业者对可能发生的创业风险进行风险预测的过程，风险识别过程的活动是将不确定性转变为明确的风险陈述。创业者要深入调查研究创业过程可能产生的风险，分析原因。运用风险分析流程图、建立风险因素清单和风险档案等方法进行风险识别。

2）风险评估

风险评估是创业者进行系统全面的对创业过程中可能发生的风险大小，可能造成的损失程度，风险发生的时间，风险事故发生的概率进行分析评价，并对造成的损失作出估算。风险评价可采用定性与定量相结合的方法，客观评价风险后果，作好风险预警工作。

3）风险应对

风险应对是创业者选择最佳的风险管理技术，及时有效地进行风险防范和控制，以实现用最小的投入获得最大的安全保障。制定风险应对策略和风险行动步骤。风险应对策略有接受、避免、保护、减少、研究、储备和转移几种方式，风险行动步骤详细说明了所选择的风险应对途径。

风险应对的方法主要有回避风险、预防风险、自留风险和转移风险 4 种方法。

（1）回避风险。回避风险是指主动避开损失发生的可能性。虽然回避风险能从根本上消除隐患，但这种方法具有很大的局限性，因为并不是所有的风险都可以回避或应该进行回避。如因害怕出车祸就拒绝乘车，车祸这类风险虽可由此而完全避免，但将给日常生活带来极大的不便，实际上是不可行的。一般情况下，只有在风险发生的频率或造成的损失很高时，才采用回避风险的方法。

（2）预防风险。预防风险是指采取预防措施，以减小损失发生的可能性及损失程度。预防风险涉及成本与潜在损失比较的问题，若潜在损失远大于采取预防措施所支出的成本，就应采用预防风险手段。预防风险通常在损失的频率高且损失的幅度低时采用。以兴修堤坝为例，虽然施工成本很高，但与洪水泛滥造成的巨大灾害相比，就显得微不足道。

（3）自留风险。自留风险是指自己非理性或理性地主动承担风险。“非理性”自留风险是指对损失发生存在侥幸心理或对潜在的损失程度估计不足从而暴露于风险中；“理性”自留风险是指经正确分析，认为潜在损失在承受范围之内，而且自己承担全部或部分风险比购买保险要经济合算。创业自留风险适用于发生概率小，且损失程度低的风险。

（4）转移风险。转移风险是指为避免承担风险损失，有意识地将创业面临的风险全部或部分转移给另一方承担，通过转移风险而得到安全保障，是应用范围最广、最有效的风险管理手段。比如保险转移、合同转移等方式。

2. 风险应对策略

创业者根据风险评估的结果和具体的环境，选择科学的风险应对策略。比如，对于损失小的风险采取风险自留的方式，对于损失大的风险采取风险转嫁的方式等。风险应对策略见表3-2。

表3-2 风险应对策略矩阵

	高频率	低频率
高程度	回避风险、预防风险、转移风险	风险避免、预防风险
低程度	回避风险、风险预防	风险自留

本章小结

本章主要考察在动态环境中的创业机会识别、挖掘、筛选、评价、决策的过程。特别重视创业机会的识别、挖掘、评价，分析创业机会可行性，为创业活动打好基础。在创业实践中往往有的创业机会不被看好，但都能创造很高的创业价值；相反，有些被看好的创业机会在实践中却被证明是不可行的。因此，在创业机会识别挖掘上，要进行充分的调查研究，进行系统综合的理性分析与评价，这样创业成功的概率会大些。在创业过程中，还要注重创业风险管理工作，分析创业风险的构成与分类，创业风险管理的一般程序及应对策略。

复习思考题

1. 进行创业开发需要进行哪些准备工作？
2. 创业机会具备怎样的特征和可行性？
3. 结合实例说明什么是“创业机会之窗”？
4. 简述创业机会的来源与类型。
5. 简述影响创业机会识别的主要因素。
6. 对企业机会评价有哪些代表人物？提出哪些评价指标和方法？
7. 怎样运用头脑风暴等方法进行创业机会的挖掘？
8. 创业机会评价有哪些方法？
9. 简述创业风险的构成、创业风险管理的一般程序？怎样防止和规避创业风险？

实训实练

1. 将横3点与竖3点的9个点(要求是正方形)用直线3折连接起来，笔不可以离开纸面；如果完成了，还可以用直线2折连接起来，这个实训练习说明了什么问题？请回答？

2. 按学生兴趣成立若干小组(5人左右为宜)，运用头脑风暴法提出创意创业项目，每人至少提出30个创意。特别注意寻找能改变人们生活和工作方式的思路；寻找绿色环保健康可持续发展的思路；寻找在高新技术不断创新条件下的经济发展方式变革的思路；寻找在产业结构调整中处于发展期的产业的某些项目等。创业思路要大气，要有气魄。心有多大，“业”就有多大。根据我们学到的筛选评价指标进行分析评价，经过比较分析确定1～3个创业项目，选出小组代表在全班互动交流。要求制作PPT进行汇报，不超过15分钟。

创业案例过程研究与思考

牛根生：草根创业英雄

1. 老牛跑出“火箭”的速度：牛根生创业历程简述

1999年8月，蒙牛集团由牛根生等自然人出资成立。集团总部设在呼和浩特市和林格尔盛乐经济园区。蒙牛生产基地在自治区境内以总部呼和浩特为轴心，向西延伸，进入包头、巴盟等地区；向东延伸，进入兴安盟、通辽等地区；向外省延伸，进入北京、天津、山西、山东、湖北、河南、安徽、兰州、新疆、浙江、黑龙江等地区。开发的产品有液态奶、冰淇淋、奶粉及奶片等系100多个品种。目前，从利乐枕牛奶市场占有率来看，蒙牛居世界第一；从液态奶市场占有率来看，蒙牛居全国第一；从冰淇淋市场占有率来看，蒙牛居全国第二。5年时间，业务收入在全国乳制品企业中的排名由第1116位上升至第2位，创造了在诞生之初1000余天里平均一天超越一个竞争对手的草原传奇；第一个与国际一流大投行合作，通过对赌协议实现融资上市的中国企业。

蒙牛坚持“奶农的利益是产业基础”的信念，在生产基地的周边地区建立奶站3000多个，大规模发动农民，运用农民的力量，联结奶农300万，累计收购鲜奶超过1500万吨，创造就业机会100多万个，为农牧民累计发放奶款近400亿元，累计创造产值1000亿元，缴纳税款40多亿元，被誉为西部大开发以来最大的“造饭碗企业”。中国最大的乳品供应商，全球液态奶(UHT)冠军，代表中国首次跻身全球乳业第二名。蒙牛还大力度扶持奶农养殖奶牛，发放种草补贴、推进品种改良、推导疫病防治、提供养牛保险、培训现代养殖技术，仅发放的养牛贷款每年就达1亿元以上。

创业以来，正是上至国家领导人、下到每一个消费者的关心和呵护，让蒙牛得以快速成长。而牛奶产业一手引领十三亿人健康，一手连接千百万奶农的特殊责任，更让蒙牛时刻警醒，不舍昼夜，努力让蒙牛成长的每一天，都能够承担起乳品企业独特的历史责任，都能够竭尽所能、实现强壮中国的梦想。2009年，中国的蒙牛乳业集团首次进入世界乳业20强的行列，这表明蒙牛为代表的中国乳业也开启了全球乳业发展史上的“中国时代”。有些国内外媒体惊呼，老牛跑出“火箭”的速度。

到目前为止，内蒙古蒙牛乳业(集团)股份有限公司拥有总资产100多亿元，职工近3万人，乳制品年生产能力达600万吨。包括和林基地在内，蒙牛乳业集团已经在全国16个省区市建立生产基地20多个，拥有液态奶、酸奶、冰淇淋、奶品、奶酪五大系列400多个品项，产品以其优良的品质覆盖国内市场，并出口到美国、加拿大、蒙古、东南亚及港澳等多个国家和地区。2013年，蒙牛乳业集团销售收入突破400亿元达到433.6亿元，净利润16.3亿元。国际信用评级机构标准普尔和穆迪给予蒙牛A—和Baa1信用评级，这是迄今为止国内快销品企业获得的最高评级。

2. 置之死地而后生：牛根生创业而厚积薄发

1999年前后曾经是伊利生产经营副总裁的牛根生协助郑俊怀建立了伊利模式，因某些矛盾没有很好的处理，牛根生成为失业者并开始创建蒙牛，又以牛的精神——每天进步一点，每天突破自我，就能走在前面，并创造了跨越式发展的奇迹。

牛根生1958年出生，还没满月被父母以50元价格卖给一户姓牛的人家。养父给这个苦命的孩子取名为“根生”。养父的职业是养牛，牛根生跟着养父一起养牛。从小生活在贫穷家境中，备尝世间冷暖，养成了吃苦耐劳、独立坚强、迎难而上、不屈不挠、勇往直前的优秀品质。养父死后继承父业进了养牛场工作，成为一名洗瓶工。他凭着任劳任怨、务实肯干的“牛”的精神，获得“呼和浩特市特等劳动模范”称号。

他用6年的时间从一名工人逐渐成长为车间主任、厂长，伊利集团副总裁。牛根生的人格魅力受到职工的赞扬，他靠人格魅力吸引人才，干出了一番事业。他为人低调，从不居功自傲，赢得众人的尊重。牛根生的养母一直告诫他一句话：“吃亏是福”，他把这一理念融会贯通到生活中。他认为，“动摇就是最大的失败，你想失败就动摇，动摇只有一种结果，那就是失败，而如果不动摇，则有两种结果，一种是失败，还有一种是成功。”创业前提是：“首先要把人做好。如果人做不好，做的就不是人事。企业家把人做好的三个条件：第一，理解人性；第二，做总得有眼光；第三，胆量，总裁的‘裁’需要胆量。”他推崇一句话：“超乎常人想象的关怀，是明智；超乎常人想象的冒险，是安全；超乎常人想象的梦想，是务实；超乎常人想象的期望，是可能。”他与人为善，经常对身边的人倾囊相助，这为他赢得了宝贵的声誉。他相信和为贵，和能发展，对任何人都和气相待，他说：“太阳光大，父母恩大，君子量大，小人气大。”他善解人意，不在乎吃亏，诚信为人，懂得分享，他的付出得到了回报，当他创业最困难的时候，许多人才纷纷来到他的身边，共同创业，有的从资金上给予支持，使他顺利地渡过了难关，才有了牛根生的这种“牛”的精神。当企业发展后，捐出全部股份，拿出三亿多资金来扶持奶农和牧民，形成了“财散人聚，财聚人散”的生活哲学，才有了“蒙牛神话”和巨大成就。

1999年，在一片荒地里埋下一块奠基石，在一张白纸上画下一幅行军图，在一杯牛奶前许下一个百年愿——蒙牛起航。这个企业的诞生，直接导致中国乳业从食草动物时代进化到了霸王龙时代，乳业竞争开始变得残酷无情。老牛出身于农民，他了解最底层民间的力量与需求，从第一天创业，他就在琢磨找钱和省钱这两件事——资本运作和发动农民。正是资本运作与农民养牛运动，改变了中国乳业内战的生态平衡，使蒙牛的崛起成为可能。发动农民还好解释，问题是，作为一个中学都没毕业的人，牛根生为什么有这么敏锐的资本运营意识呢？1996年，伊利是第一批带着职工原始股上市的乳业企业，牛根生作为高层，也分得了几千股，套现时已经是十几倍的盈利了。所以，牛根生及内蒙古乳业行业的投资者，都是尝过资本运作甜头的。1999年初，牛根生小团队在呼和浩特四处放风，请亲朋好友、上游合作商以几元一股的价格投资蒙牛原始股，两个月募集了1400万元现金搞起了蒙牛乳业股份有限公司，摆出了上市的架势。

当时的蒙牛虽然还在租用民房办公，但销售额已经突破了千万元大关。然而问题来了：没有奶牛养殖场，没有牛奶运输车，甚至没有办公室，没有工厂，蒙牛怎么做牛奶呢？

牛根生的解决之道是发动农民群众干革命。他在这个行业里第一个大规模推广了企业省钱的创新模式——中国农民养牛运动。这项运动的发起人桂冠，非蒙牛莫属，为此还有了顺口溜“家有一头牛，老婆孩子热炕头；家有五头牛，比蒙牛的老牛(牛根生)还牛。”农民真的被发动起来了，纷纷赶场去买牛。中国没有那么多奶牛，创造奶牛也要养。以前的中国奶牛厂，奶牛的繁育谱系是核心技术，弄错一次交配对象，要罚技术员工资。发动农民养奶牛以后，奶牛需求量暴涨，为了制造更多的小牛，牛爷爷开始与牛孙女交配生产乱伦牛，甚至还出现了丰乳牛、镶牙牛、黄牛笨牛染色牛……面对暴涨的需求，监管似乎也显得无能为力，从本世纪初开始，牛奶产业的源头就开始出现乱象，不合格的奶牛横行，不是带病产奶就是不产奶，经济损失最终落在了农民头上。而一哄而上家家养牛，又使养牛的成本暴涨。没有运输车，没有挤奶工，牛根生开始推广“社会合作建奶站”。

按照牛根生的说法，“每一个自然村庄里，每一个养牛的区域里总有有钱的，也总有有权的，有钱的和有权的加起来以后，完全可以做这个奶站。”个体户买车运奶，送到蒙牛，省了蒙牛的大钱，办了蒙牛的大事。这个后来居然成就了另一个乳业新兴职业——奶站，奶站向农民收奶，于是出现了后来的“盘奶”“管道奶”，甚至出现了“奶神”“奶霸”“关系奶”“调奶师”。牛根生确实成功地对农民进行了一场养奶牛“运动”，这给蒙牛创造了低成本扩张的机会。2002年10月19日，“第五届中国成长企业CEO峰会”在人民大会堂召开，在大会表彰的1999—2001年度中国超速成长百强企业(非上市、非国有控股)中，蒙牛乳业以1947.31%的成长速度名列榜首，成为中国成长企业百强之冠。

2002年，摩根士丹利和鼎辉、英联风险投资基金以对赌协议模式对蒙牛进行投资，赌局很简单，分成前后两场开赌。首先是上市前赌局，2002年9月开赌，蒙牛必须在赌局开始之后的一年，实现超过100%的业绩增长，否则，蒙牛控制权被外资没收。幸运的是，到了2003年8月，牛根生提前完成任务。蒙牛股份的财务数据显示，销售收入从2002年底的16.687亿元增至2003年年底的40.715亿元，增长144%，税后利润从7786万元增至2.3亿元，增长194%。其次是上市后赌局，从2004年到2007年，蒙牛每年必须保持业绩增长率达到50%，2007年底销售额超过120亿元，否则，蒙牛控制权被外资没收。销售额在短短几年内增长到40亿元，再从40亿元增长到120亿元，蒙牛没有被外资没收，而是有了更大的发展，达到中国乳品行业从未有人到过的高度。

农民养牛运动伊利学得很快，三鹿学得更快。三聚氰胺的重大事件震动国内外，在一片声讨和诉诸法律中三鹿倒了，蒙牛、伊利同样遭遇前所未有的危机，必须直面生存问题。这时候牛根生想到了国进民退，做了更大手笔的转移——投靠中粮，同时，找风险投资家宁高宁共同渡过金融危机之后的困难。他出手就是几十个亿，给牛根生解燃眉之急，顺势拿下中国乳业半壁江山的控制权，实现了双赢。2009年的牛根生，经历了三聚氰胺的洗礼，经历了人生的大荣，早已经悟到了做企业家的真谛，那就是“不求首富，但求不倒”实现可持续发展。

3. 坚持质量第一：打造中国乳都和乳业硅谷

蒙牛奉行“产品等于人品”的质量理念，追求“出厂合格率100%”的质量目标。企业通过多项认证：ISO 9001、ISO 14001、OHSAS 18001、GMP、HACCP五大体系认证，通过绿色食品认证。“蒙牛”商标2002年被认定为“中国驰名商标”。液态奶荣获“中国名牌产品”称号，并被列为国家免检产品。产品覆盖32个省、市、自治区和特别行政区。公司在质量管理上创造性地采取了两项举措，被概括为“一净一稠”。一是着眼“净”，在国内第一个建起了“运奶车桑拿浴车间”。奶罐车从奶源基地每向工厂送完一次奶，都要在高压喷淋设备下进行酸、碱、蒸汽及开水清洗，上上下下，里里外外，杜绝了残留陈奶污染新奶，最大程度地保持了草原牛奶的原汁原味。二是着眼“稠”，添加了“闪蒸”工艺，在百分之百原奶的基础上再剔除掉一定比例的水分，从而牛奶闻起来更香饮更浓。据中国质量协会、中国消费者协会、清华大学中国企业研究中心联合发布的《2003年中国用户满意度手册》显示，蒙牛牌液态奶的“消费者总体满意度”，在全国同类产品中名列第一。2001年，为了进一步深化以地区品牌带动企业品牌的大品牌战略，蒙牛率先倡导将呼和浩特建设为“中国乳都”，将企业发展与地方经济紧密结合在一起。4年后，在蒙牛与草原兄弟企业的共同努力下，乳都梦想得以实现，中国轻工业协会和中国乳制品工业协会正式命名呼和浩特为“中国乳都”。

2003年，经中国载人航天工程从市场到工厂、从工厂到牧场的层层选拔，并通过物理、化学、微生物等方面的多次检验，蒙牛牛奶被确定为“中国航天员专用牛奶”。当“神舟”五号一飞冲天，国人百年梦圆之时，蒙牛也悄然跃上中国液态奶市场的冠军宝座，开始了自己在中国液态奶行业的领跑历程：销量全国第一，消费者满意度第一，品牌辐射力第一，香港市场“新产品表现优秀奖”。1年后，蒙牛牛奶成为国家体育总局训练局全体运动员备战奥运会的“运动员专用产品”，“天上航天员，地上运动员”成为蒙牛高品质的代名词。

2006年10月，在第27届IDF(国际乳品联合会)世界乳业大会上，蒙牛一举夺得被誉为全球乳业“奥斯卡”的IDF世界乳业创新大奖，为中国乳业赢得首枚世界金牌。2007年，蒙牛成为中国首个年度营业额超过200亿元的乳品企业，成功跨入了世界级乳业战舰的行列。

2008年“问题奶粉”事件后，为了确保产品质量、保护消费者利益，蒙牛主动将市场上的产品全部下架，承担损失达1亿元。同时对所属奶站实施100%托管，并通过人盯人、人盯挤奶厅、人盯运奶车，24小时监控的"三盯一封闭"措施严防原奶掺假，赢得了消费者信任。为了更好地促进生产管理，蒙牛启动了"牛奶安全工程"，向消费者和中外媒体敞开了牧场和工厂，公布从收奶、生产、包装到成品入库、出库的全过程，增强了社会各界对中国乳业的信心。同时，蒙牛推进牧场化战略，规划再建设20座超大型牧场，进一步提升原奶的品质，成为蒙牛下一步稳健发展的新起点。2009年3月，国家统计局中国行业企业信息发布中心、中国商业联合会中华全国商业信息中心、AC尼尔森等权威机构发布数据显示，蒙牛在全国同类产品中销售量以及液态奶、酸奶、乳酸饮料、冰淇淋等均为第一。在多个省市开展的乳业品牌调查活动中，蒙牛是消费者首选乳品品牌。

自成立以来，蒙牛一直与多个国内外权威科研机构合作，展开全方位研发，平均9天申报一项专利，平均6天就有一个新产品问世。2007年7月，蒙牛斥资12亿建成了世界领先水平的高科技乳品研究院暨高智能化生产基地。这里拥有全球最先进的设备，是国内规模最大、科技含量最高的乳品研发中心。它汇聚了英国剑桥大学、澳大利亚蒙纳士大学、中国科学院等16家国际国内乳品技术提供商及科研单位的最新成果，结合蒙牛研发力量，形成了一条国际领先的完整研发生产链，打造出中国的"乳业硅谷"。

依托良好的自然环境，蒙牛在全国合作、参股建立了9个万头以上级别超大型牧场。牧场采用了世界先进的散栏式工业化养牛方式，引进了优良牧草，优选上万头世界顶级奶牛，引进了国际上最先进的挤奶设备，在全球范围内聘请了优秀的专家，实现了全自动的TMR喂养、全自动清粪、全自动挤奶及全自动粪污处理。

国际领先的生产工艺是确保产品质量的重要因素。蒙牛在国内建立了40多座生产基地，每一滴原料奶在几小时内，通过全程保鲜的现代化运输链，运送到各地的智能化单体车间。从原奶进入工厂到成为一包合格的牛奶出厂，需经过13个工艺环节的处理和控制，而全部的工序都在封闭无菌的状态中进行。从奶源、生产、包装、出厂到产品售后，蒙牛都采取了严格的层层监控体系，以最大限度地确保消费者的安全。在蒙牛分析中心，配置的液相色谱—质谱联用仪、气相色谱—质谱联用仪等世界上最先进的仪器和设备，可以检测农药残留、兽药残留、致病菌鉴定、营养成分、维生素、添加剂、重金属、微量元素等共367项，切实保证出厂的产品全部符合食品安全的要求。针对不同人群、不同营养需求、不同饮用时机设计的不同产品系列，构成了蒙牛庞大的牛奶矩阵，产品包括液态奶、冰淇淋、奶粉、酸奶、奶酪等五大类300多个品项。从中国第一款高端牛奶特仑苏，到中国第一款专为儿童营养需求设计的未来星儿童奶；从全球首款含有真实水果颗粒的牛奶饮品真果粒，到全球首款含有谷物颗粒的妙点谷物奶餐等，蒙牛研发生产的多个首创性牛奶产品开辟乳业市场的蓝海，为提升国人饮奶量开辟了全新的渠道。持续的科技创新投入，成为蒙牛快速、持续成长最重要的推动力。

4. 勇于奉献：乐于承担社会责任

蒙牛的成长，离不开员工、奶农、股东、经销商共同构建的和谐链条。蒙牛坚信，只有消费者、股东、银行、员工、社会、合作伙伴的"均衡收益"，才是真正意义的"可持续收益"；只有与最大多数人民群众命运关联的事业，才是真正"可持续的事业"。心怀感恩，蒙牛用实践努力构建和谐的蒙牛。勇于奉献，乐于承担社会责任，只要是关系经济繁荣、国家民族的大事，蒙牛就一定会站在前列。

2005年，蒙牛董事长牛根生捐出自己与家人的全部股份(市值最高时超过40亿元)，创立"老牛基金会"，广泛用于资助失学女童和贫困大学生、帮扶五保户与农牧民、慰问英模人物与烈士家属等社会公益事业。企业家捐出全部股份的在全球属首例，牛根生被誉为"全球裸捐第一人"。

对蒙牛而言，一个企业如果不关心国家、民族的大事，老百姓肯定也不会关心你的事，这样的企业跑不快、走不远、跳不高。投身公益、回报社会，是一项必须坚持的善举，更是企业成长的必由之路。因此，不论是在创业之初，还是在领跑乳业的今天，蒙牛都一直把奉献社会视作企业成长的重要部分。非典时期，蒙牛捐款捐奶1200万元，是全国首家为抗击非典捐款的企业；2003年教师节前夕，蒙牛向全国16个城市125万名教师每人赠送一箱牛奶，总价值超过3000万元；2008年，先后向遭受冰冻雨雪灾害的南方地区和遭受地震灾害的四川地区分别捐赠1000万元和1200万元，等等，只要是关系经济繁荣、国家民族的大事，蒙牛就一定要站在前列。

2006年4月，温家宝总理在重庆视察奶业工作时深情留言："我有一个梦，让每个中国人，首先是孩子，每天都能喝上一斤奶。"一个多月后，蒙牛率先投入1亿多元，与中国奶业协会、中国教育发展基金会等单位共同发起了"每天一斤奶，强壮中国人"大型公益活动，按照每人每天一包的标准，免费为全国500所贫困地区小学的在校生供应一年蒙牛牛奶。作为这一活动的主要决策人，牛根生和杨文俊承受着巨大的压力。500所小学大都选在老少边穷地区，并不具备购买牛奶的能力，对蒙牛的拓展市场没有直接促进作用，而这1个多亿的资金，对蒙牛来说也不是小钱，作为一家在香港上市的公司，拿出这样大一笔钱做这项公益活动，压力可想而知。董事会就此有过激烈辩论，经过反复沟通，最终获得一致通过。2006年6月，温家宝总理到内蒙古视察工作，亲切会见了蒙牛乳业集团总裁杨文俊等企业家代表，当得知此次公益送奶活动，连声称赞"这是一件大好事"，并勉励蒙牛一定要"把好事办好"。

2007年6月6日，国家体育总局训练局、NBA关怀行动、联想、微软、新浪、华润万家、家乐福等爱心伙伴与原来7家发起单位共同开启"中国牛奶爱心行动"，调动各自的资源，为更多的孩子带去充足的牛奶营养。蒙牛也再度挑选500所小学进行为期一年的免费捐赠，使受益于爱心牛奶的小学总数达到1000所，蒙牛为此累计投入超过两亿。2008年7月28日，原十届全国人大常委会副委员长、全国妇联主席、中国儿童少年基金会理事长顾秀莲与蒙牛乳业集团总裁杨文俊在北京共同宣布：国内第一支旨在提升公众营养指标、关注全民饮奶状况的专项基金——"中国牛奶爱心基金"正式诞生。位于北京通州的光爱小学成为"中国牛奶爱心基金"成立后的第一所受助小学。

5. 蒙牛集团荣誉和创新纪录

蒙牛获得全球乳业"奥斯卡"的IDF世界乳业创新大奖，为中国乳业赢得首枚世界金牌；"第五届中国成长企业百强之冠；被利乐公司授予"利乐枕无菌包装使用量全球第一"奖；被自治区列为"二十户重点大企业"之一、"亿元工程企业"和"重点保护单位"；市委、市政府授予企业"纳税状元单位"称号，"经济快速发展突出贡献奖"等。公司董事长牛根生担任中国奶业协会副理事长，近年来被评为："第八届内蒙古优秀企业家"；"第四届全国优秀乡镇企业家"；"全国奶业优秀工作者"；"2002年中国十大创业风云人物(之一)"；"2002年中国经济最有价值封面人物"；"中国民营工业行业领袖"；在"2003年中国企业领袖年会"上，和张瑞敏、柳传志等商业领袖人物同时成为25位企业"新领袖"；2003 CCTV"中国经济年度人物"。2004年第二届中国策划大会暨著名策划评选活动中，与张瑞敏、魏家福等8人获"中国策划最高奖"。蒙牛集团创造了多项纪录包括：蒙牛产品是唯一的"中国航天员专用乳制品"；蒙牛产品是"国家体育总局训练局运动员专用产品"；蒙牛液态奶消费者综合满意度列同类产品第一名；蒙牛牛奶荣获2003年香港超市表现最优秀新产品奖，是2003年香港超市唯一获奖的大陆品牌；蒙牛是中国第一家参加APEC峰会的民营企业；蒙牛是国内第一家捐款抗击"非典"的企业，累计为抗击"非典"捐款捐物1200余万元；蒙牛以"强乳兴农"为企业使命，与百万农民结成命运共同体，是西部大开发以来中国最大的"造饭碗企业"；蒙牛是入选《新闻联播》学习实践"三个代表"栏目的典型企业；蒙牛是中宣部向全国推荐的思想政治工作先进单位；蒙牛工厂被瑞典利乐公司列为"全球样板工厂"，这在中国境内尚属首例；蒙牛首倡将呼和浩特建为"中国乳都"，把经营企业品牌与经营地区品牌融为一体；蒙牛在国内首创"运奶车桑拿浴车间"，保证奶源清洁卫生；蒙牛是摩根士丹利在亚洲地区直接投资额最大的企业；蒙牛是中国大陆乳制品企业中唯一一家在海外上市的公司。

目前，蒙牛提出新的核心价值观即：集团远景是做质量最好、最专业、最专注的乳制品企业；集团使命是为消费者奉献安全、优质、放心的乳制品，与客户、员工、股东及所有利益相关方共同成长；其核心价值观是阳光、高尚、责任、创新。"百年蒙牛强乳兴农"的企业使命要求蒙牛踏踏实实、勤勤恳恳地努力每一天，为国家创建一个具有国际竞争力的卓越企业；为民族创建一个具有百年发展力的世界品牌；为父老乡亲提供致富途径；为提升消费者的健康品质服务；为员工搭建人生价值的实现平台。蒙牛正不断开拓进取、坚持科学发展、努力创新、整合全球有效资源，用健康美味的牛奶产品为全球消费者创造优质生活，建设世界乳都，打造国际品牌，早日实现“愿每一个中国人身心健康”的企业愿景。

【思考】

简述蒙牛集团跨越式发展历程。怎样理解“老牛跑出火箭的速度”？牛根生是怎样创业并组织领导企业发展的？他的人格魅力体现在哪些方面？他有哪些创业精神值得学习并发扬光大？

第4章 创业团队

教学目标

学习完本章后，应掌握的重点：

1. 创业者的基本特征与类型
2. 创业者应具备的基本素质
3. 创业团队的界定及四大组成要素
4. 创业团队的组建与管理过程

理论应用

1. 描述你所知道的创业者的特征与类型。
2. 列举出你知道的创业者的综合素质。
3. 举例说明组建创业团队的程序和方法。
4. 调查采访成功的创业团队，总结他们是如何创业管理的，基本经验有哪些。

创业机会抓住之后，首要的问题是组建创业团队。团队工作效能是成功创业的重要保证。世界有影响的大企业，绝大部分是以团队形式建立和工作的。团队的价值观念、能力、水平是吸引风险投资的主要考虑因素，在一定意义上说，风险投资是投资在团队上。

案例导入

张瑞敏——海尔发展“神话”的缔造者

张瑞敏现任海尔集团董事局主席兼首席执行官，第十八届中共中央候补委员。

海尔集团发展“神话”是20世纪中国出现的创业管理奇迹之一。

1984年12月26日张瑞敏调到该厂任厂长，当时该厂是亏损147万元的集体小厂，从制定13条制度起步，经过二十几年艰苦卓绝的奋斗，成长为一个国际知名的跨国企业集团，被世界家电协会及同行称为用20年的时间完成家电业100年的创业发展历程，是全球同行业企业增长速度之首，海尔品牌被联合国评为全球100个世界知名品牌之一。海尔总裁张瑞敏也因此登上过哈佛商学院和全球财富论坛等国内外经济管理顶级研讨会的讲台，交流展示海尔的创业管理经验。2012年销售额1631亿元，利润90亿元，利润增长是销售收入增长的2.5倍。他带领团队坚持技术与质量高起点，打造海尔冰箱名牌；以市场为坐标导向，实行多元化的发展战略；走先难后易的市场路径，争创国际一流海尔品牌；以人为本的人力资源管理，培养具有国际竞争力的人才；构建了员工收入由市场决定价值的分配体系，为员工发展搭建立体化人才培训平台，目标管理与绩效管理相统一，当天的目标必须当天完成。他们创新团队管理理念与机制，提出“人才斜坡球体理论”，“人才选拔赛马机制”，“OEC管理”，销售网、虚网、物流网、服务网4网融合等新理论，体现了当代具有中国特色的管理理念，涵盖了现代创业管理的新内容，他既是中国的，也是世界的，代表了当代最高的创业管理境界和水平。

如果总结海尔创业成功的经验，可以用“七个一”来概括：一种精神[敬业爱国，追求卓越(2005年又提出“创造资源，美誉全球”)]；一个好的带头人(张瑞敏)；一个好的执行团队(联合舰队)；一个科学的战略规划和发展路径；一个好的管理体制和运行机制(基础管理+创新管理+激励机制)；一个世界知名品牌(品牌的影响力超过青岛地区)；一个高效益企业集团(经济效益+社会效益)。目前，海尔正在实施新的发展战略，进入新能源领域，抢占太阳能市场，海尔又进入了一个新的发展期，必将为中国经济社会发展作出更大的贡献。

【思考】

查阅海尔集团网站张瑞敏带领团队发展海尔的历程，你认为海尔在创新创业管理特别在团队管理方面做了哪些创新？你怎样认识和评价他们的创业经验？

4.1 创业者概述

4.1.1 创业者的个性特征

现有创业研究中，人们关注的是什么样的人成为创业者，为什么他选择创业，成功创业者有什么特征、素质，其创业者创业成功的活动规律。因此研究创业者与创业团队活动是很有必要的，创业并不是任何人都适合的。

创业者是创业活动的领导者和执行者，是能识别并抓住商机，能够承担风险，为创业投入时间精力、满足市场某种需求，创造价值取得回报的人。有的专家认为，也包括参加创业的其他团队成员。创业者不是“神话人物”和特殊群体，而是普通老百姓，他们能创业成功，是因为努力拼搏，抓住商机，有独特的技能和素质，充分发挥自己的个性特征。创业者的个性特征是推进创业活动的催化剂，在一定的环境下对人们的行为产生影响，对创业活动有重要导向作用。虽然创业者千差万别，创业选择路径、行为方式不同，但创业者在创业的背后，还有一些相同的创业思维和创业特征。创业者的个性特征可分为客观特征(自然属性)和主观特征(社会属性)。客观特征是创业者先天具备的，也就是与生俱来的，是后天无法改变的。主观特征是创业者的一些创业理念、处事风格和行动模式等，往往是后天逐渐形成的，也就是说，在改变客观世界的同时也改变着主观世界。

创业者的主观特征在很大程度上受到其客观特征的影响。例如不同年龄的创业者对创业的态度就不相同，青年积极，老年相对保守等。创业者的个体特征与创业活动的关系，如图4.1所示。

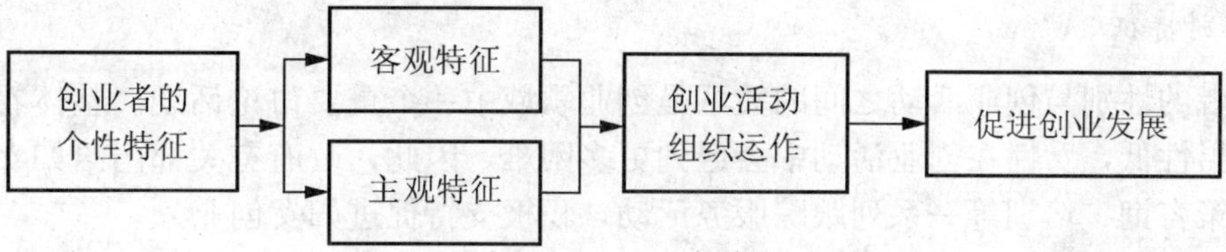

图 4.1 个体特征与创业活动的关系

4.1.2 创业者的类型

国内创业者从创业动机角度大体可分为以下几种类型。

第一种，生存型创业者。主要是为生活而创业，多数是下岗工人、农民工、大学生等。清华大学调研报告显示，这三类人占全国创业总数90%左右。主要从事贸易、少量实业，也有的是加工业，成为大企业很少。30 年前刘永好等创业时代已经过去，过去是供应不求，短缺时代，遍地是机遇，机遇成就大业。现在是供过于求，竞争激烈，正如冯巩相声说："每天一睁眼就满世界找钱的主儿"。

第二种，事业型创业者。这种创业者把人生梦想作为终生追求的目标，有很强的创业成就感、事业感。

第三种，主动型创业者。分为两种，一种盲动型创业者，创业冲动像赌博一样，往往失败，但一旦成功就是快速成长；冷静型创业者，谋定而后动，打有准备的仗，成功率高。

第四种，价值型创业者。喜欢做老板的感觉，展现自我价值，赚钱不是唯一追求。快乐创业，快乐生活。

在实际创业者创业活动中，还有变现型创业者。权利在市场关系中变现，权钱交易，有些机关行政部门领导者，利用手中掌握资源变现，有的股份公司给官员干股等。从原来的职业划分创业者类型有专业技术人员，如柳传志等；有的是经理人员，如牛根生等；有的是行政人员，如王石等，有的是农民、工人创业如四平红嘴集团的卢志民等等。

4.1.3 创业者的客观特征

1. 年龄特征

创业者的年龄与创业能力存在一定的关系。有工作经验和社会阅历的人，在创业领域更成熟，成功概率可能高些。年轻人有创业激情，但经验阅历不足，有盲目创业倾向。但创业活动中，真正成功有巨大成就的往往是年轻人，比如，比尔·盖茨 21 岁编写软件程序；史蒂夫·乔布斯 17 岁组装电脑；1988 年布林和佩奇创办 Google 时，分别 24 岁和 25 岁；马云 31 岁创办中国"黄页"；史玉柱 30 岁创办巨人集团；陈天桥 26 岁创办盛大公司；马化腾 27 岁创办腾讯公司；杨致远 21 岁创办雅虎公司；俞敏洪 29 岁创办新东方学校；王健林 31 岁创办万达房地产公司等等。创大业年轻化，当然也有 50 岁以后创业的。80 后出生，赶上创业好时代，从创业角度看或在一定意义上说，没有创业的人其生命是不完整的。

2. 性别特征

创业者的性别与创业活动之间的关系是创业领域中一个重要讨论话题。整体看女性创业活动比男性低，女性在创业活动中会遇到更多困难。因此，政府有关部门给妇女创业活动提供政策咨询、培训等一系列跟踪服务活动，积极支持促进妇女创业。

3. 教育背景

教育背景可分为两个方面：一是创业者的专业背景，对于创业者来说，创业时更愿意选择自己热爱的专业领域或相关领域。二是创业者的学历层次。不同学历层次的创业者对选择创业项目存在较大差异，高科技创业活动，更需要高学历者。

4. 地理区域

地理区域从两个方面看：一是城乡差别。来自农村的创业者掌握资源有限、市场有限，农村创业活动程度比城市低。二是不同区域差别，中西部创业活动程度低于长三角、珠三角、京津地区。

4.1.4 创业者的主观特征

创业者的主观特征是创业研究的热点问题。研究创业者的主观特征对创业机会评价，团队建设，商业计划撰写，战略管理等都有重要意义。

创业者主观特征包括以下内容。

1. 创业者的基本特征

我们认为，创业者与一般经理人的重大差别正是由于对创业的成就(价值)、风险、创新、自信这 4 个方面不同而体现了创业者的基本特征。

1) 成就感需要(自我价值需要)

创业者都有强烈的成就感，满足自我价值实现的需要。与一般经理人相比，经理人更多倾向于获得权力而不是成就感。打工是经理人的潜意识，为别人成功作嫁衣。而创业者不甘于打工活动，更喜欢创业活动的自我价值实现的心理满足感，许多经理人放弃权力以及优越的生活，而选择自主创业，正是追求成就感，自我价值实现。

2) 勇于承担风险

在研究创业者和一般经理人的风险承担倾向时，一般经理人承担风险倾向小于创业者。尤其在面临新业务开拓时，创业者敢于承担风险，有“壮士断臂”的勇气。比如，万达集团董事长王健林由房地产开发转入电影院线时，董事会成员都不同意，只有王健林一人坚持并说服其他人，目前成为中国最大的国际有影响力的院线开发运营公司，成效显著。风险承担是评价创业者和一般经理人的重要标志。创业者必须要面对市场上的不确定性，并最终承担决策的责任。而一般经理人只是老板决策，而执行者承担的风险是有限度的。但是，创业者在进行创业活动中，并不是无谓的冒风险，而是要积极的识别市场风险，规避不必要的市场风险。

3) 有创新偏好

创业者的创新活动是创业过程中的天然属性。这些创新活动包括开发新产品、新工艺、新市场、新行业等创造性经营管理行为。这在许多情况下，并不是表现为创业者应对市场竞争的被动行为，更多的表现为创业者主动积极地进行创新活动，是发自内心主动迎接挑战的自我超越的行为。创新是创业者最主要的行为特征，比起一般经理人这点是很鲜明的。

创业者都千方百计发挥自身的特质，不断推动创业活动的向前发展。一方面要承担和规避创业活动风险，另一方面努力推进创新程度和价值的提升。一般经理人转向创业活动，主要是创业会给他们提供更大发展平台，展现自己的才华，拥有自己的事业，摆脱各方面的约束。

4）强烈的自信心

联想董事会主席柳传志在创业时，遇到许多困难，但他说："困难无其数，从来不动摇"。强烈的创业自信、创业自觉，以坚韧不拔的毅力和满腔热情，顶住各种压力，克服各种困难，在激烈的市场竞争中实现创业梦想。

2. 识别创业机会与创业者的个体特征

创业者的个人特征与识别创业机会有直接的关系。许多成功的创业者个体特征都具有对市场高度的敏感性与灵活性，价值与风险感知力强，创业成功控制欲望强烈。创业者的个人特征对于机会识别来说是非常重要的。与创业机会识别相关的个人特征包括以下几项。

1）敏感与灵活性强

创业者对创业机会搜寻更加敏感，更具有高度的警觉性。有时候一些潜在盈利机会还未充分体现出吸引力时就被创业者预先感觉到，能使创业者更能占据市场先机。成功的创业者都具有高度的创业机会警觉性，反应相当灵敏，而且会随外部环境变化进行灵活调整。而缺乏警觉灵活性的创业者往往要等到机会的各项特征都非常明确之后才行动，而此时已经错过了创业的最佳时机。

2）价值与风险感知能力高

价值与风险感知能力与创业机会发现有很大关系。创业者比一般管理者的价值与风险感知力都强，会及时抓住创业项目的价值与规避创业风险。创业者不仅依赖于计划，更强调计划执行过程中的风险及后果，能够感知或预测系统性风险并渴求控制等因素。风险感知力有助于创业者恰如其分的分析创业机会的风险和收益，能够避免创业者采取高风险的行动，能够在一定程度上控制经营风险，也为创业机会评价提供必要的依据。

3）很强的控制欲望

创业成功控制欲望是指一个人对于他所采用的行动是否能够改变现状的自我认知，并能控制自己人生发展的程度。控制欲望强的创业者更能在机会选择压力面前把事情做得更好。他们喜欢创新，制定未来发展规划，偏好共同合作参与的工作环境，以领先于竞争者。他们有强烈的事业心和积极主动的创业精神，在创业过程中有新的突破，并掌控创业过程，希望把命运掌握在自己手中。

在研究创业者的个性特征中，美国佛罗里达中央大学的布鲁斯·R. 巴林格等人认为，成功的创业者应具备 4 种个性特征。

（1）创业激情。这是创业成功者的第一个特征。这种激情来源于创业者的执着，坚守创业可以积极地影响人们生活这种信念。创业可以取得回报，可以实现价值，有创业激情可以舍弃安定的工作去创建自己的企业，可以在有了财务安全保障之后继续进行创新创业活动。

（2）聚焦产品和顾客。这是成功创业者的第二个显著特征。创业者对产品和用户非常专注热切，他们痴迷于制造能满足广大顾客需求或潜在需求的产品。

（3）不怕失败，坚韧不拔。

（4）执行智能。这是指将创意变为可行企业的能力。任何创意如果不能转化为实在的行动，实施有效的创业活动，创意就是空中楼阁。在一定意义上说，执行力是创业成功的必备特征。

比尔·盖茨从中学、大学到成为世界首富的成长过程中，有些研究专家总结出他独特的个性特征包括8个方面。

① 先前经验，进行程序交易。

② 敢于挑战，具有挑战乐趣。

③ 坚韧不拔，努力干好。

④ 雄心壮志，25岁前要赚到100万。

⑤ 商业智慧有眼光，创造性模仿。

⑥ 捕捉合作机会，与IBM、苹果公司合作。

⑦ 有敢于冒险的精神。

⑧ 把握机会，超前快速行动。

上述创业者的性格特征与创业活动之间的关系并不是绝对的，在很多情况下，并不能说拥有某些主观特征的人实施创业活动就一定成功，但在创业之前对自己的正确评价和认知却是很有必要的。

4.1.5 创业者应具备的综合素质

中国创业者在市场经济大潮里，涌现了一批又一批成功的创业者。他们有的是从摆地摊、修鞋子、学成归国创业等等，有的成为中国创业的“明星”，有的成为“先烈”，他们的经验值得借鉴。当然，也有许多创业失败者，甚至惨烈悲壮，他们的教训也值得吸取。无论成功与失败，他们都引导我们必须认真回答一个共同的问题，那就是：中国的创业者应具备哪些素质？我们认为概括说来，创业者应具备6大方面的素质，即政治思想素质、创新素质、知识素质、能力素质、心理素质和身体素质。

1. *政治思想素质*

首先，要有良好的政治素质。能坚持把国家利益、民族利益放在首位，坚持把国家富强、民族振兴、人民安康幸福成为自己的政治理想，自觉按党的路线、方针、政策办事，自觉、维护人民利益、国家利益。在这个政治上的大是大非上，创业者应旗帜鲜明，认真践行。这要求创业者具有政治上的高瞻远瞩，与各级政府建立密切和谐的关系，对中国的社会福利、公共事业、慈善活动做出自己应有的贡献。有很强的社会责任感。决不能做任何危害民族、国家和人民利益的事情。目前，虽然中国慈善事业有了长足进步，但与发达国家比还有较大的距离。2009 年中国慈善捐款额 509 亿元人民币，占当年 GDP 的 0.17%，慈善组织 184 万个，从业人员 2 万人；美国 2009 年慈善捐款 3000 亿美元，占当年 GDP 的 2%，慈善组织 100 万个，从业人员 900 万人。[①]

其次，要有良好的思想素质。在市场配置资源起决定作用的条件下，创业者要牢固树立与市场经济相联系的 6 种现代理念或观念。

1）诚信理念

企业经营是开放式经营，是诚实守信经营。企业与外界建立了许多合同等方面关系，能不能守约守信，自然成为创业者的道德标准。诚实守信的价值理念要把企业信誉作为生命来看，这是创业者应具有的道德素质，也是创业者促进创业成长的最重要的基础。

2）市场竞争理念

始终坚持市场是配置社会资源基础的理念。许多成功的创业者的经验告诉我们，创业必须按市场经济规律办事，必须有很强的市场竞争、市场开拓意识、市场机会识别意识。在市场经济中创业，在创业中开拓市场。

市场竞争理念是一个开放的理念，是一个充满竞争战略和策略的理念，是一个市场投入产出比高，市场占有率高的理念。有些创业者虽然处在市场竞争中，但市场竞争观念封闭，往往习惯于自己与自己比，经常满足于一得之功或一孔之见，满足于“进步不大，年年有”，满足于“小富即安”。他们看不到区域市场、国内市场、国际市场的变化及发展，眼界狭小，不能“风物长宜放眼量”。这种封闭或半封闭的经营理念与市场竞争理念格格不入，不冲破这种理念，不建立起全球化、国际化配置资源和竞争理念，创业者很难进入国内外市场并取得竞争优势，所创产业不可能“做大做强”，更难以成就“百年基业”。有的创业者缺少长期发展规划，不掌握市场竞争谋略和技巧，“生打硬拼”，往往是“头破血流”，损失巨大，甚至连老本都搭上了。还有的只注重产值、销售收入，特别是不积极培育核心竞争力，表面企业在发展，实际上潜伏着发展的危机，甚至正在被对手挤出市场而全然不知。

3）经济效益与社会效益理念

有些创业者效率、效益虽然挂在嘴边，但实际落实不到位。对有些低效率、高浪费的是熟视无睹、跑冒滴漏、办事拖拉、不计成本等现象不当回事，创业者的效率、效益理念没有真正建立起来，损失浪费经常出现，甚至造成重大损失。在注重经济效益的同时，必须重视社会效益，以可持续发展的理论指导创业活动。

4）为用户创造价值的理念

市场竞争归根结底是争取用户的竞争，谁拥有更多的客户，谁就有更多的市场份额。客户为创业者带来效益。由于科学技术的扩散速度越来越快，企业在技术等方面上的差距越来越小，市场竞争日益转移到为用户服务领域。有专家认为，用户第一，服务取胜，为用户创造价值的时代已经来到。如果要赢得服务质量上的竞争，靠的是全体员工牢固树立用户第一和优质服务的理念，全面提高专业化的服务技术水平，为用户创造更多的价值或附加价值，真正把用户第一的理念落到实处。

---

① 申燕．富人应该如何做慈善[J]．商界导刊，2010 年 12 期．

5）风险理念

创业者是市场优胜劣汰的竞争者，敢于冒风险，敢于承担风险，同时又能够有效地规避不必要的风险。创业价值始终与风险共存。不敢承担风险就不可能抓住发展机遇。创业之路不是平坦的，而是在承担和敢于冒风险的前提下，才能创业成功。因此，不经历大风大浪，创业成长是不可持续发展的。创业风险存在潜在的失败，但失败是成功之母，允许失败，允许犯错误，在总结失败教训中，使创业者更聪明，更有智慧，更能取得创业成功。

6）法制观念

市场经济也是法治经济。创业者必须牢固树立法制观念，以法创业，守法经营。这是创业者必须守住的“创业底线”。如果破坏这条防线，假、冒、伪、劣、走私、偷税、诈骗等违法行为就会产生，直至把创业拖进“死胡同”。在创业初期，创业者一定要打牢法制基础，切不能“一着犯法，满盘皆输”。

2. 创新素质

目前，要打造中国经济的升级版，面临着经济结构新的重大调整期，面对着严峻的挑战和转型升级，当然也存在着发展的机会。国家强调实施“创新型发展战略”，是一种开拓进取型经济。创新意味着打破旧的条条和框框。可以说，创业者的创新素质在一定程度上决定了创业成功，决定了新创企业的可持续发展。约瑟夫·熊彼特说：“创新是从事创造性的破坏”。彼得·德鲁克讲：“创新理论认为，变革是正常的，而且是健康的，在经济中的主要任务是做出某种与众不同的事情来，而不是把已经在做的事情做得更好些”，“是专门打翻和瓦解旧有的一套的”。因此，创业者“始终在寻求变革，对变革做出反应，并把变革作为机会予以利用”。他认为“创新是新事业开拓的具体手段，创新的行动就是赋予资源有创造财富的新能力”。“创新创造出资源”，当然，也创造出社会价值和财富。“创新就是改变资源的产出量”。许多创业者都认为，“创新则生，守旧则亡”，创新来源于不断开拓精神，敢于打破旧框框，敢于走前人没走过的路，敢冒失败的风险，不断开拓出新境界、新局面，在创新中走向成功。万达集团董事长王健林在总结创业成功和企业快速发展时，他认为创新是企业发展的唯一法宝。当前，要在技术创新，管理创新方面有新突破，增强技术创新和管理创新能力，从“中国制造”向“中国创造”过渡，不断创新出有世界影响力品牌，使创业成功之路越走越宽。创业者特别要有创造力，包括批判力、想象力等。

3. 知识素质

创业者应具有丰厚的知识储备，“知识就是力量”，“知识就是财富，知识就是创业资本”。一般来说，创业者应具备以下 4 种知识。

1）基础知识

主要指具备高中毕业生的知识水平，包括语文、外语、数学、物理、化学、生物、历史、地理、政治等。这是创业者最起码的知识。当然，大学生应具备更加宽厚的基础知识。虽然早期有的创业者知识储备并不广博丰厚，比如亚洲首富李嘉诚，吉利集团董事会主席李书福，蒙牛集团董事会主席牛根生等，但后天刻苦不断地学习，使他们具备了各方面的基础知识，尤其管理知识更加突出优秀。

2）人文社会知识

创业者是在社会的大环境中进行创业的，与社会发生各种各样的联系。创业者应不断丰富自己的人文社会知识，特别是关于哲学、政治、经济、文化、道德、法律、历史等方面的知识，更应努力了解和掌握，这是做出科学决策，有效实施的基本保证。创业者在进行较大项目开发时，更应注重从宏观的政治经济等方面认识问题，从长远角度，战略高度进行规划，从哲学上进行理性思考，这对他们的人文社会知识的修养提出了更高的要求。

3）科学技术知识

科学技术是第一生产力，科学技术日新月异，科技成果以几何级数增长，谁在科学技术上领先一步，就会在市场竞争中占有先机，也是创造新的财富源泉。创业者应力求在自己从事的业务领域中成为专家，成为"大家"，成为"大师"，要比一般专家有更加广博的知识面，是创业者力争必备的专业技术资源。

4）管理知识

创业者创业活动在一定意义上是一项管理活动。管理水平如何将直接影响企业成长。现代管理理论及管理技术是一切创业者必学的科目，是形成独特的管理艺术的基础。谁能在实践中灵活运用管理理论并开发新的管理模式，谁就能在市场竞争中创造出新价值，这是不言而喻的。

4. 能力素质

创业者与一般管理者不同，要求有较强的能力特别是创业能力素质，尤其具有较强的决策能力和管理能力。这包括领导能力、观察能力、认知能力、抽象思维能力、概括能力、协调能力、自我发展能力、学习能力。创业者作为高层决策者，其决策能力、执行能力、组织协调与沟通能力、整合能力、学习能力应更强一些，这对于发挥团队不同层次管理效能的作用是十分重要的。

5. 心理素质

创业者应具有良好的心理素质，这是创业成功的重要保证，也是形成独特领导风格的决定因素。创业者心理素质体现在意志、情感、追求、风度几个方面。

（1）意志。意志是创业者有百折不挠、不屈不服、勇于战胜困难的勇气和持之以恒的精神。创业者无论是开始创业，还是新创企业的发展，都会遇到各种各样的困难。在各种困难面前表现出什么态度，体现出创业者的意志品质。是以积极战胜困难的心态，还是畏难思退，左顾右盼，这极大影响创业者及工作团队的工作成效。坚强的意志品质使创业者经受困难考验，越战越勇，不会被轻易击垮，即"精神不倒"。当有的创业者感到没有希望时，他们却能"背水一战"，在艰难时刻发现新的转机。这是外部环境的变化对创业者提出的基本要求。意志品质应包括：目标坚定性、科学的决判性、不屈不挠、实事求是、吃苦耐劳、脚踏实地等。

（2）情感。创业者的情感体现在对事业对工作的强烈热爱，是一种积极向上的心态，关心人、关爱人，以人为本，以情感人，晓之以理，动之以情，以自己的真诚情感，去感动别人，影响别人，这在一定程度上创业者运用情感，创造出一种和谐融洽的人际关系，群体风气、工作氛围和个人亲和力。创业者特别要注重克服消极的情感，包括：冷漠、孤傲、嫉妒、虚伪、重物不重人等。

(3) 追求。追求是人的志向，是人的价值观、人生观、世界观的反映，是理想信念的行为和动机指向。创业者应有远大的目标和崇高的理想，坚定的信念，乐观向上的精神，强烈的事业心和社会责任感。创业者追求的不仅是自我价值的实现，更重要的是追求事业的成功，为社会做出更多更大的贡献。不是单纯追求金钱、地位、名声，不是为了眼前利益，一己之利，而是追求人类的福祉。

(4) 风度。创业者的风度是"宰相肚里能撑船"，对事对人宽容大度，高瞻远瞩，临危不乱，光明磊落，机智幽默亲切，从而增加个人人格魅力。

(5) 宽容大度体现了"厚德载物"的容人雅量，宽广的胸怀，能广招天下英才为我所用，能够善于与有个性的甚至是有缺点的人一起工作，甚至是反对过自己并证明了是错误的人一起共事，这是不易做到的，但也体现了宽容大度胸怀。高瞻远瞩是站得高，看得远，这是创业者比一般人强的地方。当然，高瞻必须有科学思维，远瞩必须明理大事，视野开阔，不为蝇头小利而斤斤计较，否则是不可能成就一番大事业的。

(6) 临危不乱体现的是从容不迫，面对任何险恶形势，都能镇定自如，脸不变色，心不慌跳。这样的创业者才能力挽狂澜于既倒，成为团队的中流砥柱，成为团队的核心领导者。

(7) 光明磊落是办事为人公道正派，公正公开透明，这才能使部下心悦诚服，得到大家的信任和爱戴。

创业者如果对事对人"暗箱操作"，时间长了会失去民心民意，这离创业成功也会越来越远，离创业失败会越来越近。机智幽默亲切是创业者大将风度的表现。机智是随机应变的智慧，幽默是调节人际关系的润滑剂，亲切是和睦的基础。创业者具备这些风度，可以在意想不到的事件中化险为夷，化干戈为玉帛，这是创业者个人魅力的表现。

6. 身体素质

创业者的身体素质非常重要。有的创业者严重透支身体，未老先衰，心有一股热血、抱负，但因体力不支，不能完成未来事业，抱憾终生。创业者必须科学工作，科学生活，科学锻炼身体，保持充沛的精力和体力，有良好的精神状态和身体素质，去面对繁重的工作任务。"人是铁饭是钢"这句话仍然是适用的。

上述创业者应具备的6个方面的素质，是创业者终生努力学习和实践的。只有这样，才能成为一个成功的永葆青春活力的创业者。

【案例】

新东方教育集团创办者俞敏洪提出大学生创业要具备的八大能力

俞敏洪在加拿大多伦多大学创业论坛的视频讲话中提出，大学生创业要具备八个能力，这八个能力上只要注重培养，就有可能取得创业成功。

第一个，目标能力。首先，创业你得问自己一个问题：为什么要创业？你有什么样的目标？想把它做成什么样的状态？我们不是为了创业而创业，而是为了做好一件事情，做大一件事情，并且前提是你在进行自我评估后发现这有可能实现的，这个时候你才能够开始创业。如果说你都没有目标，只是一时的冲动，只是觉得你应该去干点什么，并且对所干的事情又没有太多的热爱，那创业就只不过成为一种风气，而不是现实，你也不一定能做成大的事情。就我个人而言，我当初做新东方的时候，有一个非常明确的目标，那个时候从北京大学把大学老师的工作辞退后出来做培训机构，我希望自己能做成一个真正有意义的培训机构，也正是有这个目标，新东方的培训事业才蒸蒸日上、不断前进。随着培训的开展，新东方的目标也在不断改变，从最初的做一个学校变成想在全中国各地开设新东方学校，到现在我们已经做成了美国上市公司。总而言之，你的目标是上升的，但基础是不会变的，比如说我最初做新东方的基础就是想做成一个有品牌、有品位、为学生的前途负责、让学生喜欢的培训学校，从本质上来说，新东方到今天依然是这样的。所以我觉得目标能力对创业来说非常重要，而且你全心全意热爱这个目标的能力也非常重要。除此之外，你需要注意的一个问题是：你的这个目标一定是能够做大的，而不仅仅是为了自娱自乐。比如说你喜欢书法，就一下子去创立一个书法公司，这不太容易。

第二个，专业能力。如果你对一个专业不懂就去创业，失败的可能性也很大。就像你开了一个饭店，假如你自己不是厨师，又没有太雄厚的资金一下子请很多大厨师，就很难把控你这个饭店的质量，而且很容易被大厨师炒鱿鱼。比如你请了一个大厨师，他做的饭很好，招来很多顾客，这时候他一看自己的地位很重要，就反过来跟你要价，说不给更多的钱就不干，你一生气把他开了，这样一来你饭店的菜也做不好了，最后面临倒闭了。十几年前我开始做新东方的时候，周围的很多培训机构都是被优秀老师炒鱿鱼给炒倒了。也是因为他们课上得很好，学生很满意，老师就开始向老板要价，老板自己又不懂教学又咽不下这口气，最后老师都跑到别的培训机构去了，老板就只能把学校关掉了。新东方当初能做下来很重要的一个原因是我自己就是个大厨师，也就是说新东方当时开设的很多课程，我自己都能教，因此我的老师在拿到他们觉得比较满意的工资时，就不会跟我提出非分的要求，他们知道，一旦提出过分要求，我自己能把他们的课给上了，同时又不会对新东方造成太大伤害。所以当你白手起家、身无分文，或者资金有限的时候，有一个重要前提：你必须是你创业的这个领域中的专家，是一个能控制住专业局面的人。比如你开一个软件设计公司，自己都不懂软件，你首先是把控不了质量，其次你把控不了人才，会很麻烦。原则上你必须在想创业的这个领域具备相当的专业知识、达到专业水平，才能有对专业的把控能力。

第三个，营销能力。一旦开始创业后，你该怎么做？比如说你的公司开了，产品也造出来了，下一步怎么办呢？如果产品造出来没人买的话，那公司白开了，有无数的公司都是开起来了最后却关门了，其根本问题之一就是他们不懂如何推销自己的产品，推销自己的公司品牌。因此我们要做的是把公司产品或服务“卖”出去，更重要的是随着产品的销售，卖出公司的品牌，就是说让大众认可你的公司品牌，让大家都知道这个产品是从你公司卖出来的。这就涉及营销，营销分两部分：实的营销和虚的营销。所谓实的营销，比如我做新东方，营销的是新东方的课程，告诉学生为什么要来上这个课，上完能有什么收获。但是无数的培训机构一直以来也在营销课程，却始终只是小机构，而新东方能做大，这是什么原因呢？很简单，因为我们营销了品牌。就是说，新东方开始不断有内涵，到最后人们不是因为听到新东方有什么课程来上课，而仅仅只是听到新东方三个字就来上课，这个时候品牌营销就算是成功了，这就是虚的营销。在中国做企业，品牌营销往往还跟个人营销结合在一起，就是说你个人的形象有时候能够代表企业形象，所以往往要把个人的道德、行为和企业的道德、行为结合起来。比如大家讲到新东方的时候会说，新东方就是俞敏洪，俞敏洪就是新东方，讲到联想公司的时候会说，联想就是柳传志，柳传志就是联想。因此在中国，个人品牌的成长很大程度上就是企业品牌的成长，而企业品牌的成长倒过来也带动个人品牌的成长，这两个加起来形成你的公司强有力的虚的营销。加上你的产品本身也能被老百姓所接受，这样产品才会有价值。举个例子，一个生产鞋的公司，没有任何名气，尽管鞋的质量跟著名品牌鞋的质量不相上下，但品牌鞋卖一千，他这个也许只能卖一百，这中间差的九百块钱是怎么来的呢？是品牌营销，你没品牌所以价格提不高。所以一个公司要成功，品牌营销有时候甚至比产品营销还要重要，品牌营销的价值是无限的。这就是为什么我们中国造的包只能卖一千人民币，同样材质的包印上LV的标志之后就能卖十万人民币，背后都是品牌价值在起作用。所以，利用营销能力把产品推销出去，把品牌推销出去，把你自己推销出去，变成了企业发展的一个重要手段，也是创业者必须具备的能力。

第四个，转化能力。第一种转化是把科学技术转化成生产力，这是我们常说的一句话。你拥有了技术，拥有了能力，但没法转化成产品卖出去，这是不行的。像比尔·盖茨要是一辈子待在实验室的话，我估计他就是个穷光蛋了，他把自己的研究成果转化成了微软产品，推销到全世界，他就成了全世界的首富。所以把科学技术转化成生产力、转化成产品能力是非常重要的。第二种是转化你个人的能力，一般情况下，知识分子创业都有一个前提条件，就是能把在大学里学的专业知识转化为社会能力、管理能力。比如我从北大出来，完全不知道社会是什么样子，如果说抱着书生意气，抱着在学校里的那种单纯思想和行为方式去干事情，难度会比较大，即使在西方社会也是这样，更不用说在中国这样一个复杂的综合体里面。因此如果你不能把大学里的专业能力转化为社会能力、管理能力，就会很麻烦，你管自己一个人的时候也许管得很好，但管一帮人并不一定，那么你就需要学会从管自己一个人转换成管一帮人，也就是说把专业能力转换成综合能力，把专业才能转化成领导才能。而这种转化是要经历很痛苦的过程的，我个人从北大出来，到最后觉得自己当了新东方的领导，管着一百多人的团体管得比较得心应手，至少花了五年的时间。能力是能够成长的，现在我在新东方手下管着近一万人的教师和员工，依然没出现什么大的差错，表明了新东方管理能力的增加。所以人的能力是在不断转化的，关键是你自己要努力去转化，比如有很多大学生性格很内向，不愿意跟社会人士打交道，那你要想创业的话，这个交道是不能不打的，不打的话你就封闭了自己，同时把可能成功的机会也封闭了。

第五个，社交能力。进入社会，首先你要理解社会，要理解别人为什么要这么做。比如我刚开始出来的时候，社会上那些风气啊三教九流啊，我完全不懂，跟他们打交道的时候觉得特别吃力，新东方的发展也处处受制于人，一会儿居委会的老太太来把我骂一顿，一会儿城管的人来了又把我罚一通，最后弄得没办法。我慢慢慢慢学会了把自己放得心态平和，去理解这些社会上的人，最后当你开始混迹于这个社会，并且思想和境界又超越这个社会的时候，你大概就能干出点事情来了。你不能显示出不愿意跟社会打交道的样子，但你看事情的眼光又是超越社会的，"大隐隐于市，小隐隐于山"就是这个概念，小的隐士、没有什么出息的隐士才跑到山里去隐居起来，不愿意跟社会打交道，那些大的圣人、智者都是在社会中跟人打交道而思想境界又超于社会的人。做企业也是这样，一个企业家，如果不能和社会同存却又不超越于社会，就会很麻烦，所以我觉得社交能力对一个企业家或创业者来说，十分重要。

第六个，用人能力。仅仅一个人做事情不能叫创业，那叫个体户，所以想创业的话你就得找一帮人，你的合作伙伴，你的同事，你的下属，这些人从一开始你就得用对了，挑了没有能力的人最后做不出事情来，挑了过于有能力的人最后跟你造反、老是跟你过不去，你也做不出事情来，把人招进来了就得让人服你，因此就得展示你的个人魅力，还得展示你的判断能力、设计能力，让大家觉得跟着你走是有前途的，哪怕在最艰难的时候大家也愿意跟着你。阿里巴巴的马云之所以能成功，很大程度归因于他的个人魅力，他有能力把一帮人聚在一起，给他们不高的工资，给他们承诺未来，这个未来到最后不知道能不能实现，但大家会有一个期盼。所以用人能力是有巨大力量的，它是领导能力的一个典型体现。当刘邦打下天下，手下问他为什么能做到的时候，他说了这样一番话：其实我自己一点本领都没有，但我能够用萧何、韩信、张良等这样的人才，是他们帮助我打天下；项羽身边有一个范增，他都没有能力好好用上，最后失败了。这就体现了领导能力的重要作用，一个孤军奋战的人也许能成为英雄，但他却不能成就事业。刘邦，不管他有没有打过仗，他都是我们心目中的英雄，还是领袖，因为他创建了一个几百年的帝国朝代，容纳了那么多的有识之士。所以，用人能力对我们来说是非常重要的，假如新东方没有相当一批人才，是做不到今天的，新东方有一句话叫做：一只土鳖带着一群海龟在这儿干，这只土鳖就是我，而海龟呢就是围绕在我身边的新东方几十个高层管理者，他们大部分都是海外留学归来的。大家都知道，海归本身眼界是比较高的，很多人眼睛都是长在额头上的，是很容易看不起土鳖的，所以我就必须抱着为他们服务的心态，同时我自己的学习能力必须超强，在很多方面必须接近甚至超越他们，他们才会服你，才会跟着你干。当然，当你想做出一番大事业的时候，会发现身边的人越来越多，各种各样个性、想法的人越来越多，你要能把他们统一在一起，既要运用利益的杠杆，又要动用感情的杠杆、事业的杠杆把他们完美地结合在一起，是一件挺不容易的事情。

第七个，把控能力。包括几个方面，首先是对企业的把控，企业的发展速度是什么？发展节奏是什么？什么时候该增加投入？什么时候应该对产品进行研发？其次是对人的把控，当一个人走进你的公司之后，他会根据自己的能力和贡献每天衡量自己到底应该得到什么，人与人之间永远会寻找一种平衡关系；人与人之间还有另外一种关系，就是每天都在衡量我在对方心中的分量到底有多重，当对方觉得你的分量重、他没有分量的时候，他是不会来跟你计较的，等到对方觉得他的才能、他的技术或者他的领导力已经达到能和你较劲的时候，对方不提出来，那他就是傻瓜。所以，人与人永远都是在一种平衡中间，而这种平衡需要你对人性进行很深刻的了解，并且随时把握每个人的动向，满足他们的需求，同时还能压制住他们不合理的要求和欲望，能够让他们跟你一条心、不断往前走。其实对人的把控能力、对环境的把控能力、对企业发展步骤的把控能力，构成了你创业是否成功的重要条件。

第八个，革新能力。所谓革新能力就是需要你不断把旧的东西去掉，把新的东西引进来，进行体制上的革新、制度上的革新、技术上的革新以及思想上的革新。从我自己做事情的过程来看，一个人或者一个企业家成长的过程，就是不断否定自己的过去，承认自己的现在，追求自己的未来的过程。一旦你觉得现在这样就已经挺好，做成这样已经不错，就不会有更大发展的空间。我在新东方，经历了无数次的否定，你看新东方从个体户发展到家族店，然后变成哥们合伙制，接着变成国内股份制有限公司，然后发展成国际股份制有限公司，最后变成美国上市公司，每一个步骤都是脱了一层皮的，因为每一次改变都意味着要进行大量的利益改革和结构改造，大量的人事改革和改造，如果你改不过来，企业就有可能面临崩溃。当初跟我一个时期做外语培训班的人，很多到现在依然是夫妻店，还是我十五年以前的状态，但新东方迅速把夫妻店改变成了现代化的企业，每年培训一百五十万学生。每一次的改革伴随着阵痛，但也伴随着发展，而改革还得把握好步骤，如果改得不好、改得太猛了，企业也有可能崩溃掉；但如果停滞不走，也会崩溃掉，这就像中国的社会政治经济改革，如果想一步到位，一下子把所有东西都变成现代化，那会有危险，但中国若不改，就会陈旧落后，也很危险。因此，每走一步都要小心，又不能不走。对创业的改革也非常重要，比如说在技术方面，你不更新的话，最后就会失去市场，也会失去机会，在这一点上我个人非常佩服苹果公司的老总，他刚开始在苹果，后来被苹果公司弄出去之后，他动画片、电影也做得很好，后来又研究平板电脑、多功能手机等，在全世界也热销了，所以每走一步，他的思想都是超前的，他是一位创新、革新的英雄和时代的弄潮儿，我们要做企业就得向这样的人学习。

总而言之，以上提到的八种能力，是我觉得在创业中最重要的八种能力，也是人们能成就大事业的八种能力。

【思考】

俞敏洪总结了创业成功的八大能力，你是怎样认识的，谈谈你的看法？对照八大能力你在哪些方面是不足的，采取什么措施弥补？

4.2 创业团队概述

4.2.1 创业团队的界定

创业者对创业活动具有重要的领导作用，但现代企业的创业活动特别是高科技企业的创业活动已经不仅仅是个人创业活动的行为，创业成功更依赖于外部的各种资源，并以团队的形式来创业。企业者创业离不开高效的创业团队。无数成功的案例告诉我们，卓越的创业团队可以打造出卓越的企业。通过团队的力量，完成创业成长过程，这比个人独创企业的成功率更高。因此，需要研究创业团队的特征及与创业活动的关系。

不同的学者从不同角度界定了企业团队的定义。有的学者认为，一群人经过创意构想阶段后，决定共同创立企业，这群人就是创业团队。还有的学者认为，一个团队是由少数具有技能互补性的人所组成，他们认同一个共同目标和一个能使他们彼此担负责任的程序；团队是由一群认同并致力于去达成以共同目标的人所组成，这群人相处愉快并乐于一起工作，共同为达成高品质的结果而努力；创业团队是指当企业成立时对企业有掌控力的人或是在营运前两年加入的管理成员，对于企业没有所有权的雇员不算在内；创业团队是那些全心全意投入企业创新过程，且共同分享创业的困难及乐趣的成员，他们的共同目标是全心全意让组织成长。

一般认为，创业团队是围绕创业者的一群创业合作伙伴，在创业过程中以开创新的事业(或企业)，拥有共同的价值定位、价值追求和发展战略目标，能够共同承担创业风险并能按规则办事，共享创业收益，能优势互补，紧密协作的正式或非正式组织。

创业团队需具备 4 个重要的组成要素，包括：人(合作伙伴)、战略规划、定位、制度，如图 4.2 所示。

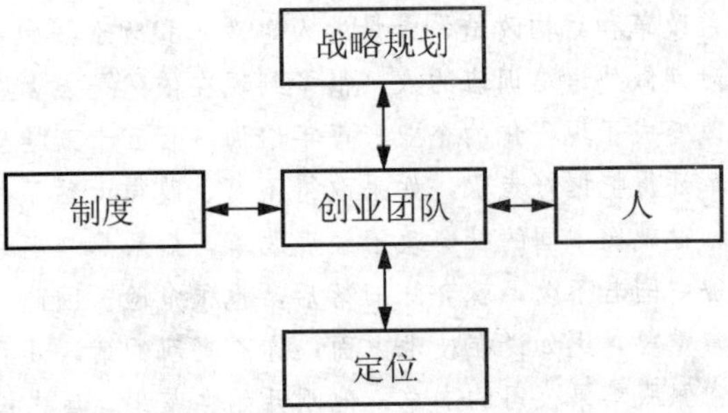

图 4.2　创业团队组成要素

1. 人(合作伙伴)

创业团队构成的是以创业者为核心的一群合作伙伴，人是新创企业中最活跃最有价值的核心资源，也是推动新创企业发展的根本动力。创业者不仅自身有知识、能力和素质，而且在选择团队成员时，也要考虑成员的各方面的综合因素，使创业团队成员结构合理且能够优势互补。创业者必须以人为本，加强与团员的协调沟通，通过共同目标和价值观来凝聚团队成员。

2. 战略规划

创业团队在创业活动中应有一个创业战略规划目标，该目标应成为创业团队的奋斗理想和使命。缺少共同目标和使命的创业团队没有凝聚力和战斗力。因此，创业团队组建时，制定创业战略规划目标并把这一规划目标与创业成员发展结合起来，组成一个命运共同体，为一个共同的理想事业去拼搏奋斗，而不仅仅把创业活动作为一个发家致富的工具。创业团队通过制定科学的中、短及长期发展规划，进行科学系统地分步实施，从而有效指导团队的创业活动。因此，创业团队成员追求的最高目标应该是自我价值和社会价值，较高的成就感、使命感，而不仅为眼前利益。

3. 定位

定位主要指创业的发展方向，也包括团队成员在创业活动中具体做什么工作，即分工定位的问题。合理定位是能够充分发挥团队成员的优势，使他们的工作能力达到最大化，潜质(能)得到充分释放，并形成 1+1>2 的合力，推进新创企业健康成长。

4. 制度

制度是团队运行的规则。制度决定团队工作的稳定及发展。无论是决策、工作运行、权力结构等都要靠制度约束与激励。比如，根据权责利相统一的原理，必须赋予每个成员一定的权力，承担相应的责任，获得一定的利益。这不仅有利于凝聚员工，以权行事，参与创业管理，并在规定的权限下进行决策，这有利于提高新创企业的工作效能。

因此，为了有效地推进创业进程，创业团队应有明确的战略规划，人员配置合理，定位准确，责权明晰，按各项规章制度办事(公司章程、董事会及各项工作制度等)，才能使团队建设及创业活动达到较好的工作效能和创业成果。

4.2.2 创业团队的分工与合作

创业团队的工作目标必须通过成员的合作分工才能够完成，即团队成员应各有其位、各司其职、各负其责，位职责相统一，优势互补，通力合作，相得益彰，防止设置机构重叠，人浮于事，工作效率低下。

首先，创业团队成员必须有一个核心的创业者作为团队的领导者或是团队的领袖。他的领导地位往往是在一开始创业时创业团队的共同认可形成的，一般来说，创业者首先提出创业机会并组织实施组建了团队。在领导团队创业活动中，除了有创新偏好，风险承担倾向，成就感需要的基本主观特征外，还应有较好的决策能力，组织协调沟通能力，各种资源的优化配置能力。

其次，创业团队还需要有能力进行内部整合较高执行力的人，能够把创业团队的战略规划顺利实施，具有较高的专业与管理能力和管理水平。

再次，在创业团队中，应有专门从事市场营销对外协调的成员，尤其具有较强的公共关系工作经验，社会关系密切，人脉关系广泛，而且有相当高的公关技巧和能力。

最后，如果创业的公司是高科技公司，应有技术研究主管人员，负责技术开发创新工作，他的研发工作能力和水平对于新创企业来说是至关重要的，是关系到新创企业的核心竞争力和可持续发展的能力。

如果条件允许，创业团队还需要有财务、法规等方面的专业人才，从事这些方面的管理工作。

团队成员应把自己承担的工作职责完成好，应坚持 7∶2∶1 领导原则。团队领导者：70%考虑战略组织资源等，20%考虑营销，10%考虑研发。产品经理：70%技术开发，20%协调计划，10%改进产品设计。市场经理：70%产品推销，20%反馈上游部门；10%

给团队领导作咨询等。其他方面的管理也应该坚持这一原则。虽然有分工，但也要坚持协调合作沟通，通过协同管理提高组织工作效率和效益。

4.3 创业团队的组建和管理

4.3.1 创业团队组建步骤

创业者如何组建团队没有统一现成的模式。创业团队成员能够走到一起，取决于共同的目标、性格、价值观等因素。虽然没有统一组建团队的现成公式，但创业者也可以遵循一些普遍使用的步骤来组建一个良好的创业团队。

1. 识别创业机会，明确创业目标

创业机会的识别是建立创业团队的起始点。创业者选择什么方向目标进行创业，直接关系到需要选择什么样的人共同创业。比如，创业者在创新机会的政策层面有优势，需要选择有能力与相关部门沟通的人做工作；创业者在创业机会的产品层面拥有优势，那么创业者要选择优秀的技术人才做产品研发工作；如果在创业机会的市场层面拥有优势，那么创业者要选择有市场营销经验人才作市场推广工作。因此，组建创业团队创业者首先关注创业机会在人力资源方面的支持要素。另外，还要明确创业目标，这是凝聚团队成员力量的融合剂，只有共同完成目标，才能使个体获得价值。

2. 制定创业计划，选择合适的创业伙伴

在创业机会识别整合的基础上，创业者需要撰写一份创业计划书(见第 6 章)撰写创业计划书有三个目的：一是理清发展思路，明确优势劣势，整合利用现有资源，挖掘拓展各种发展要素，促进新创企业发展。二是创业(商业)计划书也是一份吸收合作伙伴的正式合作意向说明书，这对想了解创业者创业目的，加入创业团队，开展合作是比较有利的，也是必要的。三是创业计划在明确总体目标后，还要制定不同创业阶段的需要完成的阶段目标任务，以保证总目标完成。一份周到细致有说服力的创业计划书，是能够吸引人才以及风险投资者的，这对组建优秀创业团队是十分重要的。

创业者根据自己的情况，从创业需要出发，寻找那些能与自己形成优势互补，有大体相同的价值观或是目标的创业合作者。创业者可通过媒体广告、亲朋好友介绍、互联网等形式寻找创业合作伙伴。选择创业合作伙伴应主要考察对方的综合素质、工作能力和知识结构。尤其注重考察合作伙伴的品德包括：诚信、坦诚、责任心、忠诚等方面。创业者看重合作伙伴的人品，这是因为能否进行交往与深度合作的基础，是决定创业成败的第一大事。创业者能否识别优秀的合作伙伴，取决于合作者的眼力和识人用人的能力。这里需要指出的是，有些创业者选择亲属共同创业，初始阶段能够共同为了一个目标齐心协力去拼搏，但随着企业进一步发展，亲属团队会因为权限利益分配等问题，出现致命的分裂，创业中途而废。因此，构建亲属创业团队一定要谨慎处理，“亲兄弟明算账”，在“权、责、利”等方面要制度化、法制化。

3. 落实合作方式，加强调整融合

在寻求到合作伙伴后，双方还需要明确合作方式，主要有合伙制、公司制两种。双方还要就创业计划、股权分配等具体合作事宜进行更加全面地协调沟通。要制定创业团队的管理规则，用制度来处理好团队成员之间的权责利关系。要把个人发展与企业成长结合起来，要把短期目标与长期目标结合起来，站在长远角度来选择和落实合作方式。同时，要加强对创业团队的调整融合，因为随着工作深入与新创企业发展，有些问题会暴露出来，因此团队的调整融合也是持续动态的过程。

4. 要考虑创业失败风险底线

创业合作伙伴的加入意味着放弃其他发展的机会，创业者必须要考虑这些创业合作伙伴的机会成本。参加创业的合作伙伴是在权衡成本与收益之后的选择，如果成功是实现了创业价值，而创业失败会有哪些后果，合作伙伴和创业者都应该认真考虑周全。一般说来，创业暂时失败时也正是企业生与死的关键时刻，如果创业合作人员萌生退意，将会在很大程度上打击创业团队的凝聚力，企业可能会运行不下去，甚至分裂解体。因此创业者和创业团队成员必须理性地认识能够承受多大的创业失败的压力，要做好沟通协调工作，防止可能出现的严重分歧与矛盾影响创业的成功。

4.3.2 企业团队与一般团队的区别

创业团队与一般团队是有明显区别的，主要有以下几点。

1. 目的性不同

创业团队更强调开创性，即开创新企业或是新事业，强调组建有创新能力的群体，用创新的思维和氛围实现创业团队目标。而一般团队是完成已经被实现的目标，或解决某类或某些具体的问题，目的性是完全不同的。

2. 职位的层级不同

创业团队成员一般是处于高层管理职位。因为，早期创业者及其合作伙伴都是在起步阶段形成的，基本上是未来发展战略规划的参与者、组织者，一旦新创企业建立起来，就会直接进入高层管理团队。创业团队成员之间关系平等密切，能够协作沟通，创新创业氛围浓厚，使创业团队有很强的凝聚力。而一般团队成员不一定都在高层管理职位上，高、中、低管理职位都有。

3. 权益分享不同

创业团队成员在新企业建立后，大多都采用股份有限公司形式。根据创业团队成员的出资金、技术拥有程度，管理贡献等方面，在企业中拥有的股份不同，一般情况下创业团队成员都占有一定的股份，而一般团队成员并不必然一定拥有股份。

4. 关注视角不同

创业团队关注的视角是战略发展问题，即未来成长期发展战略目标的实现，历史使命和价值实现，这都是关系全局性的战略决策性问题，而一般团队成员是关注的战术性、局部性、执行性的问题。

5. 领导方式不同

创业团队成员在处理合作关系中，特别强调是以民主、自主管理方式为主，即使是创业者在与团队成员沟通过程中，主要是以协商方式而不是以权威命令方式进行，创业团队成员对创业组织承诺是刚性的，是很高的。而一般团队成员是垂直性的权威领导方式，强调上下级的服从与被服从的领导关系，团队成员的组织承诺很低，按组织规则进行工作，基本不承诺对组织上的贡献等。

6. 团队规模不同

创业团队组建时应有多大的规模，这要根据创业时候的具体情况来规定，不能一概而论。但一般来说，创业者开始组建团队时规模不宜过大，往往是几个合作伙伴开始做起。因为，大规模的团队会带来高成本，工作效率会低下，协调沟通不够顺畅，决策和执行往往滞后，甚至会延误最佳发展时机。组建创业团队应坚持“精干高效”的原则。随着创业管理事务扩大或有新的创业发展方向，可考虑适当扩大规模，以适用渐进的方式进行团队规模的扩张，切忌盲目扩大，给团队建设带来不必要的浪费，特别是阻碍创业工作的展开。创业者要从最佳的管理幅度组建创业团队。而一般团队为完成工作任务目标，往往工作人数较多，规模较大。

7. 创业团队的互补性不同

创业团队的多样性是创业者为补充各种要素资源的不足，当各种资源与创业目标存在的差距，必须通过吸收或调整创业成员，以达到优势互补，强化团队的彼此合作。在考察创业成员的多样化状况时，更主要的是围绕着与团队目标任务紧密相连的因素。比如，团队成员的教育背景、工作经验、工作经历等，这些因素的多样化能够较快提升团队的工作成果和效率，取得较好的工作成果，但对于考察创业团队成员的客观特征方面，往往作为一个参考。比如，性别、年龄等。创业团队成员之间的协调性对于发挥团队整体能力非常重要。创业团队成员协调性好，促进创业企业健康成长，反之，创业团队成员协调性不好，会影响甚至阻碍创业企业成长，带来无法挽回的损失。创业团队协调性的根本基石在于创业共同信念与愿景，在于创业团队共同的价值取向、奋斗目标、企业文化、互相信任和利益分配机制，从而实现 $1+1>2$ 的工作协调效果。创业者必须把团队的良好协调性作为重要的团队建设目标，充分发挥团队成员的作用，这反映了创业者的组织协调能力和水平。而一般团队是由上级确定搭建的，为完成临时特定工作任务组建，其价值理念、使命、互补与协调性往往考虑不全，而创业团队是非常重视这些因素的。

8. 创业团队人员之间的心理契约不同

创业团队成员之间有很强的心理契约，往往心理交流的意见他们会认真履行，对创业决策产生重大影响。而一般创业团队是缺少心理契约，不看心理契约，对公司创业影响很小。

4.3.3 企业团队的管理

创业团队的管理着重强调创业型领导者的领导能力，善于运用激励机制调动团队成员的积极性，对团队成员的矛盾和问题能够妥善处理，并能传承和发扬企业家精神。

1. 创业型领导者的角色

创业型领导者是有能力创造一个使命与愿景，确定企业发展战略规划，并能组织团队成员为完成战略目标，采用共同一致行动的领导方式。他有能力动员号召团队成员主动积极的创造性工作，为新创企业构建一个可持续成长的管理基础。这里介绍 Gccpta 等人在其他人研究的基础上，提出了新的创业型领导能力理论框架，它包括情景扮演和任务扮演两个维度，共 5 个创业型领导角色。

情景扮演是指在当前资源约束条件下，预想和创造一些机会实行彻底的变革。任务扮演是指使潜在的追随者和公司股东在目前情景下，通过整合资源，转变发展方式是可以实现预期目标的。

情景扮演包括 3 个创业型领导角色。

(1)“构建挑战”角色。是指创业者提出具有挑战性的目标，使创业团队成员将他们的能力发挥到最大程度，其领导特征体现在绩效，能力主义导向，设置高目标，雄心勃勃，有知识，信息灵通，拥有特殊的洞察力。

(2)“不确性吸收”角色。是指勇于承担未来失败的责任，其领导特征是提出愿景规划，远见卓识，能预测未来可能发生的变化，树立创业自信理念，并能影响团队其他人员。

(3)“路径清晰”角色。是指创业者能与反对者进行有效谈判，其领导特征是熟练掌握运用人际关系技能，通过富有策略的谈判，获得主要股东及利益相关者的支持，给予创业团队成员自信和希望，消除实现发展目标的各种障碍。

任务扮演包括两个创业型领导角色。

(1)“建立承诺”角色。是指建立一个令人向往的心理目标，其领导特征有鼓足干劲与能力，团队成员满腔热忱，用团队的共同协调能力，不断向新的目标迈进等。

(2)“阐明约束”角色。是指明确能做什么事情和不能做什么事情，其领导特征是整合人与物的资源，鼓励创造性思考，开创新的局面，积极、果断、迅速地做出决策。

2. 创业团队的激励机制与约束机制的建立

1) 创业团队激励机制的建立

创业团队成员能否长期有效合作，激发每个创业团队成员的积极性，需要认真解决激励问题，建立科学合理的激励机制。能否解决好这个问题关系到创业企业的生死存亡。新创企业的收益要分配给团队成员一定的报酬。激励机制的核心是报酬制度的建立。报酬包括股票、薪金、补贴等经济报酬以及一些非经济报酬，如考察学习、参加培训等。激励机制的建立要能更大程度地调动团队成员的积极性，把新创企业做大做强，“蛋糕”做大收益越大，可供分配的也越多。要有利于稳定创业团队成员，特别是核心创业人员，要确保新创企业的发展与长期支付能力相适应，防止在有的创业团队成员有突出贡献时没给加薪等激励，也要防止因经营不善等问题不给团队成员发薪金，较长期不发报酬会造成人员流失等严重问题。

在西方国家，常采用股票期权计划，目的是激励员工长期努力工作，个人的价值目标与公司的长期发展目标相一致。所谓股票期权是指持有者有权在某一特定时间内以某一特定价格购买或出售某企业的股票。股票期权强调的是一种权利而不是义务，如果公司的经营效益好，股票价格上涨，拥有该权利的公司高级管理人员可取得股票，获得股票市场价格与执行价格间的差额收益，如果股票价格下跌，持股人可以不行使权利。股票期权的激励机制主要是通过授予员工股票期权，让职工与公司紧密联系起来，兴衰共担，持有者只有努力工作，提高公司业绩，股票价格上涨，持有者行使期权获利丰厚，持有者更加努力工作。这是一种具有长期激励作用的激励机制。新创企业在运用激励机制时，要对创业团队成员按创新、德、能、勤、绩、廉进行评价，尤其对贡献比较大的员工要适时予以激励。

2）创业团队约束机制的建立

创业团队在建立激励机制的同时，也必须构建强有力的约束机制。要运用制度建设并认真执行各项规章制度。制度建设主要包括：公司章程、董事会、监事会、总经理（首席执行官）及各部门的详细的管理工作制度，任何人在制度面前一律平等，不能破坏规章制度，超越工作权限，以损害公司利益谋取私利。在创业团队工作过程中，工作及情感性的矛盾冲突是不可避免的，有的是个性差异，信息沟通不畅，利益分配不均、不公平，个人价值目标与企业价值目标不一致等，因此必须靠约束机制使这些矛盾冲突得到解决，保证公司各项工作运行都在可控制的范围内，防止约束机制缺位或执行不利给公司造成重大损失。

3. 创业团队的社会责任与企业家精神

创业团队在领导企业发展的同时，还必须勇于承担社会责任。创业团队的社会责任包括：对国家的责任、对员工的责任、对消费者的责任、对投资者的责任、对环境的责任、对社区建设及教育等方面的责任。敢于担当社会责任，是评价创业团队优劣的重要标准之一。

创业团队要打造企业家精神，不仅仅指创业个体的企业家精神。创业团队的企业家精神，是团队成员的精神支柱，是创业成功的基石。要建设学习型组织，培养敬业精神，建立竞争型团队，塑造团队先进文化。创业团队尽快形成创新创业的合力，创业团队勇于进行开拓进取，支持创业团队的价值创造，共同承担创业风险，积极进行创业过程中的沟通协作，履行对组织的承诺，善于分析成功的原因，失败的教训，能抓住创业的好机会，通过团队的共同努力，促进新创企业可持续发展。因此，创业团队的集体创新创业，体现了企业家精神的核心，共同的价值理念与协调沟通，能有效保证战略目标的实现。

本章小结

本章从研究创业者的特征入手阐述创业者的特征、类型，对创业者的客观特征和主观特征进行了分析。明确指出创业者应具备的6个方面综合素质，并逐个方面进行阐述。创业团队的含义及界定，构成创业团队需具备4大要素，团队成员的分工与合作。创业团队组建的4个步骤，创业团队与一般团队的8个方面区别，创业团队的管理，重点介绍了创业型领导者的5个角色和创业团队的激励机制和约束机制的建立与运作，简述了创业团队的企业家精神。

复习思考题

1. 创业者的客观特征和主观特征包括哪些方面？为什么说创业带头人对创业成功具有关键性的作用？你觉得自己是否拥有成为创业者的潜质？如果不具备，还需要做好哪些准备工作？

2. 为什么说创业团队的建设是非常重要的？简述创业团队的组建步骤。

3. 概述创业者应具备的素质？

4. 创业团队的界定及组成要素？

5. 创业团队与一般团队的区别？

6. 创业型领导者的5个角色？

7. 为什么要建立创业团队的激励机制与约束机制？

8. 怎样理解创业团队的企业家精神？

9. 有人说，“就业睡床板，创业睡地板”，作为大学生的你怎样理解？

实训实练

1. 通过调研或网上查询或结合教材案例，分析创业成功企业优秀团队的特点，在总结他们的基本经验的基础上，组建创业团队，开展校内外创业活动或参加学校、省、市的创业大赛。根据创业项目的要求，挑选在创业理念与目标相同，优势互补，综合素质高，能有效实施创业项目的团队成员，共同进行创业开发与运营管理。

2. 观看由CCTV2制作的《创业英雄会》视频，并以智、勇、义、诚为核心，写出观后感或体会，选出代表作好PPT在班级交流，不超过10分钟。

3. 你在创业时，选择团队成员有哪些原则要求，怎样激励团队成员积极努力工作，并拟定组建创业团队的计划和方案。

4. 概括你的创业精神，写出你的创业素质，描述你的创业战略，评价你的管理能力及优势和劣势。

创业案例过程研究与思考

马云：网商“神话”的创造者

马云，当代中国企业家，1964年10月15日出生，浙江省杭州市人，阿里巴巴集团主要创始人之一，现任阿里巴巴集团主席。他是《福布斯》杂志创办50多年来成为封面人物的首位大陆企业家，曾获选为未来全球领袖。除此之外，马云还担任软银集团董事、中国雅虎董事局主席、亚太经济合作组织APEC下属的工商咨询委员会(ABAC)会员、杭州师范大学阿里巴巴商学院院长、华谊兄弟传媒集团董事，北京华夏管理学院特聘教授等。马云在1995年出访美国时首次接触到因特网，于1995年4月创办了“中国黄页”网站，这是全球第一家网上中文商业信息站点，在国内最早形成面向企业服务的互联网商业模式。

1997年年底，马云和他的团队在北京开发了外经贸部官方站点、网上中国商品交易市场、网上中国技术出口交易会、中国招商、网上广交会和中国外经贸等一系列国家级站点。

1999年3月，马云辞职并许下“让天下没有难做的生意”的宏愿，怀揣着建立最伟大世界互联网公司的梦想，马云和他的团队回到杭州，以50万元人民币创业，创立B2B商务网站阿里巴巴网站。他根据长期以来在互联网商业服务领域的经验和体会，明确提出互联网产业界应重视和优先发展企业与企业间电子商务(B2B)，他的观点和阿里巴巴的发展模式很快引起国际互联网界的关注，被称为“互联网的第四模式”。他以“东方的智慧、西方的运作、全球的大市场”的经营管理理念，招揽国际人才，开拓国际市场，同时培育国内电子商务市场，为中国企业构建一个完善的电子商务平台。他倡导诚信电子商务，帮助企业建立网上诚信档案，提高网上交易的效率和成功的机会。

2000年10月，阿里巴巴公司继续为中国优秀的出口型生产企业提供在全球市场的“中国供应商”专业推广服务，此服务依托世界级的网上贸易社区，顺应国际采购商网上商务运作的趋势，推荐中国优秀的出口商品供应商，获取更多更有价值的国际订单。目前加盟企业近3000家，超过70%的被推荐企业在网上实现成交，众多企业成为国际大采购商如沃尔玛、家乐福、通用、克莱斯勒等的客户。

2002年3月10日，阿里巴巴倡导诚信电子商务，与邓白氏、ACP、华夏、新华信等国际国内著名的企业资信调查机构合作推出电子商务信用服务，以“诚信通”服务来帮助企业建立网上诚信档案，通过认证、评价、记录、检索、反馈等信用体系，提高网上交易的效率和成功的机会，安平县环航网业有限公司，新达海绵制品有限公司是较早加入阿里巴巴“诚信通”民营企业，业绩有了显著提高。

2003年5月10日“淘宝网”创立，淘宝的声名鹊起，把中国人推入了网上购物的时代，也让人们记住了这位喜欢演讲的年轻人——马云。2003年5月，阿里巴巴汇聚了来自220个国家和地区的200多万注册商人会员，每天向全球各地企业及商家提供150多万条商业供求信息，是全球国际贸易领域内最大、最活跃的网上市场和商人社区，是全球B2B电子商务的著名品牌。WTO首任总干事萨瑟兰出任阿里巴巴顾问，美国商务部、日本经济产业省、欧洲中小企业联合会等政府和民间机构均向本地企业推荐阿里巴巴。阿里巴巴两次被美国权威财经杂志《福布斯》选为全球最佳B2B站点之一，多次被相关机构评为全球最受欢迎的B2B网站、中国商务类优秀网站、中国百家优秀网站、中国最佳贸易网。从阿里巴巴成立至今，全球十几种语言400多家著名新闻传媒对阿里巴巴的追踪报道从未间断，被传媒界誉为“真正的世界级品牌”。2003年，创立独立的第三方电子支付平台，目前在中国市场位居第一。马云创办的个人拍卖网站淘宝网，成功走出了一条中国本土化的独特道路，从2005年第一季度开始成为亚洲最大的个人拍卖网站。马云是中国大陆第一位登上美国权威财经杂志《福布斯》封面的企业家。

2004年12月，荣获中国年度十大经济人物大奖。

2005年和当时全球最大门户网站雅虎战略合作，兼并其在华所有资产，阿里巴巴因此成为中国最大互联网公司。2006年至今成为CCTV2《赢在中国》最有特色、最具影响力的评委，还用雅虎中国和阿里巴巴为《赢在中国》官方网站提供平台，为千百万创业者提供平台。

2007年8月推出了以网络广告为赢收项目的营销平台“阿里妈妈”，阿里妈妈以支付的低端门槛吸引了大量的中小站长加入。2007 年 11 月 6 日，阿里巴巴在香港联交所挂牌上市，融资 15 亿美元，创下了中国互联网公司融资规模之最。

2008 年，阿里巴巴实行广告三包政策，再次掀起波浪。2008 年 3 月，马云获选巴黎金融周刊 2008 年度全球 30 位最佳运行长。2008 年 7 月，马云获得日本第十届企业家大奖。该奖项过去只颁发给日本国内的企业家。2008 年 9 月，马云获选美国《商业周刊》评出的 25 位互联网业最具影响力的人物，他也是唯一上榜的中国企业家。2008 年 10 月 31 日，阿里巴巴有限公司和杭州师范大学合作共建杭州师范大学阿里巴巴商学院，任董事会董事长。2009 年 9 月 28 日，在阿里巴巴集团高调宣布未来十年战略，两周之后，国内最大的电子商务提供商阿里巴巴网络有限公司(HK. 1688)宣布，将支付人民币 5.40 亿元的现金，分两期获得国内领先的互联网基础设施服务提供商中国万网在中国营运的股权，以加速协助小企业客户更好更快地发展。马云率领他的阿里巴巴运营团队汇聚了来自全球 220 个国家和地区的 1000 多万注册网商，每天提供超过 810 万条商业信息，成为全球国际贸易领域最大、最活跃的网上市场和商人社区。

2010 年 3 月 8 日，阿里巴巴旗下 1688 批发大市场网站正式上线。未来阿里巴巴中国站将定位于网上采购批发大市场，帮助工厂、品牌商、一级批发商引进大量的买家，包括十万级的淘宝网店、百万级的线下城市实体店主、千万级的现有批发市场买家，提供一系列交易工具，打造全球最大的批发大市场。马云创立的阿里巴巴被国内外媒体、硅谷和国外风险投资家誉为与 Yahoo!、Amazon eBay、AOL 比肩的五大互联网商务流派代表之一。它的成立推动了中国商业信用的建立，在激烈的国际竞争中为中小企业创造了无限机会，“让天下没有难做的生意”成为现实。

2012 年 5 月 21 日，雅虎和阿里巴巴集团联合公告宣布，双方已达成协议，阿里巴巴集团将以总价值 71 亿美元向雅虎回购其所持有的 20%阿里巴巴集团股份。由于雅虎将让出阿里集团董事会一个席位，意味着马云将重新掌握阿里集团控股权。2012 年 6 月 20 日，阿里巴巴在港交所的 5 年上市之旅宣告终结。此前，阿里巴巴集团董事局主席兼 CEO 马云表示，阿里集团将整体上市，包括阿里集团旗下全资公司阿里巴巴、淘宝、天猫、一淘、阿里云和中国雅虎，至此，阿里巴巴集团路线图浮出水面。在阿里巴巴退市后，集团旗下发展势头最为迅猛的支付宝公司命运备受关注。支付宝 CEO 彭蕾表示，支付宝不会与阿里集团其他业务打包，将会谋求独立上市。

2013 年 1 月 15 日，马云向员工发出信件，宣布于 2013 年 5 月 10 日起不再担任阿里巴巴集团 CEO 一职，将全力以赴做好阿里巴巴集团董事局主席全职工作。在未来主要负责战略决策，协助 CEO 做好组织文化和人才的培养及阿里公益事业。马云同时表示，今年阿里绝大多数生于 60 年代的领导都将会退出管理执行角色，把领导责任交给 70、80 年代的同事们。阿里巴巴集团公司已经有 11 家旗下公司，分别是：阿里巴巴、淘宝、支付宝、阿里软件、阿里妈妈、口碑网、阿里云、中国雅虎、一淘网、天猫网(原淘宝商城)、中国万网、聚划算。月交易额突破万亿，构建了现代营销新网络、新平台。现在平均每分钟有万人在“淘宝网”购物。2011 年 11 月 11 日“光棍节”一天，竟有 1.24 亿网民涌上“淘宝网”购物，这是多么庞大的数字。2012 年“淘宝网”的交易额突破万亿大关，如今在网上购物已经成为一种时尚，成为不可阻挡的购物新潮流。2013 年 11 月 11 日“光棍节”当天，网民在淘宝网购物交易额突破 350 亿元，再创历史新高。

多年来在马云的率领下，阿里巴巴经过几年积累及持续推动，如今“11·11”和“12·12”已经成为中国消费者的主流节日——创意纷繁的网购节。哈佛大学曾两次将他和阿里巴巴经营管理的实践收录为 MBA 案例。在 2002 年 1 月发布的阿里巴巴第二份 MBA 管理案例，哈佛引用了马云对阿里巴巴的核心价值的阐述——“马云认为阿里巴巴的价值不在于每天的浏览量是多少，而在于能否给客户带来价值”以此来表明对阿里巴巴迅速发展的认可。2013 年马云获得第三届中国自主创新十大创新人物之一。

【思考】

你怎样认识和评价马云创新创业的？概括马云创新创业的基本经验与启示？你从中学到了哪些创业精神？他是怎样组建创业团队，凝聚团队力量取得创业成功的？你怎样评价他的商业模式？(参考教材案例，书后附有马云的演讲，以及查阅文献或网上资料回答问题与讨论)

第5章 构建商业模式

教学目标

学习完本章后，应掌握的重点：

1. 商业模式的定义及构成要素
2. 商业模式的构建过程
3. 商业模式与其他管理的关系

理论应用

1. 举例说明商业模式的内涵及特点。
2. 结合实际论述商业模式设计的框架和原则。
3. 举例说明商业模式创新的重要性和路径。

在市场经济的条件下，凡是企业或公司，都在推销自己的产品或服务，都拥有自己的商业模式。到底什么是商业模式，目前还没有统一的标准的定义，众说不一，这给商业模式研究和开发带来了较大的模糊性。本章主要探讨创业者在创业中如何构建有效的商业模式。

案例导入

雷军——中国升级版小米手机的创造者

1. 知识、能力、经验的积累，为创业打下雄厚的思想与物质基础

1969年，雷军出生在湖北仙桃县一个教师家庭，当年仙桃县称为沔阳县，1986年仙桃撤县建市。1987年雷军18岁考入武汉大学计算机系。1992年雷军23岁毕业后，进入金山软件公司工作。金山公司即是雷军的第一份职业，6年之后，雷军29岁担任金山公司总经理，15年之后，金山公司在香港联交所上市，雷军提交辞职报告，当年38岁。少年成名，急流勇退，在很多人看来，这样的人生很完美，雷军大可以自由淡定，想干什么干什么。但是，此时的雷军身为一个成功者，却有着深刻的挫败感。

雷军是一个脚踏实地、志存高远的人。他曾向记者讲述在大学时期看过一本乔布斯传记《硅谷之火》，之后就确立了一个梦想：做一家世界一流的公司。根据原金山高级副总裁王峰的回忆，当年雷军下班之后约他在办公室谈工作，一谈就到半夜。15年来，对于雷军来讲，这种劳模式的生活实在不稀奇，他的知识、能力、经验有了厚重的积累。回顾过去，所有的“旧

金山人”都承认这是一段“激情燃烧的岁月”。这家公司的执行作战能力和行政组织能力都非常强，号称“成则举杯相庆，败则奔走相救”。不过，这样一家勤奋团结的公司却花了8年时间才上市。2007年10月16日，金山在香港联交所挂牌的时候，雷军发现，他投注了15年心血的公司市值不过6.261亿港币。这个数字，当时远远不及同年在香港上市的阿里巴巴(市值15亿美元)，更别提2005年在纳斯达克上市的百度(市值39.58亿美元)了，就连跟盛大网络、第九城市和巨人游戏这些游戏界同行相比，金山也被远远抛在了后面。

为什么金山没有成功，有位金山前高管的话可以作为参考：“本质上讲，金山是一个没有真正意义上的创始人的公司。从张旋龙到求伯君再到雷军，都不是从第一天起就坚定不移的创始人。金山是个傍大款的公司，跟四通合作是看重它的资源，跟联想合作是看重它的品牌。金山从WPS到词霸，从词霸到毒霸，从毒霸到游戏，一个个打过来，因为上市的财务报表压力，每个新业务坚持一年多就放弃。到了后期，大家都很彷徨，领导们说的理想主义竟然有了机会主义的意思。但是，这是一家有技术追求的公司，活得又够久，出了一大批高级技术人才，大家对金山都很有感情。问题是，当企业发展的速度跟不上人才发展的速度，怎么办呢?”早些时候，大约是金山进攻游戏领域的时期，雷军在一次拓展训练中发表讲话，说自己不容易，大家不容易，活得太窝囊，说到动情处潸然泪下。当时，20几个副总裁和部门经理拥上去，把雷军团团围住，大家抱头痛哭。2006年年底开始，金山经历了频繁的人事变动和人才流失。雷军以他的中关村劳模精神继续待在金山，一直到金山上市辞职。

在离开金山的一年里，雷军经历了深刻的反思。他不止一次对媒体提到他对于金山生涯的“五点反思”：人欲即天理、顺势而为、广结善缘、少即是多和颠覆创新。雷军慢慢确认了一件事情：在一家改良导向的公司里，他是做不成革命者的，就像康有为永远成不了孙中山一样。意识到这一点，雷军若有所思。雷军是个亿万富翁，但他缺一样东西：再一次成功的机会。他说：“金山就像是在盐碱地里种草。为什么不在台风口放风筝呢?站在台风口，猪都能飞上天。”在金山15年他不仅收获了以亿级的物质财富，更为重要的是他的创业精神财富、知识财富、能力财富有了几何级数的增长，为实现做世界一流企业的创业梦想打下雄厚的基础。

2. 创业激情燃烧，打造小米手机新的商业模式

在金山公司后期工作的时间，雷军作为天使投资人投资一些发展潜力大的以互联网为主的企业，也认真研究互联网的发展趋势。早在2004年，金山和联想共同投资的卓越网以7500万美元出售给亚马逊，雷军个人获利上亿元人民币。离开金山后，雷军仍然通过做天使投资在业界保持着相当的影响力。他在自己的新浪博客上陆续写文章发表观点。他认为：“未来移动互联网将10倍于PC互联网的规模。”2007年年底iPhone的出现为雷军带来了巨大的希望和热情。他买了很多iPhone手机到处送人。不过，雷军在崇拜乔布斯之余，一直在给乔布斯的产品挑毛病：待机时间太短啦、不能转发短信啦、用着硌手啦、信号不稳定啦，等等。“我就搞不懂，手机为什么能卖那么贵，iPhone使我对做手机有了浓厚的兴趣。这种软件、硬件和互联网结合的趋势让我开始琢磨怎么做手机。”也是从这个时候起，他把早年间“不炒股，不投资”的原则暂时放到一边，试探性地投资了拉卡啦、我有网和多玩网等几家企业。截至2008年年底，他还投资了多看、乐讯、优视科技、凡客诚品等17家创新型企业。这些企业沿着移动互联网、电子商务和社交三条线整齐分布。雷军自称“无一失手”。尽管这17家公司还未有一家上市，但已经有凡客诚品这样估值超过50亿美元的企业。2011年夏天，易凯资本董事长王冉在微博上说：“全中国都是雷军的试验田。”

雷军喜欢下围棋，做事情规定性很强，不会东一榔头西一棒槌地行事。这段天使投资生涯为他后来的创业作了很好的铺垫。他说："辞职这几年也没闲着，投资就是在练兵，我想做移动互联网，但是移动互联网我不懂。不懂就要交学费，最好的办法就是多听多看别人怎么做的，那不就懂了么，不需要在第一线。技术是有累积性的，在经过一段时间投资研究之后，我对这个行业已经通透了。"

2009年8月，雷军邀请林斌一起飞往珠海，两次探访魅族公司，并且和魅族创始人黄章有过深入交流。一位投资人说，"魅族做得非常好，它通过BBS做网上营销，经营两年，培养200万粉丝，卖出大概60万台M8手机。M8的参数配置跟苹果咬得很紧，但价钱是苹果的一半。市场上真正的互联网手机就这么两家。"林斌从微软11年到谷歌4年，他的职业生涯一直很稳定，过着标准的外企高级职业经理人的生活。2009年9月，林斌的顶头上司李开复宣布辞职，谷歌宣布退出中国。林斌答应雷军的邀请，他只问了雷军两个问题，但是反复问过四次：你什么都有了，创业图什么？你有没有雄厚资金支持？雷军说了一句话，彻底打消了林斌的顾虑。他说，"拿不到钱我自己出，我就有这么多。"2009年10月，雷军向一直保持密切联系的林斌发出邀请，合伙创业，同时，他们要组建高水平的创业团队，才能完成创业的战略目标。

2009年11月的某个晚上，雷军和晨兴资本合伙人刘芹通了个漫长的电话。两人从晚上9点谈到第二天早上9点，雷军换了三块手机电池，刘芹换了三个手机。最后，刘芹答应加入投资雷军这项未知的事业。雷军在12个小时里说的四个字打动了刘芹：敬畏之心。雷军说，我对创业仍有敬畏之心。刘芹问，为什么敬畏。雷军说，因为我看过太多人死了，不是因为他叫做雷军，就不会死。

雷军从一开始就决定要打破手机硬件行业的游戏规则，他要用互联网的方式来做手机硬件。他总结了六大趋势，并且当作创业教材反复宣讲：手机电脑化、手机互联网化、手机公司全能化、颠覆性设计、要做能打电话的手机、手机要做出爱恨情仇。在这六大趋势的基础上，雷军描绘了一张大致的发展蓝图，构建出一个新的商业模式：搭建一个融合谷歌、微软、摩托罗拉和金山的专业团队；先做移动互联网，之后再做手机；用互联网的方式做研发，培养粉丝，塑造品牌形象；手机坚持做顶级配置并强调性价比；手机销售不走线下，在网上销售；在商业模式上，不以手机盈利，借鉴互联网以品牌和口碑积累人群，把手机变成渠道。这个商业模式已经形成，具有鲜明的特色，取得了显著的成效。

3. 努力打造中国升级版的"苹果"，成为行业有影响力的优秀公司

小米创业初期，正赶上一场三国杀。一个是苹果；一个是摩托罗拉、三星和HTC；还有一个是诺基亚和微软的结盟。这场战争给雷军带来了商机。随着移动互联网的快速发展，给了人们一个挑战豪门打出自己王图霸业的机会。他抓住了这次机会并且成功了。

他们先组建一个做移动互联网的强势团队。移动互联网的研发分为工程、产品和设计3个层面，在每一个位置上，都分别需要一个高手。雷军和林斌先后找到金山旧部黎万强，微软旧部黄江吉，前谷歌中国高级产品经理洪峰，美国摩托罗拉总部核心项目组核心专家工程师、摩托罗拉北京研发中心高级总监周光平，前北京科技大学工业设计系主任刘德等共14人，都是这方面的专家高手。他们开发MIUI是个"活的操作系统"，是一个基于Android的主程序操作系统，在开发两个月之后迅速发布。每周快速更新版本，及时获得用户反馈意见，积累大量的论坛粉丝。这些高水平创业团队成员，各司其职，各负其责，很快完成了第一代小米手机的开发工作。2011年8月16日，雷军站上"798"的舞台，发布了这台代号为"米格机"的第一代小米手机。这台外观朴素的手机，定价1999元人民币，号称顶级配置：双核1.5G，4英寸屏幕，通话时间900分钟，待机时间450小时，800万像素镜头。其中屏幕由夏普提供，处理器

由高通提供，开模具服务由富士康提供，代工生产由英华达提供。他站在台上，每发布一个技术参数，台下就是热血粉丝团的一阵欢呼。雷军很享受这种向乔布斯致敬式的模仿秀表演。在这个100页的PPT里，有一个被雷军故意忽略的细节。在讲到小米手机的软件应用的时候，屏幕上出现巨大的两个橘黄字体：米聊。雷军并未多谈，一带而过。米聊，一款基于移动互联网的跨平台即时通信应用。在很多人看来，米聊也许才是小米未来的秘密武器。截至2011年7月底，米聊用户号称超过400万(目前最大的竞争对手是腾讯微信)。雷军说，“他要靠米聊来挣钱，他要把米聊做成手机上的Facebook。一旦有一天，MIUI的注册账号和米聊的注册账号绑定了，他就获得了一份多达百万，并且可以无限增长的真实客户名录，这里面有姓名、手机号码甚至驾照号码。”“这不就是互联网的挣钱办法吗？你说，阿里巴巴一开始挣钱吗？百度一开始挣钱吗？腾讯一开始挣钱吗？都不挣钱。一旦有了大量用户和品牌资源，就有各种各样的办法可以挣钱。”至此，小米科技和雷军靠高水平团队开发MIUI独立操作系统，提升品牌、积累手机粉丝，在手机销售增长的基础上，绑定米聊以及更多的手机应用，做一个中国升级版的APP Store。小米从软件、硬件和互联网开局，创造了手机行业的奇迹，迈出了坚实的一步。

小米手机的高性能低价格，培养了大量的粉丝，其网上销售异常火爆。2012年1月4日，小米手机第二轮开放购买，半小时10万台售罄；2月16日小米手机电信版开放预订摇号，2天内92万人参与，1月11日小米手机第三轮开放预订，2小时50万台预订完毕；2月28日小米手机第四轮开放预订，3分钟15万台电信版小米手机预订完毕；3月17日小米手机第五轮10万台开放购买，3分钟售罄30万台小米手机；4月6日小米公司两周年庆典“米粉节”，小米手机电信合约机公布，第六轮10万台开放购买，6分钟售罄；4月10日小米科技副总裁黎万强表示下半年推出小米二代手机(小米M2)，5月18日，小米公司通过官网预订和销售小米手机青春版，10分52秒售完15万台；5月29日，小米公司通过官网预订和销售小米手机电信版，售完10万台。小米公司平均每分钟在网上销售高达1万台以上小米手机。目前国际投行评估小米手机的价值在40亿美元。雷军曾说：“小米是我不能输的一件事，我无数次想过怎么输，但要真是输了，我这辈子就踏实了。”雷军打造出中国升级版的“苹果”，一个具有国际影响力的卓越公司正在崛起。2013年雷军被评为CCTV中国经济年度人物奖。

资料来源：2012年百度手机吧，根据《创业家》杂志有关文章等整理

【思考】

1. 雷军创业前作了哪些准备和积累？
2. 试概括雷军的创业精神。
3. 小米手机的商业模式有哪些创新点？
4. 你认为打造具有国际影响力的卓越公司还需要做哪些工作？

5.1 商业模式的定义及特征

5.1.1 商业模式的定义及构成要素

近些年来，商业模式这个词很流行。在20世纪90年代中期，.COM公司充分利用商业模式这个词汇吸收资金。现在，诸多企业都采用这一概念。还有B2B、B2C等概念。商业模式是创业学研究的独特领域。

什么是商业模式？从不同的角度有不同的定义，我们列出几个。Shafer 等学者认为，商业模式是企业主要的核心逻辑和战略选择，用于在一个价值网络内创造和捕获经验，企业应用知识抓住价值的方式。Morris 等认为，商业模式是把创业者的战略中相关的决策元素整合在一起，来创造持续竞争优势的内在逻辑。有的学者认为，商业模式是一种包含了一系列要素及其关系的概念性工具，用以阐明某个特定实体的商业逻辑，它描述了公司所能为客户提供的价值以及提供给这一价值的要素。如内部结构、合作伙伴网络、关系资本等。Shafer 等在文献分析整理的基础上，对构成商业模式的元素进行分类，结果有 5 种主要类别元素。

(1) 战略选择：消费者(目标、范围)、价值陈述、能力、竞争力、收入/定价、竞争者、产出(产品)、战略、品牌、差异化、使命。

(2) 创造价值：资源/资产、过程/活动。

(3) 捕获价值：成本、财务方面、利润。

(4) 价值网络：供应商、消费者信息、联系、信息流、产品/服务流动。

(5) 未来发展战略：竞争战略、成长规划等。

蒂蒙斯把商业模式定义为："一种有关产品流、服务流与信息流的框架结构，描述了不同的商业参与者以及他们所扮演的角色，产品的潜在利差以及他们的收入来源。"清华大学雷家肃教授定义为："是一个企业如何利用自身资源，在一个特定的包括了物流、信息流和资金流的商业流程中，将最终产品和服务提供给客户并最终收回投资获取利润的解决方案。"

1997 年 10 月，硅谷风险投资顾问罗伯森·斯蒂文问田溯宁(亚信 CEO)你的公司商业模式是什么？田反问，什么是商业模式？罗答：一块钱通过你的公司绕了一圈，便成了一块一，那么，商业模式是指这一毛钱在什么地方增加的？这个含义是，商业模式的核心应是创造增加价值模式。商业模式是用不同的资源搭配组合方式创造出新的盈利组合。管理学家德鲁克说，"当今企业之间的竞争，不是产品之间的竞争，而是商业模式之间的竞争"。

我们认为，商业模式是商业运行的内在机理。商业模式实际上是创业团队整合资源的能力，进行战略规划，充分开发创业机会，创造和捕获价值，构筑价值网络，通过良好的资源组合和运营，并实现经济效益与社会效益目标的内在逻辑。这体现系统性、连续性、多层次、多角度性。

(1) 商业模式体现在创业机会战略选择方面，核心是价值、使命、市场和产品开发的结合，战略、竞争、品牌等，这是创新企业独特竞争优势的根本源泉，也是商业模式的构成基础。

(2) 商业模式体现创造价值，包括资源整合，团队合作协同的过程，如何有效支持创业机会的进一步开发，特别是创业团队和创业资源两个要素的有效整合和运营，共同推动产品和市场的持续开发，人、财、物、信息等资源要素都是创业过程必不可少的支持条件。

(3) 商业模式还体现在捕获价值，包括成本、财务、经济效益与社会效益等。

(4) 商业模式还体现在价值网络构筑，包括与利益相关者的关系，各种信息流、产品流、服务等。

(5) 商业模式还体现在创业的未来成长战略上，即企业发展战略、竞争战略，是商业模式的主要构成部分。其商业模式概念的解读，如图 5.1 所示。

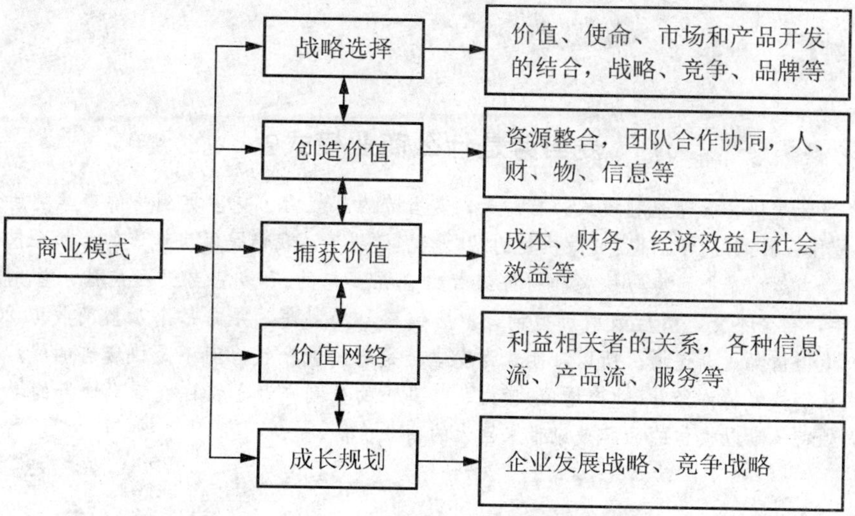

图 5.1 商业模式概念的解读

5.1.2 商业模式的特征

成功的商业模式一般应该具备 3 个主要特征。

1. 全面性

商业模式的全面性是反映了创业者是否对创业发展中遇到的各类问题进行了全面的思考，是否具备了全面的对策措施，是否制定了具有可操作性的发展方案及不同职能部门和基层单位的保证发展目标实现的方案与措施。缺乏全面性的商业模式，很可能因为在某一方面的错误甚至是失误，影响战略目标的实现。

2. 独特性

成功的商业模式要有鲜明的特色，特色在一定意义上说，就是商业价值，就是市场占有率。因为，独特性是能够向客户提供新的功能，提供新的价值，提供价格低而价值高的独特产品或服务。商业模式的独特性其来源是创业者的创新，所拥有的独特资源，合理优化配置资源并构成有效运营而构建新的发展战略。

3. 难以模仿性(别具一格)

成功的商业模式是难以模仿的，是别具一格的，这是企业形成竞争优势的基础。迈克尔·波特指出："如果一个公司能够提供给顾客某种具有独特性的东西，那么这个公司就把自己与竞争厂商区别开了，就形成了别具一格的商业模式"。而且，难以模仿的商业模式是可持续的，是能够在一定时间内保持企业的发展速度，而其跟随者不可能在短期内就进入获利阶段。这需要创业者对商业模式实施有效的保护，比如知识产权的保护等。

全面性、独特性、难以模仿性构成了商业模式的基本属性特征，任何一个方面的缺失都对商业模式造成损害，这三者关系类似“木桶理论”。因此，创业者在准备创业时，尤其注意防止某一方面强而在另一方面弱的残缺的商业模式。

【案例】

麦当劳是什么商业模式？

有人说麦当劳是快餐管理盈利模式。有一天，麦当劳的总裁雷·克罗克到哈佛商学院讲课，他问学生：“我们是做什么的?”同学们说：“做快餐的。”他说：“错了，我们是做房地产的。如果仅做快餐麦当劳早就倒闭了。当然，是把租房与快餐和特许经营结合在一起的。”麦当劳开一店铺，首先精心考察店址，租期20年，租金不变，然后吸引加盟商，把店铺租给加盟商，并向每个加盟商收取20%的租金，以后根据地产增值情况逐渐递增。所以，他认为麦当劳是赚的地产钱，而不是快餐店的钱。因此，麦当劳的商业模式认定快餐特许经营(地产增值)模式。其真正的盈利来源于特许经营房地产的增值带来租金差。其全面、独特、难以模仿的品牌效应带来巨大的商业价值。

5.2 商业模式的建立

5.2.1 商业模式的构建过程

构建商业模式在创业前就应考虑准备的。商业模式的构建大体分为4个阶段，如图5.2所示。

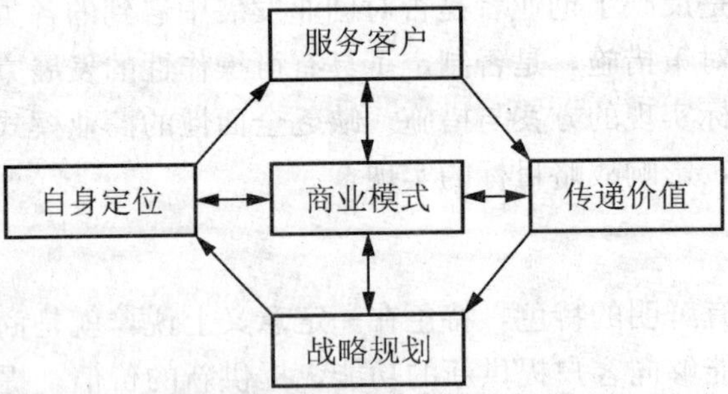

图5.2 商业模式的构建

1. 自身定位

创业者创业时应有明确的定位，企业是做什么的？为社会提供什么产品或服务？其业务范围有哪些？未来发展的目标？都要给予明确回答。要从实际情况出发，来构建商业模式。资源整合能力是创业者的战略规划基础。除从创业机会、创业团队，创业资源等方面考虑外，还可以从以下几个角度考虑自身定位。

现在企业发展能力及对市场环境变化的反应能力，现在营销能力及对客户需求制定有效的营销计划；现在技术开发能力及未来能否适应发展的需要；现有生产能力及满足产品的原设计功能和价值；现有财务能力及未来财务发展状况；规避风险的能力；现在组织结构及人员配置是否合理，能否满足需要；现有企业的特色和优势能否持续下去。

2. 服务客户

服务客户即明确目标客户群是非常重要的，创业活动的根本目的是服务客户，为客户创造价值，赢得客户，取得信任和认可，实现创业价值。因此，服务客户应切实注意的是，服务的客户是不是真实的，既能为企业发展带来价值的消费群体，要切合实际，可行有效果。准确、清晰的服务客户定位是商业模式构建中的重点。可从以下几个方面考虑。企业提供的产品(服务)运用于哪些群体；这些群体愿意消费购买吗？这些群体对产品(或服务)有什么要求、希望，包括：价格、功能、技术、服务等方面；企业还能为这些群体提供什么价值等。

3. 传递价值

创业者构建商业模式需要把自己定位与客户定位能够连接起来，即把自己产品(或服务)通过有效的营销方式让顾客购买，真正消费。实际上搭建了企业通往客户的桥梁，只有这座桥建起来，才能完成传递价值过程。用马克思的话说：“实现惊险的一跳”。如果不能顺利实现传递价值，企业就会陷入现金流枯竭的危机。实现价值传递可从以下几个方面考虑。为了搭建与客户的关系，实现价值传递，需要明确设计自建销售渠道，还是采用其他销售渠道，或经销商、代理商；提高客户的忠诚度可采取那些具体措施，企业收入还包括哪些形式，怎样保证现金流通畅；为了更好地实现价值传递，企业还可与哪些合作伙伴结成有效的联盟关系等。

4. 战略规划

战略规划即制订中长期发展战略规划，企业在未来一个时期，分阶段来进行规划实施，让全体人员看到企业的中长期规划，鼓舞士气，有目标、有措施、有方向，作为企业发展的行动指南。对未来的战略规划可以从以下几个方面考虑。未来发展定位，特别是目标定位；实现未来发展目标应有哪些措施，重点是什么，怎样具体落实这些措施，未来客户构成和消费倾向有什么变化，采用什么样的价值传递模式适应这变化等。

上述几个方面构成了一个系统的商业模式，在评价现有商业模式时，也应积极借鉴这一框架。

在研究商业模式创新方面，奥斯特瓦德提出创新循环模型，分为 4 个阶段。

(1) 环境分析。首先建立创新性团队，通过讨论形成共识，规划出商业模式的框架。

(2) 创新商业模式。借鉴其他创业成功的商业模式，在原有商业模式的基础上，重新设计有突破性的商业模式。

(3) 组织设计。怎样落实新的商业模式，怎样分解业务单元和业务流程，即完成组织设计工作。

(4) 执行商业模式。即制订商业模式落实行动计划，在执行过程中进行评价与反馈，重新进行调整，完成新一轮商业模式创新循环。

【案例】

迈克尔·戴尔——构建新型商业模式的革新者

迈克尔·戴尔这个年轻的电脑奇才从大学辍学，30多年来，通过创立自己的电脑技术公司和商业模式，不断发展壮大，成为享益世界的电脑公司和世界上最好的商业模式之一。

早在20世纪80年代初，他就开始关注个人电脑生产企业的工作模式，并且发现了一条更好的路子。这种方法可以免除许多不必要的成本，让人们以更低的价格买到自己想要得到的电脑。这条更好的路子就是向客户直销，绕过了分销商这个中间环节。

戴尔电脑公司从消费者那里直接拿到订单，接下来自己购买配件组装电脑，自我规定在7天之内把产品送到用户手中。这就意味着戴尔电脑公司无须车间和设备生产配件，也无须在研发上投入资金。消费者得到了自己想要的电脑配置，戴尔公司也避免了中间商的涨价。这真是一个奇妙的商业创意！戴尔本人通过为消费者消除中间环节获得了大量财富。他以很低的代价获得了技术，比其他个人电脑制造商获得了更为丰厚的利润。

戴尔电脑公司的直销商业模式就是利用现有的价值链，并且除去了一个不必要的、成本昂贵的环节（在经济学术语中，称之为“非居间化”或“脱媒”）。从消费者的角度看，这种新价值链更有意义。戴尔电脑公司的副总裁凯文·罗林斯曾经感叹说：“我们现在就像卖菜的农夫，搞不好东西就会烂在手里。”他的意思是说，电脑技术的发展非常之快，如果公司不能迅速将电脑卖掉，产品就很容易变成一堆过时的机器，而过时的电脑就像已经开始腐烂变质的蔬菜、水果那样。这种关于库存和速度的认识，促使戴尔电脑公司在过去十多年里表现不俗。因此，现在不论在什么行业，很多CEO都在讲，速度是他们优先考虑的问题之一。

十多年来，直销模式让戴尔电脑公司保持了一种令竞争对手疲于应付的速度，也让他们与客户建立了直接联系。这种联系又让他们及时掌握客户想要什么样的产品，何时需要这样的产品，在为客户提供价廉物美的产品和服务的同时，自己的公司也会得到长足发展。只有拥有优秀的商业模式，为客户提供价廉物美的服务才有可能实现。

戴尔电脑公司自身的成本结构大大降低了各种支出，因此它可以为客户提供更多价格低廉的电脑。这是一种非常明晰的模式，戴尔电脑公司所有的管理者都深刻领悟了这种模式，从而也大大帮助他们很快适应变化。这就是戴尔一个成功的商业模式。

不同的公司有不一样的商业模式，戴尔公司成功的商业模式特征，可概括以下5点。

① 对客户要求的关注，让企业真正为顾客创造更大的价值。

② 重视客户反馈，建立专人客户负责制，制订适合客户的解决方案。

③ 实行精细化管理，低成本战略。

④ 建立顺畅的供应链管理渠道。

⑤ 零库存。

【思考】

怎样评价迈克尔·戴尔新创的直销模式？怎样认识创业与创新管理模式的关系？如果你创业来构筑商业模式从哪几个方面考虑？

5.2.2 商业模式的再造

上述构建商业模式的4个方面并不是固定不变的，必须随市场、客户等外部环境的变化而变化。

全球有影响力的管理咨询公司埃森哲公司对70家企业商业模式研究分析后，总结出6种新的再造商业模式。

第一种，通过量的增长扩张现有商业模式。美国主营B2B业务的GRAINGER公司，向全球超过100万家工商企业供货，运用多种途径使客户订货非常容易。强化以方便顾客为价值诉求的商业模式，不断开拓新业务，客户大幅增加，效果明显。

第二种，更新已有商业模式的独特性，这是强调向客户提供新产品和良好服务。海尔每年都推出n种新产品，更注重全方位的细致周到的服务，不断提高市场竞争力。

第三种，在新领域复制成功模式。企业用收购办法推出新品牌，或复制市场认可的品牌，并注入新的生命力。如美国Gap用品牌每年营销优势和商品管理能力，复制全新的“酷品牌”零售模式，其旗下的贝贝等品牌每年销售都取得良好的业绩。

第四种，通过兼并增加新模式。通过购买或出售原有业务，构建新模式。万达集团原是做房地产业务，在扩展主体业务同时，又购买国内外影院，新建影院，成为国内外最大的影院经营商，构建了新的商业模式。

第五种，发掘现有能力增加新的商业模式。有些公司根据自身的独特技能和能力建立新的商业模式。李书福从照相、生产电冰箱配件、到造电动摩托车起家，当财富积累和能力具备时，又进入汽车行业创业，成为中国民营企业造车第一人，从生产低档汽车到收购国外沃尔沃汽车品牌，成为中高档汽车制造商，建立和增加新的商业模式。

第六种，根本改变商业模式。中国联想集团从为IBM代理卖PC到独立生产PC机以后，不断扩展IT产业的上下产业链，分拆成神州数码，笔记本电脑等独立运作的部门，通过资本运作和风险投资，进入农业等领域，从而改变了原有的商业模式。

商业模式是一个新概念，是一个新的通向财富之门的模式，但有的创业者片面追求商业模式独特新颖，让人耳目一新，对于投资者有吸引力。但对企业未来发展，运用经典管理理论和法则解决新问题，却很少关注。有的进入网络行业的创业者在网络泡沫破灭后，走上不归之路。有的创业者构建了具有自己特点的商业模式，但为适合所谓新模式而放弃自己的商业模式，结果降低自己的竞争优势。有效的商业模式应是创业者在一定时期内的决策依据和行为模式，除非市场变化很大，不调整会对自身产生极大损害。

走出商业模式的误区，构建新的商业模式，应作好以下几项工作。

(1) 做好构建商业模式的各项准备工作，练好基本功。

(2) 创业者应掌握那些通行的管理法则，要学习有效的管理理论、原则、技术等，提升创业能力。同时应认真评价自身的优势和劣势，扬长避短，借鉴新的适用的管理法则，为我所有。

(3) 在构建商业模式中，应以企业价值最大化和为顾客创造价值最大化二者兼顾为核心，并以此作为评价商业模式和通行管理法则的依据和标准之一，而不应进行简单的取舍。

构建新的商业模式要防止进入5个误区。

误区之一，商业模式只适用于.COM公司。好的公司依靠战略和精细管理，对于能够持续发展公司而言，两者都是需要的。商业模式指导日常运作，发展战略指导公司长期稳定发展。

误区之二，高层管理者对商业模式了如指掌。其实有许多 .COM 公司高管说不清他们的商业模式，即便讲清了，还有许多公司亏损。而传统非 .COM 公司的商业模式虽然高层不能清晰表达，但有些公司却是盈利的。问题不在于理论表达，而在于管理实践的效果。

误区之三，商业模式“万能论”。选择“正确”商业模式，能让公司若干年内有好的业绩。但实际上商业模式不是万能的。必须随外部环境的变化而调整自己的商业模式。

误区之四，借助深刻的文化转变，改变商业模式。据调查，凡借文化转变采取激进变革的 60%～75%没有达到预期目的。因此，采用渐进变革，有可能更好些，欲速则不达。

误区之五，用组织架构来推动商业模式的改变。调查显示 83%公司把组织构架作为推动商业模式变化的主要工具。其实每种组织形式都可以适应不同的商业模式，而不一定非要改变组织架构。

5.3 商业模式与管理要素

商业模式是创业领域的独特概念，有自己的构成要素和属性，需要与其他管理要素特别是盈利模式，价值链、战略规划相区别。

5.3.1 商业模式不等于盈利模式

盈利模式是回答企业如何获取利润，商业模式的内涵比盈利模式更宽泛。它包括机会识别评价，战略规划、执行、反馈，等等。盈利模式是商业模式的核心表现形式，盈利模式回答赚不赚钱，商业模式回答怎么赚钱，两者不可混为一谈。

5.3.2 商业模式不等于价值链

价值链分析法是美国哈佛大学迈克尔·波特提出来的，是通过行业分析确定企业竞争优势的工具。企业生产与销售过程分为相互独立又相互联系的多个价值活动，并形成一个独特的价值链。价值链的价值活动分为两类：基本活动和支持活动。基本活动包括：进料、后勤、存储、分配、出产、营销、采购。支持活动包括：计划、人力资源管理、技术开发、采购。从价值链观点看，企业多项活动相互联系，其价值创造是通过基本活动与支持活动实现的，任何链条环节出现问题都会影响价值增值甚至带来重大损失。商业模式与价值链的联系和区别体现在以下几点。

(1) 相互交叉。企业价值创造过程是商业模式的一个重要构成部分。企业价值链体现在更广泛的价值系统中。从供、产、销、服务过程中，这些价值链都影响企业的价值创造活动。因此，分析价值链价值运行过程，有助于构建适宜的商业模式。

(2) 价值链重在内部分析。价值链重在对企业内部分析，特别是对成本分析。而商业模式分析目的是企业整体发展规划，开拓市场，提升内部经营效率等。

(3) 价值链分析更主要对成熟企业，商业模式更注重新创企业。

【案例】

印度 MoserBuer 是全球第三大移动存储光媒体制造商，是多元化的跨国企业，整体价值链对客户的服务，从原材料生产、PC、PS 树脂、运输、航线、客户、供应商都整合在公司之下，保证 24 小时之内把产品送到客户手中。在全球设立区域组织，在目标市场设立分支机构，与惠普、索尼结成战略联盟，构建绿色伙伴关系，大幅度降低成本，提升市场占有率，成为在全球配置资源的有影响力的国际化企业。

5.3.3　商业模式不等于战略规划

战略规划是企业制定的能与经营目标与经营能力及市场机会相适应的长期系统全面的发展规划。战略能将方案转变为实际行动。战略管理包括战略定位、战略选择、战略行动。战略定位要求：调整内部环境，不利因素、有利条件，相关利益者要求，机遇与挑战，明确下一步发展方向。战略选择：公司和业务层面战略制定的基础，要在未来发展方向的比较评价中，作出选择。战略行动是由方案转变行动付诸实施等。

商业模式和战略规划之间有交叉联系，也就是说，商业模式也不可缺少战略规划，而任何管理好的企业都要有清晰的战略发展规划及实现价值增值的商业模式。但商业模式主要反映在新创企业，战略规划更多是在成熟企业。商业模式是新创企业全面整体的核心特征，而战略规划是管理职能的重要部分。

本章小结

本章概述了商业模式的定义及构成要素，论证了商业模式构建及再造模式，讨论了商业模式与盈利模式，价值链、战略规划之间的联系与区别。创业者在创业时，必须准确清晰的确定商业模式，完成创业各项准备工作，促进新创企业的发展。

复习思考题

1. 简述商业模式的定义、特征。
2. 对于创业者来说，为什么要构建商业模式？
3. 设计商业模式时，创业者应重点考虑哪些因素？
4. 商业模式的构建过程及再造有哪些方式？
5. 简述商业模式与其他管理要素的关系。
6. 商业模式如发生调整，是否战略规划也要进行调整？
7. 互联网有了爆炸性的增长，产生了新的创业模式，试举例说明。

实训实练

1. 查阅小米、当当网等企业的网站，简述他们的发展历程，分析并概括他们商业模式有哪些特点？

2. 运用学到的商业模式构造的理论，提出你要实施的创业项目是怎样的商业模式？有哪些特点？用简短的语言概括出来。

创业案例过程研究与思考

史蒂夫·乔布斯：苹果公司的技术创新引领模式

微软公司创始人比尔·盖茨说："很荣幸曾经与他共事，这是无上的荣誉"。微软联合创始人保罗·艾伦说："我们失去了一个无与伦比的科技潮流先驱和导演者，他懂得如何创造出令人惊叹的伟大产品"。腾讯董事会主席兼CEO马化腾说："他是我的偶像，创造了世界上最优雅的产品，我们还能崇拜谁呢?"

1976年，21岁的乔布斯与沃茨尼亚克筹资1750美元组装出来第一台可销售的桌面电脑苹果I，销售价格666.66美元，同时创办苹果公司。1977年苹果公司发布了苹果II，这是世界上首台被广泛使用的个人电脑。1980年苹果III问世，苹果公司上市，当天股价从22美元涨到29美元，市值12亿美元，乔布斯个人财富4亿美元。1983年，全球首台由鼠标控制，电脑"丽萨"发布，但市场冷落。1984年Macintosh正式问世，开创了图形界面的先河。1985年从美国总统里根手中接受了美国科技奖章，但他与董事会成员在技术开发和发展战略发生矛盾与分歧，同年被苹果公司董事会驱逐。但他保留1股苹果公司股份，其余全部股份在资本市场卖出，同时创建了NeXT公司研发电脑硬件和软件。1986年收购Pixar公司。1989年，开发出NeXT电脑，售价6500美元，但效果不理想。1989年，参与制作电影《锡兵》获得奥斯卡奖。1995年，参与制作电影《玩具总动员》成为年度收入最高的电影。1990年10月15日，MacLC & Macintosh Classic问世，同时发布的System 7和QuickTime也意味着多媒体时代的到来。1991年10月2日，苹果公司与摩托罗拉、IBM公司缔结同盟，开始共同研发Power PC的产品。同年，苹果公司推出第一代的Power Book产品。1994年苹果公司推出第一代Power Macintosh，这是第一台基于Power PC的超快芯片产品，从苹果开始进入商用市场。1996年乔布斯回归苹果公司。1997年，乔布斯出任苹果公司临时CEO兼董事会主席，年薪1美元。2000年去掉"临时"字样。此时的乔布斯，正因其公司成功制作第一部电脑动画片《玩具总动员》而名声大振，个人身价已暴涨逾10亿美元；而相形之下，苹果公司却已濒临绝境。乔布斯于苹果危难之中重新归来，苹果公司上下皆十分欢欣鼓舞。就连前行政总裁阿梅利奥也在迎接乔布斯的欢迎词中说："我们以最隆重的仪式欢迎我们最伟大的天才归来，我们相信，他会让世人相信苹果电脑是信息业中永远的创新者。"乔布斯重归故里，心中牵系"大事业"的梦想。他向苹果电脑的追随者们说："我始终对苹果一往情深，能再次为苹果的未来设计蓝图，我感到莫大荣幸。"这个曾经的英雄终于在众望所归下重新归来了！1998年，苹果发布iMac一体机电脑，销量大幅增长，苹果复兴，股价飙升400%。因设计该电脑荣获克莱斯勒设计学院奖(在公司处于最艰难时期，比尔·盖茨资助了1.5亿美元)。2001年3月24日苹果公司推出革命性的系统OSX，宣布苹果系统进入新时代。2001年5月苹果公司推出新款iBook，并宣布苹果产品要成为数字化生活的核心。10月苹果公司推出第一款MP3播放器(iPod)。销量突破440万部，获得极大成功。2002年苹果公司推出几款极漂亮的机型，iPhone问世。同年发布平板显示屏一体机个人电脑iMac，并赢得多项设计大奖。2003年，苹果发布64位Power Mac G5个人电脑，推出iTunes音乐商店。2004年苹果发布iPod mini电脑。苹果公司创造了近10年以来销售收入最高纪录，达到30亿美元以上。2005年乔布斯宣布下一年度的苹果电脑将采用英特尔处理器，苹果推出第五代iPod播放器；苹果推出第二代iPod mini迷你数码音乐播放器与iPod shuffle，其无显示屏设计引起部分使用者不满；苹果推出iPod nano超薄数码音乐播放器，采用彩色显示器；2006年乔布斯推出了第一部使用英特尔处理器的台式电脑和笔记本电脑，也就是iMac和MacBook Pro。推出第六代iPod数码音乐播放器，称为“iPod classic”；推出第二代iPod nano数码音乐播放器，采用和iPod mini相同之铝壳设计。推出第二代iPod shuffle数码音乐播放器，其外型变为类似一个夹子，体积更加小巧。2007年苹果公司发布iPhone智能手机，这是全球首款无键盘的智能手机。2007年推出第三代iPod nano超薄数码音乐播放器，外型由细长转为宽扁，史蒂夫·乔布斯在Mac World上发布了iPhone与iPod touch。2008年史蒂夫·乔布斯在Mac World上发布了iPod nano第四代和iPod touch第二代；史蒂夫·乔布斯在Mac World上发布了新设计的MacBook和MacBook Pro，以及全新的24英寸Apple LED Cinema Display；史蒂夫·乔布斯在Mac World上从黄色信封中取出了MacBook Air，这是当时最薄的笔记本电脑。2009年苹果负责全球营销的高级副总裁菲利普·席勒(Phillip Schiller)在Mac World 2009大会上发布了重新设计的17英寸屏幕的MacBook Pro笔记本电脑；苹果推出升级版的iMac，但外形并未改变，其使用了NVIDIA公司新款显卡，并小幅度降低了iMac价格，同时升级更新的包括Mac mini和Mac Pro。苹果推出新款iPod shuffle，这是第一款可以语音发音的数码音乐播放器，体积更加小巧，几乎是上代的一半大小，由于部分操作键转至耳机线缆上，所以暂时不支持第三方耳机，而且必须配合8.1版本或更新版本的iTunes使用。

2009年6月23日，乔布斯回归苹果总部工作。2010年苹果发布iPad平板电脑，引起轰动，接着发布第二代苹果TV机顶盒，可将互联网等的内容直接转到电视上。苹果iPad正式在美国发售；在与比尔·盖茨竞跑了30多年之后，史蒂夫·乔布斯这位苹果公司创始人终于将苹果送上了纳斯达克(Nasdaq)的顶峰位置。苹果公司的市值在当日纽约股市收市时达到2220亿美元，仅次于埃克森美孚(ExxonMobil)，成为美国第二大市值的上市公司，微软当日市值为2190亿美元；北京时间凌晨1点，苹果公司年度盛会WWDC 2010(Apple Worldwide Developers Conference 2010)正式开幕，在大会上，乔布斯正式发布了近来一直引人瞩目的苹果第四代手机iPhone 4。其显示屏像素也将由原来的480×320升级为960×640。2011年苹果股价以363.13美元收盘；乔布斯宣布，将再次向公司请假以“专注于个人健康问题”。苹果公司股票价格在海外市场下跌了6%～8%；乔布斯于北京时间3日凌晨2点在美国旧金山出人意料的亲自到场召开发布会，发布iPad2。2011年8月10日苹果公司股价收于363.69美元，市值总计3370亿美元，超过埃克森美孚石油公司，成为全球第一大上市公司。世界上共有224个国家和地区，按GDP排名，可排全球第29位，苹果市值超过196个国家和地区，也是全球第一大资讯科技公司。2011年8月25日早晨，苹果董事会宣布，行政总裁史蒂夫·乔布斯辞职，董事会任命前营运总裁蒂姆·库克接任苹果行政总裁。乔布斯被选为董事会主席，库克加入董事会，立即生效。2011年10月5日乔布斯辞世，享年56岁。

【思考】

怎样认识苹果公司的技术创新引领模式？你怎样概括史蒂夫·乔布斯的创业人生？我们应向他学习哪些创业精神？(书后附有他的演讲)

第6章　撰写商业（创业）计划书

教学目标

学习完本章后，应掌握的重点：

1. 商业计划书的界定、特点及构成要素
2. 撰写商业计划书的程序与方法
3. 撰写商业计划书的注意事项

理论应用

1. 举例说明撰写商业计划书的重要性，并评价优缺点。
2. 举例分析商业计划书的结构、内容。
3. 试写商业计划书。

本章主要分析撰写商业计划书的特点、分类及构成要素，撰写原则，撰写程序与方法及注意事项，帮助创业者如何写好商业计划书，为他们提供撰写商业计划书方面的指导。

撰写商业计划书的主要目的是为了引进风险投资，进行融资，规划企业未来成长的路径，是新创企业的发展计划指南。良好的商业计划书往往被称为创业企业吸引风险投资的“敲门砖”或“金钥匙”。据国外调查，“拥有商业计划书的企业平均比没有商业计划书的企业融资成功率高出100%”。国外大体有30%的创业者有书面商业计划书，国内大体有8%的创业者有书面商业计划书。这说明，国内创业活动在很大程度上还缺乏理性分析基础，而商业计划书是成功创业活动所不能缺少的，是非常重要的环节。商业计划书是创业学研究的独特领域。

商业计划书是谋创业胜算之书。天下第一兵书《孙子兵法》中说：“夫未战而庙算胜者，得算多也；未战而庙算不胜者，得算少也。多算胜，少算不胜，而况于无算乎！吾以此观之，胜负见矣。”（《孙子·计篇》）译文：开战之前就预计能够取胜的，是因为筹划周密，胜利条件充分；开战之前就预计不能取胜的，是因为筹划不周，胜利条件不足。筹划周密，条件充分就能取胜；筹划疏漏，条件不足就会失败，更何况不作筹划毫无条件呢？我们根据这些来观察，谁胜谁负也就显而易见了。

毛泽东指出：“知彼知己，百战不殆”，乃是科学真理。

创业计划竞赛是近几年在高校进行的重要赛事，它借用风险投资的运作模式，要求参赛者组成竞赛小组，提出一项具有市场前景的技术产品或服务，以获得风险投资为目的，撰写一份完整、具体、可操作性的商业计划书。

创业计划竞赛源于美国。1983年德州大学奥斯丁分校开始举办首届商业计划竞赛，之后，美国十余所大学包括麻省理工、斯坦福等世界一流大学每年都举办这一赛事。商业计划竞赛推动了高新技术发展和大学生创业的热情。

中国于1998年由清华大学开始举办商业计划竞赛，1999年由共青团中央、中国科协、全国学联主办，清华大学承办的首届“挑战杯”中国大学生创业计划竞赛成功举行，全国120余所高校400件作品参赛，在全国高校掀起了创新创业的热潮，并产生良好的社会影响，目前已举办5届。有的创业计划正在实施，在校园内创新意识，创业能力的教育逐步深入，并在更大范围内激发了创业热情，引发了在全社会范围内对创业活动的关注，越来越多人加入创业活动中来。

案例导入

李鹏一页纸的创业计划书

产品名称：发酵罐气流能量回收

产品关键词：专利产品、国内空白、年节电100亿度、政府强力推广

公司简介

我公司成立于2005年8月，从事节能节电业务，拥有自己的技术与知识产权，包括电机节电器技术，发酵罐排放气流压差发电的多项专利。

项目简介

发酵罐排放气流压差发电与能量回收：发酵罐是药厂与化工企业普遍使用的生产工具，用量非常大，如华北制药、石药、哈药等企业，每家企业使用的大型(150吨以上)发酵罐均为200台以上，因生产需要，发酵罐前端需要压气机给罐内压气，压气机功率一般为2000千瓦～10000千瓦，必须24小时运转，每年电费为900万～4000万元，如果要满足发酵罐生产，就需要多台压气机工作，所以，压气机耗电通常是这些企业很大的一项费用支出，经发酵罐排放的气流仍含有大量的压力能浪费在减压阀上，如安装我公司研制的“发酵罐排放气流压差发电与能量回收”装置，可以回收压气机耗费电能的1/3左右。

同行简介

目前该技术国际统称TRT，应用于钢厂的高炉煤气压力能量回收，主要的供货商有日本的川崎重工，三井造船，德国的GHH，国内的陕西鼓风机厂，年销售额达到20亿元以上。

推广简介

本项目关键技术成熟并已经掌握，我公司已经与某制药集团达成购买试装与推广协议，项目完成时，预计可以在该集团完成5000万元以上的销量。

项目优势

1. 我公司已申请项目的多项专利。
2. 市场中前行一步，属市场空白阶段。
3. 符合国家产业政策，国家要求各地政府落实节能减排指标，项目属于节能减排项目。
4. 各地方政府有节能奖励：如“三电办”有1/3的投资补贴，制药集团可获得1600万元政府补贴。

5. 可以申请联合国 CDN(清洁生产)资金(每减排一吨二氧化碳申请 10 美元国际资金，连续支付 5 年)制药集团可每年节能 6000 万度，减排二氧化碳 6 万吨可获得国际资金支持 300 万美元。

用户价值

1. 减少电力费用支出。以某制药集团为例，如全部安装装置，一年可以节约电费 3000 万～3600 万元，收回投资周期少于 2 年。

2. 很少维护。无须增加人员，寿命在 30 年以上，可以为用户创造 15 倍以上的价值。

3. 降低原有噪音 20 分贝以上，符合环保要求。

4. 其他政府奖励。

目标用户与市场前景

目前，本项目主要针对国内药厂、化工厂，从与某集团达成的协议看，集团内需求量约 100 套，而全国存在同样状况的有多家药厂，再加上许多化工企业也采用了相同或类似的生产工艺，均为我公司的目标市场。总市场预计在 100 亿元以上。

这份创业计划书在投资洽谈会上，得到与会投资家的眼球，国际私募基金风险投资人陆东等人会后纷纷找李鹏，表示对项目的兴趣与合作的愿望。

资料来源：http://blog.sina.com.cn/s/blon－5f7e24ad0100cwlg.html

一般说来，撰写创业计划书要求结构完整、内容充实、论证充分、制作精美，这会给投资者以认真、科学、可信、有投资价值的认知，会继续接触甚至进行投资。但在特殊情况下，一页简单、清晰、有内容的创业计划书，也可以吸引投资者的注意力，会留下深刻的印象。如果投资者没有足够的时间看完创业计划书，那么简单适用有价值的一页创业计划书有可能先进入投资者的视线内而带来投资机会。

【思考】

看完本案例后，你认为结构完整的创业计划书和一页创业计划书各有哪些优点？你对准备创业计划书有哪些新的看法？如果你创业应准备怎样的创业计划书？

6.1 商业计划书的界定、特点与分类

6.1.1 商业计划书的界定

商业计划书是新创企业在创业机会、创业团队、创业资源、商业模式、发展规划等方面综合概括，是创业者的价值体现，是指导创业活动的纲领性书面文件，也是一份宣言书、计划书、指导书。从创业过程的整个视角看，商业计划书的编写体现了一个承上启下的功能，对指导创业活动意义重大。创业计划的基本目的在于分析创业机会，说明创业者的使命、目标，未来发展规划，商业模式等，系统分析成功创业的有利条件与不利因素，吸引风险投资或其他融资方式，进而进行创业行动，如图 6.1 所示。

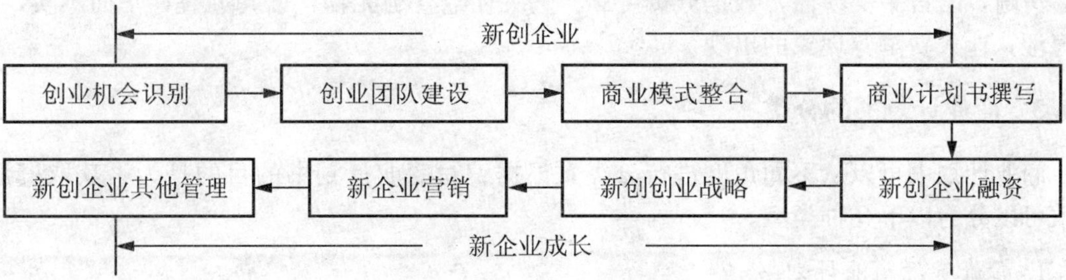

图 6.1 商业计划书的界定

6.1.2 商业计划书的特点

商业计划书是创业活动的纲领性文件，是指导创业活动的基本线路图。它有以下几个基本特点。

1. 创新性

创新性是商业计划书最鲜明的特点。它是通过创业者的新创意和创新的商业模式变成创业现实。这种创意与新产品(或服务)市场、资源、营销等各种资源要素，内部条件，外部环境的有机整合。充分体现了商业计划书创新性的本质特征，也是商业计划书不同于一般工作计划或项目建议的根本不同之处。

2. 客观性

客观性是商业计划书的又一重要特点。商业计划书不是主观意念写出来的，不是拍脑袋拍出来的，它必须是创业者进行了大量的市场调研后，经过详细的数理统计分析之后，所提出来的具有可行性的创业设想和创业模式，它是商业计划书的生命力所在，也是实施创业设想的基础。因此，这种客观性充分体现了实践性。

3. 系统性

系统性是商业计划书的重要特点。商业计划书体现了创业过程的系统性。从创业者的创意，机会识别，市场调研与分析，市场开发与运营，产品或服务过程，发展战略、营销策略、管理团队、财务分析、退出方式等都纳入在商业计划书中，每个部分都是系统中的子系统，每个子系统都是为整个系统目标服务的。

4. 增值性

增值性主要体现在创新活动的高风险与高收益上。商业计划书的最大价值体现在创业项目的高收益，只有通过商业计划书的创新点并能找到带来高收益的创业项目，才有可能实现商业计划书的高收益。同时，这种高收益必须是在第一手调查数据的基础上，客观的证明商业计划书的可操作性，而不是一个概念和逻辑推理的过程。因此，必须经得起市场的考验，并能清楚明晰的证明盈利能力和盈利水平以及投资回报率等。

5. 简洁易懂性

商业计划书应具有表述内容简洁明确，深入浅出，结构紧凑，格式完整，行文统一，脉络清晰，语言平实易懂，数据分析可靠。坚决杜绝空洞无物，语句冗叠，华而不实，艰深晦涩，让人费解等现象的出现。

6.1.3 商业计划书的分类

商业计划书可以从不同角度进行分类。根据编写商业计划书的目的是为了获取资源，大致可以分为以下几种类型。

1. 融资资源商业计划书

编制这类商业计划书主要用于面向投资者，特别是面向风险投资者募集资金。这是最重要的商业计划书。投资者是否投资首先要评估投资项目，就是要从认真审阅商业计划书开始。因此，这份商业计划书对于能否顺利引进投资者关系极大。在编写这类商业计划书时，应以投资者需求为出发点，要充分证明项目的市场容量，可持续的盈利能力和盈利水平及投资回收期，市场前景，有完善的务实的可操性实施计划，有能够实现项目目标的优秀管理团队，公司发展战略和财务计划等。

2. 吸引人才商业计划书

这类商业计划书是为了吸引新成员或关键岗位的员工。其目的是将创业目的、创业思路、创业方案告诉他人，为达到统一意志、统一思想、统一价值观，达到心理上的高度信任与沟通服务。因此，一份有良好发展前景的商业计划书对吸引创业团队成员作用很大，这类商业计划书除对创业机会、商业价值、市场现状，产品或服务的客户群、市场收益、风险等进行分析外，特别要对如何吸纳新的合作伙伴，希望别人以怎样的方式参与创业，给新进入者哪些利益、权限等作出说明。

3. 政策资源的商业计划书

对于国内的创业活动来说，政府部门制定的各种扶持性优惠政策具有重要意义。只有在政策允许和鼓励的条件下，新创企业才能获得更多的国内外的优秀人才、贷款、投资、各种服务和优惠政策等。为了取得这些资源，必须有一份能得到政府认可的商业计划书。这类商业计划书特别要强调产品、市场、项目投资的可行性，项目实施方案，投资估算与资金筹措，项目效益，项目风险，团队状况，尤其特别关注创业企业的社会收益和社会成本，可持续发展，并作出综合结论，以及希望政府给予的具体政策支持等。

4. 网络资源商业计划书

这类商业计划书主要针对企业大型客户群，原材料供应商，行业协会等可能合作的对象。这些合作伙伴对创业者的帮助是很大的。为了与这些合作伙伴很好合作，创业者也需要向合作伙伴提交商业计划书，明确阐明自身的优势、劣势以及双方进一步发展合作并获得的好处，特别要强调在合作过程中双方的责任、权限、利益分配等。

此外，商业计划书从详略角度分，可分为详细商业计划书和概略商业计划书。详细商业计划书不仅对整个创业构想进行全面阐述，而且对计划中的重点部分进行详细分析论证，商业计划书篇幅较多，一般 A4 打字纸有 25 页左右，并附有 10 页左右的辅助性文件，主要寻求数额较大的风险投资家。概略商业计划书比较简明且有很少的辅助性材料，篇幅在10页左右，主要是为了申请银行贷款，吸引投资商的兴趣等。还有非常简略的商业计划书。无论是哪一类型商业计划书，创业者都要清晰阐明现有资源和能力，未来发展模式，特别是盈利能力和水平以及投资回报期等。如果对这些重要内容说不清，就很难吸引各类资源。

6.2　商业计划书的构成要素与撰写原则

6.2.1　构成商业计划书的要素

创业者的创业思维和发展规划要在商业计划书中充分体现出来，必须要阐明主要的构成要素，而且这些要素缺一不可，这些要素包括以下几点。

1. 产品(或服务)的价值

在商业计划书中首先要详细阐明产品(或服务)的价值，包括社会价值和经济价值。要明确指出产品(或服务)鲜明特征、功能、质量等重要指标的水平，要说明产品或服务在市场上的竞争力以及市场容量、发展前景，企业完成产品或服务生产的实力，特别是技术能力、管理能力、商业模式等，让投资者觉得投资这个项目非常值得的，很有发展前景，不能错过投资发展的机会。

2. 市场状况和竞争力分析

产品或服务是要在市场上销售出去，完成这"惊险的一跳"。要实现商品价值向货币价值的转变，必须要认清行业市场上的特征。要分析市场容量、目标市场、消费者购买倾向、产品或服务市场竞争力状况等等。这些市场状况和竞争力分析，需要给予有说服力的论证说明，而非创业者的主观臆断。只有市场前景广阔，市场空间巨大，发展前景良好，才能真正吸引投资者。

3. 核心的创业团队

核心的创业团队是创业成功的组织人员保证。创业者带领核心成员能够创业成功，其关键的因素是有一支强有力的核心创业团队。这支团队能够优势互补，形成合力，心往一处想，劲往一处使，全心全意谋发展，这对投资者的吸引力是很大的，在一定意义上说，投资者注重的是创业者及其核心团队的整体知识结构、能力和综合素质。同时，也应说明创业活动所进行的各种前期准备，他们的创业意志和决心，以表明创业团队的凝聚力和战斗力。

4. 企业经营与财务状况

这是针对已经创立的企业，如果创业者在创业之前撰写商业计划书，那么企业经营状况可以不用写，但财务预测分析应要写上，但如果已经创业了，就应该在商业计划书中说明企业的经营与财务状况，说明企业的良好经营历史和一定的发展潜力，特别对企业的财务状况，尤其良好的业绩、盈利能力、盈利潜力、投资回收期、要做出较为详细的说明。

如果在企业经营过程中，曾获得过优质独特的资源或者和某些重大的合作伙伴发生合作关系，这些都可以构成商业计划书的亮点或卖点。

5. 市场拓展(营销)方案

这是商业计划书中的重要方面。创业者要在商业计划书中较为详细的说明如何销售产品或服务，特别是采取怎样的营销策略，进一步拓展市场，巩固原有客户，开拓新的目标客户。如果市场拓展方案不到位，不能详细地说明市场拓展的目标、方法、手段、措施等内容，那么即使产品或服务很好也有吸引力，也难以实现预期的销售目标。这对于创业活动特别是吸引投资者是非常重要的。因此，创业者应该明确具体的论证如何进行产品或服务销售，如何进一步市场拓展以及拓展前景，市场拓展方案和措施是否可行，实施后的效果等。

6. 企业成长预期

好的商业计划书可以展现创业企业未来成长的预期。投资者不但关心现在企业状况，更看重企业的未来发展趋势，关注投资的盈利及回收期，能否持续性投资取决于企业发展前景。因此，创业者在商业计划书中对企业的未来发展进行展望，给投资者以坚定的信心。但这个展望或发展前景不是拍脑袋臆测出来的，而是进行了充分的调查研究论证，用数据分析说话，以客观事实作为依据，预测结果令人信服，给投资者一个“定心丸”。

6.2.2 撰写商业计划书的程序

编写商业计划书大体分为以下5个阶段。

第一阶段：商业计划书的构想，并初步提出写作框架。

第二阶段：外部环境的调查。特别要对市场状况进行调查。要充分了解整个行业的市场状况、产品功能或特色、产品成本、产品价格、销售渠道、客户分布和潜在现有竞争对手状况、市场发展变化趋势等，并形成调查研究分析报告。

第三阶段：内部条件的分析。创业团队尤其是核心队员状况、组织构架、制度建设、利益分配、资源获取、配置使用等。

第四阶段：财务分析。对企业的价值评估，对重要财务指标进行量化分析，要全面详细准确地进行投入与产出价值的论证说明。

第五阶段：商业计划的撰写。根据上述的工作，把相关的信息综合起来，去粗取精，由表及里的分析研究，按照商品计划书的写作格式，进行商业计划书的写作。在完成写作后，仍然要进一步论证商业计划的可行性，更为细致地修改，不断完善，并根据获得的新信息或市场的新变化而不断调整完善商业计划书。

6.2.3 撰写商业计划书的原则

为了更好地在商业计划书中阐明创业者的观点，写出高质量的商业计划书，在撰写商业计划书时应坚持以下几个重要原则。

1. 目标清晰明确

商业计划书的阅读对象性很强，不同的阅读对象有着不同的关注重点。因此，商业计划书的目的指向应该清晰明确，并在商业计划书中得到充分体现。切记用一个格式写出“万能”的商业计划书，空泛而又面面俱到，适应各种各样的需求。一份好的商业计划书应是目标清晰明确，特点鲜明，长期目标定位准确，鼓舞士气，吸引投资方的“眼球”。

2. 关键要素齐全

为了能让商业计划起重要作用，必须使商业计划书的关键要素完备，对缺少关键要素的商业计划书，会使投资者觉得不够可靠，或准备不足，或遗漏隐瞒什么情况，这些都会降低投资者对创业项目的评价，会影响投资者的投资决策。因此，商业计划书的关键要素必须齐全。比如企业的基本情况、产品或服务分析、市场分析、团队建设、经营战略、财务分析、盈利状况、退出方式等方面都必须提及到，并要写出“彩”来。

3. 论证分析透彻

商业计划书是一个用数据论证的书面报告，能否让人信服，不是靠空论和堆积华丽的词句，而是在充分的调查研究的基础上，在掌握大量的第一手数据的情况下，经过深度加工整理，综合提炼，再透彻分析论证之后，用直观、朴实、准确、精炼的语言，概括出创业者的观点意见，并描述出发展变化状态，优势和劣势，让阅读者真正地感受到这是一份值得信赖的可靠的有说服力的商业计划书，给他打下深刻的烙印。

4. 细节同样重要

好的商业计划书不仅形式规范，编排程序符合要求，重点突出，而且在商业计划书的细节方面，也是精益求精，没有纰漏，让阅读者感到这是一份内容与形式完美统一的精心撰写出的商业计划书，让投资者相信创业者的态度高度认真，没有理由不相信不进行投资活动。细节决定成败，一份丢三落四、漏洞百出的商业计划书，是不可能让人心悦诚服的，是不可信赖的。因此，商业计划书的细节是同样重要的，不可轻视的。

6.2.4 识别商业计划书的陷阱

在评价商业计划书时，特别要识别暗藏的陷阱，目前已经发生的给投资方造成巨大损失的陷阱有以下几种。

1. 陷阱一：隐形债务

在商业计划书里，财务报表是投资方最关注的部分之一。这是因为投资方看重的是投资回报率等重要的财务指标。商业计划书的“财务分析”属于融资方的保密资料，一般是不对外的。目前，投资方难于把握的是隐形债务陷阱问题。融资方为吸引投资方往往在作财务分析时，把财务能力、效率扩大化，甚至采用欺骗作假手段，而且又不能让投资方识别出来，这种隐形债务是投资方的陷阱，也是最头疼的事情。

2. 陷阱二：团队集体辞职(私奔)

团队建设状况是投资方认定是否投资的一个重要因素。融资方往往把团队建设特别是核心成员写得很优秀，甚至会拉来一些知名人物作为挂名成员，无限夸大成员的能力和水平，一旦投资方进行实质性投资运作，才发现创业团队存在很大问题，成功融资后“团队集体辞职(私奔)”现象会使投资方损失惨重，不仅现有投资损失也包括未来潜在的巨大损失。

3. 陷阱三：专利保护

很多投资方之所以留意投资某个项目，很重视的是自主专利技术，具有独立的知识产权。由于知识产权保护不利，投资方也往往吃亏上当。大体有三种情况。

第一种："竞业禁止"的技术骨干冒险创业。在高新技术的研发部门，公司对技术骨干的控制约束很严，一般会跟技术骨干签订"竞业禁止"合同。按照合同规定，该公司技术骨干在辞职离开该公司后，两年内不得在同行业工作。但有的公司技术开发骨干离职后，就自己组织或参加新的公司，利用原公司的技术或自己掌握的技术进行融资。这是冒着原公司追索起诉的风险，一旦原公司发现并起诉，那么，投资者自然遭受重大损失。

第二种：专利申请期间的冒险创业。有的技术骨干辞职到新公司，带着原公司正在申请专利的新技术加盟到新公司，并对公司进行包装融资。因为，该项专利正在申请书注册，就可迷惑投资方而融到资金。

第三种：有些技术含量比较低的项目，由于创业者没有及时进行专利保护，有些同行巧妙地利用了这些技术(比如包装，外形设计等)，等到自己开始进行市场推广时，发现已有利用这些技术的产品了，这会给投资方带来一定的损失。

4. 陷阱四：隐瞒市场风险

为了增加投资者对该项目的市场信心，有的融资方夸大市场容量，市场竞争优势，甚至虚构市场发展预期，充分利用一些不确定性的市场因素，或者隐瞒市场风险，达到"圈钱"的目的。有的是利用政府的红头文件、证明文件，来证明市场潜力巨大，有的投资方被这种诱惑拉投进去，造成了损失。

总之，融资方这些手段比较隐秘，是不可能在商业计划书反映的。需要投资者擦亮眼睛，明辨真假，防止上当受骗。

6.3 商业计划书的写作格式与内容

商业计划书格式大同小异，一般情况下，商业计划书可分为以下几个方面：封面或封页，目录，摘要，企业简介，市场分析，产品分析，创业团队，组织架构，营销计划，生产计划，研发计划，财务分析，风险分析，投资者的退出策略，附件。商业计划书的结构如图 6.2 所示。

6.3.1 摘要

摘要是商业计划书的精华或核心内容，是整个商业计划书的高度浓缩，是最精炼的语言表述的亮点，是打动投资者进行投资决策的前奏。计划摘要如同给人的第一印象，第一印象好就可以把投资人吸引住。要写的清晰明了，极富说服力和感染力。虽然摘要内容较少，但要精炼，它必须能让风险投资人有兴趣并非常渴望获得更多的信息，看后让他拍案叫绝，能够客观准确地理解创业者的目标，市场和产品状况，商业模式的特点，财务特别

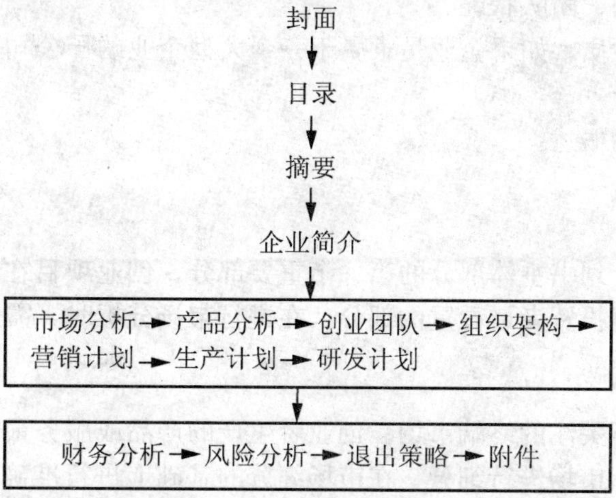

图 6.2　商业计划书的结构

是盈利状况和发展远景，使他们更加愿意深入阅读了解这份商业计划书，不能舍弃，好像“过了这个村就没有这个店”的感觉，给其留下十分深刻的印象。摘要主要包括以下几点内容。

(1) 创业项目的市场前景非常广阔，空间巨大。顾客认同度相当高，购买欲望强烈。

(2) 创业项目的产品具有独特的经济价值和社会价值。

(3) 创业团队结构合理，目标一致，互补性强，有能力完成创业项目任务，并取得优良成绩。

(4) 创业发展战略规划科学，定位准确，各项准备充分，商业模式符合创业发展战略规划的要求，适应外部市场环境的变化趋势。

(5) 创业成长的财务分析，风险规避，论证透彻，数据可靠，令人信服。

(6) 投资者的投资回报有保证，且投资回报能持续较长时间，退出方式可行。

撰写摘要之前，应先对整个商业计划书进行研读讨论，不断补充完善，在对整个商业计划书有全面准确的理解把握的基础上，再动笔撰写摘要，这样写出的摘要重点突出，逻辑清晰，特征鲜明，论证充分，表达准确，语言平实，短小精炼，能抓住投资者，切记繁琐冗长，语言晦涩，令人费解。

6.3.2　企业简介

企业简介是商业计划书正文的第一部分。要全面而又简明扼要分析创业设想、发展趋势，目前现状，让投资者充分了解企业在社会的地位及发展沿革，特别是企业的核心竞争力和优势。企业简介主要包括以下几点内容。

(1) 企业名称、企业地址、电话号码、传真号码、电子邮箱地址、网址和通信地址、联系人等信息。

(2) 主要业务介绍，所属行业介绍。

(3) 企业发展历史与经营现状介绍。

(4) 企业发展规划及实施措施。

（5）企业组织结构、团队状况。

（6）企业所有制性质。如果企业是隶属于一个大型企业的子公司，则应阐明组织上的层级关系、资产关系。

（7）对报告机密的概述。

6.3.3 市场分析

市场分析是商业计划书主体部分的第一个重要部分。创业项目在市场上的状况和竞争能力，创业目标是风险投资者最看重的部分。在进行市场分析时，需进行三个层次分析。

1. 目标市场定位分析

目标市场是企业所关注的终端市场。创业者生产的产品或服务最终要销售给哪些目标顾客群。这需要对目标市场进行细分，在市场细分的基础上进行准确定位。不仅如此，还必须进行产品或服务销售现状的分析，包括：销售量、销售收入、市场份额、销售利润等，在进行目标市场细分和定位时，可以从以下几个方面分析。

（1）按地理区域：气候，人口分布，人口密度，城镇大小等地理环境细分。

（2）按消费者状况：年龄，性别，职位，文化程度，民族，家庭状况，经济收入，宗教信仰等方面细分。

（3）按消费者的生活方式：购买频率，购买数量，商品知识，对营销方式的敏感程度等购买心理特征细分。

（4）按消费者寻求的产品的特定效用细分消费者特征。

在进行目标市场细分时，要从企业目标、产品、优势和劣势，机会和威胁，竞争者战略等因素分析目标市场的合理性、可行性。如果创业者在创业时已经有了一些订单或合作意向书，这说明潜在市场已经有了现实市场，应当把订单或合作意向书展示给商业计划书的阅读者，因为，这可以有效证明该产品具有广阔的市场前景，已经有了购买者，这都是需要注意的。市场细分不是越细越好，目标市场不是越小越好，要考虑市场的容量足够大，发展的空间足够广，企业价值的增长持续稳定。

2. 行业市场分析

进行行业市场分析的目的是使投资者了解该行业的发展状况，新创企业的发展潜力，企业成长性的预期。这需要对可能影响市场需求的购买行为的因素进行分析，对行业市场发展状况、存在问题、未来发展等方面进行详细分析论证。行业市场分析可以从以下几个方面考虑。

（1）该行业生命周期处于哪个阶段，是初创期、发展期，还是衰退期？该行业未来发展趋势如何？

（2）该行业销售额及利润率是处在何等水平？市场容量有多大？

（3）决定该行业发展的宏观环境，包括国家的政策导向、社会文化变化、技术发展等因素。

（4）企业在行业内部是否拥有良好的网络关系，包括与上下游企业、同行业经营者、客户群体、行业协会等利益相关者的关系。

(5) 该行业竞争者、供应商、顾客群等方面的情况。

(6) 进入该行业的障碍是什么，有哪些困难，如何解决，可能跟随的进入者有多少，能构成多大的威胁。

进行行业市场分析一定要用数据论证，在运用第一手调查统计资料的基础上，进行论证分析。可将调查统计分析数据及论证结果附商业计划书后面。

3. 竞争对手分析

竞争对手分析是市场分析中的重要环节，只有知己知彼才能百战百胜。创业者要对竞争对手进行详细分析研究，并用调查来的数据进行论证。比如竞争对手的所占市场份额、年销售量、市场开发、财务状况、优势与劣势、核心竞争能力等进行对比分析。如果创业者进入的是全新的行业市场，那么也应该证明不存在竞争对手的原因。如果未来会产生新的竞争对手，那么，这些竞争对手会什么时候进入，会带来哪些变化，都应该做出陈述。

竞争对手分析可以从以下几个方面考虑。

(1) 哪些企业可能成为未来的主要竞争对手，现在竞争对手情况如何。

(2) 竞争对手的发展战略和市场竞争战略是怎样的。

(3) 竞争对手可持续发展的能力如何。

(4) 竞争对手的财务状况如何。

(5) 与竞争对手相比，自身的优势和不足之处体现在哪些方面。

(6) 创业者如何应对竞争对手的竞争，能在多大程度上承受竞争对手所带来的压力。

为了更充分证明竞争对手的优势与劣势，需要对最主要的竞争对手进行比较详细分析，利用图表等形式，进行对比分析，让投资者相信，企业有能力在市场竞争中取胜。如果竞争对手实力很强，暂时无法超越也应予以说明，并阐明赢得竞争优势的措施，打好有准备之仗。

6.3.4 产品(服务)分析

产品特点是创业机会的核心特征，是投资者评估创业项目时，需要对产品是否适应市场的需求做出评估，需要对产品的特征作出说明。主要包括：产品的独特性(即与竞争者的产品比较)有哪些价值，可以增加的附加价值。由于产品的独特性存在，客户才愿意购买创业者提供的产品。如果创业者生产的产品与竞争者相同甚至不如竞争者，那么很难吸引投资者。另外是产品的创新性。产品创新性是创业项目的核心，如果创新性具有不可模仿性，或在较长时间不能被竞争者模仿，那么创业者就可以保持产品竞争的领先地位。如果创业者或核心技术开发研究人员拥有产品技术专利，可以充分地展示出来，这可以证明创业者的产品能够有效防止他人的盗用和模仿。

对产品(服务)的描述，可以从以下几个方面考虑。

(1) 产品的基本信息，包括名称、品牌、特征及性能用途等。

(2) 市场上是否有或将要有同类产品，与同类产品比，产品独特性在哪些方面。

(3) 产品创新性在哪些方面，技术含量多大。

(4) 产品在市场上的价值是否合理？产品的市场前景和竞争力如何。

（5）让顾客购买产品的关键性因素有哪些。

（6）产品是否拥有知识产权保护措施。如果企业有好几种产品，应分别加以说明。对于产品不够完善的方面应予以说明，对进一步改进的措施及解决方案要详细具体，落在实处。

6.3.5 创业团队(管理团队)

创业团队素质是否很高，组织结构是否合理，能力是否强大，是决定创业成功的重要保证。因此，投资者特别看重创业团队的优势，特别注重对创业团队的考核评估。在商业计划书中，往往把创业团队的核心成员介绍放在企业简介之后，便于投资者较快看到这方面的信息，增强投资者投资倾向。这部分主要包括两个方面的情况介绍。

1. 管理层核心人员介绍

管理层核心人员主要是本企业董事会成员及主管业务的重要人物介绍，一般在3～6人左右。重点介绍核心人员的详细经历和个人背景，特别要强调他们的创业成功经验。如果有高层管理顾问也可以进行介绍，这可以从侧面说明创业团队的成长能力和未来企业的发展有人才支撑。

管理层核心的成员介绍包括以下几点。

（1）管理层核心成员的自然情况(年龄、性别、籍贯等)。

（2）管理层核心成员的工作经历、教育背景。

（3）管理层核心成员的职业道德、能力和综合素质。

（4）管理层核心成员的工作成效，尤其注重在设计开发、财务、质量、营销等管理方面的成功经验。

（5）主要雇员合作伙伴介绍。

（6）咨询顾问、独立董事介绍。

2. 团队成员与组织架构

重点介绍团队成员的分工配合情况，明确在企业内的职责，包括股东、董事。管理机构、管理体制和运行机制，各部门的构成及人员配置可用一览表的方式展示出来。也应把激励机制和约束机制的重点内容反映出来，这可以使投资者相信管理团队通过体制和机制调动他们的积极性来实现企业的发展目标。这部分内容介绍包括以下几点。

（1）主要股东介绍。所有权结构、持股比例、权限等。

（2）管理团队分工。依据是什么。重要项目负责人。

（3）薪酬制度。

（4）教育培训。

（5）决策机制、激励机制、约束机制等。

介绍管理团队要实事求是，对以往的工作成果可以用图表的形式表示出来，并进行概括性分析。特别强调团队成员的互补性、目标的一致性、工作的协调性等方面，这有利于促进吸引投资者投资。

6.3.6　营销计划

营销计划核心是完成产品或服务在市场上的销售而进行的一系列的营销策划工作。这个营销计划体现了从产品生产直至到达用户使用的全过程。一个好的营销计划不但包括4P原则，符合外部市场情况，而且又具有很强的可操作性，有详细具体的运作措施，以保证营销计划目标的实现。这可以大大增强投资者对创业者企业的投资信心。营销计划主要包括以下几个方面的内容。

1. 营销规划

营销规划是创业者进行营销活动的全面系统的营销方案，既包括整体规划，也包括实施规划的各项准备工作及可操作性的具体措施。可以从以下几个方面进行描述。

(1) 总体营销计划、营销机构及人员配置。

(2) 市场开拓计划。

(3) 销售程序、销售预测。

(4) 市场营销中处理应急情况的对策。

2. 销售渠道开拓

销售渠道是企业的产品能够达到消费者手中的有效渠道，是进行产品市场开拓必须要认真解决的问题。创业者不论是自建销售渠道，还是与经销商或代理商合作，都必须在营销计划中充分地反映出来。在有些情况下，虽然企业生产的产品有一定的竞争力，但由于销售渠道不畅，甚至销售渠道设置比较混乱，不能很好地进行产品推销和售后服务，给企业在市场中造成了很坏的影响，顾客反映很大，满意度下降，这对于新创企业是致命的。因此，必须在营销计划中说明分销渠道建设情况，可从以下几个方面描述。

(1) 分销渠道的构成及实现方案。

(2) 人员配置、激励机制与约束机制。

(3) 销售渠道建设方向及各阶段目标。

(4) 销售渠道建设中可能遇到的问题及解决方案。

3. 产品宣传

由于新创企业产品在市场上还不为客户所熟悉，需要同经销商和代理商进行适当的产品展示或者通过广告等促销手段来实现。比较有效地促销手段包括试用、赠送、折扣、礼品捆绑、有奖销售等。创业者应制定比较具体的促销方案。这部分内容可以从以下几个方面描述。

(1) 企业采取何种方式让客户群知道将要推出的产品，企业将采取哪种类型的广告。

(2) 企业是否参加国内外产品展销会，或是独自开办产品展销会。

(3) 企业用于推广产品的费用是多少，如何控制费用支出。

(4) 企业参加或独自开办产品展销会，或进行广告宣传的具体措施。

(5) 预测推广产品的效果，如效果不佳，应采取哪些对策措施。

4. 产品定价

价格是营销计划的重要组成部分，创业者需说明产品的价位以及定价依据。创业者需要综合考虑市场竞争强度、竞争实力、产品新颖程度、消费者的价格敏感程度等因素来考虑制定价格。价格的高低与企业的盈利关系极大。要充分论证制定价格的合理性、科学性，让投资者方面相信在这一价格体系下，企业的盈利预期是可行的。产品定价可从以下几个部分进行论证。

(1) 产品的价格大致是多少，制定价格的依据是什么。

(2) 与同类产品相比较，价格是高是低，造成价格差距的原因是什么。

(3) 消费者对价格是否敏感，如果价格发生变化，将会多大程度上影响销售。

(4) 产品价格未来的变动趋势是怎样的，其发生变化的原因是什么。为了更直观地反映营销计划，更好地落实营销计划，可以运用图表数据的形式向投资者说明，让投资者相信营销计划周密，而且措施可行，可以实现营销目标。

5. 售后服务

消费者在购买产品的同时，更加重视售后的服务质量工作。提高售后服务质量，可以增加产品的附加价值，会有效增强用户对产品的认知度，提高对企业的忠诚度。因此，必须对产品的售后服务作出系统性的安排，保证及时、有效、高质量的售后服务，让用户满意放心，无后顾之忧。

6.3.7 生产计划

生产计划是商业计划书的重要组成部分。创业者尽可能的把生产组织过程全方位的展示给投资者。比如原料采购，供应商状况，雇员配置，生产资金使用，厂房、土地规划安排等。这些生产流程的设置反映了创业者对于企业生产的规划程度。对于尚未创立的企业，生产计划反映了创业者对生产计划的准备实施情况。

生产计划是企业成本中重要的组成部分，是构成企业未来财务计划的基础。生产计划可以让投资者了解企业未来的生产投入成本规模，投入是否过大，是否进行压缩，成本结构是否合理等问题。生产计划部分可以从以下几个部分进行描述。

(1) 厂房和基础设施(水、电供应，通信，道路等)配置。

(2) 现有的生产设备以及将要购买的生产设备。

(3) 原材料需求和供应。

(4) 生产工艺流程状况，是否先进。

(5) 生产过程特别是主要生产环节介绍。

(6) 未来生产能力的调整(扩张、压缩)。

(7) 生产成本的分析。

(8) 质量控制和改进。

(9) 生产过程的人力资源配置与管理。

在生产计划中，许多投资者很希望了解创业者是否需要较多的固定资金投入，其投入是否合适，特别是对于额度较大的专用设备及其聘用的专业人士，更需要进行论证，防止过大的投入给创业者特别是风险投资者带来潜在的生产经营风险。

6.3.8 研发计划

研发计划对于高科技企业来说是非常重要的。研发计划应反映现有技术状况及未来发展的趋势。即使创业者的产品具备很强的技术领先优势，如果创业者不能持续性的进行研发工作，很有可能被其他企业赶超，而没有技术领先优势的高科技企业，很难在市场竞争中赢得竞争优势。因此，在研发计划中，创业者需要介绍投入研发的项目、资金、目标等内容，研发成功后市场占有率及其消费者的认可程度、发展空间和前景。显然，这对于投资者来讲，更具有吸引力。这部分可从以下几个方面进行描述。

(1) 现有技术现状及未来发展趋势。

(2) 拟开展的项目研发及水平，公司研发的能力和力量。

(3) 用于研发费用总额。

(4) 研发计划发展方向和目标。

(5) 研发计划实施后的效果。

(6) 研发计划的成本预算及时间进度。

创业者在制定研发计划时，要从实际情况出发，认真评估自己的研发实力，并做出有说服力的详细说明，切忌脱离实际盲目拔高带来的负面效果。

6.3.9 财务分析

财务分析是商业计划书中非常重要的部分，因为投资者要从财务分析中判断企业经营的财务损益状况，是否能够获得理想的投资回报。这是投资者非常看重的。这部分可以从以下几个方面进行论证。

1. 历史财务数据

这里主要针对已经成立的企业的历史财务状况。一般来说，创业者要提供过去3年的财务状况，分析财务状况优劣的主客观原因，让投资者相信财务分析是真实可信的，力图让投资者相信企业未来的成长会越来越好。如果企业尚未建立，这一部分可以省略。财务分析部分需要提供以下内容。

(1) 3年以来的资产负债表，3年以来的损益表，3年以来的现金流量表。

(2) 常用的财务指标及相关分析。

(3) 财务状况分析，特别是针对不良财务数据，需要指出其原因和解决办法。

2. 财务发展规划

未来的财务规划是在分析企业生产经营状况的基础上，着重对未来的财务状况进行预测分析，并将预测依据、预测方法、预测结果在财务规划中反映出来，增加财务预测的可信度，让投资者了解未来的财务规划的客观性、合理性。这部分内容可从以下几个方面论证。

(1) 未来3～5年内企业运营所需费用、收入状况。

(2) 未来3～5年内财务状况预测，运用财务报表显示。

(3) 未来3～5年内预计吸收的投资总额，并在历年中表示出来。

在作财务发展规划时应清晰准确的反映财务预测结果，论证充分，规划完整、细致。基于预测结果，要提供1～2年内每个季度的财务报表分析。当企业的发展逐步稳定后，则只需提供年度财务报表。

3. 融资需求

融资方式、融资条件以及投资者要求等方面问题，是创业者必须回答的问题。在创业融资需求量计划中，创业者可提供几种可能的融资方式。比如普通股、优先股和可转换债券等集中融资工具中向投资者建议，经过协商后确定下来。创业者对融资方式的细节问题可以说明，特别是投资者的投入和收益，以及要求的相关管理权限等。通常，创业者可以从以下几个方面进行描述。

（1）融资需求量及融资方式的选择。

（2）融资抵押和担保情况，融资条件(是否拥有特别的条款)。

（3）资金注入方式，是否分期注入。

（4）投资者是否对企业经营管理的介入以及是否拥有一定的经营管理权和决策权等。

为了更好地编制财务分析规划，提供高质量有说服力的财务方案，可以请专业财务专家做顾问或直接参与编写财务规划。

6.3.10 风险分析

风险分析是商业计划书的必要构成部分，因为任何投资都存在风险，作为投资者尽可能的弄清企业可能面临的风险以及风险的处理方案。因此，创业者需要在商业计划书中对风险进行详细分析，刻意地回避风险反而会让投资者失去信任。对创业活动来说，风险包括以下几个方面。

1. 生产技术方面的风险

由于新创企业面临更大的市场动荡环境，缺少市场经验，在生产经营方面的风险往往比大型企业大，在生产经营技术方面的风险可以从以下几个方面考虑。

（1）市场不确定性因素，在市场开拓中可能遇到的障碍、困难和风险。

（2）生产不确定性因素，在生产中可能遇到的问题、障碍等。

（3）技术发展不确定性因素，在技术开发方面可能遇到的困难、障碍等。

（4）知识产权侵害。

2. 管理团队风险

作为新创企业，其管理团队成员大部分缺少一定社会工作经验和行业、企业管理经验，因此，管理团队方面的风险是客观存在的，不用隐瞒。管理团队方面的风险包括以下几个方面。

（1）管理经验不足，这是新创企业都存在的问题，需要一定时间的工作磨合后才能成熟起来。

（2）经营期限短，各种资源的综合利用需要一定的协调期。

（3）对创业核心团队特别是创业者的过度依赖，使得企业发展完全依赖于某个人或几个人，特别是拥有关键技术的专业技术人员。如果发生变故，会存在很大的风险。

3. 财务方面的风险

财务风险主要指企业未来财务上可能出现的问题。由于新创企业资源并不充足，可能面临特别是资金短缺的风险。财务风险主要包括以下几个方面。

(1) 可能的现金流危机，企业的现金周转是否存在较大的不确定性。

(2) 企业是否有足够的清偿能力。如果企业出现问题，甚至是破产清算，那么投资者能收回多少资金。

(3) 企业是否有较强的偿债能力。

4. 其他方面的风险

除了上述三个方面之外的还有可能出现的风险。比如一些突发事件，不可抗力的自然风险，有些政策的不确定性等。这里应再指出的是，创业者在商业计划书中不仅指出存在的各种风险，更重要地是应对风险的各种准备工作，具体措施，落实状况。如果创业者有系统的应对创业风险的措施，就不会造成较大的损失，或把损失降到最低限度，这对投资者会更加坚定投资的决心。

6.3.11 投资者的退出策略

投资者在阅读商业计划书中，不仅看重投资回收及其回收多少，而且也关注投资如何退出。因此，创业者必须论述投资者的退出方式，并作出比较详细具体的说明。这部分可从以下几个方面描述。

(1) 投资者可能获得的投资回报，分期收回资金说明。

(2) 公开上市可能性，投资者可在资本市场出售股份。

(3) 兼并收购可能，通过出售企业给其他公司，投资者也能够收回投资。

(4) 回购股份(协议转让)，即创业者按怎样的偿付回购条款购买投资者手中的股份。投资退出方式是商业计划书的最后部分，应明确投资者的退出方式，并以客观充分的论据阐述可行的退出方式，让投资者的盈利实现无后顾之忧。

6.3.12 附件

附件：通常包括合同文本、分析数据图表格、相关法规、供应商、顾客来信评价等。

6.4 商业计划书的评估

一份好的商业计划书是所有投资人共同追求的目标。国内外任何投资机构在进行风险投资前，必须对商业计划书进行科学严谨的审查评估。因此，商业计划书优劣是获得投资的关键所在。对商业计划书的评估重点从以下几个方面。

6.4.1 优质的创业资源

创业资源既有有形的也有无形的，既有物质的也有精神的。优秀的商业计划书应考虑以下资源。

(1) 优秀的人力资源。人是创业活动的主体，是创业活动的生力军。只要有优质的人力资源，创业活动就可以达到较高水平，甚至创造出奇迹来。创业活动不是创业者一个人的活动，而是有合作伙伴的共同的协作性、创造性活动。其创业团队在知识结构、能力结构、素质结构能做到互补，能够产生 1+1>2 的效果。因此，优秀的创业团队是最重要的创业活动基础，也是一份好的商业计划书的基础。

(2) 较为充裕的财务资源。创业资金是创业者创业活动的必要条件之一。能否筹集较为充裕的财务资源，是能否顺利进行创业活动的前提。其资金来源可以是个人私蓄、亲朋好友借款、银行贷款或者是风险投资等。

(3) 稳定的客户资源。任何企业都必须有一定的客户群，通过销售产品或服务，不断扩大市场占有率。稳定的客户资源是企业生存发展的基本保证。客户第一是创业者必须始终坚守的理念，也是最重要的销售资源。例如，海尔集团就一直坚持顾客第一的思想，一切为用户着想，为用户服务，并逐渐打造出世界知名品牌，在国内外市场上取得了巨大的成功。

(4) 专有技术资源。企业的产品是否有核心技术作支撑，并在一定时间内不可替代。如果创业者拥有专门技术资源，那么，就会形成别具一格的竞争优势，这是投资者非常看重的亮点。

(5) 先进的管理资源。创业者是否拥有先进的管理理念、管理手段、管理方法以及经营企业的能力，不仅包括市场开拓能力、组织协调能力、环境适应能力、应变能力、决策能力，而且具有掌握了解对行业发展信息的能力，熟悉行业发展及其相关企业的情况，真正做到“知己知彼，百战不殆”。

上述资源虽然都很重要，但对于新创企业来说，在不同的阶段则是有所侧重的。比如，在创业启动阶段，不能过分强调有形的物质资源，“见物不见人”，只重“硬件”建设，忽视“软件”作用。如果过分抓物质资源，尤其是资金资源，往往会形成创业活动的障碍。资金资源虽然很重要，但还不是最重要的，相比之下人脉关系，行业、企业管理经验能力，市场开拓，产品开发等无形资源往往比土地、原材料、资金等所起的作用更大，更有成效。在创业启动阶段，创业者是难以获取充足的资源的，但却要求创业者有更高水平的资源整合能力，尤其对无形资源的整合和使用能力。许多成功的创业者创业资源开始并不丰富，但他“不求所有，但求所用”，充分发挥创业团队的经验和能力，善于捕捉和把握每一次获取利用资源的机会，从而把不可能的创业活动变成了卓有成效的业绩。因此，好的商业计划书不仅拥有优质的创业资源，更为重要的是体现出创业者良好的各种资源整合使用的能力和素质。

6.4.2 较高的创业收益

较高的创业收益是投资者主要目的之一。评估商业计划书的预测收益主要有以下几项。

1. 稳定的经营收益

投资者把稳定的经营收益作为衡量创业成功的主要标志。经营收益(毛利和税前利润)

是与同行业其他公司相比较进行计算的。经营收益的高低必须有充分的统计数据，且每项数据正确可靠，让投资者对你提供的经营收益包括预期收益都是相信的，是有客观依据并可实现的。

2. 资产管理状况

资产管理是有些高层管理人员常常忽视的领域。创业者应在商业计划书中充分反映资产管理状况，资产优良状况以及现金管理，应收账款和存货管理等方面的状况。这些论证分析对潜在投资者、银行家及各类不同的投资人都是非常重要的。在分析资产管理各项指标时应与同行业其他公司具有可比性，并参照国内外同类企业的指标进行分析研究。

3. 运用系数法进行公司评估

评估公司的未来一个时期的预测收益，可采用系数评估法。目前，没有统一通用的标准。假如，公司是发展中的行业，投资者可考虑使用 15 或 25 甚至 30 以上的系数，而对于面向客户的行业，则可使用 5 到 10 的系数。投资者利用系数预测公司的未来盈利能力，并未来价值折现，来计算公司的现值。

例如，某创业公司五年之后销售收入达到 3000 万元，税后利润为 10%，即 300 万元，乘以系数 20，得到总价值 6000 万元。如果公司拟上市或转让第三方时，这个数字就可以作为该公司的价值。投资者对公司的价值评估是为了证明进行投资是否物有所值，如果投入之后应在公司中占有多大比例的权益资本。

6.4.3 顺利的退出方式

投资者投资后的价值增值能否顺利的退出，在投资运作中占据重要地位。因为，投资者的目的是取得阶段性的投资价值。当达到投资者预定的资本收益之后，一般的就会退出，寻求新的项目，进入新的项目选择和投资阶段。这种以滚动投资的方式，是以四两寸千金的杠杆作用实现自身资本的迅速增值。对于投资者投资的退出方式评估，主要有：股权协议转让，产权交易所挂牌上市，股份回购，管理层回购，清盘等。在创业计划书中，投资者选择何种退出方式，需要与创业者进行谈判并取得共识后，并签订有法律效力的文本，以减少后期因某些原因而带来的麻烦。

本章小结

本章先讨论了商业计划书的基本概念和属性，商业计划书的分类，构成要素，主要特征，写作原则，撰写程序，主要内容，应注意的问题以及对商业计划书的评估。创业者应从实际出发，条理清晰的表达创业的目的，价值取向，主要项目的论证分析及其预期效果，以吸引投资者参与投资，取得良好的创业效果。根本目的是谋划创业，为创业成功起到保障作用。

复习思考题

1. 简述商业计划书的概念与作用。
2. 简述商业计划书的特点。
3. 简述商业计划书的构成要素及撰写原则。
4. 简述商业计划书的内容和结构。
5. 简述撰写商业计划书应注意的问题。
6. 为什么撰写商业计划书是重要的？怎样进行商业计划书的评估？
7. 怎样理解商业计划书是创业指南这句话？

实 训 实 练

根据自己所选校内外一个比较熟悉的创业活动项目或参加创业大赛，参考教材案例或在网上搜索好的创业计划书，写一份比较翔实、论证充分、定性与定量相结合的创业计划书。请学生推荐或自荐在班级进行交流，制作 PPT，汇报不超过 15 分钟。

创业案例过程研究与思考

上海思忆殡葬服务公司创业计划书

（有删节）

（本作品荣获第三届“挑战杯”天堂硅谷中国大学生创业计划竞赛金奖）

1. 执行总结

指导思想是要注重引导合理殡葬消费与满足群众不同层次的需要并重。

1）公司概述

上海思忆殡葬服务公司是一个提议中的公司，它倡导一种全新的、以文化为核心的殡葬服务，反对传统的“留下骨灰，遗失文化”或个别的“撒掉骨灰，也撒掉文化”的做法，以“让死者留下”为宗旨。

本公司针对顾客的不同需求，提供如生平简介、影像图片投影、纪念画册、音像制品、策划布置追悼礼厅和殡葬设计与指导等系列服务项目，全方位记录、展示死者的一生。让平凡的一生变精彩，为社会留下一种全新的“文化遗产”。

2）市场机会和竞争优势

本公司的产品主要面向具有一定文化水平的消费者，他们希望通过一种更加文明、更有意义的方式追悼死者，不仅留下骨灰，更留下文化。目前上海还没有一家以“让死者留下文化”为宗旨的殡葬服务公司，也没有其他公司提供此类的系列服务。本公司的出现可以填补市场空白，并尽早占领市场。

3）产品前景

本公司产品将他们的人生文化留下，保留下人一生中最珍贵的东西、最值得生者缅怀的东西。足够大的市场与高品质的产品将会是我公司的产品拥有良好的市场前景。

4）投资与财务

公司成立初期共需资金 140 万元，其中风险投资 80 万元，创业小组自筹 20 万元，银行贷款 40 万元，其中：固定资产投资25万元，流动资金115万元。第二年估计盈利110万元左右。以后每年销售净利润率不低于20%。资金回收期为2.26年。风险投资最好在第5～6年退出，采用创业小组及公司员工集资购买风险资本所占股本的方式较为合适本公司。

5）团队概述

创业小组的成员将参与公司财务、营销、推广和人力资源管理工作，他们具有专业的管理和营销知识，可以有效控制人力成本和材料成本，提高公司运营效率。公司聘请在殡葬文化方面有突出贡献的乔宽元教授和上海市民政局殡葬管理处处长顾秋根先生为顾问。

2. 背景描述

在我国，殡葬习俗主要经历了两次变革：第一次就是由埋葬变为火葬，这是人们思想认识的一大进步，在上海已经基本实现100%的火化；第二次是由保留骨灰变为不保留骨灰，人们真正从形式上接受了唯物观。在如今的中国殡葬业的活动中唯心主义和封建思想仍有相当大的市场，与我们的社会文化形成巨大反差。目前殡葬业的经营状态并不乐观，许多殡仪馆甚至亏损经营；同时，人们的需求通常都是低层次的。这表明，我国殡葬行业面临有效供给和有效需求都不足的双重问题。目前，我国政府主管部门在殡葬行业逐步推行“少占地，不占地”的指导方针，提倡逐步破除迷信习俗和取缔宣扬迷信的场所，规范操作方式，逐步净化这一市场领域。随着国家引导消费需求的改变和有效需求的增加，必定引发有效供给的扩大。

上海是我国生活水平和医疗水平较高的城市，已率先进入老龄化社会，保守估计平均寿命为80岁。上海人普遍推行墓祭，以较低限计算，如果墓祭延续5年“新鬼老鬼”共有100万，并将逐步以年20万的速度递增，这是一种“累积效应”。国外学者提出了“250定律”，即每一个现代人有250个社会关系，如250人都要为死者哀悼，则共有25000万人次扫墓！就以上海2001年清明节为例，在短期内因祭奠扫墓而出行的就约有450万人，这是一个巨大的消费群体。城市化过程的加快，使居民的居住方式与农居不同，失去了办丧事的场所。上海殡仪馆“一小时追悼会”的奔丧模式，是远远不能表达丧者家属和亲朋好友对逝者怀念之心的。这里有巨大的市场需求。所以，我们认为关键在于我们如何去满足消费者潜在的购买欲，以何种形式推出我们的服务。我们应该唤起人们对死亡的重视，因为每一个人的一生都会有诸多可圈可点的东西，这些可以被挖掘并保留下来，通过一定的艺术加工和处理并经过时间的沉积转变为一种个人的文化遗产，被自己的亲友缅怀和发扬。如何更加形象的与死者“对话”，如何化悲痛为进步的动力，如何使死者的个人文化遗产得以保留和发扬，这就是弘扬另一种文化——人生文化。这就是发展成立本公司的出发点。

我们拟组建这样一个公司，其根本目的就是满足广大人民群众在这方面快速增长的物质和精神方面的需求，开创一种新的服务，借助大学生文化修养和文化理念较先进的优势，依靠学院老师在殡葬文化方面的最新研究成果，建立、发展、深化公司的业务范围。我们的服务就是帮助人民彻底摒弃思想糟粕，以一种更好的方式表达自己对死者的纪念——留下骨灰，更留下文化。

3. 产品服务介绍

1）产品描述。

(1) 纪念画册。

(2) 音像制品。

(3) 生平简介。

(4) 影像、图片投影服务。

(5) 设计与指导。

(6) 特殊项目服务。

2）产品优势

产品工艺成熟，产品流程工艺简单。产品投入较小，利润率较高。资深专家的参与，实力雄厚。

4. 市场调查和分析

1）概述

目前，上海市全年死亡人数已超过9万，全市70.76%的市民接受过初中以上教育，上海市人均可支配收入居前，为6017.6元，比全国水平高2593.6元(2001年数据)。基于弘扬文明、科学、先进的殡葬文化这一宗旨，我们对本市不同文化层次的消费者进行了一项问卷调查。经过初步调查，目前上海市受过初中以上文化教育的人士中90%以上希望死后能有一种形式将自己生前宝贵的人生经历和经验保留下来，以便为后人留下个人文化遗产。结合所查阅的各项统计表，我们做了SWOT分析报告。

(1) 优势。公司拥有殡葬业专家作为技术指导，有扎实的专业技术，员工文化层次高，以大学生为主要员工。成员都为年轻人，有创新精神，开拓性强。本公司属创业型公司，调头灵活，调节性强。根据上海市统计调查表明，目前家属在一位死者身上的一系列花费约为3万元(含墓地建设)，而本公司所提供的服务费用平均仅占其3%。

(2) 弱势。公司规模小，资金有限，抗风险能力弱。由于行业因素，公司内部文化比较沉闷。员工多为青年创业者，缺少经验。

(3) 机会。

① 社会文化：上海的文化需求水平高，受传统观念影响，人们对殡葬十分重视。此外，在各项社会规划，国家政策方面，国家着手加强殡葬业的建设，提倡环保、绿色、高文化层次的殡葬业务。

② 竞争：目前，上海市主要从事殡葬业的公司有益善、宝兴和龙华殡仪馆以及飞思殡葬服务中心。我们通过开拓新的服务项目，推出异种服务，开拓出一个新的服务领域，占据市场份额，获取盈利。我们与上述的殡仪馆属合作伙伴关系，是互补型服务，公司提供的殡葬服务在该行业为首创性技术，属于零竞争行业。在公司创业初期将不会存在同行业竞争，有利于快速占有市场份额。而且，各大殡仪馆现行的服务项目获取了足够的利润势必不会轻易进入这个新的市场。对于新进入者，政府政策的约束力将对其的进入形成巨大的阻力。

③ 经济：上海人均可支配收入名列全国第三，根据上海人收入情况的调查统计，2000年上海市人均可支配收入已达到6000元，家庭可支配收入已超过10000元。随着收入的增加现在人们用于殡葬上的花费也呈增长趋势，这意味着除对殡葬传统服务的要求外，未来人们对殡葬多样化的需求会越来越多。从可持续性发展角度来说，这就为本公司提供了进一步的发展空间。以更优质的服务作为拓展市场的手段，形成一种打破传统的、更为科学合理的祭奠方式。

④ 顾客市场：(死亡人数)据不完全统计，1991—2001年上海市死亡率在7.1%～7.8%内浮动，进入稳定状态。自1992年起上海市自然增长率都为负值，最高为－0.8%，最低为－3.1%。上海近三年来的统计数据表明，其人口老龄化(即60岁及60岁以上老年人口占总人口比重的上升过程)的速度处于相对平稳时期，但老年人口高龄化(即80岁及80岁以上老年人口在老年人口中所占比重的上升过程)速度较快。在年增32400名老人的同时又有20000人新进入高龄老人行列。全市19个区县高龄人口占总人口比例都呈现较为明显的上升趋势。2000年，60岁及60岁以上老人已占上海总人口的18.4%，达241.76万人；到2010年这一比例达到23.94%，到2030年将达到38.54%。

(4) 威胁。殡葬业现仍处于政府垄断阶段，政府规定严格。各大殡仪馆与医院直接挂钩，提供连锁服务，资金雄厚，客户众多，包揽了大量服务业务。加入世界贸易组织后，国际型企业的进入，提供的殡葬服务势必更先进，竞争更激烈。

2）市场容量估算

上海市市区2001年死亡人数7万以人。一名死者殡葬过程所需总费用为3万元(含墓地建设)。市场总潜量为1.575亿元，市场占有率在2%以上。

3）组织机构图(略)

5. 公司战略

1）总体战略

2～3年内公司将发展成为一个提供网上殡葬服务、殡葬设计和中介以及殡葬相关产品(画册、光碟、传记等)的综合性服务公司。公司使命是让平凡的逝者留下其人生文化，引导人们进行合理的殡葬消费。

公司宗旨是关注绿色殡葬，倡导健康、意义深远、具有文化内涵的祭奠方式，满足人们对殡葬服务不同层欢的需求。

2）公司发展战略

(1) 市场进入期(第一年至第三年)。

第一年至第二年：建立网站，开办论坛，宣传殡葬文化(侧重人生文化)；提出“让平凡的逝者留下文化”的新理念，扩大公司知名度。产品导入市场，提高产品知名度，树立品牌形象；逐步打开市场，以每年增开一家分店(主要在三大殡仪馆附近)的速度拓展；市场占有率为2%。第三年：产品基本成熟；重点挖掘产品的新功能、开发新产品、拓展市场、扩大网站项目，提供网上墓地和实现网上扫墓服务；为已经去世多年的逝者家属寻找遗失的记忆和文化；针对上海中心城区殡仪馆网点布局不合理，造成群众办丧事难的缺点，公司结合“个人治丧委员会”的概念，提供一整套从告别仪式到入葬的殡葬服务项目；上海殡葬市场占有率提高到5%。

(2) 市场发展期(第四年至第五年)。

公司客源量呈直线上升趋势。积极开拓业务，进行多种类经营。利用本公司的服务、产品以及技术优势，实现服务和产品的多元化，拓展市场空间，扩大市场占有率，成为沪宁地区殡葬服务业的领先者，带动周边殡葬服务业不够完善的地区发展。纵向延伸：建立特色博物馆(如特色遗物收集)，多角度弘扬殡葬文化，在经过家属同意的情况下分类汇编、出版类似《名人死亡词典》的书籍。横向延伸：提出“文化陵园”的概念和相关服务，为人们提供随时可以追忆亡者的文明、高雅场所，公司将与沪宁地区殡葬服务领域领先单位联手与国外的同行竞争。上海殡葬市场占有率达到10%。上海殡葬文化市场占有率达到67%(与目前人们接受程度比较接近饱和)。

(3) 市场成熟期(第六年至第十年)。

上海市场趋于饱和。发展重点将转移到对周边地区的开发上。确立在上海及周边地区的稳定地位之后，逐步向其他地区辐射发展。前期在全国大城市中开展业务。以城市的文化素质及公司本身成熟的运作为基础开始逐步占领全国发达城市市场，后期可向一些中小型城市发展。在上海等业务、市场发展稳定的地区，可扩展产品线，实行“一个平台，两种服务”的战略，通过并购、参股、控股、开设分公司和子公司等方式丰富公司的服务项目，把公司发展成为一个多元化经营的集团公司。

6. 营销策略

1）目标市场

消费者市场主要为上海市死亡人口家属中，收入为中低档，受过初中程度以上教育的家庭的常住居民。家庭年可支配收入大于10000元。家庭生命周期为较年长的死亡者家属，社会阶层为劳动阶层。

2）产品

一个公司要想在市场上取得竞争优势就必须有它的核心产品，服务是无形的，因此本公司在产品上的策略如下。

(1) 样品展示：通过展示精美画册、相册等样品使顾客对本公司的产品形成具体的印象，产生购买的欲望。

(2) 产品组合：推出如制作核心产品同时免费提供追悼会，设计指导服务等各类方便顾客的服务项目组合，既便于公司光碟、画册所需资料的收集，又能加强顾客的信任度和满意度。

(3) 包装：为不同顾客提供各类精美礼盒包装、拎袋、公司宣传册(以宣扬人生文为主)等免费赠品，既能方便顾客，又能起到广告宣传作用。

(4) 服务。公司的服务特色是：通过与家属的反复交流建立互动的人性化服务，最大限度满足顾客的需求。

① 售前服务：免费开展新型殡葬文化宣传与交流，让新型殡葬文化深入人心。

② 售中服务：建立完善及时的交流体系。在追悼会前1～2天制作出亡者生平，追悼会后1个月内制作出顾客所需全部产品(按顾客特殊需要可缩短制作周期)。制作过程中加入顾客参与互动模式，产品在与顾客交流中不断完善。

③ 售后服务：建立信息反馈渠道，提供后续服务，积累弘扬优秀的人生文化。

(5) 产品生命周期分析。

进入期(约1年)：为了在市场中迅速站稳，扩大市场份额，公司将采取快速渗透的策略。

成长期(约2～4年)：推出更多种类的服务，在公司拥有一定的知名度后向中高档市场拓展。

成熟期(5年以上)：在公司拥有一定数量的顾客群体，积淀相当数量的人生文化后，在经过家属同意的情况下分类汇编、出版类似《名人死亡词典》类的书籍。

3) 价格

本公司将结合渗透价格策略和差别价格策略来推广自身的服务产品。

4) 分销渠道

采用一级分销渠道，即生产者——中间商——消费者的渠道。

渠道建立方式：公司的产品价格表会附加在中间商的服务表中，便于客户了解。客户通过中间商介绍与公司取得联系，公司人员将会在客户所在的殡仪馆为客户提供上门服务。公司主要以支付固定中介费或按利润提成(暂定10%)的利润分配方式与中间商建立双方都可以接受的业务关系。

5) 政府支持与公共关系

面对属于封闭型市场的殡葬行业，进入市场的另一个重要障碍是遇到原有竞争者设置的自我保护障碍(封闭市场)。面对这种情况，公司在原来的4P基础上将附加上以下2P策略。

(1) 政府支持。

(2) 公共关系。

6) 政策

基于我国目前尚无关于殡葬文化业的直接法律规范和政策规定，因此公司在运营过程中的操作(公司注册、经营许可申请等)将主要参考上海市文化市场和殡葬业方面的法律、法规和政策，同时需要得到民政局殡葬管理处的行业批准，接受其业务管理。根据目前的管理制度，新型殡葬文化行业可以作为一种特殊的代理业务进行，所以我公司可以顺利得到登记许可。

7. 产品制作管理

(1) 工作流程图(略)。

(2) 生产设备。电脑、扫描仪、打印机、数码照相机、数码摄像机、刻录机、采访机等。

(3) 生产要求。

(4) 生产工艺流程(略)。

(5) 质量管理(略)。

8. 管理体系

(1) 公司性质：有限责任公司。

(2) 组织形式：公司采取直线职能组织结构(组织结构图略)。注：初期市场部将根据工作需要在殡仪馆设立工作点。

(3) 部门职能。

公司设立财务部、推广部、市场部、产品研发部、人力资源部，并设有顾问。其中推广部下设网络组和公关组，产品部下设各个分项产品设计组。

(4) 管理理念及公司文化。

公司将以“全面满意”作为公司的文化宗旨。我们相信健康向上的公司文化可以激发员工的工作积极性和创造性，增强公司的凝聚力。我们坚持“低成本，高质量”，使顾客对最终产品“全面满意”。

所有员工应具备以下“服务素质”。真诚待人、说到做到、雷厉风行、服务到位、态度和蔼、细致周到、讲究艺术、原则不变、及时交流、完全满意。

(5) 团队成员职务及责任(略)。

9. 资金分析

1) 股本结构与规模(见表略)

公司注册资本120万元。在股本结构中，创业小组投入的股本占总股本的33.4%，拟吸引风险投资80万元，占总股本的66.6%。考虑到本服务项目的特点及市场容量，风险投资比重不宜过大。这也为今后风险资本退出留有余地。

2) 资金来源与运用

公司初期需要外借资金40万元(银行3年期商业借款，利率5.49%)作为公司部分启动资金及流动资金，公司资产负债比为4∶1。资金主要运用于添置办公设备(25万元)和公司营运初期的人员工资(75万元)及材料费用(40万元)。

3) 投资收益与风险

投资现金流量表(略)。

投资回收期表(略)。

内含报酬率(略)。

4) 投资回报

根据未来几年的经营状况分析，公司能够在未来几年中保持较高的利润增长率，拟从净利润中提取合理比例的现金作为股东的投资回报。

5) 可以引入的其他资本

为了使风险资本在将来能够方便地退出，以及公司营运风险能够更好地规避，在股本中可以引入多元化的资本，使得股本结构更趋合理。

10. 财务分析

1) 编制依据(略)

2) 会计报表及附表

资产负债表(略)。

利润表(略)。

现金流量表(略)。

3) 会计报表分析(略)

4) 财务预测表(略)及盈亏分析(略)

11. 机遇与风险

1) 机遇

本市殡葬服务无法完全满足消费者潜在的心理需求。相关法律的出台和政策的颁布使得外部政策环境相对宽松。

2) 外部风险

(1) 潜在竞争者的加入。

(2) 银行贷款风险。

(3) 中介商支持的不确定性与倒戈的风险。

(4) 消费者的观念不能及时改变。

(5) 中国加入WTO后，海外竞争者更容易进入国内参与竞争。

3) 内部风险

(1) 价格在一定程度上影响进入低收入水平市场的营销策略。

(2) 新产品开发不能及时跟上市场需求。

(3) 竞争者和中介商的策略改变，应对策略不确定。

4) 解决方案

(1) 熟悉该行业的相关法律。

(2) 深入居委会推广企业文化，建立方便、及时的反馈网络。

(3) 与该行业资深的学者和专家保持密切联系，便于掌握行业动态。

12. 风险资本的退出

风险资本如果选择在一定时期内(两年之后)退出，则按照以下方案进行。

1) 撤出方式

(1) 鼓励员工参股，以稀释风险资本在总股本中所占比例，直至该比例降到10%以下。

(2) 从第二年起，从未分配利润中提出较大比例资金进行分红。

(3) 创业小组分期集资购买风险资本在公司所占股份。

(4) 引入其他资本进行股本置换。

2) 撤出时间

通过公司赢利能力分析、分红估计及资产增长率分析，提出以下撤出时间表(不考虑引入其他股本置换的方式)。

第一年年初：风险资本在总股本中占66.6%。

第二年年初：创业小组利用分红所得资金及员工参股筹资所得资金，稀释风险资本在股本中所占比例至40%。

第三年年初：创业小组利用分红所得资金及员工参股筹资所得资金，稀释风险资本在股本中所占比例至30%。

第四年年初：创业小组利用分红所得资金及员工参股筹资所得资金，稀释风险资本在股本中所占比例至10%。

第五年年初：创业小组利用分红所得资金及员工参股筹资所得资金，购买风险资本所占的10%的股份。

附表一：预计资产负债表(略)

附表二：预计利润表(略)

附表三：预计现金流量表(略)

附表四：预计工资费用表(略)

(资料来源：北京交通大学学生科技协会网 www.njtu.edu.cn)

【思考】

怎样评价这份商业计划书？好在哪里？还有哪些不足？你对认真准备商业计划书还有哪些新的想法？

第 7 章 新创企业融资

教学目标

学习完本章后，应掌握的重点：

1. 资金资源对于创业活动的重要性
2. 创业者的可能融资方式及其利弊
3. 风险投资的基本特征以及运作过程
4. 天使投资的特点
5. 融资所具备的能力
6. 吸引风险投资的 6 个步骤

理论应用

1. 举例说明创业者融资的必要性。
2. 举例说明风险投资的基本特征及运作过程。
3. 调查创业成功企业，看其是怎样融资的，有哪些经验值得借鉴，给我们哪些启示。

国内风险投资热潮开始于 20 世纪 90 年代的互联网热潮，许多国际风险投资家纷纷进入中国市场，进行 IT 行业的投资，还有一些对有特色有潜力的传统行业的投资。国内有些知名的 IT 企业或传统行业就是在国内外风险投资的支持下创立并发展起来的。当然，风险投资只是新创企业融资渠道中的一种。目前，创业面临的难题之一就是缺少“启动资金”或发展的“支持资金”。国内中小企业融资难，难融资是创业过程中的一个重大障碍。解决融资问题直接关系创业企业是否成功，并推动企业高速成长取得良好业绩的关键环节。据调查显示，25%的新企业在 2 年内倒闭，50%的企业在 4 年内倒闭，65%的新企业在 6 年内倒闭。在倒闭的企业中有近 90%是由于经济因素和财务原因。本章主要探讨新创企业的融资问题。

案例导入

张朝阳——寻求天使投资之路

张朝阳在创立搜狐网的时候，正是寻求了其导师(《数字化生存》的作者)尼葛洛庞帝的天使资金而发展起来的。1981 年张朝阳从西安考取了清华大学物理系，在 1986 年大学毕业前夕，又考取了“李政道奖学金”，获得去美国麻省理工学院(MIT)的留学资格，在美国留学并从事研究7年。在这期间，他先后获得了物理学博士学位，并从事了两年的博士后研究。1994年，张朝阳在MIT实验室里被当时的“互联网”的奇妙所震撼。事实上，那时是一些校园内部网之间的互联，也不叫互联网，而叫“信息高速公路”。张朝阳回忆说：“我们已经可以通过unix代码和电子邮件进行网上交谈，虽然不像现在有图文界面，但即便如此简单的应用，网络的这种独特魅力也已经让我下定决心，不走正常的道路，而是去创办网络公司，回国创业。那时我就觉得，顺应我们这个时代最伟大的两个潮流：一是信息高速公路时代的到来，另一个是中国作为全球大国的崛起。”这两句话被张朝阳写在他的第一份商业计划书——“中国在线”的封面上。但是那个时候他并不知道自己能够做什么，怎样去创业，并且在中国也没有任何资源。

这个时期张朝阳有很多机会多次往来于美国和中国之间，期间在一家美国互联网公司ISI的短暂工作经历，更加坚定了他自己创业的决心。ISI从事一些基于互联网上的封闭式服务。张朝阳曾是这家公司的中国区首席代表，在加盟ISI之初，他已经与ISI有过“君子协定”，只干一年，然后自己创业，于是一年后张朝阳在自己31岁生日那天回国开始了自己艰难的创业生涯。

1996年7月，张朝阳正式开始了他的融资之旅。张朝阳无比感慨地说，“那两三个月里，我经常往返于中国、纽约和波士顿之间。那个时候美国的风险投资人根本不相信远在中国的张朝阳能创业”。为了给投资人打电话，他在美国大街上的公用电话亭排队，他甚至尝到过被投资人赶出办公室的狼狈滋味。这个时候的张朝阳忍辱负重，为了拿到融资而忍受了颇多美国投资者的耍弄。张朝阳说：“他们把我耍得团团转。但他不放弃，经过持续努力，张朝阳见到了MIT媒体实验室主任、《数字化生存》的作者尼葛洛庞帝，这位风云人物在与张朝阳会谈之后答应给他的爱特信公司进行天使投资。最终经过很长时间的接触才确定了三个比较有兴趣的投资人，而我已经被折磨得很厉害了”。他分析了天使投资人感兴趣的原因，“可能是因为当时我很年轻，气势很强，做事情也很专注，他们三个投资人可能是被我眼中流露出的对成功的欲望所吸引，才给我机会。事实上，也是在麻省理工学院教授的引荐下，我才得到了第一笔天使投资”。

1996年8月，ITC爱特信电子技术公司(北京)有限公司正式注册。10月13日，张朝阳终于在自己的账户上看到了15万美元，这是爱特信公司获得第一笔风险投资，投资者包括麻省理工学院教授尼葛洛庞帝和斯隆管理学院的教授爱德华·罗伯特，尼葛洛庞帝的另外两万美元在1997年到位。这笔对张朝阳来讲重要之极的投资共有22.5万美元，尽管最终只有17万美元供他创业，但他终于可以开始做他想做的事了。1997年9月资金已经消耗大半，张朝阳又开始了长达半年之久的融资之旅。1998年4月搜狐公司获得第二笔风险投资，投资者包括英特尔公司、道琼斯、晨兴公司、IDG等，共220多万美元。1998年搜狐全年的广告收入已经达到60万美元，搜狐网站和它开发的诸多运营模式成为后来者的样本。在即将到来的互联网大潮中，当张朝阳成为新一代青年偶像的时候，所有人都已开始相信互联网将改变中国。张朝阳也赚到了第一桶金。

【思考】

张朝阳通过什么途径获得天使投资的？创业融资渠道还有哪些？如果你创业准备从哪里融资？需要作好哪些准备工作？

7.1　新创企业融资难的成因

7.1.1　新创企业资金资源的重要性

资金是新创企业的“血脉”，是新创企业成长中最重要的资源。新创企业对资金的需求可以从以下三个方面分析，并测算所需资金量，比如开办资金、运营资金等。

1. 新创企业开办过程的资金

根据现有法律和《注册资本登记制度改革方案》企业者创办新企业的注册资金从理论上说，有1元人民币就可以注册。但随着创业工作逐步扩展，人工费、房水电费等费用支出会加大。如果没有做好资金准备，会影响创业进程。2013年，我国对新创企业的注册资金进行了全面调整改革，各类形式公司的注册资金全面下调。目前，有些高科技创业者和海归创业人员，愿意在创业园中创办企业就是因为这些园区能够为创业者减免大部分费用，这在很大程度上降低了创业的资金压力。

2. 市场开拓过程的资金

市场开拓需要耗费很大的资金资源。新创企业开发出的产品或服务，能够使消费者认可，创业者需要进行大量的市场推广工作。如果创业者的产品要打入成熟且竞争激烈的市场，把消费者吸引到购买自己的产品中来，需要创业者付出更多的努力，需要投入较多的资金进行广告等方面的宣传推荐工作，从而在市场开拓方面取得较好的效果。

3. 产品开发过程的资金

新创企业产品或服务开发是核心工作，是有效提升企业竞争优势和能力的根本保证。但产品开发特别是高新技术创新性产品开发，其开发费用是很多的，同时这种原创性的产品开发还伴随有较大的技术风险。因此，对于新创企业来说，产品开发过程中的资金需求是重中之重，是必须要解决的，否则，新创企业是不可能顺利成长发展起来的。

【案例】

2005年北京中关村项目推行暨投资洽谈会，有80多个推介项目绝大多数都注明巨额的融资要求。比如，北京易工科技发展有限公司，开发的项目参加美国马里兰大学商业计划书大赛获得第二名，美国硅谷创业大赛荣获全球TOP4项目，但需要1000万元资金才可以把项目开发推广开来。再如，博易智软北京技术有限公司前总裁苏忠慧表示，只要能融到资，采取技术转让、技术出资入股权融资、债券融资等方式都可以，缺钱使项目很难进行下去。北京天善世纪科技有限公司总裁胡燕武表示，800万研制出7～8种纳米高频脉冲光空气净化消毒器，进行工业化生产、推广宣传等费用还需3000万元。目前，很多创业企业尤其高新技术企业资金缺口很大，严重影响创业企业的发展，资金问题是必须解决的一个首要问题。

7.1.2 新创企业融资难原因分析

新创企业融资难原因是多方面的，可从以下几个方面进行分析。

1. 法律层面

新创企业融资缺乏完善的法律法规的支持和保障。目前，国内是按行业和所有制性质分别制定了融资方面的法律条文和政策法规，使得各种所有制性质的中小企业在法律地位和权利方面与大中型企业不平等。同时，由于各种因素的影响，法律对银行债权的保护能力低，甚至有些地方为了局部利益，默认纵容企业逃废银行债务，这加剧了金融机构的“惜贷，恐贷，坏贷”的心理。这是造成新创企业融资难的重要原因。

2. 社会层面

目前，社会缺少专门对创业者提供金融服务的机构。因为金额机构主要为国有大中型企业服务，缺少为中小企业特别是私营企业的商业银行，为中小企业提供间接服务的综合服务机构不够完善。另外，担保机构和担保体系尚未形成，中介担保机构市场运作体系没有形成，担保的风险分散与损失分担、补偿制度尚未形成，使得担保资金的放大作用和担保机构信用能力均受到较大制约，个人信用评估体系和企业资信评估体系不够健全，增加了担保风险，这必然增加了创业者融资的难度。

3. 企业层面

由于创业初期企业实力较弱，经营风险较大，不确定性增大，而金融机构更愿意挑选实力强、增长快、盈利高、风险小的投资对象，因此，创业初期，融资天然就有一定的限制。另外，新创企业财务管理不够规范，各种财务数据不够准确，甚至存在潜在财务问题和漏洞，使金融机构不能客观掌握企业的生产经营和财务运行情况，金融机构对其信贷采取十分谨慎的态度，防止出现坏账、死账给银行造成的损失，这加剧了新创企业的融资难度。

7.2 新创企业融资路径

新创企业融资路径主要有债务性融资、股权性融资、风险投资以及其他融资方式。本章把风险投资作为独立一节进行研究。

7.2.1 债务性融资

债务性融资主要通过借贷的方式吸收资金，借贷企业需要定期归还利息以及到期归还本金。债务性融资方式主要有 3 种：银行贷款融资、民间借贷、发行债券融资。

1. 银行贷款融资

这是企业常用的融资方式，目前我国中小企业很大部分采用这种方式。从贷款方式看有 3 种。

（1）信用贷款方式。这是指单凭借款人的信用，无须提供担保而发放贷款的贷款方式。以信用承诺作为担保，没有现实的经济担保，因而贷款风险较大。

（2）担保贷款方式。指借款人或保证人以一定财产作为抵押，贷款偿还建立在抵押物以及保证人的信用承诺基础上。

（3）贴现贷款方式。指借款人急需资金时，以未到期的票据向银行融通资金的贷款方式。采用这种方式银行直接贷款给持票人，间接贷款给付款人，贷款的偿还保证建立在票据到期付款人能够足额付款的基础上。

新创企业从银行贷款门槛较高，一般要求运用担保贷款方式，或贴现贷款方式，并且有较高的安全性、盈利性和成长性。而对于信用贷款方式较少采用，因为缺少经济上的安全性。在贷款时，其审查评估也很严格，资信不够，资金流不充足或风险大的项目银行是不愿意借贷的。而贷款额度是根据具体担保方式来决定的，担保价值高可多贷些款，而担保价值少则少贷些款。从这点看，创业者从银行解决全部所需资金是比较困难的。在向银行贷款融资要注意节省筹资成本，运用不同的方式贷款融资。比如，货比三家，看哪家收费低，利率低，抵押担保低，再进行贷款。关注利率走势，降息再办理贷款或享受政府低息待遇，下岗职工、大学生创业的贷款政策，应充分享受。

2. 民间借贷

从法律意义上讲，民间借贷是指自然人之间，自然人与企业之间，一方将一定数量的金钱付给另一方，另一方到期返还借款并按约定支付利息的民事行为。民间借贷方式有口头协议，打借条的信用借贷和第三人担保或财产抵押的担保借贷两种方式。在民间借贷市场上，供求是借贷利率高低的决定要素。根据我国有关法律规定，民间借贷的利率可以适当高于银行的利率，但最高不得超过银行同类贷款利率 4 倍。民间借贷对于创业者短期资金困难的解决有很大帮助。民间借贷手续灵活、方便，利率通过协商制定，借贷双方都可接受。但民间借贷风险较大，因为，借贷不够规范，缺少正式规范的借贷合同，一旦出现问题，往往难以保证双方的利益。

3. 发行债券融资

债券融资与股票融资都属于直接融资，创业者需要到市场上融资。融资效果取决于企业的资信程度。目前，主要有政府债券(国债)、大企业债券、大金融机构债券等。无论是政府还是大企业、金融机构因为资信度高，比较容易通过债券融资。而刚刚创立的中小企业资信度一般较差，在市场发行债券不易获得成功。但随着进一步深化金融改革，适应中小企业发展，企业债券市场会逐步发展起来，成为中小企业的融资渠道之一。

7.2.2　股权性融资

股权性融资是创业活动中重要的融资方式，与债权融资相比，是一种权益性资本。不需要在债务融资中常见的抵押、担保等形式，这降低了融资成本，简化了融资程序，通过非公开市场的手段引进战略投资者，资金量较大，能有效促进新创企业可持续发展。新创企业的股权性融资方式可分为私募融资和上市融资两大类。

1. 私募融资(PE)

美国私募融资业很发达，许多企业是通过私募融资发展起来的。私募融资是指发行证券的公司(发行人)以豁免向美国证券交易委员会进行证券发行申报和证券注册登记的方式，向社会投资者发行一定量的证券，以募集一定量资金的融资方式。

在我国，目前尚没有私募融资的相关法律法规，但实际在运作中，许多国内外投行介入这个领域。私募资金主要集中在高成长中小企业，这类企业的融资由于实力较弱，资信不高，到银行和债券市场上融资比较难，而私募融资正好适应了新创企业的需要。私募融资是资本金投资，“真金白银”，所投资金不能收回，因此投资者进行投资风险较大。投资者要求的盈利预期比银行高很多。私募融资的形式包括：向投资者发行普通股票，债券、可转换债券(即公司上市后可把债券转成股票)，优先股，可转换优先股(即可转换成普通股的优先股)，或上述形式的结合。私募融资筹集的资金数量较多，所筹资金无须还本。如果创业企业引进国内外知名的战略投资者，他们往往介入经营管理，甚至要求参与决策，这有利于促进企业提高管理效率，提高创业收益水平。

2. 上市融资

新创企业在主板上市融资需要较长期的审核批准过程，一般 3～5 年甚至更长时间，对于中小企业而言，这么长时间等待是影响企业发展的。目前，中国加大对资本市场体制机制的改革力度，由审核批准制改为注册制等一系列改革措施的实施，必将有利于促进新创企业的发展。中小企业上市可考虑 3 种方式。

(1) 中小企业创业板上市。从国外经验看，创业板的设立为新创企业上市融资提供了较好的渠道。但目前国内创业板市场规模较小，上市存在上市门槛过高，上市锁定期过长，一般为 3 年，使风险投资不能很快退出，同时也降低了资本市场的流动性和资金的使用效率。

(2) 买壳上市。是指非上市公司购买上市公司一定比例的股权取得上市的地位，然后，注入自己的有关业务及优质资产，实现间接上市目的。买壳上市成功率低，风险较大，会背上沉重的财务包袱，成本也很高，一般不要轻易采取此上市方式。

(3) 境外上市。是指企业以离岸公司方式(在境外注册，如网易、新浪、蒙牛等公司在开曼群岛百慕大、新加坡小岛注册)实现境外上市。国内公司在香港上市以 H 股形式，在美国纳斯达克市场上市的均为小岛公司。在境外上市费用比国内上市要高出 2～3 倍以上。

在境外上市能建立良好的企业形象，建立符合国际标准的法人治理结构，有利于企业的长期发展。但境外上市需要有外部条件支持。百度、分众传媒、无锡尚德成功境外上市都有背景，有留学、洋导师、海外工作经历、人脉关系等。这些都不是中国绝大多数草根创业者所具备的，如果没有充分的准备时间是难以在境外上市的。

中国股市的上市标准与西方国家不同，西方更强调专业化特色，做到全球第一，而不是面面俱全，什么都不突出。中国股市更多强调上市公司利润、产业链、计划等，而且上市门槛很高，很难达到要求。采用哪种方式上市融资，需权衡利弊及条件，再作决定。

股权性融资方式的不利之处主要体现在控制权方面，由于股份稀释，创业者或者原有的创业团队可能失去控制权，在重大战略决策方面，创业者如果与投资方存在分歧，可能会导致决策缓慢。如果成功上市，对企业的信息披露要求严格，这可能是创业者不愿看到的。

7.2.3 其他融资方式

除上述两类常用的融资方式外，还有一些创新的融资方式，创业者可灵活使用创新融资方式也能达到较好效果。

1. 政策融资

政策性融资对于创业者有重要意义。进入21世纪以来，为支持创业活动的发展，各级政府部门出台了一系列的政策法规支持创业活动。现阶段，特别是高新科技企业，国家给予了政策性资金支持。国家成立了科技型中小企业技术创新基金等支持创业融资机构。这是一种引导性资金，通过吸引地方、企业、科技创新投资机构和金融机构对中小企业技术创新的投资，并逐步建立起支持中小企业技术创新的新型投资机制。根据中小企业和项目的不同特点，创新基金分别以贷款贴息、无偿资助、资本金投入等不同方式予以支持。

(1) 贷款贴息。对已具有一定水平、规模和效益的创新项目，原则上采取贴息方式支持其使用银行贷款，以扩大生产规模。一般按贷款额年利率50%～100%给予补贴，贴息总额一般不超过100万元，个别重大项目最高不超过200万元。目前，贴息贷款额度有一定的增长。

(2) 无偿资助。主要用于中小企业技术创新中产品研究开发及中试阶段的必要补助，科研人员科研成果的转化补助。资助数额一般不超过100万元，个别重大项目最高不超过200万元，且企业必须有等额以上的匹配资金。目前，无偿资助额度有较大幅度提高。

(3) 资本金投入。对起点高、创新水平高、有发展潜力预计能产出效果好、能形成新型产业的项目，采取资本金投入方式。资本金投入数额一般不超过企业注册资本的20%，并引导其他资本投入。资本金投入可依法转让，或在规定期限内收回投资。目前，资本金投入额度有一定增长。

各地方政府为支持中小企业发展也推出不少扶持政策，主要有以下几种。

第一种，中小企业发展专项资金。例如，深圳市政府设立“民营及中小企业发展专项资金”，专门用于民营担保机构担保风险的补偿和民营及中小企业服务体系建设及管理支出。

第二种，中小企业担保基金。例如，上海市张江口高科技园区设立中小企业担保基金，担保种类限于1年内流动资金贷款，担保总额不超过企业有效资产的50%，总额控制在200万元以内，单笔担保金额不超过企业资本金的25%。

第三种，下岗失业人员小额担保，总额控制在3万元以下。

第四种，开拓国际市场“中小资金”支持。比如，商务部、财政部共同建立“中小资金”支持。只要拥有进出口经营权，年出口额不超过1500万美元的中小企业，都可申请“中小资金”支持。比如境外参展，国际认证，在境外媒体宣传推广，国外注册商标等。

2. 融资租赁

融资租赁起源于美国，是一种集信贷、贸易、租赁于一体，以租赁物件的所有权与使用权相分离为特征的新型融资方式。出租人根据承租人选定的租赁设备和供应厂商，以对承租人提供的资金融通为目的而购买该设备，承租人通过与出租人签订金融租赁合同，以支付租金为代价获得该设备的长期使用权。其租赁关系如图 7.1 所示。

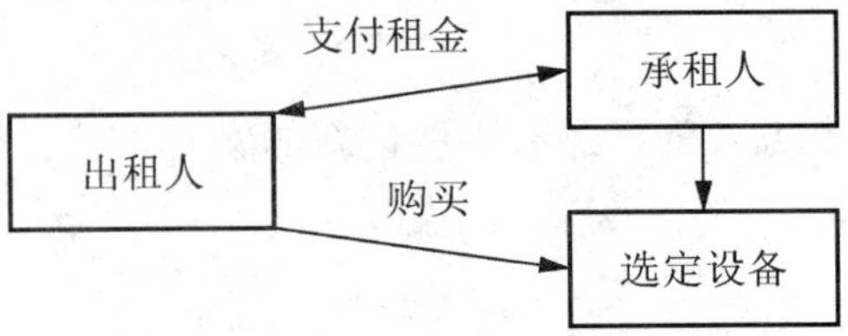

图 7.1　融资租赁关系

融资租赁实际上是设备融资，承租人不用前期投入很大费用，就可以使用想用的设备。新创企业的中小企业或资金短缺的企业都可以采用。例如，北京地铁建设过程中，采用融资租赁方式，效果很好。

3. 商业信用融资

这是通过商业信用获取资金的融资方式。即企业利用商业信用，推迟支付款项或者预先提取款项，为企业经营活动募集一定资金。这是一种短期融资方式，无须正式文本，因此，在实际中得到了广泛的应用。

商业信用融资有以下几种方式。

(1) 应付账款融资。是指企业暂时不用把应付账款支付给对方，这样可以避免短期内的资金流出，这些资金可应付紧急需要。

(2) 商业票据融资。是指商业汇票的承兑、贴现、转贴现和再贴现等业务。票据贴现时指借款人将未到期的商业票据(银行承兑汇票或商业承兑汇票)转让给银行，取得扣除贴现利息后的资金。银行在接受企业票据时，在原价基础上打折扣被称为贴现。

对于信誉高的企业，其发行商业票据可以直接从货币市场上筹集到短期货币资金。商业银行愿意开展以融资为基础的商业票据业务。票据融资比银行贷款成本低。

(3) 预收账款融资。是指企业向客户预收账款，而产品交付则是在账款支付之后的一定时间。企业可将收到的资金用于其他用途。这种方式适用于买房急需或必须商品，生产周期长投入大的建筑业等。

商业信用融资核心是企业信用良好。其优点是便利，可连续融资，不用办理融资手续，限制条件较少。缺点是：使用期限短，数额受到限制。

4. 典当融资

典当融资是用户将相关资产或财产权利质押给典当行，并交付一定比例费用，取得临时性资金使用的一种融资方式。对于需要资金的企业是较为合适的方式。典当融资优势：方便快捷，手续简便，限制条件少，及时解决企业资金需求。典当灵活，以实物质押、抵押，不涉及信用问题。不利之处：融资成本较高，除利息外，还需交各种综合费用，包括保管费、保险费等。此外，如果企业不能按期赎回并交付利息费用，典当行可拍卖典当物。另外典当贷款规模较小。

1987年中国第一家当铺成都市华茂典当服务商行开业，我国典当业实现了健康、快速发展，截至2010年年底，全国共有4433家典当企业，当期全行业累计发放当金近6000亿元，其中2010年典当总额达1801亿元。2012年全国典当行业运行保持平稳增长。行业全年实现典当总额2764.6亿元，同比增长22.1%；营业收入118.8亿元，同比增长19.5%；利润总额44.1亿元，同比增长12.7%。典当行业高风险，进行典当融资应做风险分析，做好各项准备工作。

5. 内源融资

这是指企业内部融资，包括企业盈余，股东增资和职工集资。内源融资无须定期偿还，不改变企业的股权结构，不减少企业现金流量，对外不付任何代价，是成本低，自主决定灵活，高效益的融资方式。不足之处是融资规模较小，新创企业自身能力弱，开始采用内源融资，随企业发展寻求外部融资方式。

根据北京中关村1012家典型科技公司问卷调查，创业企业在生命周期不同阶段，其融资方式存在较大差异。种子阶段是以自筹资金为主，外源性融资为辅。内源融资占82%左右(积蓄、房产、存款凭证抵押等)，起步阶段是以内源性融资为主，占75%左右的企业仍然靠内部获取资金。此外有55%企业获得银行信贷资金，成长阶段是以内源融资为主，但银行贷款、政策性贷款、资本市场获得资金比重在增加。扩张阶段内源融资仍占较大的比重，但银行和资本市场对企业支持力度加大。成熟阶段是仍以内源融资为主，信贷是第二资金来源，几乎与内部积累持平。总体看中国科技企业资金来源依赖于内源融资，都超过70%；而美国中小企业融资，业主资本(内源融资)占30%左右，两者差距较大。

7.3 风险投资

7.3.1 风险投资的基本概念

1. 风险投资发展简介

1946年美国成立世界上第一家独立的风险投资公司，即美国研究与发展公司，其宗旨是开展风险投资扶持新兴企业发展。1957年该公司对数据设备公司(DEC)投资7万美元，14年后即到1971年该公司获得3.55亿美元收益，涨幅达5000多倍。由于这种超高收益，使风险投资活动在美国得到了蓬勃发展。在美国约有80%以上的高科技中小企业在创立和发展过程中得到过风险投资的支持。微软、英特尔、苹果等国际知名大公司都曾得到过风险投资的支持，获得了巨大的成功。比如，成立于1972年的“红杉资本”旗下有18支风险基金，超过40亿美元，占美国纳斯达克市场总市值的10%，总计投资超过500家，其中有130多家成功上市，比如苹果电脑、思科、Google、甲骨文、雅虎等。这些企业后来都成为具有国际影响力的卓越企业。

我国风险投资业于20世纪80年代中期起步。比如1985年国家发布《关于科学技术体制改革的决定》，明确支持风险投资，并于1986年成立全国第一家风险投资公司即中国新技术创业投资公司。90年代中后期我国风险投资业得到了飞速发展。到2006年，我国风险投资企业有130多家，投资额在150亿元左右。据统计，到2010年中国的创投基金数量为123支，募集资金61.75亿美元，风险投资案例804起，投资总额56.68亿美元。但投入种子期企业不多，预计未来会有更多风险投资进入种子期企业，初创型企业融资难会有所缓解。特别是国际风险投资逐渐进入中国资本市场，风险投资将会呈现持续稳定发展的态势。

2. 风险投资的基本概念

所谓风险投资(VC)是指有战略性投资者投入到新兴的、迅速发展的、有巨大竞争潜力的企业中的一种权益资本，并参与创业企业的经营管理以期获得高资本增值的投资行为。从世界范围看，风险投资偏好于高技术、高成长型企业，以中小型企业为主，采用股权式投资，关心企业成长和投资回报，并以技术创新，创业团队，商业模式和市场前景作为投资审查的重点内容，风险分担，利润共享。在提供权益资本的同时，风险投资还提供经营管理咨询服务，支持企业快速成长，通过股权转让获取中长期资本增值收益。由于风险投资基金有很高的风险性，一般情况下只向具有较高风险承受能力和专业化运作的机构投资者募集，较少向中小投资人募集且主要以私募方式为主，基金组织采用封闭型，人员素质较高。

【案例】

数位红公司融资后的消失

数位红公司创始人吴刚，1992年开始经过开发《血狮》游戏软件遭到指责后，又由于做纯3D手机游戏过于超前、无市场，失败告终。2000年成立数位红进入无线互联网，经过4年业务发展，拥有技术开发经验，形成相当技术壁垒等。2003年全面推动无线游戏下载业务，成为中国移动首批JXME游戏产品供应商。2004年能提供百余款产品，成为最大供应商。该产品遍布全球，90%以上销售收入来自国际市场，发展势头很好。由于业务发展快，存在现金储备严重不足，回款速度慢；人员增加，成本上升；产品更新慢，缺少技术开发人才。核心问题是资金问题。为解决资金引进盛大网络公司进入，投资600万占35%股份，掌控国内独家销售权，实际掌握一票否决权，但盛大销售不畅，产品积压。2004年5月，IDG等几家风险投资公司希望投资数位红，开出条件比盛大优越，但盛大不放弃，保持增资，股份不被摊薄稀释，又因为有约在先，同意盛大全资收购数位红。2004年9月7日收购，2年后，即2006年8月吴刚离开数位红公司，数位红公司消失，被盛大公司全面接管。

【思考】

怎样认识数位红创始人吴刚离开公司？说明什么问题？

7.3.2 风险投资的基本特征与一般金融投资的区别

1. 风险投资的基本特征

1) 权益性投资

这是风险投资的核心特征。风险投资不要求投资对象支付投资利息，不过分强调投资对象当前的盈亏状况，而是看重未来发展潜力和投资的增值情况，以便在预期通过上市或股权转让取得高回报。

2）高风险性

因为风险投资投资于新兴高新技术中小企业，这些企业由于资源不足、经验较少、市场认同度低，因此投资失败率较高。目前，风险投资的成功率在15%之间，投资失败项目占大多数，但一旦投资成功，其收益足以弥补全部损失，其增长达到几倍、十几倍甚至百倍、千倍，这是风险投资持续活跃的主要原因。

3）超额回报率

高风险性必然带来高回报率。比如，梅菲尔德基金为科学数据系统公司投资了50万美元，最终获得10亿美元的回报。软银亚洲公司投资盛大和百度不过几千万美元，最终获得10亿美元的回报。风险投资投资企业后，往往与创业者签订一系列投资条款，以便通过上市等途径出售股份，取得高额或超高额回报。

4）投资中长期性

风险投资在企业初创时投入资金，并为企业提供长期股权资本和增值服务，培育企业快速成长，经过3～5年甚至更长时间的发展之后，通过上市、并购、股权转让等方式取得超值回报。风险投资一般分阶段持续性投资，根据实现投资目标的完成情况，在决定下一步的投资。如果评估投资项目没有发展前景，绩效太差，很可能中断投资。这在一定程度上降低了投资风险。

5）投资者积极参与管理决策

由于风险投资属于权益性投资，持有一定量的股份，有的达到控股的程度。为降低投资风险，风险投资要求介入企业经营管理或直接参与企业战略决策的制定，甚至利用控制权对有些问题实行否决权，或解雇企业的创业者、管理者。

6）投资专业化

风险投资为确保投资的成功率，一般愿意向熟悉的产业投资，对所投产业有很高的专业水平，人员的素质很高，因此，对所投项目能够做出客观评价，不至于被不切实际的商业计划书或一些虚假项目所欺骗。在投资之后的企业运作中，可以提供专业化的增值服务，取得更好的投资效果。

目前，许多创业者对风险投资缺乏真正了解，主要表现在以下几个方面：我有充足的现金流，不需要风险投资；我如此出色，风险投资为什么不投？风险投资只投资于高新技术企业等，实际上不完全是这样。比如，风险投资投资于传媒、酒店、酒、养殖等。这说明创业者不懂风投的知识，不了解风投的实际运作，甚至连商业计划书都不能制作，不了解自己是处在企业生命周期的哪个阶段，不懂投“风投所好”，怎样让风投感兴趣等，因此融资难成为必然。

2. 风险投资与一般金融投资的区别

风险投资与一般金融投资的区别主要表现在8个方面，即投资对象、投资审查、投资方式、投资管理、投资回收、投资风险、人员素质、市场重点(见表7-1)。

表 7-1 风险投资与一般金融投资的区别

	风险投资	一般金融投资
投资对象	用于高新技术创业及其新产品开发，主要以中小型企业为主	用于传统企业扩展、传统技术新产品的开发，以大型企业为主
投资审查	以技术实现的可能性为审查重点，技术创新与市场前景的研究是关键	以财务分析与物质保证为审查重点，有无偿还能力是关键
投资方式	通常采用股权式权益投资，其关心的是企业的发展前景	主要采用贷款方式，需要按时偿还本息，其关心的是安全性
投资管理	投资者参与企业的经营管理与决策，投资管理较严密，是合作开发互利共赢的关系	对企业经营管理有参考咨询作用，一般不介入企业决策系统，是借贷关系
投资回收	风险共担、利润共享，企业若获得巨大发展，进入市场运作，可转让股权，收回投资，再投向新企业	按贷款合同和合同期限收回本息
投资风险	风险大，投资的大部分企业可能失败，一旦成功，其收益足以弥补全部损失	风险小，若到期不能收回酬金，除追究企业经营者的责任外，所欠本息也不能豁免
人员素质	需要懂技术、经营管理、金融、市场、有预测风险、处理风险的能力，有较强的承受能力	懂财务管理，不懂技术开发，可行性研究水平低
市场重点	未来潜在市场，难以预测	现在市场，易于预测

7.3.3 风险投资的三个基本类型

1. 风险投资基金

风险投资基金(又称私募基金)是最主要的一种风险投资。投资者通过设立风险投资基金筹集风险资本，筹资方式通过非公开发行方式，募集对象是少数特定的投资者，风险投资基金采用有限合伙制形式，投资人成为公司的合伙人，基金运作成功直接关系到他们切身的利益。

风险投资基金由于募集金额较大，需要一个持续的募集过程。一般首期募集可能在10%或更多一些，以后的资金根据项目发展的情况逐步增加。私募基金往往强调价值投资理念(成长理念、预期理念、产业周期理念等)倾向于发现具有长期投资价值的企业，一旦发现就重仓投入(比如巴菲特、索罗斯等国际投资大师)长期持有，并不会频繁交易。风险投资的周期可能达10年或更长时间，前5年为播种培育的过程，后5年逐渐开始选择合适时机准备退出。上市是这类风险投资最好的选择。

风险投资的成功率在分布上体现了少数风险投资赚到大部分的钱，即所谓的“二八定律”。由于风险投资失败率高，他们投资之前特别谨慎，认真调查研究筛选项目，投资之后积极跟踪，并参与到企业的经营管理之中。“私募基金”在中国正处于发展过程中。国外特别是美国私募基金很发达，规模较大，几乎所有国际知名的金融控股公司都从事私募基金管理业务。比较有名的私募基金包括IDG技术创业投资基金，其合伙人熊晓鸽在中国风险投资活动取得了巨大的成功。他们先后投资搜狐、金蝶、百度、腾讯等十几个在中国互联网市场上成长非常好的公司。比如，以120万美元投资百度，获得4.9%的股份，从1999年投资到2005年8月，百度登陆纳斯达克上市，股价最高时达150美元，按此计算能从百度赚回约1亿美元的利润。

IDG中国总裁合伙人周全在2005年亚洲年会上说，IDG在中国投资150个项目，总额超过2亿美元，从中国互联网市场已经赚回平均5倍的盈利，即投资回报在10亿美元，年均1亿美元。

2. 产业投资公司

这是借一些较大的实业公司下属的独立的风险投资机构，其全部资金来源于母公司。他们代表母公司利益进行投资。这类公司的投资目的包括两个方面：一是从投资中取得丰厚的回报；二是选中的企业能够为整个集团带来价值。退出方式除上市和出售外，可以将投资企业出售给母公司，这在其他类型的风险基金中很少见。

联想集团成立风险投资公司后，进行多项风险投资业务，也包括农业领域的投资，过去三年，联想仅在农业领域投资总额过了30亿元并取得显著的投资收益，见表7-2。

表7-2 近年联想控股投资现代农业产业一览

时　间	所投资公司	主营业务	金　额
2011年6月	湖南武陵酒业	白酒	1.3亿左右
2011年7月	广东恒兴股份公司	水产饲料	1亿元
2011年7月	江苏武进立华畜禽公司	一体化养殖	3000万美元
2011年6月	纽瑞滋乳品有限公司	进口食品	3000万元
2011年11月	河北乾隆醉酒业有限公司	白酒	收购其87%的股份
2011年11月	武汉融众	冷链物流	12亿港币
2012年9月	孔府家酒	白酒	4亿元

3. 天使投资人(天使基金)

天使投资人最初是指具有一定公益捐款性质的投资行为，后来被运用到风险投资领域。天使投资特点是自有资本，灵活、自主、投资快、投资成本低，数量较小，是一次性前期投资，是一种非组织化的创业投资方式。1998年什阳微电脑共同创始人安迪·贝托尔斯海姆给Google共同创始人20万美元投资，后来变成了近亿美元，与中彩差不多，投资好的项目可以获得暴利。

目前，国内外天使投资人大多是成功的企业家形象，大企业的CEO、富有的明星、医生、律师、教授等。这些投资人通常是创业者的朋友、亲戚、学生、商业伙伴，由于他们对创业者的创业项目、能力、资信较高，愿意支持他们创业，进而投入一定量资金。这些资金虽然初始不是很多，但对刚刚创业的人来说无疑是雪中送炭，意义尤为重大。因为，这些个体投资人如同双肩插上翅膀的天使，飞来飞去，愿意为新创企业“救生”，故称为投资天使。

国际上天使投资以美国发展最快，美国有25万天使投资者，有10万人积极投资，每年投资在50至300亿美元之间，投资在2至3万个初创企业。我国天使投资与国际相比差距较大，但发展较快。我国有影响的天使投资人，比如雷军、邓峰、刘晓松、钱永强、杨宁、沈南鹏、张向宁、张醒生、周鸿祎、朱敏等。根据投中研究院发布《2013年度中国天使投资规模持续增长》研究报告，报告分析了天使投资的发展及未来发展的建议。报告认为，经历十几年的发展，中国天使投资进入快速发展期。2008—2013年，中国天使投资案例数量和融资规模均呈逐年增加态势，2013年全年共披露天使投资案例262起，总投资金额10.09亿元以上。单笔投资金额在300万元以下占案例总数的65.07%，投资金额在300万元以上500万元以下的案例占比为22.63%，在500万元以上1000万元以下的案例占比为6.64%，在1000万元以上2000万元以下的案例占比为3.08%，而2000万元以上的案例占比仅为2.58%。

中国天使投资行业分布较为集中，其中互联网、移动互联网、IT行业最受中国天使投资人追捧，2008年至今的投资案例数量占比分别为34%、20%和18%，投资金额分别为15.1亿元、5.9亿元和5.3亿元，这也符合天使投资介入的早期性这一基本属性。此外，制造业、文化传媒、医疗健康等行业也受到了天使投资人的广泛关注。

天使投资地区方面，大多数分布于北京、上海、广东、浙江和江苏，来自这五个地区的投资案例数量占案例总数的78.8%，占总投资金额的87.0%。其中，北京地区的天使投资总额达到了18.4亿元，居各地区之首，上海、广东分别以4.1亿元和3.2亿元紧随其后。

随着天使投资的不断普及和发展，天使投资主体日趋多元化。目前，天使投资的主体主要分为天使投资人、天使投资基金、平台创业基金和天使投资团体4大类。

天使投资人是天使投资传统的参与主体，主要有三种类型：一是自身具有创业经历的企业家，他们了解创业公司的需要，能够给予创业公司有效的帮助；二是具有大型高科技公司或跨国公司高级管理者经验的企业家，他们不但可以带来资金，同时也带来联系网络，并利用自身的知名度，提高公司的信誉；三是传统意义上的富翁，如活跃在南方几省的“富二代”投资人，他们虽然没有太多创业经验和投资经验，但是有资金、行业关系等资源，也是天使投资人重要的组成部分。

天使投资的基金化与中国创投市场的发展态势紧密相关，2009年至今，我国共披露天使投资基金67支。天使投资基金可分为以下几种类型：一是由著名天使投资人发起的基金，如泰山天使创业基金、顺为基金等；二是由风险投资机构成立的天使投资基金，如云天使投资基金、创东方富星基金等；三是政府主导的天使投资基金，如成都高新区创业天使投资基金、重庆市青年创新创业天使基金等；四是新型孵化器成立的天使基金，如联想之星天使基金、天使湾、创业接力天使等。

风险投资机构主导基金。天使投资由于投资成本很低，可以通过企业的后几轮融资实现退出，不必完全依赖IPO退出，而受到了创投机构的关注。目前中国有红杉资本中国与天使投资人徐小平在北京成立新的真格基金，投资领域包括电子商务、移动互联网、游戏、教育培训、消费品以及医疗。戈壁创投的“绿洲计划”的投资孵化计划，重点关注

TMT 行业的初创型企业。北极光创投与清华科技园、瑞安集团以及硅谷银行等共同建立的孵化器“创源”，致力于培育中美两地科技型初创企业，并设立平行的种子基金。由宽带资本、北京航空航天大学、百度、用友、中国联通等共同发起的中国云产业联盟成立并设立云天使投资基金，创东方旗下天使基金——创东方富星基金，浙江蓝源资本宣布成立天使投资基金，将投向初创期的新材料、新能源、新装备、新一代信息技术等 4 大战略性新兴产业和节能环保、生命健康、海洋高技术、设计创意等 4 大新兴产业中的优质企业，以及创新商业模式的现代服务企业。这些天使投资基金投资规模在 6000 万至 5 亿元人民币之间。

政府主导/参股基金。在中国天使投资发展的过程中，政府起到了很好的推动作用。2010 年 12 月，中国首支政府引导天使基金——北京富汇天使高技术创业投资有限公司在北京成立，总规模 2.5 亿元，基金主要投资于初创期、成长期未上市创新型企业和高新技术企业。基金由北京市政府、国家发改委及北京富汇创业投资管理有限公司投资成立，这也是第一支国家发改委以股权形式投资的天使基金。2012 年以后，湖南麓谷高新天使基金、重庆市青年创新创业天使基金、成都高新区创业天使投资基金、宁波市天使投资引导基金、合肥高新区天使投资基金、江苏省天使投资引导资金、武汉天使投资基金、青岛天使投资引导资金等天使基金先后成立。政府天使投资基金已成为政府引导科技创新及创业的重要形式。基金投资方向包括移动互联网、电子信息、生物医药、精密机械制造、环保、新能源新材料、现代服务业等。

新型孵化器平行基金。在创业企业成长的完整生命链中，孵化器是企业最早接触的机构。在中国最早的孵化器应为武汉东湖新技术创业中心，而以此为代表的园区型孵化器，也成为目前国内孵化器的主流模式，且多为地方政府主导，其公益色彩远大于商业色彩。2009 年由李开复主导的创新工场是中国商业化运作孵化器的重要开创者，由此，区别于官方体系的创新型孵化器得以快速发展。目前多家活跃的新型孵化器均成立了平行的天使基金，形成“孵化+天使投资”模式。主要有：联想之星天使投资基金、起点创业投资基金、天使湾投资基金、启迪孵化投资基金、接力天使投资基金等，投资规模在 1 亿至 4 亿人民币之间。专注于初创型企业投资，重点关注 TMT、先进制造、医疗健康等领域。

平台创业基金。是由实力较为雄厚的企业发起的，为专门领域创业提供资金帮助的基金，特别是在 TMT 领域，平台创业基金较为活跃。目前国内平台创业基金主要有：腾讯安全创业基金、联想乐基金、阿里云基金、新浪微博开发基金等。这些基金多数是由实力较为雄厚的企业或者政府机构发起，基金规模基本上都在 1 亿至 100 亿人民币之间。这些平台创业基金的设立，对国内科技的发展，特别是 TMT 行业的发展起到了很好的推动作用。

天使投资团体。这是天使投资人组织的交流和沟通平台，主要的形式有天使俱乐部、天使联盟等，这些平台聚集国内天使投资人，汇集项目来源，定期交流和评估，会员之间可以分享行业经验和投资经验。对于合适的项目，有兴趣会员可以按照各自的时间和经验，分配尽职调查工作，并可以多人联合投资，以提高投资额度和降低风险。目前，天使投资团体主要集中在北京、上海、深圳、广州、南京和成都等一线城市，较为活跃的天使投资团体有：上海天使投资俱乐部、天府天使投资俱乐部、中国天使投资联盟、创想天使俱乐部、中国青年天使会、江苏天使投资联盟等。这些天使投资团体主要为初创期的科技型小微企业“牵红线”，力促技术和资本有效对接，培育更多高成长性企业。

天使投资作为一种以高成长性企业为投资对象的权益型资本，在推动企业技术创新、商业模式创新乃至推动经济高速发展等方面都起着十分重要的作用，但要建立起一套高效率的天使投资机制不仅取决于天使投资人及创业企业，更需要一个良好的基础环境使之健康成长。国内外的经验证明，天使投资机制与法律、投资理念、社会信用体系等因素密切相关，是整个国家经济、科技水平和制度发展到一定阶段的产物。因此，一个适合天使投资生存和发展的良好环境，是中国天使投资机制顺利运作的必要条件，而目前，我国在天使投资基础环境方面仍比较欠缺，主要表现在投资理念保守、创业者诚信缺失、信息不对称、法律法规缺位、退出渠道有待丰富等方面。对此，通过专业化管理吸引更多的资金进入天使投资领域；完善信用机制确保天使投资权益；加强天使投资人与创业者的沟通；完善法律政策环境；建立并完善多层次资本市场等措施，不断推动天使投资的健康发展。

资料来源：www.docin.com/p—759732411.html，2014—01—27

【思考】

1. 如果你准备或已经创业，需要从天使投资融资，你考虑哪种类型的天使投资？需要做哪些准备工作？

2. 一般吸引天使投资的方法：社交吸引天使；主动去找“天使”；参加“天使聚会”；搜寻“天使”名录；善于说服“天使”，你还有哪些吸引天使投资的方法？

7.3.4 风险投资的过程

风险投资过程中，遵循一定的投资程序，如图 7.2 所示。

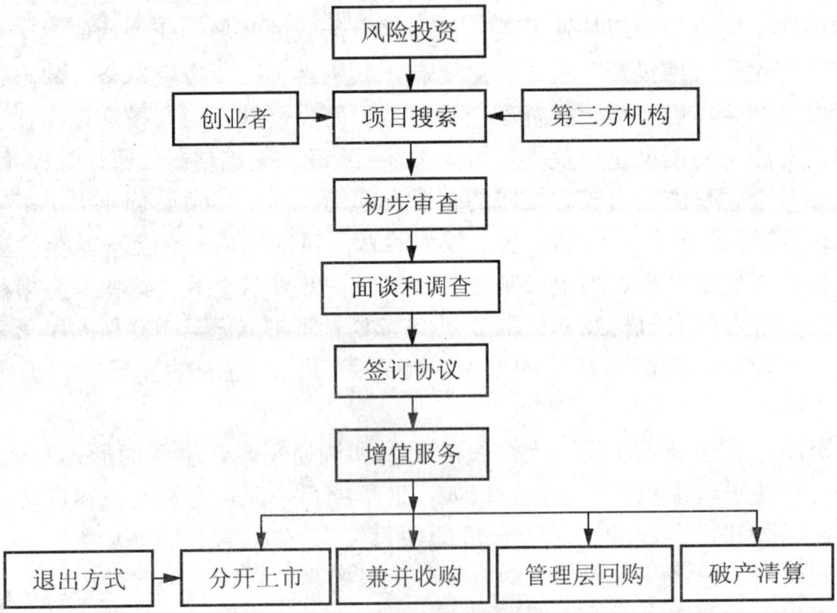

图 7.2 风险投资过程

1. 搜寻项目

一般说来，风险投资项目来源分为三种形式。创业者自荐，风险投资者自主寻找，第三方推荐。

创业者自荐成功率不是很高，特别是项目准备不充分，对风投特点缺乏了解，商业计划书撰写分析质量不高，都可能造成自荐失败。

风投自主寻找项目可能遗漏有价值的项目。因为他们要看大量的商业计划书，甚至一天看上几十份，这就很可能把好的项目遗失掉。

第三方中介机构推荐是因为都是专业人士，他们对创业者的商业计划书进行详细地审查，并从专业角度评估，可能对风险投资更有说服力。实际上第三方中介机构是为创业者与风险投资机构建起了一座沟通的桥梁。

2. 项目筛选

根据创业者或第三方机构提交的商业计划书，风险投资机构对项目进行仔细审查，详细评估，以避免投资失败。在评价商业计划书时，更为关注人或团队，市场、产品、财务状况、退出方式等。比如，创业者及核心创业团队成员的知识结构、素质、能力、价值观念、团结合作精神等。市场分析主要考察目标市场定位、成长性、市场空间和潜力、市场竞争对手等方面，是否有夸张不实之处，定位不够清晰等问题。产品分析主要考察创业者提供产品的竞争力、产品价值、特色、创新性等方面，是否能够吸引客户并持续发展下去。财务状况不仅看近期状况，还要看未来一个时期的盈利能力和水平，长期回报水平。退出方式是否顺利，采用何种退出方式等。项目筛选很复杂，经过初步审查评估，当面访谈、深入企业调查研究等，经过详细综合评价后，才能做出是否投资的决定。

3. 协商谈判

一旦风险投资者决定投资，风险投资者和创业者就有关投资条件进行协商谈判，并就有关问题达成一致，形成一份责、权、利清晰的投资条款清单，各项具体的条款，双方都必须认真遵守，以控制投资风险。

4. 增值服务

风险投资注资之后，对新创企业要进行增值服务。增值服务做得越好，企业成长越快，其企业价值越高，风险投资收益也越高。这些增值服务包括管理监控、战略支持、管理咨询等方面，甚至直接参与企业决策和管理，其目的是减少投资风险，确保企业良性成长，取得高额回报。

5. 风险投资退出

风险投资退出方式主要有4种。

(1) 公开上市(IPO)：新创企业公开上市能够实现新创企业的价值最大化。这是风险投资偏爱的退出方式。

(2) 兼并收购：风险投资将拥有的股权转让给其他企业。由于股权转让给其他企业，新创企业管理层有可能失去股权，因此不太欢迎这种退出方式。

(3) 管理层回购：一般来说，风险投资在签订协议时已经定下来，什么时间回购、股价等都明确，管理层通过借贷等形式完成对风险投资的股份收购，但也增加了管理层的债务分担，影响现金流，因此在实践中采用的不多。

(4) 破产清算：经营不善，亏损严重，无力挽回，只好走破产清算这条退出方式，但风险投资损失较大。

风险投资在投资过程中，由于外部环境的变化，需要对风险投资进行调整，一般应用几个投资策略。

一是分期投资：对投资项目采用分期逐步投入的方法，通过分期审核评估，再决定下一期的投资。创业者为了能获得进一步发展的投资，必须努力提高投资效率，改善经营管理，这有利于发挥对创业者的激励作用。

二是转换证券：这是风险投资者中广泛应用的金融工具。可转换公司债券是一种被赋予股票转换权的公司债券。它同时具备股票和债券的特点。一方面当股票下跌时有债券的固定利息；当股价上升时，债权人可以将债券转换成股票交易，卖个好价钱(当然，可转换债券有时间等方面约束)。可转换公司债券往往适合不确定性市场环境和信息不对称情况下的投资行为。在公司进行清算时有优先清偿权，还享有与普通股一样的投票权或董事会席位。

三是否决权：在风险投资协议中，风险投资人往往要求一系列保护投资者利益的否决权。否决权的使用是在企业发展出现问题，或双方在重大事项出现分歧，往往行使否决权。比如，公司章程修改，公司并购重建，控制权出让，资产购置与出售，重要管理人员的聘用与解聘等，这都关系着风险投资者利益，往往都有否决权。当然，风险投资者否决权的内容及如何行使否决权，需要创业者与风险投资者进行协商后确定。此外，为了确保投资者的利益，降低风险，与创业者签订“对赌协议”。“对赌协议”是指风险投资者提出的目标要求，创业者在一定时间达到的水平较高的目标(销售额、市场占有率、利润额等)。如果创业者达不到目标，风险投资者以超低价格购买股份达到控制企业的目的；或以超高价格让创业者回购股份，获取超额回报。“对赌协议”一般是有利于投资者的，核心是要企业的控制权。

7.3.5 吸引风险投资的步骤

生理学家贝弗里奇说过，机遇只偏爱那些有准备的头脑。同样，风险投资对项目的选择有严格的程序与较高的标准，创业者要想在众多项目中脱颖而出，获得风险资本的青睐，只有从自身做起，练好内功。

一般吸引风险投资需经过的6个步骤。

(1) 首先要了解风险投资者的产业投资爱好，特别是要了解他们对投资项目的评审程序。要学会从对方的角度客观地分析本企业。风险投资者看重的不仅仅是技术，而是由技术、市场和管理团队等资源整合起来而产生的商业(核心是盈利)模式。风险投资者要的是投资回报，而不是技术或企业本身。

(2) 创业企业要认真分析从产品到市场、从人员到管理、从现金流到财务状况、从无形资产到有形资产等方面的优势、劣势。把优势的部分充分地体现出来，对劣势部分提出具体的弥补措施。特别要注重企业无形资产的价值评估，核心技术在得到权威部门的鉴定后，要请专业评估机构评估，实事求是地把企业的价值挖掘出来。

（3）写好商业计划书，这是获得风险投资的敲门砖。

（4）宣传、推销你的企业。与风险投资机构接触，通过各种途径包括参加高交会、产权交易所挂牌、直接上门等方式寻找风险资本，但最有效的方式还是要通过有影响的机构、人士推荐。因为这种推荐能使风险投资者与创业人员迅速建立信用关系，消除很多不必要的猜疑、顾虑，特别是道德风险方面的担忧。

（5）应对风险投资家的考察，配合做好风险投资机构的价值评估与尽职调查。

（6）交易谈判与签订协议。双方将就投资金额、投资方式、投资回报如何实现、投资后的管理和权益保证、企业的股权结构和管理结构等问题进行细致而又艰苦的谈判。如达成一致，将签订正式的投资协议。在这过程中创业企业要摆正自己的位置，要充分考虑风险投资机构的利益，并在具体的实施中给予足够的保证。要清楚，吸引风险投资，不仅是资金，还有投资后的增值服务。

【案例】

阿里巴巴如何获得风险投资商的青睐?

阿里巴巴电子商务网站先后获得美国高盛500万美元和日本软银2000万美元的风险投资，它是如何获得风险投资商的青睐的呢?

马云是国内最早做B2B(商家对商家)电子商务网站的创始人。1995年，马云受浙江省交通厅委托到美国催讨一笔债务，在那里，马云第一次接触到电子商务，并敏锐地发现了其中的商机。回国后，马云着手创建自己的网站，把中国企业的产品信息集中起来，快递到美国，由设计者做好网页向全球发布，利润则来自向企业收取的费用。虽然，那还不是真正的电子商务网站，但1996年初试牛刀的马云不可思议地做到了700万元人民币的营业额！也就是在这一年，马云被邀请参与开发外经贸部官方网站及网上中国商品交易市场。在这个过程中，马云的创业思路日渐成熟：做B2B网站，利用电子商务为中小企业服务。大企业大多数都拥有自己的营销网络，相比之下，中小企业对电子商务的需求更大。1999年，马云创办了阿里巴巴网站，为中小企业搭建业务平台，一传十，十传百，网站在商业界中声名鹊起，同时也吸引了风险投资商的眼球。全球著名风险投资机构InvestAB亚洲代表蔡崇信原本是和马云洽谈投资事宜，然而被网站的前景所吸引，就任网站CFO。这一事件引起美国华尔街风险投资商的关注，美国高盛随即决定，向阿里巴巴注资500万美元；高盛资金到位的第二天，成功投资了雅虎网站的日本软银董事长孙正义约见马云，面谈仅6分钟，孙正义就决定投资2000万美元。

拥有了雄厚的资金背景，网站的发展突飞猛进，商务平台越搭越大，注册会员和点击率更是呈暴增之势。如今，“阿里巴巴”已跻身于全球最优秀B2B网站之列，一个想买1000只羽毛球拍的美国商人可在“阿里巴巴”上找到十几家中国供应商；而远隔千里的中国西藏和非洲加纳的用户，仅用几分钟就能在“阿里巴巴”上成交一笔药材生意。美国高盛、日本软银投资“阿里巴巴”之时，正逢互联网业的低潮期，但“阿里巴巴”独特的商业模式和理念，使风险投资商觉得有投资价值。

“阿里巴巴”商业发展模式、雅虎门户网站模式、亚马逊B2C模式和Ebay的C2C模式并列，被称为“互联网的四大模式”，具有相当广阔的发展空间。而马云放弃大企业选择中小企业的创业思路，为阿里巴巴赢得了更多的客户，同时也赢得了风险投资商的青睐。

案例来源：http://www.xicn.net/life/job/item/2004-07-21/171781.html

【思考】

为什么“阿里巴巴”电子商务网站能赢得国际风险投资家的青睐呢？谈谈你的看法。

本章小结

本章主要介绍了新创企业融资难的成因，新创企业的融资渠道，对债券型融资、股权性融资以及其他融资方式进行了分析，特别对风险投资类型及特征、投资程序、吸引风险投资的步骤做了重点介绍，这对创业者如何吸引风险投资是有实践意义的。

复习思考题

1. 债权性融资方式与股权性融资方式主要差别是什么？
2. 债务性融资的方式有哪些？
3. 简述风险投资的基本特征。
4. 简述风险投资与一般金融投资的区别。
5. 简述风险投资的过程。
6. 简述吸引风险投资的步骤。
7. 有人说只要有大量资金就能创业，你同意吗？为什么？
8. 你需要主动结交哪些朋友才可以提高融资能力？
9. 有人说创业融资最重要，也有人说最不重要，这种悖论你怎样认识？
10. 哪些因素影响融资？谈谈你的看法。

实训实练

1. 根据创业计划书的资金要求，分析确定哪种融资方式更适合你？为什么？如果要吸引风险投资的进入，应采取怎样的融资策略？请写出方案。

2. 组成小组到天使投资人或天使投资组织调查了解投资状况、投资理念、投资策略、投资风险、投资评价、投资效果等，形成调研报告。

3. 写出“我要当老板”的演讲词，在班级交流，做出 PPT，不超过 15 分钟。

创业案例过程研究与思考

百度开拓者：李彦宏创业融资历程

李彦宏，1991 年毕业于北京大学信息管理系之后留学美国，在布法罗纽约州立大学获得计算机科学硕士学位。在美国的 8 年间，他先后担任了道琼斯公司高级顾问、国际知名企业 INFOSEEK 资深工程师等高级职务。他对全球搜索引擎也有着巨大贡献，他在全球最先创建 ESP 技术，同时由他发明并获得美国专利的“超链分析”技术被全球搜索引擎采用。

1. 以“超链分析”技术拿到首笔启动资金

1996年开始，李彦宏利用每年回国的机会到各地调研，看高科技公司在做什么，大学生在研究什么。老百姓的电脑去干什么。直到1999年国庆，大家的名片上开始印E-mail地址了，街上有人穿印着.COM的T恤了，李彦宏才断定互联网在中国成熟了，大环境可以了。而李彦宏存折上的钱也差不多了，就算是两三年一分钱挣不到，也可以保证全家过正常生活，所以辞职创业的时机到了。

返回美国之后，手中握有全球第二代搜索引擎核心技术“超链分析”专利的李彦宏，找到了自己刚刚从美国东部闯荡硅谷时认识的好朋友徐勇。1999年11月，徐勇邀请李彦宏到斯坦福大学参加自己担任制片人的《走进硅谷》一片的首映式。首映式次日，两人就基本敲定了市场方向、股权分配、管理架构以及融资目标等回国创业的大致框架。

此时互联网泡沫正盛，但是凭借自身团队的价值并为了成为公司绝对股权的大股东，以便为将来的阶段性融资奠定基础，他们只制定了100万美元的融资计划，并开始寻找融资目标。在与各种背景的投资者接触后，李彦宏倾向于选择有美国背景的投资者，原因在于“他们开的价码、条件比较好”。很快就有好几家风险投资公司愿意为他们投资，他们看重的是三个因素：中国、技术、团队。

尽管对中国有着浓厚的兴趣(2000年年初Peninsula Capital还联合高盛、Redpoint Ventures向中国最早的IT交易网站“硅谷动力”投资了1000万美元)，但是由于没有在搜索领域的投资经验，他们又拉来了Integrity Partners一起投资。这家VC主要由INKTOMI(美国著名的搜索引擎公司，后被雅虎收购)的几个早期创业者创办。两家风险投资公司决定联手向百度投资120万美元(双方各60万美元)，而不是李彦宏当初想要的100万美元。

此前，百度公司已在开曼群岛成功注册，并在国内注册了它的全称“百度在线网络技术(背景)有限公司”。从2000年1月1日开始，百度公司在北大资源楼花了4个半月就做出了自己的搜索引擎。不仅如此，为了防止上市发生大的变化，原计划6个月用完的钱，百度做了一年的计划，从而坚持到了2000年9月第二笔融资到来的时候。

2. 靠创业精神，实现第二笔融资

网络泡沫破灭的第一个春天，李彦宏开始找第二笔钱。2000年4～5月，通过Inegrity Partners的引见，德丰杰全球创业投资基金(DFJ)创始合伙人JohnH. N. Fisher了解了百度，并对其产生了兴趣，审慎调查也随之开始。当时担任调查工作的符绩勋后来回忆说：“那段时间，我们大多在晚上去实地考察百度。透过公司的灯光，我们看到了这家公司身上闪现着硅谷式的创业精神”。融资谈判进行的很顺利，2000年9月，德丰杰就联合IDG向成立9个月的百度投资了1000万美元。德丰杰约占了总投资额的75%，因而成为百度的单一最大股东，但其仍然只拥有百度的少数股权。

钱不用愁了，客户与日俱增，几乎所有的门户网站都在使用百度搜索的服务。但李彦宏却开始了“不相干”的忧虑：市场份额已占到80%，还不能挣钱，商业模式肯定不对头。李彦宏思考着公司的转型，他希望借鉴美国搜索殷勤公司Overture首推的竞价排名。但是，这意味着百度需要实现由领先的搜索技术提供商向竞价排名服务提供商的角色转型，这与融资时的商业计划书上所写的内容是大相径庭的。投资人反对、高层管理者中间也有不同的声音，但李彦宏意志坚定，甚至一反平时平静、和气的性格特点。最终，他的决心说服了投资人和自己的创业团队，百度用第二轮融得的资金开始了向竞价排名服务提供商的转型。实践证明，李彦宏的决定是正确的，从2003年起，百度的流量开始超过当时最大的竞争对手Google。

3. 第三轮融资，引进竞争对手

2003年年底，百度开始第三轮融资的时候，其面临的主要问题已是选择那些能为百度的进一步发展带来不同价值的投资者。

“第三轮融资持续了6个月，我们在考虑是否接受Google的投资上花了很多时间，因为两者之间的竞争关系是显而易见的，而当时百度并不缺钱。”李彦宏说。但其实即将上市的Google显然希望通过投资百度“化敌为友”在中国分得更多市场。

2004年6月16日，这两家搜索引擎的领导者宣布进行资本合作，外界揣测，Google向百度投资了1000万美元。李彦宏强调，百度此轮融资为战略性融资，Google只拥有百度的少数股权，不足以影响百度的发展策略。李彦宏、徐勇等公司的原有股东仍然对公司拥有绝对的控制权。最终，他还是引入了Google这个战略投资者，他认为Google加入会有效增加百度的品牌知名度，但百度仍是独立运作的公司。

德丰杰与Google一起在此轮投资中扮演了零头角色。投资者的名单上还包括Inergrity Partners、Peninsula Capital、China Value、华盈投资（VentureTDF）、信中利投资（chinaEquity）和Bridge Management等。其中，信中利曾在搜狐股票价格徘徊在1美元时大量买进，China Value则拥有强大的政府关系背景。但是，China Value等后来的投资者都没有能够进入百度的董事会。

4. 上市融资后的股权控制与价值增值

第三轮融资之后，很多人认为是Google收购了百度，持这种观点的人中包括GoogleCEO施密特。投资之后，Google开始准备上市的工作，对中国市场的关注少了，而百度正利用这样的一个缓兵之计大力发展自己。

2005年首季，百度把Google远远地抛在了后面，在中国国内互联网市场的网站搜索流量份额(市场占有率)为44.7%，相比之下Google位居第二，为30.1%；同时，百度在首季取得了520万美元的收入，同比增长147%。

随着2005年8月份百度上市，Google没有套现手中持有的2.6%的百度股权，也就是说，Google握有将来收购百度的可能。但是，李彦宏早有准备。按照百度在纳斯达克公布的招股说明书，百度上市后的股份将分为A类股、B类股及新发行股票为A类股票，所有原始股票为B类股票。10股B类股票表决权相当于1股A类股票表决权。这一股权结构还规定，一旦Google或其他收购方买下所有B类股票，B类股票立即转为A类股票。从招股书看，百度IPO完成后，A类股票占总股本10%左右，李彦宏百度高管拥有35%之多的股份，包括Google在内的原始大股东持有54.1%的股份。因此，即使Google买下除李彦宏及百度高管之外的所有股份，由于B类股转为A类股的机制，Google拥有的表决权还是低于李彦宏及百度高管，也就是说，Google根本无法有效控制百度。

2005年8月5日上市当天，百度以66美元的开盘价登陆纳斯达克，122.54美元收盘，涨幅高达354%，创造了纳市海外股首日涨幅的最高纪录。接下来的5年时间里，百度进一步用自己的实力赢得了海外资本市场的尊敬，在上市5周年前夕，股价最高突破860美元，市值逾300亿美元，百度也成为美国股市市值最高的三家互联网公司之一。对全球资本市场来说，百度已成为纳斯达克“中国名片”。百度的出现给人们在互联网的信息海洋中畅游带来了极大的便利，人们可以通过百度主页，在瞬间找到相关的搜索结果，这些结果来自于百度超过10亿的中文网页数据库。2013年10月16日《福布斯》杂志中国版公布2013年中国富豪榜，李彦宏个人财富从2012年的494亿元增长到2013年的677亿元，其增长的主要原因是百度公司连续收购91无线、PPS、糯米网等，使其股票在纳斯达克连续上涨，李彦宏持股百度的股票价值也水涨船高，在全球排名80位，国内排名第一位。

资料来源：http://www.p5w.net/p5w/fortune/200501/44.html等

【思考】

1. 谈谈你从百度的融资经验中获得的启示。
2. 如果你去创业，将如何获得创业资本？
3. 我们向李彦宏学习哪些创业经验？

(参考查阅有关网上资料，阅读书后附录李彦宏演讲词)

第8章 新创企业战略规划的制定与控制

教学目标

学习完本章后，应掌握的重点：

1. 新创企业战略规划的必要性和特点
2. 新创企业战略选择的具体内容
3. 新创企业战略制定和战略控制的方法

理论应用

1. 举例说明新创业企业战略规划的必要性和内容。
2. 调查新创企业的战略制定和控制。
3. 试写出新创企业的战略规划。

2006年德勤华永会计师事务所有限公司北京分所在对中国高科技、高成长50强首席执行官调查中，他们认为可靠、有效的商业战略和强大的领导能力是公司增长最为关键的两个因素，分别是77%、60%。还有56%的首席执行官认为，高素质的员工也会对公司的成功起着至关重要的作用。也就是说，上述三大因素决定了新创企业的高成长、高收益，而排在第一位的是正确且有效实施的战略规划。

案例导入

王健林——中国部队转业军人创业的楷模

王健林1954年生，四川人，大连万达集团董事长，中共十七大代表，第十一届全国政协常委，第十一届全国工商联副主席，现任中国民间商会副会长，中国企业联合会、中国企业家协会副会长，中国商业联合会副会长，中国慈善联合会副会长。2013年10月16日《福布斯》杂志中文版公布了中国富豪榜，王健林的个人财富以860亿元排在首位。

王健林1970年入伍，由于表现出色，27岁就成为了一名正团职干部。军队孕育了王健林建功立业的意志和决心，为他日后成为一名创业家打下基础。1987年为了响应国家"百万裁军"的号召，王健林告别了十多年的部队生活。转业后，王健林来到大连市西岗区区政府任办公室主任。1988年负债数百万元的西岗区住宅开发公司濒临破产，区政府为了拯救这个"烂摊子”，面向全区公开招贤。王健林主动请缨，自愿去担任西岗住宅开发公司经理后改名为大连万达集团股份有限公司并任董事长至今，后来将总部迁至北京。万达由两个汉字组成，寓意长久、富足和繁荣。

1988 年 1 月万达启动了大连市西岗区北京街旧城改造，成为全国第一个进行城市旧区改造开发的企业，在全国首创城市旧区改造的发展模式。万达年房屋销售量占大连市房地产销售总量的两成以上，在大连房地产企业中脱颖而出。经过一系列创新企业发展战略规划的制定、实施和控制，先后创新有跨区域房地产发展、商业地产、连锁百货、国际度假区、电影产业、中央文化区、奢华品牌酒店、合资演艺公司、并购全球第二大影院公司——美国 AMC、创新世界首个哈尔滨特大型文化旅游商业综合项目、青岛东方影都影视产业园区建设等创新项目开发，使万达集团已成为具有国际竞争力的跨国企业。

目前已经形成商业地产、高级酒店、文化旅游和连锁百货四大核心产业。2012 年，企业资产 3000 亿元，年收入 1417 亿元，年纳税 202 亿元，净利润超过 100 亿元。万达商业地产股份有限公司是全球商业地产行业的龙头企业，截至 2013 年 9 月 30 日，已在全国开业 79 座万达广场，持有物业面积规模全球第二。亚洲最大的不动产企业——超过 1400 万平方米。万达商业地产公司拥有全国唯一的商业规划研究院、全国性的商业地产建设团队，全国性的商业管理公司，形成了商业地产的完整产业链。万达集团酒店管理公司目前已在全国开业运营 45 家五星级和超五星级酒店。同时，万达拥有全资的万达嘉华五星级酒店、万达文华超五星级酒店和顶级的万达瑞华酒店品牌。万达文化产业集团是中国最大的文化企业，注册资金 50 亿元，资产 310 亿元，2012 年收入 208 亿元，已进入电影院线、影视制作、影视产业园区、舞台演艺、电影科技娱乐、主题公园、连锁娱乐、报刊传媒、字画收藏、文化旅游区等 10 个行业。全球最大电影院线运营商——超过 500 座影院共拥有 6000 块电影屏幕、74 家量贩 KTV。万达百货已在北京、上海、南京、成都、武汉等地开业 68 家百货店。中国年新增就业岗位最多企业 10 万。企业发展目标是到 2015 年成为世界一流企业，树立民族企业品牌，为中国企业争光。计划到 2015 年，企业资产 4000 亿元，收入 2500 亿元，纳税 300 亿元，净利润 200 亿元。

王健林在总结企业跨越式发展的基本经验时说，创新是企业发展的强大推动力，是企业可持续发展的法宝。

【思考】

在网上查阅万达集团发展历程，试总结评价万达集团发展的基本经验。结合书后附录王健林发表的《致奋斗》演讲词，谈谈你的感想与体会。

8.1 新创企业战略规划的必要性及特征

8.1.1 新创企业战略规划的必要性

对于成熟企业来说，已定的战略规划决定了企业的发展方向。但对于新创企业来说，是否必要，答案是肯定的。因为，没有战略规划就会迷失方向，其发展道路会误入歧途。

（1）战略规划是指导公司及各个职能部门、单位具体发展方向的总方针。如果以系统论的观点认识新创企业战略规划的必要性，那么，各个子系统必须在总系统的指导下进行各个子系统的规划，并且支持、服务于总系统的战略目标的要求。否则，子系统不知怎么进行规划、对接以及评价等工作。安索夫认为，新创企业不制定战略规划，所带来的成本更高，或是被动，或是失去市场机会，或是无法依一定准则进行改进和调整。

(2) 缺乏战略规划的新创企业其经营方案更多依赖于创业者的个人素质。如果做出错误决定，会失去市场机会，错过发展良机；如果创业领导者进行更换，会造成整个经营的不稳定。

(3) 缺少战略规划会造成资源浪费，严重影响新创企业的发展。比如，创业团队主要成员出现发展方向的分歧，往往会束手无策，损害企业发展。

因此，在创业开始阶段进行战略规划是非常必要的，如果不进行战略规划，可节省一定量的时间和资源，但会导致行动方向的迷失，不会有很大的发展。有的认为，战略在老板的脑子里，不用写在纸上列出来。这个认识是不对的，初始阶段可能是这样，但真正把企业做大做强一定要有战略规划。要统一认识，统一行动，按战略规划目标迈进。

8.1.2　新创企业战略规划的特征

新创企业战略规划是指把种子期或初创企业的生存作为首要问题，更多的考虑是经营层面的竞争战略，只有先解决生存问题，稳固之后，在考虑企业的发展战略。对于成熟企业其战略选择包括横向一体化和纵向一体化，但对新创企业来说，是从现有的资源出发，抓住现有机会谋求生存与发展的战略。不能完全套用成熟企业的发展战略。

新创企业战略规划的特征，概括起来有以下几点。

1. 新创企业战略规划的复杂性

战略规划纵向可分为公司战略、竞争战略等；横向可分为低成本战略、集中化战略、差异化战略。

1989年在全美评选出成长最快的100家私营企业中，拜德对创始人进行访谈，对有无创业计划进行调查，41%的人没有商业计划，28%的人有一份详细商业计划，26%的人只有粗略的商业计划，5%的人为投资者做了财务预测。他认为，新创企业的战略规划是介乎于完全无规划和复杂规划(成熟企业的战略规划)之间的一种状态，是一种适度的复杂状态，这种复杂性依赖于企业所能支配的资源和企业的战略目标，也就是说，必须对外部环境与内部条件进行分析，在充分考虑各种变量因素的基础上制定新创企业的战略规划。

2. 新创企业战略规划的渐进性

新创企业战略规划不是一步到位的，而是经过连续、渐进的变革过程，其执行也是渐进式的。美森和思考利恩在1998年提出了战略调整框架，如图8.1所示。大的战略调整或剧烈变动会带来资源的巨大浪费，对新创企业来说是致命的。

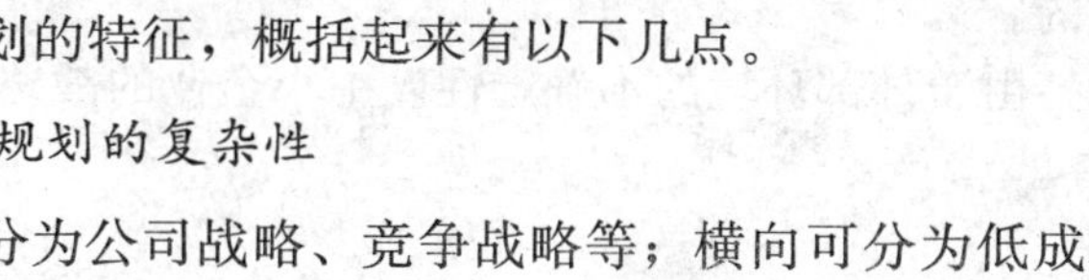

图8.1　美森和思考利恩战略调整

比如，联想集团董事会主席柳传志提出渐进的“鸵鸟”战略，其发展过程是小鸡—火鸡—鸵鸟。这种“鸵鸟”战略为公司发展指明了方向，并取得了战略性胜利。

3. 新创企业战略规划的独特性

新创企业战略规划的制定，必须坚持实事求是，从自身发展的特点出发，制定出切实可靠有独特性的发展战略规划。

4. 新创企业战略规划要与外部环境相适应

新创企业战略规划不能“闭门造车”要使战略规划与新环境相适应，不能脱离外部环境而制定战略规划。

一些西方学者还认为，新创中小企业战略特征有如下几点。

(1) 战略是突发形成，战略过程由危机驱动，而非事先设计。

(2) 属直觉或经验型战略，受企业家个性、价值观等影响。

(3) 一般战略规划是非正式的，类似于规划的决定过程。

(4) 短期计划作用大，长期计划在管理中作用小。

(5) 战略制定者只同利益相关者进行交流，不与员工进行沟通。

(6) 企业越成功，其战略越明确，竞争优势就越明显。

(7) 战略决策信息主要来源于私人、缺乏分析，不进行评价、反馈。

(8) 战略对组织结构影响有限，中小企业不适合用大企业普遍采用的组织结构，初始阶段组织结构是非正式的。

(9) 战略是灵活的，由于外部环境的不确定性，中小企业的战略期限相对较短，这可避免外部威胁。

8.2 新创企业战略的制定

8.2.1 新创企业战略构成分析

中国学者林嵩、谢作渺认为，新创企业战略的选择本质上是创业者选择什么样的市场/产品开发组合战略。这种组合战略是新创企业市场定位的具体体现，通过市场和产品开发，发现有利的细分市场，提供新产品更有效地服务于目标市场。新创企业的战略可分为市场开发和产品开发两大方面。市场开发包括：市场进入战略、竞争力度战略、市场联盟战略。产品开发包括：产品创新战略、产品范围战略、产品成本战略。

市场/产品开发组合战略强调差异化战略。迈克尔·波特论证了差异化战略的重要性。差异化的目的在产业范围中形成独特性，并能取得超常收益，建立起对付5种竞争力的防御地位：供方、买方讲价能力、潜在或新入侵者威胁、替代品、现有企业间竞争，新创企业通过市场细分，专注某一特定产品，创造独特竞争优势，避免与大企业正面竞争，同时使有限的资源得到充分的利用，创造更大的价值。考林思和拉泽尔提出了一个中小企业战略规划模型，其战略要素包括：愿景规划、内部分析、外部分析、现金流量、市场/产品战略、组织设计，这个框架模型没有进行更深入的探讨分析。林嵩、谢作渺在产品/市场组合战略模型中，根据国外研究者的研究，归纳6个具体的竞争战略。

1. 市场进入战略

创业者首先考虑的是市场进入的时机，这是创业成功的重要因素。塞坡得等研究者认为，对于新兴产业来说，市场规模正在上升期，进入者可以获得大量的市场份额，竞争也不太激烈，可以率先拥有商誉和顾客忠诚度上的优势，这种优势对后进入者往往是一种壁垒，可取得更好的业绩。当然先进入者也承担一定的经营风险，因为无经验教训可供借鉴，如果出现决策失误，其结果将是致命的。

【案例】

康师傅茶饮料市场占有第一位。1998年推出绿茶饮品“自然最健康，绿色好心情”。2005年推出花茶饮品“茉莉清茶，自然芬芳”。推进茶饮品市场的进一步细分，不到一年占整个茶饮品85%市场份额，许多跟随者进入，但康师傅的先进入战略已掘得第一桶金。

2. 积极竞争力度战略

彼盖带克研究者研究认为，成功的创业者都是那些积极谋求市场份额的人。通过积极的市场竞争战略，且实施力很强大，都可以获取很大的市场份额和业绩，提高了存活概率。当然，积极的竞争力和较强的市场竞争战略可能要消耗较多的资源，对于资源相对缺乏的新创企业也具备一定的风险，在与资源雄厚的大企业直接争夺市场应非常谨慎。

积极竞争战略在企业营销活动中反映更加充分，不同的营销力度体现了对于市场竞争力度的态度，是势在必得，还是稳健保守，反映了企业市场竞争力的差异。对于新兴企业的早期进入市场者，积极的经销活动能树立该企业的品牌形象和行业地位，促进该行业的发展。如果是及时的追随者也可以获得一定的市场份额。但是，积极竞争力战略要消耗较大的资源，特别是大量的流动资金，可能会造成其他方面资源缺少，发展乏力。因此，创业者要综合考虑各种因素，全面部署竞争的力度，不能顾此失彼。

【案例】

谷歌搜索引擎与其他小公司竞争，小公司强调开发特殊引擎类别，比如，医疗信息、博客、影视作品等。因为，搜索引擎市场太庞大了，你不用做老大就可以有十几亿的身价，引来许多创业者进入该行业，与谷歌一争高低。当然，竞争激烈，生死之间，有的小公司当了“烈士”，有的争得“一席之地”。

3. 市场联盟战略(横向)

这是指创业者与企业外部实体建立的横向工作联盟关系。市场联盟战略的核心是能为自己带来更大收益之时才采用，如果收益发生变化，其市场战略联盟关系随之调整。企业借助联盟获取多元化的资源，如技术、财务、市场合法性、控制力等，从而提升企业的战略位置。对于新创企业来说，由于资源相对短缺，市场联盟的意义更加重要。由于成熟企业特别是大企业在建立联盟方面有更多的优势，实力强大，许多中小企业愿意加入进来。

而对于新创企业在建立市场联盟时候，更依赖于创业者及团队成员的个人联系，独特的技术优势或核心竞争力，通过个人层面的联系带动公司层面的战略联盟的建立，从这个角度看，创业者的网络关系在战略联盟中是非常重要的。

【案例】

北京金和软件(栾润峰)创建的，有独立知识产权的管理软件，IBM和微软都想找金和软件合作，但与任何一家国际巨头合作都会失去话语权，为此栾润峰提出“三合一”，要求保留话语权开发中小企业信息化市场。产品是三套金和管理软件＋IBM服务器＋微软软件平台，产品价格相当于购买其中单一产品价格，价格优势明显，而且有两家公司的技术和资金支持，有稳定的客户群，取得了明显的联盟效果。

4. 产品创新战略

这是指投入资源研发新产品的程度，构建产品核心竞争力。产品创新的核心在于开发出市场需要的具有独立知识产权的核心技术，尤其对于高新技术企业来说，是非常重要的，在一定意义上说，谁垄断了产品创新的核心技术，谁就垄断了产品市场，就拥有了垄断利润。微软、IBM成为国际影响力的产业，正是由于掌握了产品的核心技术。但不同的新创企业在产品创新战略的实施力程度上存在差异。有的企业采用高强度的产品技术创新战略应对竞争，保持产品创新的领先优势；有的企业实施较低强度产品创新战略，保证企业把资源用于为消费者提供价格和其他补偿性价值优势。不同力度的产品技术创新需要不同的资源支持。高力度创新企业需要更多资源，有可能取得突破性进展，但风险较大，甚至无有回报。而低力度的产品创新，资源消耗少，容易为竞争者模仿，因此在制定产品创新战略时，要进行利弊权衡，制定出符合实际情况的创新战略，取得好的实施效果。产品创新强度，取决于资源的丰富程度。

【案例】

谷歌新产品开发为了取得突破性进展，与迅雷合作，与中国移动结盟，进行图书搜索、网站导航等多款新产品的开发，与百度在搜索引擎竞争高下。其资源和市场争夺激烈，但百度有核心技术，在一定时间内，其市场范围和用户地位不可动摇。

5. 产品范围战略(市场宽度)

这是指新创企业针对已选择的市场提供的产品范围，包括消费者类型、服务地理范围等。产品范围实际指的是产品种类范围的开发。产品的多元化战略，拓展了消费群体，但仍在创业者所选择的特定的市场细分之下。如果产品过于单一，市场发生变化，企业将失去大部分市场。实施为客户或潜在客户提供大范围的产品，对新创企业很重要。其意义是服务面更加广泛，为消费者提供更多的选择，可以培育出更多的潜在消费者，提高创业者的竞争力。需要指出的是，产品范围战略需要较多的资源和能力，超出资源和能力会使这个战略实施出现更大的问题，因此特别注意平衡，即现有产品范围或开发产品范围与资源和能力的综合平衡。

【案例】

索爱公司与诺基亚和摩托罗拉产品竞争中，通过延长手机产品线扩大市场份额，向二、三线级城市拓展，产品以中、低端为主。索爱在影像手机，音乐方面开发有技术优势。爱立信看中索爱的技术优势，多次采用索爱终端技术运用到定制手机中，并向3G延伸，使产品范围不断扩大，扩展了用户群。

6. 产品成本战略

产品成本战略是指企业是否致力于建立成本领先优势，通过降低各项费用达到降低或控制成本的目的。成本领先(降低成本)强调总成本领先，不仅仅是生产成本或某一方面的成本。实施成本领先战略应重点考虑以下几点。

(1) 抓住影响成本上升或占大头的那部分，即抓住重点，主要矛盾，关键环节。只有抓住了重点或主要矛盾，会对降低成本起决定性作用。

(2) 重视采购成本的降低，据统计，75%的钱是通过采购部花出去的。

(3) 对于生产企业来说，抓好设计环节。设计科学合理会节省大量费用。

(4) 要注意对成本增长快的部分的控制，即抓大，也不放小，大小一起抓。

【案例】

神州电脑三年三大步，主要是采用了产品成本领先战略，成本优势体现在：从研发、采购、生产、销售和售后等所有环节的全程全面的成本控制，形成了总成本领先的核心竞争力，不但快速进入市场，而且赢得市场竞争优势。他们领先同行的有电脑主板、显卡两项技术，使整体成本降低两成左右。采用特许经营的渠道模式，连锁经营1000家特许经营连锁店，建设费用低，渠道运营成本降低，减少中间环节成本。管理严格，非生产成本控制在4%，降幅达到5%～10%。低价战略，抢占市场份额，通过降低成本，实施低价，构筑成本领先壁垒，赢得利润和发展先机。

8.2.2 新创企业战略模式

战略模式是指企业在选择了具体的战略方案后，在经营实践中体现出来的整体运作模式。也就是在各个具体的战略选择上的实施力度组合，就构成了新创企业的战略模式，如图8.2所示。

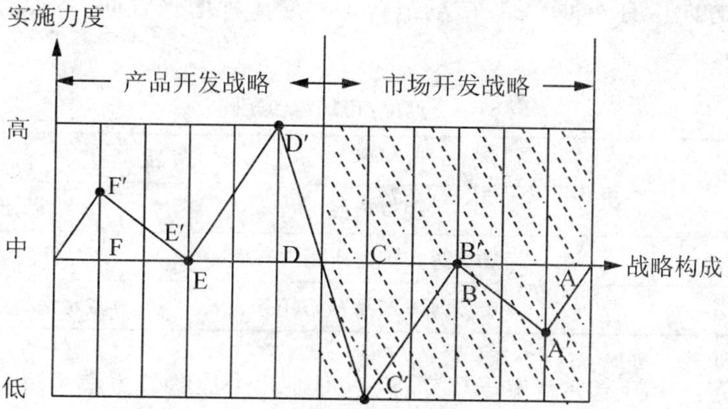

图8.2　新创企业战略构成

说明：横向表示战略构成，其中，右边阴影部分为市场开发战略选择，左边无阴影部分为产品市场开发战略选择，横向箭头表示分别对应某一具体战略。纵向表示战略实施力度，向上实施力度强，向下战略力度低。

坐标轴上 AA′、BB′、CC′、DD′、EE′、FF′具体位置代表企业具体战略模式，A 表示市场进入战略，B 表示市场竞争力度战略，C 表示市场联盟战略，D 表示产品创新战略，E 表示产品范围战略，F 表示产品成本战略。

运用这一战略模型，纵向比较同一企业在不同时期战略模式变化；横向比较企业之间战略模式差异，有较强实用性。

8.2.3 新创企业战略方案制定

创业过程实质上是创业机会的识别和开发过程。创业机会的开发和价值实现是企业经营的重点，这需要创业者制定并选择正确的方案，这包括市场与产品开发及资源整合等管理活动，其实质是新创企业战略方案制定工作。要根据创业机会的特征，选择不同的战略方案，从市场和产品两个核心特征角度考虑战略方案制定，有以下 4 个组合。

(1) 市场优势强，产品优势弱的创业机会对应的成长规划以市场开发为主，通过积极迅速占领市场，促进企业成长。

(2) 产品优势强，市场优势弱的创业机会，以产品开发为主，更新产品，提高服务水平，促进企业成长。

(3) 市场/产品都弱不予考虑。

(4) 产品/市场都强的市场机会，应以组合开发策略为主。

新创企业战略方案制定从市场特征看，强调竞争强度、成长性；从产品特征看，强调独特性、创新性。市场开发从市场进入、竞争强度、市场联盟的组合角度制定；产品开发从产品创新、产品范围、产品成本的组合角度制定。

安索夫在《企业经营战略》这部著作中，提出了产品—市场组合战略矩阵模型，也叫安索夫模型。在这个矩阵模型有两个主要概念。一是产品—市场范畴，产品指个体产品的物理性质及性能特征等；市场指市场集中度，市场发展状况等。二是增长向量，是指以目前产品及市场组合为出发点，明确今后公司发展战略。根据产品/市场特征所选择的成长方向，有 4 种产品/市场组合，对应 4 种增长方向。产品/市场组合矩阵见表 8-1。

表 8-1 产品/市场组合矩阵

市 场	产 品	
	现有产品	新 产 品
现有市场	市场渗透，扩大市场占有率	产品开发新替旧产品
新市场	市场开发产品开拓任务	多元化新产品新市场

优点：在设定一个特定类型市场/产品后，可在几个战略性方案中进行选择平衡、比较，然后确定最佳方案。

8.3 新创企业战略控制

新创企业战略制定后，在执行过程中，要加强战略控制，根据执行过程中存在的问题，进行适时调整，保证战略目标的实现。

8.3.1 新创企业战略控制原则

新创业战略控制原则包括以下几点。

1. 执行的可行性

我们是否有足够资源支持已经确定的战略，这不仅包括“硬件”，也包括“软件”。

2. 利益相关者可接受性

因为战略规划和实施牵涉到利益相关者特别是投资者的利益，如果对利益相关者造成一定的损失或伤害，他们可能成为战略实施的阻力。因此，在战略制定和实施中，应当充分考虑利益相关者是否能够有效支持创业者所制定的战略，对他们可接受性要有所考虑。

3. 战略灵活性

企业战略规则不是一成不变，死规定，铁板一块。要根据不断变化的外部环境适时进行调控。战略应有一定的弹性，为达到这种弹性，创业者在战略控制时应更为仔细，讨论更为充分，以达到更好的效果。

4. 战略规划整体性

战略规划体现系统性、整体性，不能顾此失彼。比如，必须把短期利益与长期利益、局部利益与整体利益有机地结合起来，注重总体、全面、长期发展。

8.3.2 新创企业战略控制过程

1. 确定战略目标

明确战略目标后，要进行多层次、多方面的控制，适时进行战略调整，以解决发展中的瓶颈问题，又重新确立长期目标与短期目标结合，逐步实施。

2. 确定评价标准

评价标准的设定可参考同行业的先进标准，或提出更新更高的标准。评价标准尽可能地量化，把定性与定量评价有机地结合起来。评价标准要客观、有效，能起到促进作用。

3. 评价与分析

根据设定的目标和评价标准进行评价与分析。无论是否完成战略目标，都应进行客观分析，包括宏观与微观分析，找出原因。分析原因要具体详细，分析影响工作成效的各种因素及起的作用，尤其要抓住主要因素。在实施中要实时评价，其灵活性优势在战略调控中得到充分发挥。

4. 反馈纠正

根据分析结果，进行警示反馈，采取必要措施改进或调整战略规划。充分发挥团队成员、专家顾问等人员在分析纠错中的作用，不断完善战略规划，实现良性稳定健康发展。

战略规划的调整主要是根据目标完成情况来决定，大体有3种情况。

超过战略目标水平；实际完成与目标持平；没有完成目标规定的任务。目标设定要能经过努力达到，不可过高或过低。

本章小结

本章概述了新创企业战略规划的必要性及特征，论述了新创企业的战略构成及战略制定、调整、控制的过程。我们认为，新创企业应把战略规划放在企业成长管理第一位，通过战略规划和实施，推动企业成长。

复习思考题

1. 简述新创企业战略规划的特征。
2. 简述新创企业的战略构成与制定。
3. 简述新创企业战略控制的原则与控制过程。
4. 新创企业的战略规划是否会随企业的发展发生变化？为什么？

实训实练

根据所选创业计划项目，运用学到的战略规划理论，制定出未来5年新创企业的发展战略规划和行动执行落实计划。

创业案例过程研究与思考

俞敏洪：教育创业的引领者

1. 新东方发展简介

新东方是由北京大学毕业生俞敏洪创立的，现任新东方教育科技集团董事长兼首席执行官，民盟中央常委、民盟中央教育委员会副主任、第十一、十二届全国政协委员、中华全国青年联合会委员、中国青年企业家协会副会长、北京大学企业家俱乐部理事长、中国企业家俱乐部理事。生于1962年10月江苏省江阴市夏港镇葫桥村，1980年从江阴高级中学经三次高考后进入北京大学西语系。期间患病(肺结核)休学一年。1985年从北京大学毕业，留校担任北京大学外语系教师。1991年9月俞敏洪从北大辞职，进入民办教育领域，先后在北京市一些民办学校从事教学与管理工作。1993年11月16日，俞敏洪创办了北京市新东方学校，担任校长。从最初的几十个学生开始了新东方的曲折发展创业历程。即使在大冬天里，校长也要自己拎着浆糊桶，骑着自行车，穿行在行人渐稀的大街小巷和灯火点点的大学校园，张贴亲手用毛笔书写的“托福”学习班广告。常常是浆糊刚刚刷上去就冻成了冰，冷得实在受不了，就掏出怀里的“二锅头”抿上一口。困难对俞敏洪来说真算不了什么，正如他自己常对学生们说的那样：“绝望中寻找希望，人生终将辉煌”！在这样的逆境中，凭着毅力和智慧俞敏洪终于开始步入辉煌。

经过近20年创业过程，截止到2013年，新东方学校外语培训已经占据了北京约80%，全国50%的出国培训市场，年培训200万学生，累计培训学员超过1600万。有几万人的CRE成绩超过2000分；在全球最高得分榜上，有许多新东方学员的名字；新东方学员TOEFL成绩在610分以上的超过3万名，每次TOEFL考试，都有几十名学员获得677的满分；从中国去美国读MBA的学员，半数以上出自新东方CMAT班；美国、加拿大各地大学校园，半数以上是新东方校友。新东方真正出名了，是因为它有一种能让人深切感受到的巨大力量。这种力量不仅在外语学习上助你一臂之力，更能为你的人生导航。这力量就是新东方人性化的企业文化——追求卓越，挑战极限，在绝望中寻找希望，人生终将辉煌。给你信心和机会——新东方的独特教育理念，新东方带给学员的不只是分数收获，还有一笔巨额精神财富，必定协助你不断地攫取成功，即使是在取得高分很多年以后。《中国青年》2001年1月评选俞敏洪为“可能影响21世纪中国”的100名青年人物之一。

同时，新东方与联想合作从事新东方远程教学。新东方在线依托于新东方教育科技集团的强大师资力量与教学资源，拥有中国最先进的教学内容开发与制作团队，致力于为广大用户提供个性化、互动化、智能化的卓越在线学习体验。新东方占有全国60%以上的出国英语培训市场。2006年9月7日，新东方在纽约证券交易所成功上市，开创了中国民办教育发展的新模式，新东方的发行价为15美元，开盘价22美元，市值已升至逾20亿美元。经过配售后，俞敏洪现持有新东方25%的股权，同时通过其他员工和同事持有的股份保留着投票控制权。俞敏洪身价暴涨成为中国最富有的教师。

目前，新东方学校的教育部门包括：早教、学前、小学、中学、四六级、考研、出国留学、图书、在线教育等，在上海等26个省市设立了分校，将新东方的精神与教育理念在全国范围内传播。

俞敏洪在教育过程中出版了英语教学与学术和励志著作，其中包括：《GRE词汇精选》（学生称为“红宝书”）、《永不言败》、《生命如一泓清水》、《新东方精神》、《在绝望中寻找希望》等。俞敏洪的办学事迹被中外众多报刊及杂志报道，为我国外语培训事业做出了突出贡献。

2. 俞敏洪与新东方的诞生

新东方在诞生之前，至少还有五年的孕育期可以追溯。

1988年前后，中国开始了第一次到美国留学的热潮，当时的出国留学不像现在这样大张旗鼓地进行，很多人都是偷偷地准备，因为工作单位一般不允许出国，被人知道了容易引起麻烦，所以常常一个人出国以后，周围的人才知道他已经到了国外。出国在当时是一件了不得的像上天堂一样的事情，听说有朋友到国外去了，人们通常会羡慕得眼睛发红。1988年1月俞敏洪第一次参加了托福考试，并且获得了657分的好成绩，然后就踏上了连续三年多的联系出国留学之路。他当时的目标并不是要上什么好大学，只要美国人让我过去，干苦力也会在所不惜。美国几所高校给发了几张印刷得很漂亮的录取通知书，但就是不愿意给一分钱的奖学金。俞敏洪在北大每月领取120元的工资，不可能有经济能力自费出国，因此出国梦想只能就此打住。

出国无望，家庭经济陷入困境，于是想起了对于托福考试的深刻研究，就背上书包到各个培训机构开始教书谋生。1989年的夏天他和一所民办学校商量，以承包的方式办了个外语补习班。招到了一些学生来上课，这个班应该算是新东方最初的雏形。后来北大认为办班是非法行为，是不尊重北大的一种表现，就给了一个行政记过处分。处分在北大高音喇叭播出的时候，刚好外面下着大雨，他和王强同学在房间里喝酒，结果喝得不省人事，第一次办学热情也从此夭折。到了1990年夏天，觉得待在北大的生活变得愈加沉闷无聊，于是痛下决心告别了希望成为北大教授的梦想，把全部行李装上一辆三轮车，在月光之下推出了北大南门。

离开北大后，他找到了一家叫做“东方大学”的民办学校，为他们创办了外语培训部，同样以承包的方式大张旗鼓地做了起来。当时心里憋着一股气，一心想要做出点成绩来洗刷自己在北大遭受的耻辱，又想尽快存够钱出国读书，所以特别发奋努力，结果培训部的名声越来越大。到了1993年，以更大的热情投入到了办学之中，决定创办一所自己的学校，想了半天也不知道起什么名字好。刚好当时有个朋友办了个公司叫“东方”，于是灵机一动，就在东方前面加了个“新”字，“新东方学校”从此诞生。他拿到办学许可证的那一天是11月16日，骑着自行车到海淀教育局领许可证。北京正好刮着大风，漫天黄沙飞舞，带来了一种战士出征、慷慨悲壮的感觉。

3. 俞敏洪与新东方的精神

新东方有一种精神存在。学生来到新东方能够收获一种激情、一种奋进、一种热爱生命的态度。在发展历程中，新东方从一开始就把两种元素融入了教学之中：轻松幽默的语言和充满煽动力的励志教育。可以说正是这两种元素造就了新东方的魅力，使新东方显得与众不同。尤其是励志教育已经成为了新东方的一种传统，很多学生在百无聊赖和四顾迷茫之中走进新东方，在听完了老师的讲课之后，常常眼前一道亮光闪过，发现生命可以过得远比自己想象的精彩，也发现只要坚持奋斗，人生终将辉煌。

让失败者成功，让成功者更加成功，成为新东方励志精神的重要内核。他认为，只有两种人的成功是必然的。第一种是经过生活严峻的考验，经过成功与失败的反复交替，最终成大器。另一种没有经过生活的大起大落，但在技术方面达到了顶尖的地步。比如学化学的人最后成为世界著名的化学家，这也是成功。他们不断强化这一信念：面对困难、挫折和失败，永不放弃、永不言败是走向成功的唯一法宝。他认为，骆驼在沙漠中生存下来，靠的是一步一个脚印地坚持走下去，学业如此，事业如此，人生也是如此。

这一励志教育的源头主要来自俞敏洪的经历：小时候他父亲做的一件事情到今天还让我记忆犹新。父亲是个木工，常帮别人建房子，每次建完房子，他都会把别人废弃不要的碎砖乱瓦捡回来，或一块两块，或三块五块。有时候在路上走，看见路边有砖头或石块，他也会捡起来放在篮子里带回家。久而久之，他家院子里多出了一个乱七八糟的砖头碎瓦堆。他搞不清这一堆东西的用处，只觉得本来就小的院子被父亲弄得没有了回旋的余地。直到有一天，他父亲在院子一角的小空地上开始左右测量，开沟挖槽，和泥砌墙，用那堆乱砖左拼右凑，一间四四方方的小房子居然拔地而起，干净漂亮地和院子形成了一个和谐的整体。他父亲把本来养在露天到处乱跑的猪和羊赶进小房子，再把院子打扫干净，就有了全村人都羡慕的院子和猪舍。

当时他只是觉得父亲很了不起，一个人就盖了一间房子。等到长大以后，才逐渐发现父亲做的这件事给他带来的深刻影响。从一块砖头到一堆砖头，最后变成一间小房子，父亲向他阐释了做成一件事情的全部奥秘。一块砖没有什么用，一堆砖也没有什么用，如果你心中没有一个造房子的梦想，拥有天下所有的砖头也是一堆废物；但如果只有造房子的梦想，而没有砖头，梦想也没法实现。当时他家穷得几乎连吃饭都成问题，自然没有钱去买砖，但他父亲没有放弃，日复一日捡砖头碎瓦，终于有一天有了足够的砖头来造心中的房子。后来的日子里，这件事情凝聚成的精神一直在激励着他，也成了他做事的指导思想。在他做事的时候，一般都会问自己两个问题：

一是做这件事情的目标是什么，因为盲目做事情就像捡了一堆砖头而不知道干什么一样，会浪费自己的生命。

第二个问题是需要多少努力才能够把这件事情做成，也就是需要捡多少砖头才能把房子造好。之后就要有足够的耐心，因为砖头不是一天就能捡够的。

他生命中的三件事证明了这一思路的好处。

第一件是高考。目标明确：要上大学，第一年第二年都没考上，他的砖头没有捡够，第三年他继续拼命捡砖头，终于考进了北大。

第二件是背单词。目标明确：成为中国最好的英语词汇老师之一，于是他开始一个一个单词背，在背过的单词不断遗忘的痛苦中，父亲捡砖头的形象总能浮现在他眼前，最后终于背下了两三万个单词，成了一名不错的词汇老师。

第三件事是做新东方。目标明确：要做成中国最好的英语培训机构之一，然后开始给学生上课，平均每天给学生上六到十个小时的课，很多老师倒下了或放弃了，他没有放弃，十几年如一日。每上一次课就感觉多捡了一块砖头，梦想着把新东方这栋房子建起来。到今天为止还在努力着，并已经看到了新东方这座房子能够建好的希望。

为什么你不要自傲和自卑？你可以说自己是最好的，但不能说自己是全校最好的、全北京最好的、全国最好的、全世界最好的，所以你不必自傲；同样，你可以说自己是班级最差的，但你能证明自己是全校最差的吗？能证明自己是全国最差的吗？所以不必自卑。好的、积极的人生观和价值观是一切生活的基石，它会影响人的一生，当你面对任何问题或是困难时，你都会义无反顾，直到成功的那一天。正是这一次次面对失败和疾病的抗争，变得越来越坚毅，也越来越相信天地之间终有一席之地。他说："重要的是变革自己，不要指望任何人，天下从来就没有什么救世主，能挽救我们的只有我们自己。无论你处于多么卑微的状态，只要你有了梦想，就能过上尊严的生活。"当把自己的经历和感受讲给学生听，当说出那些让人心潮澎湃的豪言壮语时，能看到学生的脸色变得熠熠生辉，眼神中流露出对未来强烈的渴望。

在不断成熟的教学过程中，有意识进行励志教育，如雄鹰和蜗牛的故事我们是这样讲的："能够登上金字塔顶端的只有两种动物，一种是雄鹰，一种是蜗牛。雄鹰拥有矫健的翅膀，所以能够飞到金字塔的顶端，而蜗牛只能从底下一点点爬上去。雄鹰飞到顶端只要一瞬间，而蜗牛可能需要爬很久很久，也许需要坚持一辈子才能爬到顶端，也许爬到一半滚下来不得不从头爬起，但只要蜗牛爬到顶端，它所到达的高度和看到的世界就和雄鹰是一样的。

我们大部分人也许不是雄鹰，但是我们每一个人都可以拥有蜗牛的精神，我们可以不断地攀登自己生命的高峰，终有一天，我们可以在无限风光的险峰俯视和欣赏这个美丽的世界。"这样的语言像燃料一样输入学生生命的发动机，使学生一次次产生奋发向前的冲动。20世纪90年代的北京，没有任何预告就停电变成了家常便饭，有时上课刚几分钟教室就一片漆黑，学生辛辛苦苦挤公共汽车来到教室，再让学生回去于心不忍。于是我们给每个学生发一根蜡烛，停电后一起点燃，几百根蜡烛在阶梯教室里闪烁着光芒，老师在烛光下声嘶力竭地讲课。

无数学生后来回忆起这一幕都充满感动，很多学生都从新东方的烛光下走进了世界名牌大学深造。十五年的岁月里，新东方的教室条件越来越好，新东方的办公条件越来越好，但有一点新东方从来没有丢失过，那就是追求卓越，挑战极限，从绝望中寻找希望，从奋斗中寻找辉煌的精神。他们把这种精神叫做新东方精神。

俞敏洪在新东方提倡两种精神，树的精神和水的精神。他认为，人的生活方式有两种，第一种方式是像草一样活着，你尽管活着，每年还在成长，但是你毕竟是一棵草，你吸收雨露阳光，但是长不大。人们可以踩过你，但是人们不会因为你的痛苦，而他产生痛苦；人们不会因为你被踩了，而来怜悯你，因为人们本身就没有看到你。所以我们每一个人，都应该像树一样的成长，即使我们现在什么都不是，但是只要你有树的种子，即使你被踩到泥土中间，你依然能够吸收泥土的养分，自己成长起来。当你长成参天大树以后，遥远的地方，人们就能看到你；走近你，你能给人一片绿色。活着是美丽的风景，死了依然是栋梁之才，活着死了都有用。这就是我们每一个同学做人的标准和成长的标准。这就是树的精神。

每一条河流都有自己不同的生命曲线，但是每一条河流都有自己的梦想——那就是奔向大海。我们的生命，有的时候会是泥沙。你可能慢慢地就会像泥沙一样，沉淀下去了。一旦你沉淀下去了，也许你不用再为了前进而努力了，但是你却永远见不到阳光了。所以我建议大家，不管你现在的生命是怎么样的，一定要有水的精神——像水一样不断地积蓄自己的力量，不断地冲破障碍。当你发现时机不到的时候，把自己的厚度给积累起来，当有一天时机来临的时候，你就能够奔腾入海，成就自己的生命。这就是水的精神。

新东方的成功不仅在于它向学生传授了一套应对英语和出国考试的方法和技巧，更重要的是它在教书的同时，突出了以励志为中心的思想教育，新东方的校训："追求卓越，挑战极限，在绝望中寻找希望，人生终将辉煌"，就是这种励志教育的结晶。与传统的官办教育不同，新东方没有政治老师，也没有政治思想理论课，它的全部课程除了英语还是英语。

但是，新东方的老师个个是鼓动家、演说家、辩论能手、激情大师；他们不仅言传，而且身教，一些人在新东方的经历就是一幅个人奋斗、励精图治的写照。无论是在新东方人物的简介中，还是在后面事件的展开中，《传奇》对这一批"人精"做了活生生的描写和惟妙惟肖的刻画，并将其分为三大流派：激励派、学院派和激情派，讲述了三派在教书育人上的共同特征和不同优势，整合成一支精锐的教育团队。

问题的关键不在于新东方既教书，又教人；既授业，又传道，而在于它的教育思想和教学教法。英语教学特别是强化训练，本来是一种呆板、枯燥、味同嚼蜡的苦差事，对于渴望出国和渴望成功的青年学生，又是一个不得不跳的龙门。如果对这些在高度精神压力下从事苦差事的青年人再施以新的高压，并辅以单调乏味的死记硬背，那简直是苦上加苦，有的人可能会被压垮；即便不被压垮，也会使其教学的效果大减。然而，新东方的老师在枯燥的英语教学中注入了幽默、笑话、知识、人生激励，把抽象的理论通俗化，把枯燥的单词知识化、谐趣化，激情演绎，审美教学，用一系列朴素、平实、形象、生动和寓意深刻的比喻、故事，来表达一些基本的道理，寓教于乐，把一种苦行僧式的生活变成了一个追求人生目标的有趣过程。从而激发了学员的学习热情，取得了明显的学习效果。朱青教授在新东方听课以后说，"新东方还有很多超乎英语之外的有益的方法，他们不仅注重学习效率，而且鼓励学习的信心和培养学生学习的动力"。可见，新东方的成功既在英语之中，又在英语之外。

4. 俞敏洪与新东方的创业团队

新东方之所以能够走到今天，是因为新东方拥有非常优秀的团队。一个人的力量是有限的，但是一群人的力量是无限的。我们很容易把一根树枝折断，但我们很难把捆在一起的十根树枝一起折断。但做事情仅有一群人还不行，这群人必须是具备团队精神的一群人，也就是一群有着同样精神状态、奋斗目标和进取精神的人。他把团队精神定义为一群有灵魂的人为了同一个目标走到一起。新东方极富个性的领导团体。新东方日益壮大，已经不再是单纯的 GRE、TOEFL 培训基地，其他相关产业也齐头并进。新东方有着数位"身怀绝技"的副校长，在各自的领域里面能够独当一面，在新东方的发展阶段起着举足轻重的作用。新东方创业的第二个"黄金时期"与他们的到来密切相关。

1995 年王强应俞敏洪之邀回国。1996 年他担任新东方副校长职务，并提出了"美语思维"的概念，以此来训练学员在口语训练中理解和运用美国人的思维逻辑。与此同时，杜子华的"突破语音"以及他在口语、美国电影、TSE 等方面的专家式教育进一步完善了新东方的口语教学体系。1996 年春，徐小平自加拿大归国后担任新东方副校长职务，他以"人生设计"的理念主持并成立了新东方的出国留学移民咨询处，为那些没有给自己准确定位人生方向的青年进行人生策划和设计，使他们重新审视自己并实现自我。1997 年包凡一和何庆权正式加盟新东方，成为新东方的副校长。他们发起成立了新东方写作中心，并将其逐步发展为新东方图书事业部，出版了许多重要的英语学习参考书，成为新东方教育产业的重要组成部分。1998 年 7 月著名英语教学和测试专家胡敏推出四、六级和考研英语培训班大获成功。1999 年初，在全中国还没有几个人知道雅思考试的时候，胡敏就开始主持新东方的雅思培训工作，为去英联邦国家留学的学生进行英语培训。占尽先机后，新东方的雅思培训中心迅猛发展，目前已经成为国内最大的雅思培训中心，而胡敏自己也被人们戏称为"胡雅思"。2000 年 4 月胡敏被任命为新东方学校副校长，2002 年 8 月胡敏被任命为改组后的新东方教育集团总裁。

新东方是一个充满团队精神的地方，从新东方的第一天起就不是孤独的。新东方从事教育事业的崇高感、新东方的奋斗精神和活力，吸引了一批批人来到新东方。新东方的第一批团队成员实际上是一批下岗工人，十来个四五十岁的中年妇女，她们帮助新东方管教室、打扫卫生、印刷资料、处理各种社会关系、帮助服务学生等，这批在国有企业中已经完全失去活力的妇女们，在新东方爆发出了空前的工作激情，以每天工作十六个小时还不罢休的热情投入到工作之中，把新东方搞得蒸蒸日上，日新月异。

新东方的第二批重要团队是新东方最初的十几个老师，这批人中间包括了现在在学生中还赫赫有名的钱坤强、夏红卫等人物。那真是一个激情燃烧的岁月，每天大家走进教室拼命上课，走出教室大碗喝酒，到一期班结束后大家就一起分享胜利果实，根据每个人的贡献论功行赏。当时发工资还没有银行卡一说，需要到银行领出大把的现金发放，而且都是十元钱的面值，所以老师们常常用一个大书包把钱开心地背回去。没有课的时候，我们就一起结伴远游，到草原骑马，到峡谷漂流，到山顶呼啸……度过了一次次难忘的时光。

到 1995 年俞敏洪放弃了出国读书的打算，下定决心要把新东方当作终生事业来做。1995 年底只身飞到美国、加拿大，一是走马观花看看这些国家，了却心中踏上北美土地的愿望。二是拜访大学时的同窗好友，看看有没有机会说服他们回到中国一起做新东方。在无数次的喝酒聊天悲歌欢笑之后，终于打动了几个胸怀大志的朋友，他们背起行囊又回到了伟大的祖国。这些人组成了新东方最具魅力的一个团队，以他们的激情、演讲、眼光和胸怀，一次次让学生激动，一次次使新东方升华。这批人把新东方从一个原始的培训学校，改造成了现代化管理结构的国际上市公司，把他本人从一个只会英语教学的老师，推上了上市公司老总的管理平台。这些朋友，至今依然在新东方发挥着重要的作用，他们就是学生翘首仰视的王强、徐小平、包凡一等人。他们以思想、激情和梦想，在整整十几年的时光里，感动了成千上万的学生，让他们相信未来，热爱生命。

今天，随着新东方的发展，新东方的团队越来越强大，充满个性和魅力的人物越来越多，无数才华横溢的老师从四面八方来到新东方，无数热爱教育的人才从五湖四海汇聚新东方，今天的新东方已经壮大成为一个有着八千多员工、老师和管理者的强大团队。新东方的办公地点变了，新东方的组织结构变了，但有一点新东方一直保持着本色不变，那就是令人羡慕的、拥有强大精神力量的新东方团队。

5. 俞敏洪与新东方的现代管理理念

实施科学的企业管理，需要企业文化的支撑；企业管理的部分成果又会凝结成企业文化，融化在员工的思想中，支配着员工的行为。新东方有四个管理原则，第一，员工的工作得到合理的报酬，要培养一个成熟的员工要花多少精力，多少力气？尤其对于成熟的员工，工作报酬一定要高于周围的人，这样他才愿意在你这儿干；第二，一定要让员工得到精神上的满足，工作要愉快、要快乐；第三，员工在新东方能力要得到不断的成长，要不断地给员工提供成长的机会；第四，让员工有荣誉感，对于荣誉的承认，也是鼓励员工的重要原则。新东方的自我要求是：用理想和信念来支撑自己的精神；用平和和快乐来看待周围的人和事，对别人尽可能宽容一点；用技术和技能改善自己的生活，有了知识和技能才能得到更高的工资；用主动和关怀来赢得别人的友爱，主动、积极的人生态度一定会为自己赢得很好的社会地位；用严厉和冷酷来改正自己的缺点；用奋斗和毅力来实现自己的理想。

1）新东方企业形象及系统管理

说起树立企业形象，人们很容易理解为就是做一些广告和宣传工作，或者搞一些专项活动，这些无疑是企业形象工作的重要内容。但更为重要的是，企业形象工作是一项科学、系统的管理工作。在新东方学校里，报名工作无疑是一个难题。到了开课那天，学生往往挤成一片，不仅给学生带来诸多不便，而且也影响新东方的整体形象。为了解决这一问题，新东方与北京用友软件股份有限公司联合开发了新东方报名管理系统，并且已经开始正式投入使用。到目前为止，新系统运行很正常，整个新东方学校前台报名工作高效有序。这标志着北京新东方学校向现代化软件管理、制度化管理迈出了新的第一步。从这一举措也不难看出，新东方把自身的形象管理和客户的实际问题相结合，把形象管理上升到新的高度，这样新东方的凝聚力和社会形象扩散力更上了一层楼。

2）管理的宗旨

制胜的法宝——让利。能把新东方发展成为全北京乃至中国最有实力的民办学校，俞敏洪从来不避讳谈他的制胜法宝：让利。“让利于学生，让利于教师，让利于管理者，让利于社会”。这个浅显的道理却是取胜的真谛，是俞敏洪成功的基础，也是新东方管理文化的精髓。

让利于教师。新东方有相当多的优秀人才，要留住这些人没有适当的管理方法是不行的。俞敏洪用的招还是让利。几年前，北大方正的高层曾经说要创造出100个百万富翁。现在俞敏洪也有了足够的底气说这样的话。新东方的优秀教师经过努力也可以致富。仅仅因为教书而能成为富翁，这在中国，甚至在教育事业相对发达的美国，都十会罕见，而这奇迹的确发生在新东方。新东方需要人才，也能吸引人才、留住人才。前不久在新东方的招聘会上，至少有上千人递交了简历，这是新东方让利于教师的必然结果。

让利于管理者。副校长徐小平曾经说过：“一个人能创造多大的价值？所以我们需要合作，合作的基础当然不能仅仅基于友情，更重要的是利益的协调，智慧的相互完善，还有人格的魅力和必要的妥协。”在新东方，你能有足够的舞台展示自己的才能并可以得到最大的发挥，个人的报酬也能得到充分的体现。

在新东方，只要你有实力，到处都是机会。对管理者的让利使得俞敏洪周围形成了新东方强大的管理团队，也使新东方能够迅速发展。这个团队在全中国都是数一数二的，他们之间的矛盾绝不少，但从没有过“散伙”或“集体辞职”之类的事情发生，这样的团队才能保障新东方事业的未来。

6. 创业家需要具备四大要素

俞敏洪在第四届创业家大会上指出，真正的创业家应该具备四个要素。一是被人信任，无论是创业者的人品、对事业的热爱和公司的管理，一定要具备被人信任的能力；二是具备交流、沟通和说服力，才能明确表达出让投资人有信心的看法；三是学习能力，创业者应随时随地通过学习、观察找到新的机遇，而不仅仅是在自己所在领域“死磕”；四是创新能力。实现创新需要政府政策的支持，有创新型人才，不要作盲目投资的冒险家。

7. 俞敏洪与新东方的未来

从新东方诞生的那一天起永远不会做教育之外的东西，这使得新东方始终定位在教育上，不管是新东方的语言培训，还是新东方的远程教育，图书出版，基础教育，或者现在正在开拓的学前教育和职业教育，新东方自始至终都没有离开过教育两个字，也从来没有离开过教育这个行业，在未来可见的时间里也不会离开。所以新东方可见的未来，一定是在教育领域里风雨兼程，勇往直前。她存在的宗旨和目的就不会改变。新东方要做的事情，就是帮助千千万万希望自己的生活变得更加精彩的人去实现他们的梦想，就是鼓励千千万万经历了失败和挫折的人重新站起来去迎接生命的挑战。

我们希望新东方是一个不平凡的地方，一个让人们的生活变得更加灿烂的地方，一个让人们的心灵变得更加充实的地方，一个让人们变得更加自信和坦然的地方，一个让人们更加懂得人性、懂得爱、懂得珍惜的地方。这就是新东方的未来，就是让千千万万的人拥有更加美好的未来。关于新东方的发展目标，俞敏洪认为，第一要引领中国学生的成绩和未来。第二要成为家长心目中最好的培训学校。第三要承担社会责任，为了社会的更加美好而努力。第四要发扬和光大新东方的创业精神和奋斗精神，系统地管理和培养教师队伍，做到完善新东方的组织结构来提升新东方的信息管理、系统管理水平，有远见地开发新东方的业务。

2009年(47岁)获评CCTV年度经济人物；2012年(50岁)《财富》2012年中国最具影响力的50位商界领袖；2013年(51岁)接手民办大学耿丹学院，担任理事长。

【思考】

1. 简述新东方的发展历程，试概括俞敏洪的创业精神。(结合阅读书后附录俞敏洪的演讲)创业者怎样开发和利用各种资源？创业融资策略？

2. 观看电影《中国合伙人》，分组交流影片观后感，结合俞敏洪创办新东方的实际，写出他们创业成功的基本经验和感想。给你哪些启示？

第9章 新创企业市场营销

教学目标

学习完本章后，应掌握的重点：

1. 创业营销的基本特征
2. 创业营销的流程和步骤
3. 创业营销运作中的关键成功要素

理论应用

1. 举例说明创业营销的过程。
2. 举例说明构建营销渠道的过程。
3. 寻找创业成功案例，研究促销策略的运用及经验。
4. 举例说明新创企业产品或服务定价采用的方法。

创业开张首要的问题，让客户认识你，你用什么办法赢得客户。市场营销就是培养客户(培养感情)，稳固客户，构建忠诚客户群的过程。

案例导入

张茵——中国女首富的创业历程

造纸术是闻名世界的中国古代四大发明之一，可谁又曾预想到在它诞生的几千年后，一个出生于中国东北军人家庭的中国女性靠着这一张张纸开创了一条属于自己的创业之路，并成为了当下中国第二女首富。

1. "第一桶金"：靠废纸回收加工掘出

出生于20世纪50年代军人家庭的张茵，是8个子女中的老大，至今仍保持着浓浓的东北口音。由于家里的条件不是很好，张茵很晚才有机会进入大学学习，毕业后她先后在工厂做过工业会计，在深圳信托下属的一个合资企业做过财务工作，还在一家香港贸易公司做过包装纸的业务。恰恰是香港公司的工作经历使她看到了创业的商机，也找到了自己创业的方向。

1985年28岁的张茵带3万元只身到香港，做起了废纸回收生意。回忆起那段岁月，张茵说道："在香港从事废纸回收的虽然是些文化程度较低的人，但特别讲信义，与我特别投缘，再加上我坚持废纸的品质，又恰好赶上香港经济蓬勃发展时期，因此6年内我就完成了资本部分积累。"1987年，张茵开始在国内选择投资合作伙伴，先后与辽宁营口造纸厂，武汉东风造纸厂，河北唐山造纸厂进行合资，使企业规模不断扩大，1988年张茵在广东东莞建立了自己的独资公司——东莞中南纸业有限公司，主要生产生活用纸。1990年，张茵将事业迁往美国，并成立了美国中南公司。从此，张茵的造纸原料公司中南控股开始成为美国最大的造纸原料出口商，并蝉联至今。目前中南控股已是全球最大的纸原料出口商，年出口超过500万吨，并以年均30%的速度递增，业务遍及美国、欧洲、亚洲等，在美国各行业的出口年柜数量排名中位列第一。

2.“纸业大王”：中国第一人

1995年，张茵在东莞投资成立了玖龙纸业。虽然是一位女性，但在做投资决策的时候，张茵具有魄力和眼光。20世纪90年代，绝大部分中国的造纸厂还只是处于5万吨左右的年产规模，所用机器也是国产的，但张茵在东莞投产的第一台机器就是20万吨的年产规模，而且从一开始进入造纸行业，张茵就为成为世界第一的包装纸厂商的目标设定了详细的规划，在东莞和江苏太仓的征地足以年产900万吨包装纸。她说：“我们在太仓有几千亩土地，在2000年前后这么大规模的拿地是绝无仅有的。超前的眼光、大量的预投资使得我们很快成为了行业的领导者。”此后几年，由于中国对箱板纸的需求不断增长，张茵不断投资大型造纸机，到目前为止，玖龙纸业已成为世界第八、中国第一的包装纸生产商，年产包装纸可达350万吨以上。

2006年，玖龙纸业在香港成功上市，并最终获得了578倍的超额认购，募集资金38亿港元。由于玖龙的表现得到了投资者的认同，在上市后不到半年的时间里，就成为了“摩根士丹利资本国际”环球指数、标准指数的成分股，并加入香港恒生综合指数。2006年10月11日“胡润百富榜”揭晓，张茵以270亿元的绝对优势荣登首富宝座，同时成为中国第一位女首富，也是世界上最富有的女白手起家者。

3. 未来：机遇与挑战同在

成功上市带给玖龙纸业的是机遇，更是挑战。上市前，玖龙纸业只是张茵的私人公司，发展所需的各项资金只能靠自身的积累利润和银行贷款。而香港的成功上市将玖龙带上国际资本舞台，使玖龙有机会抓住更多机遇。

在张茵看来，挑战就是当市场低增长时，如何建立企业的成本优势。虽然中南控股是玖龙纸业的大后方，但张茵绝不会区别对待玖龙和其他客户，因为透明、公正的价格是中南的立业之本。所以她更关注如何在研发和控制成本方面有所创新。此外，张茵的专注也是不多见的。她非常确定地说：“玖龙纸业将不会进入新闻纸领域。”但她现在所经营的包装纸客户却是相当多元化的。她说：“玖龙的客户都是全球性的，最大客户只占其销售总量的3%；40%的客户都是国外企业和直接出口部分，包括许多财富500强企业。”未来将会在创新、管理等方面提升企业的核心竞争力，促进企业的进一步发展。

在谈到对于女性创业的建议，张茵是这样说的：“女性创业者创业之前，首先就要明确自己的定位，知道自己适合做什么，不要勉强；其次要有宽广的心胸和敢于冲破压力的决心；然后还要有健康的体魄和身心的平衡。此外，家庭与事业间的平衡也是女性获得事业成功的关键。你的另一半必须与你共同对事业有着同样的专注与热爱，一切以事业为重，相互理解、相互扶持，这样才会有和谐、幸福的家庭生活。”

【思考】

如果你是女大学生，你是怎样认识与评价张茵创业的？查阅相关资料，谈谈你的看法。

9.1 创业营销的内涵与过程

9.1.1 创业营销的内涵与特征

创业营销是营销的一种。什么是营销？美国营销学会定义："对于创意，产品和服务设定概念、定价、推销、分销来创造交易以满足个体或组织的目标。"这个定义构成了美国市场营销的基础。但这些年，传统营销受到批评。如：过度依赖经验法则，公式化，缺少营销费用审核，侧重营销组合，追求表面需求，模仿而不是创新，重视现有市场而不是开拓市场，重视静态短期收益等方面。而创业营销是处在变化、复杂情况、资源缺少情况下，通过积极的识别和开发市场机会，运用创新方法开发并维系潜在客户，是一种创业导向的营销。同传统营销相比，有以下特性。

(1) 机会导向。这是创业者在实施营销活动时，运用新方法赢得客户，根据创业机会的成长特性制定营销战略。

(2) 注重关系。新创企业开始市场认同度低，缺少成功的营销经验，市场营销方案和措施对新创企业适应性较弱。在实际营销时，应注重创业团队成员的亲朋好友以及企业层面的战略联盟，特别要着重引进具有良好社会关系的市场开拓人才，这可能会使营销活动事半功倍。

(3) 灵活多变。新创企业在进入一个新市场或市场环境处在多变的情况下，创业者应注意调整营销策略，依据营销环境的变化而进行调整，不能固定不变而实施被动营销。

(4) 注重营销反馈。新创企业在营销活动中，特别强调营销活动对企业经营的反馈作用。不仅在于推销产品，而是在推销中反思经营及发展战略，并作为调整企业经营活动的依据。成功的营销过程是能够有效带动企业建立竞争优势，促进企业发展。

新创企业在营销变革中要注意防止的10个陷阱。

(1) 追求完美。

(2) 全盘否定。

(3) 套用模式。

(4) 缺乏规划。

(5) 没有预算。

(6) 执行不利。

(7) 朝令夕改。

(8) 乱用人才。

(9) 迷信空降(招外聘某些技术管理高层人才)。

(10) 虎头蛇尾。

9.1.2 创业营销过程

创业营销过程是从产品或(服务)进入市场开始分析，构筑关系渠道，实施促销策略，确定产品价格，搞好售后服务和反馈，这既包括传统的营销组合(产品、价格、渠道、促销），也特别考虑创业机会的深度分析和后续的服务。创业营销过程如图 9.1 所示。

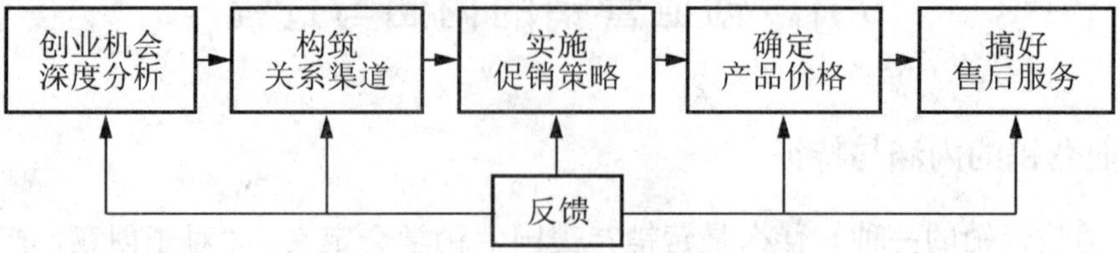

图 9.1 创业营销过程

（1）创业机会深度分析。机会深度分析是对新创企业机会核心特征的分析。创业机会是综合考虑了企业的内外部环境，来认识创业机会特征。机会导向的企业营销模式是兼顾内外综合因素的营销模式，这是创业营销能否实现预期目标的关键。

（2）构筑关系渠道。创业者关系渠道构筑是以人脉关系为核心，有良好人脉关系可以带来充裕的资金、技术、管理、信息等各种要素，并形成良性循环的关系网络，这对企业未来营销扩展是至关重要的。

（3）实施促销战略。促销策略是创业者实施的具体营销策略，包括：广告、公共宣传、人员推销、销售促进等策略。总之，采取多种方式达到促销的目的。

（4）产品价格设定。价格是影响营销效果的手段，也是创业营销非常重要的环节。价格决定依赖于创业机会的开发，竞争优势的构建，营销策划等环节。要防止仅靠价格实现目标的做法，这不利于企业核心竞争优势的形成和企业的良性发展，运用科学的定价策略设定价格。

（5）搞好各项服务。服务质量决定营销效果。因此，必须把服务作为第一重要的“软件”开发好。应把服务作为创业营销组合的重要内容，并落实到位，让客户满意。根据客户提出的不同要求，作好反馈工作，适时调整，以达到促进销售量的增加，满足客户的需求。

我国中小企业在营销实践中，有以下几个创新的营销方法。

（1）事件营销。唐装营销开发是在 APEC 会议期间进行的，从而促进了唐装在全国乃至世界的销售。

（2）关系营销。它是强调顾客、竞争者、供应商、分销商、政府机构、股东、员工、社会公众等发生营销互动的过程，其营销效果是显著的。

（3）网络营销。通过互联网或大的网商开展的互联网营销活动。

（4）零库存营销。以用户定量为基准，实行订单生产营销。

（5）无缺陷营销。开发的产品(服务)要求零缺陷，即在设计、产品、服务，全过程无缺陷。

9.2 创业营销定位

9.2.1 创业目标市场细分

传统营销被科特勒称为“大众化营销”。在信息化这一新的竞争形势下，科特勒提出了由大众化营销向微观营销的转化，有的专家称为个性化营销。

由于新创企业面临复杂的环境和资源相对缺乏特性，微观营销构成了创业营销的基本出发点，也就是在更为细分基础上的目标市场营销。目标市场营销指的是在一个市场内部具有相同购买能力、购买态度和购买习惯的消费人群所构成的市场。创业者必须在广阔市场中寻找最合适的消费群体，并依据其特点采取独特的市场营销策略，求得最佳效益。市场细分需要考虑一系列变量，主要有地理、人口、心理、行为 4 个因素。

（1）地理因素。它是市场细分时首先考虑的因素。对于相邻地理位置的消费者，其社会文化、风俗习惯其需求表现出一定的一致性。当然也存在需求差异，需寻找进一步细分的可能性。

（2）人口因素。人口因素是第二个考虑因素，比如，性别、年龄、收入、教育程度、职业等因素是常常考虑的市场细分因素。在某一些方面还可以进一步细分。

（3）心理因素。心理因素反映消费者的主观特征，心理因素能反映消费者的购买行为倾向，心理因素细分是建立在不同个体的价值观念和生活方式基础之上的，主要考虑的是心理需求。美国斯坦福大学心理咨询研究所提出了著名的价值观和生活方式心理细分系统，其理论框架是：个人的生活方式受“自我导向”和“个人资源”两方面因素制约。“自我导向”指人们自我社会形象形成的活动和态度。它有 3 种形式：原则导向，即依据原则办事；地位导向，在有价值的社会背景下寻找一个安全地位；行动导向，用确实的方法去影响环境。“个人资源”包括心理、体力等方面的物质观和个人能力。

（4）行为因素。这是依据购买者在购买商品时的行为特征进行的细分。这种细分直接有效。这主要从购买时机和购买动机两个方面去考察。“购买时机”主要是指消费者喜欢在什么时候购买商品，创业者可依据这一切入点把产品推销出去。比如，节假日的促销活动。购买动机是消费者决定购买产品时的直接动因和诱因。识别这些因素，可促进产品销售行为的发生，排除消费者购买障碍。上述 4 个方面依次构成了从大到小，从抽象到具体的细分顺序，创业者可依据这一顺序找到有效的目标市场。

9.2.2 创业产品层次分析

产品层次分析的核心是满足目标客户的需求，满足程度如何，坚持顾客第一。顾客是上帝，是产品分析始终遵守的第一原则。要从这一点出发来分析产品，始于客户，终于客户。产品分析要围绕客户需求进行，而不是其他。例如，手机产品的个性化，外形，功能，等等。在营销学中，产品含义可分为 5 个层次。

（1）核心利益层。产品的核心利益是产品的最基本效用或基本功能，客户愿意购买产品，基本出发点是基于核心利益考虑。价值(效用)＝功能/成本(总成本)也就是顾客购买产品效用价值最大化。

（2）基础产品层。产品基础形态指产品外观及主要特征。比如式样、质量、特色、包装、品牌等。吸引消费者除满足基本需要外，在外观等方面进行延伸。

（3）期望产品层。它是指消费者希望的一些属性特征。从满足客户需要考虑设计产品，而不是从我能提供什么，或者其他厂商能生产什么。

（4）附加产品层。即产品的附加价值。能够给消费者提供哪些附加价值(服务或承诺)，如免费安装、送货、维修等。从服务创新角度去考虑，增强企业对消费者的服务意识。

(5) 潜在产品层。这是对未来产品的开发，为未来发展做好准备。储备，开发，调研。依据企业提供的产品，可将创业机会分三个类型：提供现有产品的创业机会；提供改进产品的创业机会；提供全新产品的创业机会。例如：手机开发有 LG 巧克力手机、手机电视、4G 时代的发展趋势。

9.3 构建营销渠道

9.3.1 创业营销渠道

创业者为更快把产品推向市场，完成销售过程，通过一系列运作完成销售渠道的构建，并能使最小投入达到更好效果。依据营销渠道的特征，通常可分为经销中间商、代理中间商和营销辅助机构 3 大类。

1. 经销中间商

一般来说，商品销售中的经销商先获得产品的所有权，然后再转手出售。比如，批发商、零售商均属此类型。对于新创企业为了节约销售成本或不在销售环节做过多投入，往往先找有实力或有很好销售渠道的经销中间商，尽快由他们销售，尽快回收资金。

2. 代理中间商

代理中间商是帮助创业者寻找客户和销售产品。代理商不取得产品的所有权，也无须垫付商品资金，他们只收取一定量的提成。代理中间商的销售成本基本没有，因此销售风险比中间商小得多。但是，在市场推广方面动力不足，要靠创业者自己来做。

3. 营销辅助机构

营销辅助机构是营销渠道中的重要组成部分，虽然不参加产品销售，但这类机构是产品销售行为顺利完成的必要保证。商品配送中心就是这类机构的代表之一。比如，电子商务的配送中心等。此外，还包括售后服务机构、仓储机构、银行和广告代理商等。

9.3.2 渠道构建过程

首先，要明确影响渠道构建的主要因素，才能制定合适的渠道结构。如：外部环境等因素影响，包括政策、文化、社会、经济、技术等方面。内部条件是怎样的，实力如何，人员能力素质，物质条件等，在此基础上考虑渠道构建。从最直接的影响因素看，主要是企业的目标市场和产品特征。市场范围对渠道构建非常重要。从地理范围看，如果目标市场地理范围很大，或分散，渠道的长度和宽度可以大一些，创业者可选更多的中间机构，层次也可多些；如果目标市场地理位置集中，那么渠道可以简化些，甚至不用外部渠道，自己独立运作。从产品特征看，如果产品功能或价值很普遍，跟现有产品大体相同，那么渠道长度和宽度可适当放大；而产品功能独特，则需要更短更窄的渠道。企业可组织人员进行销售。比如，创新产品进入市场的促销活动。再如，产品保质期限是渠道构建重要因素，期限短，渠道就应简化，不宜过长，反之，则可适度放长。

渠道构建步骤如下。

1. 设置渠道目标

渠道设置的目的是销售产品，实现企业整体战略目标。渠道目标应与其他目标相协调，适时进行调整，以避免产生不必要的矛盾。

2. 明确渠道任务

目标明确后，应把各项具体任务进行分析，一般包括：促销、销售、与客户沟通、运输、存储等方面。通过明确任务，使创业者对营销渠道的设立更为细化，其功能和定位更加准确，各司其职，各负其责，完成销售中的各项任务。

3. 确立渠道结构方案

明确渠道任务后，就应把任务合理地分配到不同的营销中介机构中去，发挥最大其作用。渠道结构方案包括3个方面内容。

(1) 渠道的层次设置。这是指渠道的纵向长度设置。直销即企业——消费者，即渠道层级为零；如果找经销商销售，销售层级就可能达到一定数目以上。省、市、县、乡等市场广大层级就较多，反之，就较少。

(2) 渠道的宽度设置。这是对渠道的横向设计。如果产品独特性强，为避免恶性竞争，可考虑设区域独家分销模式；如果产品“大路货”，那么，可设较多分销机构。渠道横向设计也应考虑企业的成长状况。新创企业各方面资源有限，可考虑独家分销；企业成长壮大了，可考虑设分销机构等。

(3) 中介机构类型选择。这是在调研基础之后的挑选工作，一方面考虑中间商的实力，另一方面考虑企业自身状况。比如，中间商销售实力弱，很难完成销售计划目标，就要自建渠道销售；如果中间商销售实力雄厚，但合作成本高，创业者应综合考虑后再决定取舍。选择经销商可采用竞标选择经销商等办法。

9.4 制定促销策略

9.4.1 制定促销策略的影响因素

为了将产品成功销售出去，创业者必须采取有效的促销策略。需要对促销策略的选择进行详细分析。制订促销策略应考虑以下因素。

1. 整体营销环境

创业者制定的促销方案能否实行，取决于整体营销环境是否支持促销方案。这方面典型的例子是直销牌照的发放问题，目前国内发放这类牌照很少，因为直销和传销界限不清。但也有个别企业获得这类牌照，如雅芳、完美等品牌。因此，企业需要根据营销整体环境所提供的机会和约束条件制定促销方案。

2. 目标市场状况

促销策略的选择与目标市场特征关系极大。目标市场地理位置、社会文化、消费者心理因素、行为特征等都决定了促销策略的接受程度和实施效果。创业者在对目标市场进行深度分析后，再决定采用什么样的促销方案。比如，技术含量高的独特产品，应采用人员推销，通过人员演示展示产品独特性，提升消费者的认可度。对于一般性产品，应注重提升产品知名度和附加价值，充分利用广告等方式，提升产品的客户认可度。

【案例】

天津盛世伟邦科技有限公司专做孕妇护肤保健品，由电视、报纸等大众传媒广告转向各大医院内液晶屏上，集中宣传展示，低成本，效果好，取得了很好的效果。

9.4.2 促销策略选择

促销策略一般可分为3类，即广告、营业推广、人员销售。

1. 广告

它是指在促销过程中所推行的商业广告，不同于公益性广告。广告传播面广，范围大，一般能取得较好的效果。由于广告的实施和传播需要中介媒体，而媒体本身的声誉和影响力会对广告的效果产生重大影响。因此，有的企业不惜重金在电视做广告，目的是靠权威性扩大影响力，扩大覆盖面。当然，在广告的内容、形式、广告语等方面应下大工夫，提升广告的宣传效果。选择广告媒体应从实际情况出发，进行比较，选择投入较少或虽投入较多，但能达到更大的广告宣传效果。也可考虑进行广告组合。如电视广告，平面广告，网络广告等，选择最有利于实现目标的广告媒体，注重广告的成本效益分析，防止盲目不计成本的广告宣传。

2. 营业推广

这是在特定时机或特定地点采用特殊手段对消费者实行强烈的刺激，从而达到促销效果或目标的方式。当然，营业推广不能作为常用策略，经常使用会让消费者产生反感，其效果适得其反。在实际运作中，应采用营业推广与其他方式相结合的方式，以达到更好的促销效果。营业推广手段包括：赠送样品、免费使用、发放折扣券、有奖销售、返现金等。还有通过展销会、交易会、博览会等方式来推销产品。比如，某罐头厂厂长参加展销会，安排在角落里，无人问津，想出奇招，制作铜牌，谁捡到铜牌后可到展角去领纪念品，捡到兑现奖品，成为展会一道“亮丽风景线”，非常成功。

3. 人员销售

这是企业派营销人员直接到目标市场同顾客建立联系，传递信息，促进商品和服务销售的活动。人员销售有成本优势，不用花很大的广告等费用。人员销售是面对面，增强沟通，培养与客户的关系，当场示范，很容易吸引客户，使客户信服。当然，如果选人不当，会造成不良影响，也会影响促销活动效果。人员销售时特别应加强对用户的信息调研，搜集各种信息资料，有针对性地进行销售，同时，销售人员要掌握沟通、谈判、交流等方面技巧。在进行促销时，无论采用哪种策略，都应适时进行总结，发现问题及时解决，适当调控，有效评估，及时反馈，不断提高促销效果。

9.5 营销定价

9.5.1 营销定价目标

合理的价格设定可以快速推进新产品的市场导入工作。在定价阶段，创业者应综合考虑各方面因素，为企业的产品销售制定合适有效的价格。创业者需要考虑的是企业的定价目标，定价的目标应服从企业的整体战略目标，在企业的战略目标之下，不同的企业定价目标存在差异，大体有以下几种。

1. 以获取利润为定价目标

利润是企业生存和发展的源泉，为获取利润，在价格制定时，必须使价格高于产品成本，当实现销售时就能够获取利润。根据产品独特性和开发成本，可以把价格定高，获得较高的利润，也可以把价格定低，实现薄利多销，以量取利。在定价时，创业者也要权衡短期利润和长期利润，不能顾此失彼。比如，进入新市场，创业者指定的短期利润目标较高，有可能吸引后续竞争者跟进市场，这反而会增加市场竞争强度，导致长期利润降低。

2. 以占领市场为定价目标

创业者为了占领市场，扩大市场影响力，提高市场占有率，培养客户的忠诚度，并尽快对潜在竞争者形成壁垒，在定价时，创业者往往采用低价策略，先入为主。

3. 以扩大销售量为定价目标

创业者价格制定以扩大销量为目的，对高投入的产品，只有迅速扩大销售才能形成规模，使产品成本下降，得到市场认可。在一定意义上说，既扩大了市场份额，也是遏制竞争对手的有力工具。为扩大销售可采用低价或其他竞争策略相结合的方式，切忌将价格竞争作为唯一的扩大销量手段。

4. 以应对竞争为定价目标

在创业阶段，有的学者认为，创业者不应采用积极主动竞争策略与竞争对手进行针对性的面对面竞争，应找缝隙市场，避其竞争者的锋芒，有利于创业者以较低的实力打开市场。但20世纪90年代以来，也有学者认为，创业者可采取积极竞争手段与竞争者进行针锋相对的竞争，这可以带动企业成长。创业者根据竞争需要制定产品的价格，以价取胜。实际上，无论采用哪种定价目标，都应从外部市场环境以及产品开发，特征、用户、成本角度综合考虑。要以有利于促进企业成长，有利于提高市场核心竞争力，有利于赢得客户为标准。

9.5.2 营销定价方法

企业定价方法很多，常见的定价方法有以下几种。

1. 成本定价法(渗透定价法)

这是一种很实用的定价方法，但需要对企业成本进行精确计算，在此基础上加上预期利润，就定出销售价格。这适用于产品成本易核算的企业。如果是提供产品或服务是难以量化的，成本定价法就不容易操作。

除成本计算外，对利润目标进行仔细分析。比如，需要分析该行业的平均利润水平，进行一些必要的调研，如果是新市场，可借鉴金融市场上的基准利率，如定期存款利率。总之，创业者根据成本和预期利润确定价格。

2. 竞争定价法

创业者进入的是现有市场，有同行业竞争者，创业者要考虑竞争对手的价格水平。创业者从同业竞争者价格考虑，一般定价水平大体相当。而定价高会失去市场份额，而且同业价格水平往往在消费者中被认为合理价格，因此过高定价会失去消费者，对新创业是十分不利的。往往采用跟随价格策略。如果创业者产品具备特殊技术、功能等方面优势，也能吸引消费者，可采用高于竞争对手的价格。

3. 心理定价法

这是对上述两种定价方法的补充，是根据消费者购买商品的心理动机来制定价格。比如，尾数定价法，如9、99、999，使消费者产生错觉，产生购买欲望。房地产商在新楼盘开盘时，价格往往比平常价格高，有进一步上涨的趋势，这是利用了消费者惧怕价格高而产生的恐慌购买心理，常常能够奏效。心理定价法需要创业者对消费者心理进行调查，才能取得较好效果。

4. 混合定价法

这是一种组合式定价(系列产品定价，连带产品定价，附带产品定价等)。比如，企业出售系列产品，高端产品采用高价格，一般产品低价格。如果企业目标市场在不同区域，对消费水平高的地区采用高价格，消费水平低的地区采用低价格。新产品导入时定价高，以后逐步降低。

综上所述，创业者定价措施应灵活多变，不能固定在一个模式上。同时注意定价措施与其他营销措施的结合，防止单纯依靠价格提高竞争水平。

【案例】

史玉柱开发《征途》游戏，游戏上线玩家越来越多，当年《征途》游戏在线人数高达30万，月营业收入达4463万，增长非常快。他说，“你真正赚钱靠回头客，也就是看能不能吸引住他”。“我们是赚有钱人的钱”。玩家花钱买药，买装备，修装备，在拼杀中升级，在升级中花钱，不断反复，等级越高，花费越大。30万用户，月人均消费150元，月在线4500万收入。从营销角度看，成功因素包括：迎合消费者，吸引消费者，高端游戏，免费进入，靠卖装备等赚钱。史玉柱重视引进人才，重视研发，重视市场推广，重视吸引顾客尤其是高端用户，从而取得成功。

【思考】

概括史玉柱的营销策略。怎样理解“我们是赚有钱人的钱”？

本章小结

本章介绍了创业营销概念。创业活动的环境和创业者持有资源状况决定了创业营销不同于成熟企业的营销。创业者应在分析外部环境的基础上，结合内部条件制定营销战略规划方案。创业营销分为5个步骤，包括机会深度分析、渠道建设、促销方案选择、产品定价、搞好售后服务与反馈。在创业营销方案制订及执行过程中，应考虑以下4个方面：市场细分与产品层次划分，营销渠道的构建过程与步骤，促销策略的选择，营销定价方法的确定。特别是要注重随外部环境的变化而随时调整营销策略，灵活性可以帮助创业者打开市场，获得利润。

复习思考题

1. 创业营销与成熟企业营销活动最大的区别体现在哪方面？
2. 寻找一个新创企业，分析创业营销活动特点。
3. 列举创新营销方面的例子，讨论是否适于创业营销。

实训实练

把创业项目的产品或服务销售出去，或尝试作某些产品或服务的代理销售工作。可考虑在学校附近“练摊”，运用学到的创业营销理论，制定创业营销计划，包括构筑销售渠道，实施促销策略，确定产品价格，搞好售后服务工作等方面。总结销售的经验与体会，注重客户的反馈意见，不断完善创业营销计划，提高创业营销能力。

创业案例过程研究与思考

山姆·沃尔顿：零售业帝国沃尔玛的打造者

2002年年初，零售业巨子沃尔玛连锁店的年度营业收入总额达到了2198.1亿美元，终于将埃克森—美孚石油公司拉下马，登上了美国乃至世界企业的第一把交椅。在2002年美国《财富》杂志的500强排名中，沃尔玛首次排在了第一位，以后多次排在首位。2007年销售额高达3780亿美元，再创历史新高。

山姆·沃尔顿1945年在本顿威尔小镇开始经营零售业，经过几十年的奋斗，终于建立起全球最大的零售业王国——沃尔玛。因其卓越的企业家精神而于1992年度被布什总统授予“总统自由勋章”，这是美国公民的最高荣誉。沃尔玛是全美也是世界收入最高、投资回报率最高、实现就业人数最多的企业之一，这不能不说是世界零售业发展的奇迹。沃尔玛如今在美国、墨西哥、加拿大、波多黎各、巴西、阿根廷、南非、中国、印尼等国家建有4150多家连锁店，员工数目也达到了120多万人。沃尔玛年销售额相当于全美所有零售公司的总和，而且至今仍保持着强劲的发展势头。

沃尔玛何以能从一家小型的零售店，迅速发展成为大型零售集团，并成为世界第一零售品牌?

第一，沃尔玛提出了“帮顾客节省每一分钱”的宗旨，而且实现了价格最便宜的承诺。所有的大型连锁店超市，都采取低价经营策略。与众不同的是，想尽一切办法从进货渠道、分销方式以及营销费用、行政开支等各方面节省资金，提出了“天天平价，始终如一”的口号，并努力实现价格比其他商号便宜的承诺。

第二，沃尔玛向顾客提供超值服务的享受。走进任何一家沃尔玛店，店员就会立刻出现在你的面前，笑脸相迎。店内有这样的标语“我们争取做到，每件商品都保证让您满意!”顾客在这里购买任何商品如果觉得不满意，可以在一个月内退还商店，并获得全部退款。沃尔顿曾说：“我们都是为顾客工作，你也许会觉得是在为上司工作，但事实上他也和你一样。在我们的组织之外有一个大老板，那就是顾客。”沃尔玛把超值服务看成是自己至高无上的职责。

第三，沃尔玛推行“一站式”购物新观念。顾客可以在最短的时间内以最快的速度购齐所有需要的商品。在商品结构上，力求富有变化和特色，以满足顾客的各种喜好。另外，沃尔玛为方便顾客还设置了如免费停车等多项特殊的服务类型。

第四，对各种公益事业的捐赠方面不吝惜，这广为人知。沃尔玛在社会活动上大量的长期投入以及活动本身所具有的独到创意，大大拓宽了品牌知名度，成功塑造了品牌在广大消费者心目中的卓越形象。

第五，沃尔玛针对不同的目标消费者，采取不同的经营零售形式，分别占领高、中、低档市场。例如：针对中层及中下层消费者的沃尔玛平价购物广场，只针对会员提供优惠服务的山姆会员商店，以及深受上层消费者欢迎的沃尔玛综合性商店等。

第六，沃尔玛利用先进信息技术整合优势资源，形成独特的竞争优势，使其经营水平远高于竞争对手。沃尔玛的全球采购战略、配送系统、商品管理、电子数据系统、天天平价战略在业界都是可圈可点的经典管理案例。沃尔玛的成功建立在其先进的管理手段基础上，沃尔玛利用信息技术整合优势资源，使其经营水平远高于竞争对手。在信息技术的支持下，沃尔玛能够以最低的成本、最优质的服务、最快速的管理反应进行全球运作，各家商店运用计算机进行库存控制。连锁商店系统用上条形码扫描系统。专用的卫星通信系统，全球4000多家沃尔玛分店也能够通过信息技术的终端与总部进行实时联系。

在沃尔玛管理信息系统中最重要的一环就是它的配送管理。其独特的配送体系，大大降低了成本，加速了存货周转，成为“天天低价”的最有力支持。系统共包括3部分。

(1) 高效的配送系统——沃尔玛的供应商根据各分店的订单将货品送到沃尔玛配送中心，配送中心负责完成对商品的筛选、包装和分验工作。送到此处的85%采用机械处理，大大减少了人工处理商品的费用。

(2) 迅速的运输系统——沃尔玛的机动运输车队是其供货系统的另一个无可比拟的优势。在1996年沃尔玛就拥有了30个配送中心，2000多辆运货卡车，保证进货从仓库运到任何一家商店的时间不超过48小时。而其他同行业每两周补货一次，沃尔玛可以保证分店货架平均每周补货两次，从而大大节省了运送时间和费用。其结果是沃尔玛的销售成本因此低于同行业销售成本2%～3%，为沃尔玛全年低价策略打下坚实基础。

(3) 先进的卫星通信系统——沃尔玛这套系统的应用，使配送中心、供应商及每一分店的每一销售点都能形成快速作业，在短短数小时内便可完成“填妥订单—分店汇总—送出订单”的整个流程大大提高了营业的高效性和准确性。沃尔玛有整套系统的扩张策略。在业态上沃尔玛选择了以20世纪80年代正处于业态寿命周期中成长期的折扣店，从而最有利于早期扩张。在产品和价格决策上，沃尔玛以低价销售全国性知名品牌，从而赢得了顾客青睐。在物流管理上，采用配送中心扩张领先于分店扩张策略，慎重地选择了营业区域内的最合适地点建立配送中心，在地点上，采用垄断当地市场后再向下一个邻近地区的基本原则，和在一个配送中心周围布下大约150个左右的分店策略。在数量上始终保持了及其理智的控制。沃尔玛海外投资相当稳健，随着世界经济的全球化，沃尔玛已经加紧了其国际化的步伐。

零售业巨子沃尔玛就是采用长期战略与短期战略相结合的方法。沃尔玛长期战略目标就是要做全球零售业的领袖，短期的战略目标是稳步推进，积极适度地扩张。短期战略与长期战略的相互配合使沃尔玛很快成为美国最大的零售企业。随着短期战略目标的实现，沃尔玛逐渐走上了向外扩张的国际化道路，成为世界第一大品牌。

第七，重视倾听最基层的声音，鼓励员工提意见。沃尔玛公司创始人山姆·沃尔顿在经营实践中，注重总结经验，并形成了自己的经营原则，这些原则包括以下几点。

竭力强调和贯彻沟通；倾听最基层的声音；将责任和职权下放给第一线的工作人员；寻求新的方法，以鼓励商店里的员工能够通过整个制度将他们的想法提上来。沃尔顿说："如果你必须将沃尔玛体制浓缩成一个思想，那可能就是沟通，因为它是我们成功的真正关键。"沃尔玛公司有许多种方式进行沟通，从星期六早晨的会议到及其简单地电话交谈，都是因为建立了卫星系统的沟通联络，在这样一个大公司是实现良好沟通的必要条件，是怎样强调也不过分的。他们将各种信息通过卫星传播系统以极快的速度传送出去，比如每月的损益报表、反映各销售店出售的最新商品的数据，以及各地经理希望得到公司却没办法发给他们的其他材料。

沃尔顿非常重视倾听最基层的声音，他说："电脑无法而且决非不可能替代到商店巡视和学习的功效"。地区经理人要亲自处理店内的一切事务。每个星期一早晨，他们蜂拥进公司的飞机，进入他们分管的地区视察商店。他们每周外出3～4天，通常会在星期四回来，他们必须至少带回一个能算是不虚此行的构想，然后他们与公司的高级经理人聚集在一起召开星期五的业务会议。告诉管理者哪些商品卖得出，哪些商品卖不出去。他们想出各种方法，以及采购人员保持对商店需求的供货反应。

沃尔顿指出："公司越大，就越有必要将责任和职权下放给第一线的工作人员，尤其是清理货架和与顾客交谈的部门经理人"。即使他们还没有上过大学或是没接受过正式的商业训练，他们仍然可以拥有——只要他们真正想要获得，只要他们努力专心工作和提高做生意的技巧，只有这样授权才能起作用。商品管理的权责归部门经理人，促销商品的权责归商店经理人，他们的采购人员也比其他公司人员拥有更大的责权。沃尔玛公司早就决定将各种信息在公司内分享，而不是将每件事都当作机密。他们经常在星期日举行音乐会，邀请一些有真正能改善其商店经营的想法的员工来和大家分享他们的心得。"创销售数量商店"比赛就是沃尔玛公司如何将它实施的一个绝好的例子。各个部门经理人级别的员工都能选择一项他们愿意促销的商品，然后他们看哪项商品创造最高的销售数量。

沃尔玛公司从员工们那里不只是寻求零售构思，还邀请那些想出节省金钱办法的员工参加星期六早晨会议。显然，沃尔玛公司从员工那里得到了许多很好的建议，员工也从相互之间的交流中分享了经验和智慧。

【思考】

山姆·沃尔顿创办沃尔玛公司，有哪些创业及发展经验值得学习借鉴？并对其进行评价特别要从营销角度进行评价。结合查阅有关文献进行总结和提炼。

第10章 新创企业人力资源管理

教学目标

学习完本章后，应掌握的重点：

1. 新创企业人力资源管理的内涵、构成与特点
2. 新创企业高层人员的管理
3. 新创企业一般员工的管理

理论应用

1. 举例说明新创企业人力资源管理的独特性与构成。
2. 调查新创企业高层人员管理与一般员工管理的现状与问题，并进行分析评价。
3. 提出加强新创企业高层人员管理与一般员工管理的对策措施。

案例导入

齐国宰相管仲最早提出人力资源是最重要资源的思想

早在春秋战国时期，齐国宰相管仲提出培养人才的重要性，是世界上最早提出人力资源是最重要资源的思想家之一。他说："一年之计，莫如树谷；十年之计，莫如树木；终身之计，莫如树人。一树一获者，谷也；一树十获者，木也；一树百获者，人也(《曾子·权修》)。"在20世纪70年代，一位美国学者舒尔茨论证了美国经济增长主要靠人力资本推动，人力资本大于物质和自然资本，对经济增长作用更大。教育投资是人力资本核心。他开创了现代人力资本理论并获得诺贝尔经济学奖。

刘邦自评取天下秘诀

刘邦总结打败项羽取得天下时说："夫运筹帷幄之中，决胜千里之外，吾不如子房；镇国家，抚百姓，给馈饷，不绝粮道，吾不如萧何；连百万之众，战必胜，攻必取，吾不如韩信。此三者，皆人杰，吾能用之，此吾所以取天下者也。"领导的本质在于科学的用人，在于通过自己的魅力或影响力去领导下属完成组织战略规划目标，而不在于领导具体能干多少工作。《三国演义》中的刘备，《水浒传》中的宋江，《西游记》中的唐僧，等等，他们能成就一番事业，关键是有领导与选拔合理使用人才的才能。

【思考】

两个案例说明了什么问题？给我们哪些启示？你怎样认识人力资源是第一资源的观点？

10.1　新创企业人力资源管理的构成与特点

创业者在企业成长过程中面临的重大挑战是人力资源管理。人力资源是新创企业发展最重要、最基础性的第一资源。人力资源管理不仅仅只招收员工或培训员工，更为重要的是从新创企业未来发展，提升核心竞争力角度来思考人力资源战略管理问题，是“软件”管理中最“硬”的部分，也是必须着力认真解决的问题。

传统人事管理经过人力资源管理转到战略性人力资源管理。战略性人力资源管理主要内容包括：管理理念是以人为本，尊重员工，全员参与，上下互动，员工是核心战略资源。全体员工上下一致为实现组织战略目标奋斗，在组织结构中其地位非常重要，强调短、中、长期战略计划，各部门工作与战略目标契合，完整互动，人力资源匹配同一线职能部门推动支持，确保顺利完成组织战略目标。

在创业研究中，学者们更为关注创业者及创业团队角色的研究，这是非常重要的。但如果仅仅锁定在这些人身上，而忽视其他雇员对创业活动的重要性，这对企业发展是很不利的。比如，对员工招聘、培训、考核、激力等，对于成熟企业可能已经有一定的管理经验，但对新创企业会面临许多新问题，成熟企业人力资源管理经验不一定完全适用于新创企业。因此，需要对新创企业人力资源管理的独特性有所认识。

10.1.1　新创企业人力资源管理的独特性

(1) 新创企业外部环境具有较大的不确定性。新创企业刚进入市场，产品或服务是否得到消费者认可，这些市场不确定性因素都对新创企业带来巨大挑战。竞争对手采取的应对措施等对新创企业压力巨大。一旦战略决策失误，有可能成为“先烈”。因此，新创企业成长过程不仅要求制定正确的发展战略规划，也需要各级员工认真落实规划措施，这需要一系列管理制度作保证。

(2) 新创企业所拥有的资源相对匮乏。新创企业的资源拥有量与成熟企业相比是有较大差距的，由于缺少资源使人力资源管理工作面临很多困难。比如，因缺少资金而使员工薪酬较低，会对吸引高水平人员及调动员工积极性形成很大的制约作用。因此，如何获取更多资源进而实现企业战略目标，是新创企业必须认真解决的问题。

(3) 新创企业的发展需要团队的共同努力。一般说来，新创企业从创建到高成长需要一个优秀的创业团队。创业者必须吸引各类人才共同创业，促进企业成长。比如，高新技术企业随着企业成长，就需要吸引不同的人才加入企业，使人才结构合理。因此，对于高层管理团队的管理成为新创企业人力资源管理的重要组成部分。

(4) 新创企业的组织制度不完善。新创企业开始运营时，人力资源管理工作都由创业者独立完成。随着企业发展，需要专门的人力资源管理部门进行管理，包括：人员招聘、各项规章制度的订立、考核、评价、晋级等，都要通过制度管理来完成。因此，建立规范的、科学的人力资源管理制度显得十分重要。

对于新创企业尤其是高新技术企业，创业者要树立以下几个重要的人力资源管理观念：最重要的竞争优势来自企业的人力资源；企业拥有的最大资产就是公司员工的智慧；人才是企业生存和发展的根本；企业人力资源的差别是一切有形和无形资产差别的根源，人力资源是企业首要的战略资源；人力资源所蕴含、衍生出的管理技能资源是获取良好绩效的关键。

10.1.2 新创企业人力资源管理的构成

新创企业的人力资源管理由 7 个方面构成，内容如下。

（1）人力资源管理制度。主要包括：招聘、薪酬、培训、考核等管理制度。管理制度要有利于留住员工，调动各类员工的创造性、积极性，管理制度随企业的成长适时进行调整。

（2）员工招聘。选择合适的员工，择优录用，放在能发挥最大能力的岗位上，人尽其才，才尽其用。

（3）薪酬。建立合理的薪酬分配体系，采用复合型或结构工资分配模式，也可采用非薪酬的激励措施，比如股权激励等。对贡献大的要适时予以奖励，薪酬水平要与企业增长相适应。

（4）培训及发展。在组织发展不同阶段，要对员工有计划地系统培训，职业生涯规划，开发培训，帮助员工进行有效的角色转化，适应新岗位要求，培训形式可灵活多样。

（5）绩效评估。效绩考核与评估，是按一定标准，采用定量与定性的方法，对不同层次的各类人员，测评完成岗位职责任务的情况，其目的是引导和激励员工多做贡献，最终达到企业和个人发展的“双赢”。对员工的考核评估主要从 6 个方面，即创新、德、能、勤、绩、廉。考核评估要与奖惩结合起来，与培训结合起来，与个人职业发展结合起来。考核评估要坚持公开、公正、公平，要客观有效。

（6）组织变革。新创企业当发展面临人员“瓶颈”时，常常采用组织结构调整及人员更换，但不宜过于激烈，甚至采用“一刀切”的做法，要努力争取组织变革与人员相对稳定和企业发展的动态平衡。否则，会给新创企业带来巨大隐患和不应有的损失。

（7）劳资关系。新创企业要认真处理好资产所有者与雇佣劳动者的关系。坚持以人为本，坚持尊重员工的首创精神，坚持以平等的态度对待员工。创造一种和谐相处，互相理解，共同发展的氛围，这是新创企业可持续发展的重要条件。劳资关系的主要方面，在于创业者及其共同所有者对待雇员的态度。

10.1.3 新创企业人力资源管理的特点

1. 人力资源管理是第一位管理

人力资源管理在组织建设中的作用是十分重要的。之所以重要，是因为人始终是创业活动的主体，是创业活动中最活跃的因素。只有选好人，用好人，最大限度发挥人之长处，合理配置，优化结构，才能调动创业人员的积极性，才能有效推进创业活动。从管理角度看，人力资源管理是第一位的管理，应站在组织战略管理高度，并能够在一定程度上参与和影响组织的决策。

2. 人力资源管理主体的多元平衡管理

新创企业人力资源管理部门尚未建立，创业者还要承担人力资源管理工作。为更好推进人力资源管理，创业者通过外部咨询顾问，高层团队成员，甚至一般员工参加到人力资源管理工作中，并使企业发展与人的发展达到动态平衡，这有助于保证人力资源能够在各个层面很好地协调，更好地建立真正适用于企业实际的人力资源管理制度。

3. 人力资源管理是循序渐进性管理

新创企业人力资源管理是以建立系统规范的组织制度为开端的。创业早期，虽然组织结构不够完善，但能使上下团结一致，去完成企业的发展目标。随着企业发展，不断吸收新员工，进行人员结构调整，逐步完成管理制度建设，是一个循序渐进的不断完善管理制度的过程。

4. 人力资源管理是全面民主式管理

新创企业开始阶段，创业者团队都参与人力资源管理。随着企业发展，人力资源开发与管理的范围日益扩大。企业内部把与“人”有关的内容都纳入其中。创业者要借助人力资源管理工作的契机，运用民主式管理，建立起一整套系统的企业组织制度和管理机制，并能在企业成长的不同阶段，起到重要作用。

10.2 高层团队管理

10.2.1 影响对高层团队管理的因素分析

新创企业的高层管理制度应在创业之初就需确定下来。在制定高层管理团队的管理方案时，需要考虑以下因素。

1. 开发利用创业机会

创业者在创业初期需要围绕机会的发现，开发利用而展开，需要确定基本的盈利模式，这都与高层管理团队的管理制度设计有关，而不同的创业机会特征的把握，开发利用对于创业个体的素质、能力也提出了不同的要求，这也对高层管理团队的结构提出了整体性要求。

2. 新创企业战略规划

新创企业战略规划决定了新创企业高层管理机制的构建。新创企业战略规划的核心体现在产品开发、市场开发和资源优化的组合战略，这种组合战略决定了企业发展方向或侧重点。如果新创企业战略重点在产品开发方面，那么，企业的高层研发主管将会成为人力资源管理的重点对象。新创企业发展的不同时期都有某一时期人力资源管理的重点。

3. 资源禀赋的优化配置

资源是新创企业所拥有或者所能够支配的能够实现公司战略目标的各种要素及要素组合。企业拥有的资源是新创企业实施高层管理工作的必要保证。比如，财务资源决定了对高层管理团队人员的薪酬设计方案，同时，也决定了吸引优秀高层人员加入团队的力度。新创企业要努力达到各种资源禀赋的优化配置，实现价值最大化。

4. 风险投资的进入

新创企业如果引进风险投资进入企业，并希望能够参与企业经营管理，提供增值服务，甚至参加企业决策或高层管理团队成员的选拔、任用等。风险投资在选人用人方面扮演着重要角色，通过推荐的人员参与高层团队，可提高风险投资掌控企业或影响企业的能力，有利于降低用人风险，取得更好的投资收益。往往新创企业高层团队的人员任用是资本说了算，而不是创业者。

【案例】

吴鹰创办UT斯达康公司，其产品小灵通成长很快。2000年公司在纳斯达克上市。吴鹰提出新发展方案被否决，吴鹰被迫离职，因为股权稀释后，风险投资占控股地位，吴鹰失去控制力，7∶1表决结果使吴鹰失去信任，高层管理团队重新组合。

10.2.2 高层团队的管理

1. 高层管理团队的薪酬设计

新创企业在创业初期，给高层管理团队较多金钱比较少见，一旦分配不公会带来潜在矛盾，但股权分配是较常见的方式，这对团队工作效率和稳定关系很大。创业高层管理团队的股权分配应坚持两个原则，相等原则与公平原则。创业初期很难确定谁的贡献大小，都各司其职，各负其责。相等原则有利团队成员之间的协调，不至于产生矛盾。与此对应，公平原则是按照每位成员的投入比例来分配股权，这种投入包括资金、知识、技能、技术等方面。如果投入价值具有明显区别时，对团队成员的股权调整是非常重要的。比如，高科技企业拥有核心技术的工程师的股权会比其他合作伙伴高些。股权期权也是常采用的薪酬制度。这是指授予管理者在未来的某个时间段内，可以以某一价格购买一定数量公司股票的权利，同时，管理者在规定时间内可自行决定出售股票。此外，对高层管理人员还可实行年薪制，这在一定程度上可以起到激励效果。年薪制与工作业绩是挂钩的。但年薪额度多少尚无统一标准，但必须与企业发展相适应、相结合，同时考虑企业的平均薪酬水平，不能出现企业亏损而高年薪照发的“倒挂”现象。

2. 引进新管理者

新创企业在成长过程中，随着企业成长与工作量的变化在管理层会出现管理能力不足于支撑发展的需要，在某些方面甚至影响工作进程，因此，需要招收和引进新管理者，以补充管理方面的不足。除一般性的工资等待遇外，还可以给予股票期权，或给予一定的股权，但这要与原团队核心成员协商，在取得共识后才可以实施。新创企业吸引人才方面的优势体现在以下几点。

（1）工作成就感和吸引力。

（2）企业提供的个人发展空间。

（3）合作的企业文化。

3. 高层管理团队成员的考察与调整

新创企业初期，团队成员经过一段时间工作后，需要对团队成员的知识能力和素质进行考察评估，是否能够胜任现有工作以及工作效果如何，甚至成员之间出现矛盾而影响创业活动，为此要进行调整。调整的目标使成员更加协调一致，提高工作效率，确保企业的良性发展。

【案例】

成威集团如何治理“老年痴呆症”，即对元老工作不思进取的问题，采取如下解决办法。

（1）换位置。确定新事业，明确新目标、加强培训等。

（2）给虚职，养起来。

（3）切割拿掉。这是没有办法的办法。为企业发展，不能做“老好人”，要“狼心狗肺”，这是创业领导者的责任。

10.3 一般员工管理

10.3.1 新创企业一般员工管理的内容

新创企业发展不仅是高层团队的事，也是一般员工不可或缺的重要因素。在资源缺乏，外部环境剧烈变化情况下，更应充分调动职工的创造性和积极性，这是人力资源管理的中心工作内容。创业者要围绕着企业的发展战略目标，明确人力资源管理的使命、定位、指导思想，搞好人力资源战略规划，在此基础上，做好岗位工作分析，员工招聘、员工培训、绩效管理(考核)、劳资关系、薪酬制度等项工作。

10.3.2 新创企业一般员工管理的流程

新创企业一般员工管理包括以下几个流程。

1. 工作分析

工作分析是人力资源工作的起点，通过对岗位分析评价，作为招聘的依据。工作分析按以下步骤进行。

（1）收集与工作分析相关资料。如公司章程，组织结构，生产状况，工作流程，办事细则等。

（2）明确岗位工作要求。知识、能力、素质等方面。

（3）撰写工作说明书。这主要是任职资格、工作范围、工作条件、权限、责任和利益、知识技能等。

2. 招聘员工

依据岗位分析结果，进行员工招聘。可考虑内外相结合的方法招聘新岗位或空缺岗位员工。招聘方式有：广告招聘、人才招聘会、校园招聘、就业服务机构招聘、网络招聘、推荐和自荐等。

3. 培训员工

员工培训是人力资源管理部门的重要工作内容。培训采用内外结合办法，依据需要和未来发展计划有针对性组织员工开展培训工作。此外，还可以用“师傅带徒弟”办法进行实践指导。从提高能力角度看，培训重点在以下方面。

（1）接受理解任务目标与实施控制的能力。

（2）创新创造开发与独立完成业务工作的能力。

（3）团队合作与人际协调沟通的能力。

（4）提高综合素质，总结与分析的能力。

（5）专业技能开发能力。

4. 绩效管理

新创企业的绩效管理是对完成目标任务的考察评鉴工作。这需要实施目标管理，把定性与定量考核有机结合起来，员工绩效与实施结果统一起来，职业生涯发展计划与考核目标结合起来，考核结果与工作过程结合起来，根本目的是挖掘员工的潜能，充分调动他们提高工作绩效的积极性，创造力。

5. 薪酬制度

薪酬制度的本质是对员工进行物质激励与精神激励，提升员工的工作热情，创新精神，促进工作上水平。

薪酬制度设计与执行应体现公平性、公开性、透明性。公开性让所有员工知道薪酬的依据是什么，包括哪些内容，在同一岗位对任何人都是公平的、透明的。薪酬制定还应体现竞争性。什么样的岗位或岗位的技术，难度不同，应在底薪上体现出来。薪酬制度还必须与绩效挂起钩来，这有利于调动员工的积极性。薪酬设计可分为两类：一类外在激励因素，如工资、津贴、奖金、社会保险、福利项目等。另一类是内在激励因素，如个人成长、新岗位或重要岗位工作，培训等。这两个方面应统筹考虑。在设计薪酬制度时，应积极与各方面进行协调沟通，使薪酬结构更加合理，有利于调动员工创造性的工作。

销售人员的薪酬是薪酬制度设计的重要方面。销售人员是公司扩大销售收入，获取利润的来源。但销售人员流动性大。稳定优秀的销售人才，建立行之有效的薪酬制度是非常必要的。这可以不断激励销售人员创造新业绩，又能满足工作成就感。可考虑实行以下几种薪酬制。

（1）底薪提成制。基本工资＋提成，但如何组合，是高工资低提成，还是低工资高提成。一般说来，比较成熟、客户相对稳定的企业，采用高工资低提成或年薪制，有利于保持企业平稳发展。反之，新创企业需打开销售渠道，采用低工资高提成的薪酬制更能调动销售人员积极性。

(2) 奖励薪酬制。放大薪酬效应。合理的薪酬奖励是克服销售困难，提高业绩的法宝。可采用底薪＋提成＋奖金的酬薪模式。

(3) 个性薪酬制。能拉近距离，注重提携有发展潜力的员工。根据销售人员的类别制定个性化薪酬。比如，销售经理、营销总监等采用年薪制。销售新手采用挂钩制。即将全体销售人员视作一个整体，确定其收入之和，每个员工的收入按贡献大小占总贡献的比例计算。体现多劳多得，增加职工归属感和进取心。

(4) 指标工资制。是指把每一个销售人员岗位的所有工作分解成一系列具体指标，根据指标设定工资总额。总指标下有具体分指标，而每个指标对应的是工资，月底对各项具体指标的完成情况进行考核，完成了哪个指标就有哪项工资，没实现的指标就相应扣减工资额。总核算后就是当月的工资额。

本章小结

本章介绍了新创企业人力资源管理的内涵、构成、特点和一般管理过程。高层团队和一般员工管理。对员工考核重点在创新、德、能、勤、绩、廉6个方面。介绍了新创企业可实行的销售人员薪酬管理制度。

复习思考题

1. 简述新创企业人力资源管理的内容及特点。
2. 简述新创企业人力资源管理的构成。
3. 怎样做到对员工考核要客观、公正、公平、有效？
4. 影响对高层管理团队的管理有哪些因素？
5. 新创企业对员工管理流程包括哪些方面？
6. 高层管理团队薪酬怎样设计？
7. 新创企业吸收新的高层管理者的途径包括哪些方面？
8. 对员工考核重点内容包括哪些方面？
9. 简述当前销售人员的几种薪酬制。

实训实练

1. 调查总结创业成功案例人力资源管理的经验，查阅有关企业管理制度，撰写一份新创企业人力资源管理方面的规章制度。

2. 如果你是新创企业的人力资源总监，你怎样做好人力资源管理工作，制定人力资源发展战略规划。

创业案例过程研究与思考

马化腾："QQ"王国的缔造者

1. 腾讯的创立和发展

1993年，毕业于深圳大学计算机系的马化腾选择了自己的专业本行，到深圳润讯做寻呼软件开发工作。工作之余，马化腾最大的爱好就是上网。一个偶然的机会，马化腾看到了基于Windows系统的ICQ演示，他开始思考是否可以在中国推出一种类似ICQ的集寻呼、聊天、电子邮件于一身的软件。1998年11月，马化腾利用炒股所得的资金与大学同学张志东注册了腾讯公司。

公司创建3个月后，马化腾和他的同事们终于开发出第一个"中国风味"的ICQ—— OICQ，这就是QQ的前身。当然，那时国内也有好几款同类的软件，用户也不多，没有人看好马化腾的OICQ。一开始，马化腾抱着试试看的心态把QQ放到互联网上让用户免费使用，可是就连马化腾本人也没有料到，这个不被人看好的软件不到1年就发展了500万用户。大量的下载和暴增的用户量使马化腾兴奋的同时，也让腾讯难以招架，因为人数增加就要不断地扩充服务器，而那时一两千元的服务器托管费让小作坊式的腾讯公司不堪重负。没有资金更新设备，工作人员也快发不出工资，于是只能到处去蹭人家的服务器用。眼前的困难迫使马化腾考虑把自己的公司转让他人，马化腾曾计划以100万人民币将QQ转让，却被认为"开价过高"而没有找到合适的买家。1999年下半年，全世界互联网经济开始"发烧"，马化腾拿着改了6个版本、20多页的商业计划书开始寻找国外风险投资，最后碰到了IDG和盈科数码，给腾讯注入了220万美元的巨额资金，并持有腾讯公司20%的股份。有了这笔雄厚的资金，公司大手笔一举购置了大容量的IBM服务器，并将更多精力集中在改进QQ功能和开发新版本上。

在核心产品的技术上，腾讯是个追随者。但是ICQ并没有任何商业模式可供腾讯参考。因为卖给了AOL的ICQ财大气粗，并不需要拿ICQ来赚钱。ICQ只是AOL为用户提供的一项免费服务。但是腾讯公司不同，这就需要在产品的经营上下更多的工夫。一方面，在产品的设计上，腾讯更加侧重细节。例如：腾讯为用户设计了性格各异的彩色头像，活的时候是彩色的、会动，而死了就变成灰色；腾讯把用户的好友资料存放在服务器上，无论用户换了什么机器，都可以轻松找到自己的好友，而不是换了地方就发现自己辛苦筑建的王国变得空无一人。

在盈利方面，腾讯也做了种种尝试，在OICQ上做广告赚钱是腾讯想出来的第一个办法。腾讯是世界上第一个在ICQ上做广告的。AOL的ICQ是在腾讯退出广告的几个月之后才效仿的。打运营商的主意，是腾讯的第二个办法。腾讯是第一家提出要和电信运营商共同运营的网络企业。先是寻呼台，而后是中国移动。到现在，中国移动梦网业务收入的几乎半壁江山被移动QQ独占。品牌衍生物的代理权出让，是腾讯的第三个主意。腾讯曾经以罕见的高价把自己那只胖乎乎的企鹅卖给了广州一家民营服装公司。代理权一年一签，除了代理权转让费以外，腾讯还要从销售额的超额部分提成。

2. 在竞争中成长，在成长中壮大

随着免费即时通信的不断开发，即时通信工具如微软的MSN、网易的泡泡、UC、ICQ、Yahoo Messenger、Microsoft. NET Messenger、AOL的Instant Messenger等，层出不穷，他们纷纷向QQ的垄断地位发起进攻。但是不论是UC、泡泡、搜Q，还是TomSkype、263的E话通等，都已经证明，撼动腾讯QQ，几乎是不可完成的任务。专业经营ICQ的只剩下腾讯一家，新浪、网易、搜狐、雅虎等很多公司瓜分着腾讯吃剩下的5%的市场。事实上，拥有庞大用户群的平台并不少，像许多游戏、邮箱、门户都拥有大量的用户，但为什么成功复制其他业务的却几乎没有？其实答案很简单，因为腾讯有一个先入和广泛的优势，由于腾讯的用户范围非常广，客户在使用QQ时都已经非常熟悉，这样一来如果功能上没有本质的区别，也就是说后来者如果不是在功能或者性能上有独到的地方，就不能让用户放弃QQ而使用新的产品。就目前看来，唯一能够对腾讯构成威胁的只有微软的MSN。MSN的优势很简单，操作系统的融合性绑定，使它可以让所有Windows用户都安装。现在MSN已经实现了20%以上的市场占有率，其趋势也在逐渐上升。QQ与MSN这类即时通信程序，从本质上说都是一个客户端/服务器应用程序，客户端利用QQ或者MSN登录到消息服务器，然后发送聊天会话请求。消息服务器会暂存并处理发送两个客户端之间的通信。

有观察家指出，MSN的问题在于他们的重点在欧美，中国这边一直是无心栽柳，无论是娱乐频道的建设、游戏频道的建设以及相关各种吸引网民的娱乐性应用上，都远远落后于腾讯，而且短期内，按照微软的习惯思维看，他们还不会去和腾讯拼这个应用，毕竟他们在全球层面上的主要对手目前还轮不到QQ。

新浪放弃自己大力研发的“了了吧”用重金收购了朗玛UC。朗玛UC很侥幸利用了QQ停止注册，策略失误的一段时间，率先推出了诸如在线游戏、用户社群等应用。直接与QQ形成冲突、逼得腾讯不得不将实行了两年的收费注册QQ改成了免费注册。由于朗玛UC与QQ形成了用户群的重合，腾讯很快将其作为首要对付的竞争者，新的免费QQ几乎没有给朗玛UC任何空间，它所提出的功能和应用，全被免费QQ仿冶了。在用户群数量这个基础远低于QQ的前提下，朗玛在市场竞争中处于劣势，而QQ在竞争中不断发展壮大。

值得一提的是电驴、POCO这样的P2P的应用，目前他们有相当的固定人群和使用者，但是和QQ的应用模式并没有直接冲突，而且有专业人士指出：QQ之所以不去冲击他们的市场，是不敢冒法律上的风险，这种争议很大的模式一旦遭遇一些政策限制和法规限制，就有被封杀的可能，QQ不敢冒这个险。有研究人员总结的一个结论是：任何依靠功能差异性某种不具备突破性的“技术领先性”来与腾讯进行的竞争，除非是从法律边缘线找空挡，期望腾讯知难而退，否则基本上没有任何机会。实际上正如腾讯人所说，从商业竞争层面看，腾讯真正的敌人只有他们自己，只要他们自己不犯错误，其他的竞争者只是促进腾讯改良升级的催化剂，根本不构成阻击实力。

事实上由于腾讯目前的巨大用户群体同时又具有强大的黏度，任何一个想超越的对手，最好的出发点就是在自己的实力没有强大到与QQ相当的时候，一定要回避与腾讯直接面对面的冲突，否则会输得很惨。

3. 在迎接挑战中追求卓越

随着企业的不断发展，腾讯在不断圈地，先是推出门户网站，还有QQ邮箱、QQ游戏、大型网络游戏、休闲游戏，几乎互联网的主要应用腾讯都有所涉及，难怪有评论惊呼：“腾讯将成为所有网络公司的对手!”马化腾认为这种说法显然是不确切的，腾讯所有的业务都是基于腾讯公司本身的优势而做出的市场运作。

现在看腾讯的新版QQ，这已经不是一个所谓的“即时通讯”的客户端了，这实际上是一个全面的用户上网终端应用的集成体，通信聊天、搜索、邮件、交友、资源导航、商业信息、文件共享、在线社群BBS、娱乐门户以及各种第三方服务商提供的增值服务(如招聘、办公用品导购等)。

如今腾讯已经形成了IM、QQ.com、3GQQ和QQ游戏四大平台，腾讯的“在线生活”产业布局初定。腾讯意图从提高用户忠诚度和黏度入手，通过网络社区聚揽起强大人气，形成全面的业务布局，并越来越开始注重新闻内容频道的建设，最终寻求门户路径成为主流的门户。

腾讯同时在积极通过合作方式整合区域门户。腾讯和《重庆商报》联合在重庆组建了大渝网，短短3个月时间，日均访问量就达100多万，单一IP访问量超越25万，已经成为重庆本地最大的地方门户，与此同时，西安等省份合作网站也已开通或试运行开通。腾讯公司开始用免费的产品占领市场，扩大用户的范围和提高用户的忠诚度，在此基础上通过后续的运营提高经营收益。2007年以免费聊天软件QQ

赢得 8.526 亿注册用户后，便牢牢占领了市场控制地位，有用户便有了市场，这是腾讯公司快速发展的"法宝"，也是腾讯公司可持续增长的基础。目前，在中国网络行业已成为核心能力强大，增长潜力巨大的别具一格的卓越公司。2013 年 10 月 16 日《福布斯杂志》中文版发布 2013 年中国富豪榜，腾讯公司总裁马化腾个人财富以 622 亿人民币排在中国富豪榜第五位。

【思考】

马化腾的 QQ 王国是如何打造的？据专家调查预测显示，未来网络与移动通信市场有巨大的增长空间，你是否在这个领域创业？怎样在网络世界特别是在移动通信领域创新创业？

第11章 大学生创业

教学目标

学习完本章后，应掌握的重点：

1. 大学生创业的社会价值
2. 大学生创业现状
3. 大学生创业的优势、劣势分析
4. 创办新企业的程序
5. 大学生创业的有关优惠政策
6. 大学生创业警戒

理论应用

1. 调查了解大学生成功创业的案例，总结经验与启示。
2. 调查了解大学生创业失败的案例，总结失败的教训与启示。
3. 调查创业属地给予大学生创业的有关政策。

案例导入

张艳宇——打造“乡村版淘宝网”

松原市守望乡村集团董事长张艳宇今年37岁，是一名大学生创业者。他和他的企业首创了乡村产业创新系统，开发了一系列创新项目和科研成果，共培育农村实用人才1.85万人，孵化创业3200余户，孵化大学生创业312人，带动就业6500余人，累计利税800余万元。

张艳宇生在农村，1994年夏天，乡亲们凑了5000元钱，帮他圆了大学梦。开学那天，他含泪向乡亲们说：“我一定回来报答你们!”

1998年，张艳宇从大庆石油学院(现东北石油大学)毕业，被分配到吉林油田管理局工作。但他心里从来没有平静过，因为，他记得自己的承诺。

2000年，张艳宇瞒着家人辞去机关工作，开始了草根创业征程。他东挪西凑了3万元钱创办了“苦丁香电脑工作室”。然而，几经失败，欠债40多万元。但他没有气馁。那段时间，他每天4点多起床，一个人到车站和广场发招生宣传单，晚课结束，自己在学习充电。执着和努力终于有了回报，他精心开发了一款软件，售出了60万元的“天价”。他随后创办了长城计算机学校等多家企业，创业开始初具规模。因为承诺，张艳宇决定将第二次创业方向定格乡村现代服务业上。2008年深秋，张艳宇的家乡前郭县红旗农场遇到了秋菜销售的难题。为了解决这一问题，他和团队创办了“乡村网商”电子商务项目。农民的杂粮杂豆、苗木果蔬等农副产品纷纷“上了网”。项目一经运营，便取得上亿元的贸易额，“乡村网商”品牌被称为“乡村版淘宝网”。

随后，张艳宇又搞起了“网真农业”，研发食物全生命溯源系统，农作物在哪产、何时产、怎么产、谁在产等所有相关信息一目了然。经局部试验，农户可提高2～3倍的经济效益。如今，通过这一模式，“松原稻谷”真正香透了中国。看到企业发展喜人，乡亲纷纷找到张艳宇，希望他帮着出一出致富的点子。张艳宇一下子就想到了温州模式。“温州的一个乡镇可以有8000户小个体，凭什么我的家乡就不能家家创业呢?”他和他的团队便开始了打造“乡村轻工业”的探索，首先把手编轿车坐垫产业作为主攻孵化方向，目前已形成近万人的从业规模。

几番创业，让张艳宇有了更大的目标，那就是打造一个集乡土创新院、乡土孵化器、乡土大学、乡村网商于一体的创新创业支持平台，经过多方努力，2012年秋，占地7万平方米、省内首个乡村创新创业人才孵化园区终于落成，园区确立了“网真农业”、“乡村轻工”、“乡村网商”、“乡村旅游”、“乡村文化”、“新式民宅”、“乡村智能”、“乡村能源”等8个产业孵化主题，将吸收更多人才投身乡土创新创业。

（资料来源：新文化报，2013年3月27日）

【思考】

大学生创业怎样的创新创业思路才能易于取得成功？谈谈你的看法。

11.1 大学生创业现状分析

11.1.1 大学生创业的社会价值

大学生创业是指在校大学生和毕业后进行创业的大学生。刘志阳等专家认为，大学生创业群体主要指在校大学生，不包括毕业的大学生。我们认为，在校大学生，主要任务是学习，而不是在校的创业，如果把在校创业当做主要任务，那就是本末倒置，但在校创业可以帮助学生学习有关管理特别是创业管理的理论知识，使创业理论与实践结合起来，丰富他们理论思维和对社会实践的认识，对毕业后的创业起到很好的奠基作用。从社会发展角度认识大学生创新创业的社会价值，有以下几点。

(1) 大学生创新创业可以促进整个社会进步，促进社会生产力的发展。社会发展进步与大学生创新创业有直接的关系。大学生是社会发展进步的主导力量，他们能够引领社会发展方向，运用知识创造社会财富，并能促进社会生产力的发展。大学生创新创业能够使中国更快的奔向小康，中国更加繁荣富强。

(2) 大学生创新创业能加快推动建立创新型国家。大学生是构建创新型国家的中坚力量，是国家可持续发展的动力之源。缺少大学生创新创业的积极参与，就很难实现建立创新型国家战略目标。因此，大学生创新创业是加快推动建立创新型国家的需要。

(3) 大学生创新创业能带动社会创业就业。以“创业带就业”是国家实施的战略规划。大学生创新创业不仅能够有利于调整经济结构，转变发展方式，而且会大幅度提高社会就业水平，缓解就业的社会压力，促进社会和谐稳定的发展。

（4）大学生创新创业还能够实现自我价值。自我价值不仅体现个人财富和精神财富的获取，更为主要的是自我价值的实现非常有利于社会价值的最大化，用自己创新创业的贡献，获得社会认可和尊重，在圆自我价值之梦的同时，为圆中国之梦增添正能量。据中央电视台报道，2012年我国大学生创业有30万，约占当年毕业生总数的5%，创业人数比过去有明显增加。

11.1.2 大学生创业倾向与优劣势分析

1. 大学生创业倾向问卷调查与分析结论

大学生对创业是怎样的认识，有怎样的创业倾向，我们对某大学在校大学生进行调查问卷分析，共发放问卷1200份，收回1059份，调查20个问题，调查结果统计汇总结论如下。（说明：本项调查是作者承担吉林省教育科学“十二五”规划重点课题的组成部分。）

调查结果分析看，可以得出以下结论。

（1）你了解大学生创业教育及创业吗？回答非常了解和基本了解的只占24%左右，不了解的占76%左右，占有绝大多数。

（2）你认为大学生创业有必要吗？回答有必要的占87%，占有绝对的多数。

（3）你希望在校系统学习创业理论，技能和案例吗？65%的学生希望学习有关创业理论和技能，只作为一般知识了解学习的占32%，只有3%的学生认为学习没有用处。这说明作为创业知识学习有97%的学生认为是应该学习的，其中有65%的学生希望更加系统学习创业理论和技能。

（4）你希望在校系统学习创业管理在那个阶段？27%的学生希望在大二阶段，48%的学生希望在大三阶段，还有26%的学生希望在大四或大一阶段学习。总体看，在大二、大三阶段开设创业课程较为合适。

（5）你创业的目的是什么？有50%的学生回答是实现自我价值，31%学生回答是追求财富，这说明，大学生创业的目的更多的是实现自我价值和追求财富。为社会多作贡献及其他方面只占20%左右。

（6）对创业外部环境了解吗？了解创业外部环境的仅占21%左右，不了解的占79%左右，大部分同学不了解当前我国创业环境。

（7）你大学毕业后有创业意愿吗？有强烈意愿和有意愿的占89%，只有11%的学生没有创业打算。

（8）你了解国家或地方政府对大学生创业的支持政策吗？仅有19%的大学生基本了解国家或地方政府对大学生创业政策支持，而不了解或不太了解的占81%，占有相当大的比重。

（9）你有创新和敢于承担风险不怕吃苦的精神吗？70%有或有一些创新和敢于承担风险不怕吃苦的精神，另有30%学生仅有一点或缺少这种精神。

(10) 你如果创业家庭会支持吗？家庭支持的占46%，有50%家庭不一定支持，有4%的家庭不支持大学生创业。

(11) 你的特长和潜质是否适应创业？基本适应的占51%，不适应或不太适应的占39%。

(12) 你认为创业教材哪些内容更有利于大学生学习应用？选择创业理论＋创业案例＋创业技能＋调研实训＋政策解读的占78%。这说明，教材的编写和选用应以理论＋案例＋实训＋政策解读为首选。

(13) 你认为老师教学哪种结构方式更好？理论＋案例＋技能＋调研实训(4∶2∶2∶2)的占76%。这说明，教学内容的结构以理论为主，辅助案例技能和调研实训相结合的方式更好，会受到大部分学生的欢迎。

(14) 如果创业你会选择哪种创业形式？有60%的大学生以合伙创业为首选，其次是自主创业，家庭创业和其他形式占10%。

(15) 如果创业，你会首选哪里？选择回家乡创业的占49%，选择所读大学城市和沿海经济发达地区大体相等，但选择西部不发达地区创业的仅占6%。

(16) 你认为大学生在创业过程中最大的障碍是什么？选择资金短缺的占34%，选择经验不够，缺乏社会关系的占51%，这说明目前大学生创业最大的障碍是经验不足，缺乏社会关系和资金短缺。

(17) 如果创业你会选择哪个产业方向？选择服务业的占61%，选择软件、网络等高科技企业的占20%，这说明服务业创业是大学生的首选，选择软件网络等高科技创业的占第二位，再次为工业与农业。

(18) 如果第一次创业失败了，还会创业吗？选择总结经验再准备创业的占65%，这说明大学生大部分有继续再创业的勇气，不怕挫折失败。

(19) 你对自己的职业规划期望是什么？选择做一名企业家或职业经理人的占46%，选择做专业技术工作的占21%，选择在机关事业单位工作的占26%，这说明较多大学生首选是做企业家和职业经理人，其次是在机关事业单位或作专业技术工作。

(20) 你对自己创业成功充满信心吗？选择有自信或有些自信的占64%，很迷惘、有赌博感的占24%，不自信的占4%。这说明，大多数学生创业有自信心，有较少部分创业过程有赌博感或不自信。

2. 大学生创业优势与劣势

1) 大学生创业的优势

大学生创业的优势体现在有专业理论知识，综合素质较高，有较高的“智力资本”；有创新精神，勇于迎接挑战；对未来充满希望，有追求财富和自我价值实现的强烈欲望；有较强的自信与执着，思维敏锐，有一定的决策力。

2) 大学生创业的劣势

大学生创业的劣势主要表现在经验严重不足，盲目乐观，缺少社会关系，资金不足，缺少好的创业项目，心理和风险承受能力较弱，市场竞争观念淡薄，创业有急于求成的倾向。

3）大学生创业能力自我测试分析

大学生创业需要对创业准备进行自我测试，共有 30 个问题需要作出是与否的评价。

（1）你决定出售什么产品或服务？

（2）你知道你的顾客是谁吗？

（3）你了解潜在顾客怎样看待你的产品和服务吗？

（4）你了解谁是你的主要竞争对手吗？

（5）你知道你的竞争对手的产品或服务的价格吗？

（6）你知道你的竞争对手的长处和短处吗？

（7）你预测过自己的销售吗？

（8）你制定了产品或服务的销售价格吗？

（9）你选择好企业的地点了吗？

（10）你决定使用哪种销售方式了吗？

（11）你决定使用促销方式了吗？

（12）你知道自己的促销需要多少钱吗？

（13）你已经选定某种企业组织形式了吗？

（14）你决定需要什么样的雇员了吗？

（15）你知道雇佣员工的法律责任吗？

（16）你知道对你的企业的所有法律要求吗？

（17）你知道你的企业需要什么样的营业执照和哪些许可证吗？

（18）你知道办这些执照和许可证需要多少钱吗？

（19）你决定你的企业需要何种保险了吗？

（20）你知道办保险需要多少钱吗？

（21）你预测了第一年的销售量了吗？

（22）你预测了第一年的销售收入了吗？

（23）你预测了第一年的销售和成本计划了吗？

（24）你的销售和成本计划显示第一年有利润吗？

（25）你制定现金流量表了吗？

（26）现金流量表是否表明在你经营企业的前 6 个月里你不会耗尽现金？

（27）你计算过开办企业所需要的启动资金数额吗？

（28）你为企业筹集到所有的启动资金了吗？

（29）如果你计划申请贷款，你预测过可用于担保的资产价值吗？

（30）你是否对开办自己的企业有足够的信心？

以下将依据“否”的数量给出反馈意见。

在 30 个问题中，如果评价全部是肯定的，可以进行创业实施，并作好开办企业的各项准备工作，如果肯定在 20 个，而否定的在 10 个以下，需要对否定的问题进行认真研究，并寻求解决办法，然后再决定进行创业。如果否定的在 11 个以上说明创业风险较大，应详细具体的研究，直到问题得到解决在决定创业。

11.1.3 大学生创业的途径与重点方向

1. 大学生创业的途径

大学生创业的途径可考虑以下几点的。

学习创业理论与技能，在媒体舆论寻找创业信息，比如各类纸质媒体、网络媒体包括：中国营销传播网、中华英才网、中华创业网、中国人才网以及各地创业中心、大学生科技园、留学生创业园、科技信息中心、中国有影响的商业网站等。与创业成功人士交流沟通，主动积极寻找有创业经验且成功人士进行电话、电子邮件方式进行交流，密切联系，建立良好的人际关系，会对创业有较大的支持帮助。在校期间大胆进行创业实践活动，积极参加课程学习，参加各类大学生创业大赛，利用课余、假期进行兼职打工、试办公司、创意项目开发、创建电子商务网站或个人网站等。也可以作校园代理，为以后创业积累经验。

【案例】

周鼎凯的中国大学生创业政策网

周鼎凯，中国大学生创业政策网董事长，首席执行官，主编，自由投资人。他出生于1990年3月，是90后创业的代表性人物。2005年，年仅15岁的周鼎凯在初中就显露出他不同于常人的一面，在学校的超市和班级相隔较远，课间时间较短的情况下，周鼎凯组织班级里要好的朋友组建了类似与帮同学朋友跑腿的团队，收取“跑腿费”盈利。在这个团体里，他详细地给各位同学分工，设立奖罚、晋升制度。在团队盈利后，班里和其他班级跟风效仿。周鼎凯采取兼并的形式，把班级里的小团体联合了起来，垄断了当时的校内市场，在校方开始关注前，周鼎凯果断退出，并解散了团队。

2006年，16岁的周鼎凯升入高中，在同龄人都痴迷于网络游戏的情况下，他却开始通过网络寻找商机，稚嫩的他第一次在网络上接触到陷阱，那是一个传销红遍大江南北的时代，周鼎凯在互联网上接触到了网络传销后，经过考察，果断与上线断绝了联系。2008年，奥运会来临之际，全国似乎到处都流行奥运文化衫，周鼎凯在了解这个情况后，经过考察，果断放弃市区市场，采取下乡的形式，利用距离较近的关林集团批发市场，和朋友合伙采购到大量衣物，坐长途车去了市内的二级县，在当地他联系到县里有实力的服装经贸商，批出去一半的货物后，自己在县广场摆起了地摊。这次倒卖他赚了两倍。暑假即将结束的时候，他考察网络手机市场，发现了地区差异极大，果断寻找货源，联系卖主，又赚了近千元。

2009年，周鼎凯进入了北京理工大学珠海学院学习，大学的空余时间让他更能专心做自己喜欢的事业，先后尝试了营养快餐项目、杉木投资、手机倒卖，最后将自己的事业定在了互联网上。他通过对网络创业人群的考察，对网络行业门户网站的了解，认为大学生创业政策的专业网站暂时处于蓝海领域，于是做出了详细的策划书。2009年7月，大一暑假，周鼎凯回到洛阳，找到朋友张晓旭、刘冉、牛江越、钟鑫，组建了项目团队。团队以股份制结构为基础，按照出资比例(含技术)分股，周鼎凯以51%的股份任董事长。经过团队人员的集体努力，同年8月，中国大学生创业政策网成功上线。从网站诞生以来就显示出了周鼎凯独特的商业眼光，网站点击量持续稳定增长，广告收入不菲。增值速度超过投资回报率数倍。现在的他，一边继续学习，一边管理着网站的日常事务。

【思考】

你认为在校大学生创业是否合适？怎样处理创业与学业的关系？你怎样评价周鼎凯创业？

2. 大学生创业的重点方向

大学生创业可重点考虑以下方向。

(1) 网络创业。中国北斗卫星在空间上的布局，为中国各个行业带来巨大的商机，大学生网络创业可选择淘宝网，易趣网，百度等平台，也可以自建网站。具体项目可选择服饰类、美容类、护肤类、数码产品、文体产品、学习用品、网络咨询服务、网上教育教学等。网络开店创业门槛较低，风险较低，而专业知识水平要求较高，适宜大学生创业。

(2) 移动互联网创业。目前，中国移动互联网呈现快速发展的态势，其创业潜力巨大。全球移动用户超过15亿，互联网用户达到7亿。中国移动通信用户超过3.6亿，互联网用户超过1亿。移动互联网已渗透在人们生活、工作的各个行业领域，短信、铃图下载、移动音乐、手机游戏、手机阅读、移动搜索、视频应用、手机支付、飞信等。移动互联网具有便携性、隐私性、应用轻便，有强大的资源整合性，包括银行、电子商务、导航、新闻、视频、音频等，从而带动了移动互联网“软、硬”件的开发应用，为IT行业发展创造了巨大的想象空间。

(3) 节能环保产业。中国在“十二五”规划中，明确提出节能环保行业重点发展高效节能，先进环保，资源循环利用，关键技术装备，产品和服务。在这个行业创业将会得到国家政策等方面有力的支持，这是中国可持续发展的重点行业，预计到2020年，节能环保将成为中国经济社会发展的产业，并能发挥出引领经济社会发展变革和经济发展方式转变的重要作用。

(4) 新能源、新材料产业。新能源也是国家扶持力度很大产业，比如太阳能、地热能、风能、海洋能、生物质能和核聚变能等。新能源开发利用是中国未来能源战略的重点，其发展前景是无可限量的。新材料产业是一个国家科技进步和国力的重要标志，其应用范围非常广泛。大学生创业把重点放在开发特别是应用方面，因为，新材料的开发投入大，是需要国家层面进行的研制，一般创业者缺少足够的资金进行新材料的研制，但新材料的应用却有很好的创业机会。

(5) 社会创业与创意产业。社会创业是指用创新的方法解决社会主要问题，采用商业手段创造社会价值，实现社会组织的不断发展。广义的包括营利性社会组织，狭义的包括非营利性社会组织。社会创业范围很广泛，包括科技、教育、文化、卫生、劳动、民政、体育、环境保护、法律保护、社会中介服务、工商服务、农村各类经济体的服务等。因此，在社会创业范围中，会产生各种不同类型的创业机会，需要大学生进行挖掘，并能产生较快较好的创业效果。文化创业产业是近些年提出的新概念，发展势头很猛。文化创意产业包括：广播影视、动漫、音像、传媒、表演艺术、工艺与设计、环境艺术、广告装潢、服装设计、软件和计算机服务等方面。文化创意产业具有创新性和独特性，创意的主题是人的创造力的释放与开发，对人的创造能力有更高的要求，有的大学生创业在这个行业已取得初步成功。

(6) 服务行业创业。有专家估计，未来最具潜力的服务业有：早餐、休闲饮品、中式特色小吃等餐饮品。城市便利店，药品店、健康食品等健康服务业。加工批发及零售等服务饰业，化妆护理，瘦身减肥等美容业，专卖店形式的婴幼儿用品业，儿童早期教育业，成人在职教育业，老年用品和服务业，汽车后续服务业等。

(7) 与"数字化制造"紧密相连的创业。这是第三次工业革命的标志。代表产品是3D(三维)打印机，又称"堆砌加工机"，像打印机一样，层层地把新型合成材料直接"印出"，或堆砌成一个产品，这种模式将取代传统的车、钳、铣、刨的生产方式，这是生产工具的重大变革，有巨大的创业机会和发展潜力。目前，可以打印部分飞机零部件，人体的部分器官等。

11.1.4 女大学生创业

女性创业已经成为创业大潮中的一支生力军。"谁说女子不如男"，相当多的女子特别是女大学生选择创业这条光明之路。据欧洲女企业家论坛估计，欧洲近20年来新增的就业机会中，有1/4是女企业家经营的小型企业提供的。据欧洲经济合作与发展组织统计，在其25个成员国里，女性领导的企业活动占全部企业活动的28%，其中最高的是加拿大，占39%；而美国女企业家的经营活动已占到50%。中国女性创业始于改革开放，特别是在国有企业组织改制过程中，有相当多的职工下岗，为家庭生活及找到发展出路，开始了自主创业，自谋出路。女性创业从规模看相对较小，但为社会贡献较大。吉林大学蔡莉博士等对长春市500家创业企业进行调查统计，结果显示，10人以下规模的企业男性为59.1%，而女性是71.4%；10～50人规模的企业男性为33.9%，女性为26.8%；50人以上规模的企业男性占7.0%，女性占1.8%。由于女性在创业过程中，受自身素质、能力、社会世俗偏见、国家政策、资本等方面的限制缺乏，女性创业大多数规模较小，集中在服务行业。但在中国也有女性创业达到很高的水平和产生相当广泛的社会影响力。未来中国女性特别是大学生创业会有更大的发展。

11.2 新创企业组织形式的选择

企业组织形式是指企业财产及其社会化大生产的组织形态，它表明一个企业的财产构成、内部分工协作与外部社会经济联系的方式。新创企业选择的组织形式有多种，主要有：个人独资企业、合伙企业、公司制企业(包括有限责任公司和股份有限公司)。新创企业选择何种组织形式，要根据国家有关法规的要求和企业的具体情况来决定。

11.2.1 个人独资企业

1. 个人独资企业的定义

个人独资企业是指依照《中华人民共和国个人独资企业法》在中国境内设立，由一个自然人投资，财产为投资人个人所有，投资人以其个人财产对企业债务承担无限责任的经营实体。

2. 个人独资企业的特点

(1) 个人独资企业由一个自然人投资设立。

(2) 个人独资企业设立要符合国家法律法规明确规定的在场所、资金、人员等方面的条件，是一个独立的企业实体。

(3) 个人独资企业投资人的个人财产与企业财产不分离，投资人以其个人财产对企业债务承担无限责任。

(4) 个人独资企业是非法人企业。

(5) 个人独资企业的出资人可以自行管理企业事务，或委托聘用其他具有民事行为能力的人负责企业管理事务。

(6) 个人独资企业规模较小，设立条件比较宽松，设立程序比较简便，开办或退出比较灵活。

3. 设立个人独资企业的基本条件

(1) 投资人为一个自然人。

(2) 有合法的企业名称。

(3) 有投资人申报的资金。

(4) 有固定的生产经营场地和必要的生产经营条件。

(5) 有必要的从业人员。

11.2.2 合伙企业

1. 合伙企业的定义

合伙企业是指自然人、法人和其他组织依照《中华人民共和国合伙企业法》，在中国境内设立的，由两个或两个以上的自然人通过订立合伙协议，共同出资经营、共负盈亏、共担风险的企业组织形式。我国合伙组织形式仅限于私营企业。合伙企业一般无法人资格。合伙企业包括普通合伙企业和有限合伙企业。普通合伙企业由普通合伙人(没有上限规定)组成，合伙人对合伙企业债务承担无限连带责任。有限合伙企业由2人以上50人以下的普通合伙人和有限合伙人组成，普通合伙人至少有1人，对合伙企业债务承担无限连带责任；有限合伙人以其认缴的出资额为限对合伙企业债务承担责任。

2. 合伙企业的特征

合伙企业具有以下基本特征。

(1) 合伙企业的设立主体包括自然人、法人和其他组织。

(2) 合伙人承担连带责任，即所有的合伙人对合伙企业的债务都有责任向债权人偿还，不管自己在合伙协议中所承担的比例如何，一个合伙人不能清偿对外债务时，其他合伙人都有清偿的责任，但当某一合伙人偿还合伙企业的债务超过自己所承担的数额时，有权向其他合伙人追偿。

(3) 合伙人对企业债务承担无限连带责任，即所有的合伙人不以自己投入的合伙企业的资金和合伙企业所有的全部资金为限，而以合伙人自己所有的财产对债权人承担清偿责任。

(4) 合伙企业要依法签订书面协议，订立书面协议必须由全体合伙人协商一致。

(5) 合伙企业解散时，合伙企业财产的清偿顺序如下。

① 合伙企业所欠招用的职工工资和劳动保险费用。

② 合伙企业所欠税款。

③ 合伙企业的债务。

④ 返还合伙人的出资。

(6) 合伙企业财产按上述顺序清偿后仍有剩余的，则按协议中约定比例分配。如协议中没有约定的，则平均分配利润。

3. 设立合伙企业的基本条件

创业者设立合伙企业的基本条件有以下几点。

(1) 有两个以上合伙人，合伙人为自然人的，具有完全民事行为能力；并且都是依法承担无限责任者。

(2) 有书面合伙协议。

(3) 有各合伙人实际缴付的出资。

(4) 有合伙企业的名称和生产经营场所。

(5) 法规规定的其他必要条件。

11.2.3 公司制企业

公司是指依照《中华人民共和国公司法》在中国境内设立的有限责任公司和股份有限公司。

1. 有限责任公司

1) 有限责任公司的定义

有限责任公司是指由一定人数的股东组成的、股东只以其出资额为限对公司承担责任，公司只以其全部资产对公司债务承担责任的公司。

2) 有限责任公司的特征

(1) 有限责任公司是企业法人，有独立的法人财产，享有法人财产权。

(2) 限定的股东人数，有限责任公司的股东人数为 50 人以下。

(3) 有限责任公司以其全部财产对公司债务承担责任。

(4) 有限责任公司的股东以其认缴的出资额为限对公司承担责任。

(5) 有限责任公司股东共同制订公司章程。

3) 设立有限责任公司的基本条件

(1) 股东符合法定人数。有限责任公司由 50 个以下股东共同出资设立，一个自然人或者一个法人也可以单独设立有限责任公司。

(2) 股东注册资本认缴达到法定资本最低限额。根据《注册资本认缴登记制度》的有关规定，股东注册资本认缴理论上 1 元人民币可注册公司。特定行业的有限责任公司注册资本最低限额需高于上述所规定限额的，由法律、行政法规另行规定。

(3) 公司全体股东注册资本认缴及相关事宜自我约定，到工商管理部门登记，记载在公司章程中。

(4) 股东共同制定公司章程。

（5）有公司名称和住所，是法定的注册地址。

（6）建立符合有限公司要求的组织机构。

4）一人有限责任公司

一人有限责任公司(简称“一人公司”、“独资公司”或“独股公司”)，是指只有一个自然人或一个法人股东(自然人或法人)，持有公司全部出资的有限责任公司。一人有限责任公司是独立的企业法人。一个自然人只能投资设立一个有限责任公司。一人有限责任公司的股东，不能证明公司财产独立于股东自己的财产的，应当对公司债务承担连带责任。一人有限责任公司应在公司登记中注明自然人独资或者法人独资，并在营业执照中载明：一人有限责任公司。一人有限责任公司有两个基本法律特征，一是股东人数的唯一性，二是股东责任的有限性。

2. 股份有限责任公司

1）股份有限责任公司的定义

股份有限公司是指由一定人数以上的股东组成，公司全部资本分为等额股份，股东以其所认购的股份为限对公司承担责任，公司以其全部资产对公司债务承担责任的公司。

2）股份有限公司的基本特征

（1）股份有限公司是独立的企业法人，有独立的法人财产，享有法人财产权。

（2）股份有限公司的发起人数不得少于法律规定的数目，应有2人以上200人以下。

（3）股份有限公司的股东对公司债务负有限责任，其限度是股东应交付的股金额。

（4）股份有限公司以全部资产对公司债务承担责任。

（5）股份有限公司设立采取发起人设立或募集设立的方式，其全部的资本划分为等额的股份，可通过向社会公开发行的办法筹集资金，任何人在缴纳了股款之后，都可以成为公司股东，没有资格限制。

（6）公司股份可以自由转让，但不能退股。

（7）公司账目须向社会公开，以便于投资人了解公司情况，进行选择。

（8）股份有限公司的股东共同制定公司章程。

（9）公司设立和解散有严格的法律程序，手续比较复杂。

3）设立股份有限公司的基本条件

（1）发起人符合法定的资格，达到法定的人数。

（2）发起人认缴和向社会公开募集的股本达到法定额度。发起人可以用货币出资，也可以用实物、工业产权、非专利技术、土地使用权作价出资。发起人以货币出资时，应当缴付现金。发起人以货币以外的其他财产权出资时，必须进行评估作价，核实财产，并折合为股份，且应当依法办理其财产权的转移手续，将财产权转归公司所有。

（3）采取发起方式设立的，注册资本为在公司登记机关登记的全体发起人认购的股本总额。法律法规另有规定的，从其规定。

（4）股份发行、筹办事项符合法律规定。

（5）发起人制定公司章程，并经创立大会通过。

（6）有公司名称，建立符合公司要求的组织机构。

（7）有固定的生产经营场所和必要的生产经营条件。

11.2.4 各种组织形式比较及风险防范

各种组织形式没有绝对的好与坏，创业者必须分析研究各种组织形式的优缺点，根据创办企业的实际情况，来选择某种合适的组织形式。各种组织形式比较及风险防范见表11-1。

表11-1 各种企业组织形式优缺点对比及风险防范

组织形式	优　点	缺　点	风险防范
合伙企业	1. 组织形势简单，集中资源迅速灵活，创办手续简便且费用低。 2. 关系紧密，成员稳定，内部凝聚力强。 3. 因为承担无限责任，成员的责任心强。 4. 并非纳税主体受政府干预和法律限制较少。 5. 经营灵活，信用较好	1. 对合伙人依赖程度较高，因合伙人的意外或退出而解散。 2. 在合伙人经营管理出现分歧时，决策困难。 3. 如未在合伙协议中进行详细约定有关条款，容易出现纠纷。 4. 出资人承担无限连带责任。 5. 财产转让困难。 6. 因规模小，融资能力有限	1. 在合伙前清理自身账目，认真审查对方的资本实力，并详细拟定合伙协议。 2. 在合伙协议中详细约定利润分配、投票权和决策权、撤资的条件以及方法、合理的财务制度等。 3. 诚实履行出资义务。 4. 提高合伙人的信用度
有限公司	1. 出资人承担有限责任，风险性较低。 2. 公司所有权与经营管理权分离，有利于建立有效的治理结构，促进企业的发展。 3. 产权结构多元化，有利于促进资本集中，科学决策	1. 产权不能充分流动，资产运作受到限制，股份转让方式须依照法定条件和程序。 2. 不能公开发行股票，筹集资金规模有限，法律监管较严格。 3. 税费比较重，存在双重纳税问题	1. 详细制定公司章程，全面履行出资义务。 2. 合理设置组织机构。 3. 有效行使股东权利义务。 4. 加强监督管理
股份公司	1. 有利于筹集资金。 2. 股东只承担有限责任，风险小较。 3. 股份转让便捷，流通性强。 4. 治理结构完善，管理水平较高	1. 公司要定期公布财务等状况，经营信息公开可能影响公司某些利益。 2. 法律法规监管严格。 3. 少数股东控制，容易损害其他小股东利益	1. 制定科学规范的公司章程，按章办事。 2. 建立完善的治理结构，合理设置股权比例以及组织机构。 3. 有效行使股东权利义务。 4. 加强监督管理
一人有限公司	1. 设立比较便捷。 2. 经营管理费用比较低。 3. 工作效率高，决策快。 4. 能保守商业秘密，适应能力强	1. 治理结构不完善，缺乏制衡机制。 2. 不利于保护债权人的权益。 3. 公司资金筹措能力受到限制，不利于公司发展。 4. 缺乏信用体系	1. 提高出资人的综合素质。 2. 加强法律法规的学习与教育，提高执行法律法规的自觉性。 3. 提高出资人的信用度

11.3　创办新企业的程序

大学生创业必须掌握新创业的开办程序，这可以节省时间，尽快进入新创企业的运营管理。

11.3.1　新创企业开办之前的准备工作

新创企业开办之前需要做些准备工作，明确做什么工作，由谁来做，什么时间完成。

具体工作内容包括：营业地点选择，启动资金筹集落实，办理企业登记注册手续，营业场所装修，接通水电、电话，购买或租用机器设备，招聘员工，购买保险，宣传企业等。

11.3.2　新创企业的注册登记

新创企业注册前，要确定企业组织形式。我国法律规定，可注册的企业形式有股份有限公司、有限责任公司、合伙企业和个人独资企业。根据 2014 年 2 月 18 日国务院批准的《注册资本登记制度改革方案》，新创企业注册资本登记便捷高效，规范统一，宽进严管。

1.《注册资本登记制度改革方案》的相关内容

（1）实行注册资本认缴登记制。公司股东认缴的出资总额或者发起人认购的股本总额(即公司注册资本)应当在工商行政管理机关登记。公司股东(发起人)应当对其认缴出资额、出资方式、出资期限等自主约定，并记载于公司章程。有限责任公司的股东以其认缴的出资额为限对公司承担责任，股份有限公司的股东以其认购的股份为限对公司承担责任。公司应当将股东认缴出资额或者发起人认购股份、出资方式、出资期限、缴纳情况通过市场主体信用信息公示系统向社会公示。公司股东(发起人)对缴纳出资情况的真实性、合法性负责。

（2）现行法律、行政法规以及国务院决定明确规定实行注册资本实缴登记制的银行业金融机构、证券公司、期货公司、基金管理公司、保险公司、保险专业代理机构和保险经纪人、直销企业、对外劳务合作企业、融资性担保公司、募集设立的股份有限公司，以及劳务派遣企业、典当行、保险资产管理公司、小额贷款公司实行注册资本认缴登记制问题，另行研究决定。在法律、行政法规以及国务院决定未修改前，暂按现行规定执行。

（3）已经实行申报(认缴)出资登记的个人独资企业、合伙企业、农民专业合作社仍按现行规定执行。

（4）鼓励、引导、支持国有企业、集体企业等非公司制企业法人实施规范的公司制改革，实行注册资本认缴登记制。

（5）放宽注册资本登记条件。除法律、行政法规以及国务院决定对特定行业注册资本最低限额另有规定的外，取消注册资本最低限额

（6）简化住所(经营场所)登记手续。申请人提交场所合法使用证明即可予以登记。

（7）推行电子营业执照和全程电子化登记管理。电子营业执照载有工商登记信息，与

纸质营业执照具有同等法律效力。包括：网上申请、网上受理、网上审核、网上公示、网上发照等全程电子化登记管理。

2. 注册有限责任公司的程序

1）核名

(1) 到工商局领取企业(字号)名称预先核准申请表，填写你准备取的公司名称，由工商局相关人员检索是否有重名，如果没有重名，就可以使用这个名称。工作人员会核发一张企业(字号)名称预先核准通知书。

(2) 也可由代理人帮助您核名，所提交的资料包括：公司名称4～5个，股东、法人的身份证复印件，出资比例等，一般2～3天便可知道公司名称是否可行。

2）租房

创业者可以租写字楼，或者购买营业场所，但民宅不能用于注册成立公司。租房后要签订租房合同，物业提供产权证明，再在设立表上盖章。

3）入资

创业者应去银行办理个人结算卡，到工商局指定银行办理入资手续，需要携带：核名通知、身份证原件、存折或银行卡。如果法人或者股东不能亲自办理，需准备委托书。

4）验资

所需材料为：设立表、公司章程、核名通知、房租合同、房产证复印件、法人股东身份证复印件。

5）刻章

创业者去公安局指定刻章处刻公章、合同章、财务章、人名章。

6）注册公司

创业者详细填写设立表后，连同核名通知、公司章程、房租合同、房产证复印件、验资报告一起交给工商局，大概7个工作日后可领取执照。

7）办理企业组织机构代码证

创业者凭营业执照到质量技术监督部门办理组织机构代码证。

8）办理税务登记

创业者领取执照后，到当地税务局申请领取税务登记证。一般的公司都需要办理两种税务登记证，即国税和地税。

9）购买印花税

创业者需携带租房合同到税务局去买印花税，按年租金的1‰的税率购买，例如每年房租是1万元，那就要买10元的印花税，贴在房租合同的首页，后面凡是需要用到房租合同的地方，都需要是贴了印花税的合同复印件。

10）去银行开公司基本账户

创业者需凭执照、组织机构代码证去银行开立公司基本账户。开立基本账户时，还需要购买一个密码器，密码器主要用于公司开支票、划款时生成密码。

11）申请领购发票

如果你的公司是销售商品的，应该到国税局去申领发票，如果是服务性质的公司，则到地税局申领发票。发票申请分两种：一是按定税方法，即每月不管有没有营业额都要每月交纳相同的税额；二是根据开具发票的金额每月按税率缴税。

3. 注册合伙企业的程序

（1）设立合伙企业应当具备下列条件。

① 有两个以上合伙人，并且都是依法承担无限责任者。

② 有书面合伙协议。

③ 有各合伙人实际缴付的出资。

④ 有合伙企业的名称。

⑤ 有经营场所和从事合伙经营的必要条件。

（2）申请设立合伙企业，应向企业工商登记机关提交下列文件。

① 全体合伙人签署的设立登记申请书。

② 全体合伙人的身份证明。

③ 全体合伙人指定的代表或者共同委托的代理人的委托书。

④ 合伙协议。合伙协议应当载明下列事项：合伙企业的名称和主要经营场所的地点；合伙目的和合伙企业的经营范围；合伙人的姓名及其住所；合伙人出资的方式、数额和缴付出资的期限；利润分配和亏损分担办法；合伙企业事务的执行；入伙与退伙；合伙企业的解散与清算；违约责任；合伙企业的经营期间和合伙人争议的解决方式。

⑤ 出资权属证明。

⑥ 经营场所证明。

⑦ 国务院工商行政管理部门规定提交的其他文件。

⑧ 法律、行政法规定设立合伙企业须报经审批的，还应当提交有关批准文件。

4. 注册个体工商户的程序

1）登记内容及期限

（1）名称预先登记，3个工作日。

（2）个体工商户开业、变更、注销登记，15个工作日。

2）登记需要提交的文件

（1）申请个体工商户名称预先登记应提交的文件、证件包括：申请人的身份证或由申请人委托的有关证明；个体工商户名称预先登记申请书；法规、规章和政策规定应提交的其他文件、证明。

（2）申请个体工商户开业登记应提交的文件、证件包括：申请人签署的个体开业登记申请书(填写个体工商户申请开业登记表)；从业人员证明。本市人员经营的须提交户籍证明，含居民户口簿和身份证，以及离退休等各类无业人员的有关证明；外省市人员经营的须提交本人身份证、暂住证、劳动用工证、经商证明及初中以上学历证明；育龄妇女还须提交计划生育证明。经营场地证明；个人合伙经营的合伙协议书；家庭经营的家庭人员的关系证明；名称预先核准通知书；法规、规章和政策规定应提交的有关专项证明。

11.4 有关新创企业文件编写

11.4.1 公司章程的编写

公司是指依照公司法在中国境内设立的有限责任公司和股份有限公司。公司是企业法人，有独立的法人财产，享有法人财产权。公司以其全部财产对公司的债务承担责任。

有限责任公司的股东以其认缴的出资额为限对公司承担责任；股份有限公司的股东以其认购的股份为限对公司承担责任。

设立有限责任公司，必须有股东共同制定的公司章程。按照《中华人民共和国公司法》的规定，下列事项是公司章程必须载明的。

1. 公司名称和住所

企业只准使用一个名称，在登记主管机关辖区内不得与已登记注册的同行业企业名称相同或者近似。确有特殊需要的，经省级以上登记主管机关核准，企业可以在规定的范围内使用一个从属名称。

企业名称应当冠以企业所在地省(包括自治区、直辖市，下同)或者市(包括州，下同)或者县(包括市辖区，下同)行政区划名称。企业名称不得含有下列内容和文字。

(1) 有损于国家、社会公共利益的。

(2) 可能对公众造成欺骗或者误解的。

(3) 外国国家(地区)名称、国际组织名称。

(4) 政党名称、党政军机关名称、群众组织名称、社会团体名称及部队番号。

(5) 汉语拼音字母(外文名称中使用的除外)、数字。

(6) 其他法律、行政法规规定禁止的。

公司住所为自由产权不动产的，需提交产权证。公司住所为租赁场地的，需提供场地产权证和租赁合同。

2. 公司经营范围

经营范围分为许可经营项目和一般经营项目。许可经营项目是指企业在申请登记前依据法律、行政法规、国务院决定应当报经有关部门批准的项目。一般经营项目是指不需批准，企业可以自主申请的项目。企业申请的经营范围中有下列情形的，企业登记机关不予登记。

(1) 法律、行政法规、国务院决定禁止企业经营的。

(2) 属于许可经营项目，不能提交审批机关的批准文件、证件的。

(3) 注册认缴资本未达到法律、行政法规规定和国务院《注册资本登记制度改革方案》要求的。

(4) 法律、行政法规、国务院规定特定行业的企业只能从事经过批准的项目而企业申请其他项目的。

(5) 法律、行政法规、国务院规定的其他情形的。

3. 公司注册资本

公司注册资本以2014年2月国务院公布的《注册资本登记制度改革方案》进行注册登记。

4. 股东的姓名或者名称

（1）不满足法律对行为能力要求的人，不得成为股东。

（2）根据法律规定，具有特殊身份的人，不得成为股东。

5. 股东的出资方式、出资额和出资转让

股东应当按期足额缴纳公司章程中规定的各自所认缴的出资额。股东以货币出资的，应当将货币出资足额存入有限责任公司在银行开设的账户；以非货币财产出资的，应当依法办理其财产权的转移手续。

股东不按照前款规定缴纳出资的，除应当向公司足额缴纳外，还应当向已按期足额缴纳出资的股东承担违约责任。

股东缴纳出资后，必须经依法设立的验资机构验资并出具证明。

有限责任公司成立后，发现作为设立公司出资的非货币财产的实际价额显著低于公司章程所定价额的，应当由交付该出资的股东补足其差额；公司设立时的其他股东承担连带责任。

有限责任公司成立后，应当向股东签发出资证明书。

股东之间可以相互转让其部分出资，股东转让出资由股东会讨论通过。

6. 公司的机构及其产生办法、职权、议事规则

有限责任公司股东会由全体股东组成。股东会是公司的权力机构，依照公司法行使职权。

股东会行使下列职权。

（1）决定公司的经营方针和投资计划。

（2）选举和更换非由职工代表担任的董事、监事，决定有关董事、监事的报酬事项。

（3）审议批准董事会的报告。

（4）审议批准监事会或者监事的报告。

（5）审议批准公司的年度财务预算方案、决算方案。

（6）审议批准公司的利润分配方案和弥补亏损方案。

（7）对公司增加或者减少注册资本作出决议。

（8）对发行公司债券作出决议。

（9）对公司合并、分立、解散、清算或者变更公司形式作出决议。

（10）修改公司章程。

（11）公司章程规定的其他职权。

对前款所列事项股东以书面形式一致表示同意的，可以不召开股东会会议，直接作出决定，并由全体股东在决定文件上签名、盖章。

有限责任公司设董事会，其成员为3～30人，由股东会任命；但是公司法第五十一条

另有规定的除外。

股东人数较少或者规模较小的有限责任公司，可以设一名执行董事，不设董事会。执行董事可以兼任公司经理。

执行董事的职权由公司章程规定。

董事会对股东会负责，行使下列职权。

（1）召集股东会会议，并向股东会报告工作。

（2）执行股东会的决议。

（3）决定公司的经营计划和投资方案。

（4）制订公司的年度财务预算方案、决算方案。

（5）制订公司的利润分配方案和弥补亏损方案。

（6）制订公司增加或者减少注册资本以及发行公司债券的方案。

（7）制订公司合并、分立、解散或者变更公司形式的方案。

（8）决定公司内部管理机构的设置。

（9）决定聘任或者解聘公司经理及其报酬事项，并根据经理的提名决定聘任或者解聘公司副经理、财务负责人及其报酬事项。

（10）制定公司的基本管理制度。

（11）公司章程规定的其他职权。

有限责任公司可以设经理，由董事会决定聘任或者解聘。经理对董事会负责，行使下列职权。

（1）主持公司的生产经营管理工作，组织实施董事会决议。

（2）组织实施公司年度经营计划和投资方案。

（3）拟订公司内部管理机构设置方案。

（4）拟订公司的基本管理制度。

（5）制定公司的具体规章。

（6）提请聘任或者解聘公司副经理、财务负责人。

（7）决定聘任或者解聘除应由董事会决定聘任或者解聘以外的负责管理人员。

（8）董事会授予的其他职权。

公司章程对经理职权另有规定的，从其规定。

经理列席董事会会议。

有限责任公司设监事会，由股东会任命，其成员不得少于 3 人。股东人数较少或者规模较小的有限责任公司，可以设 1～2 名监事，不设监事会。

监事会应当包括股东代表和适当比例的公司职工代表，其中职工代表的比例不得低于 1/3，具体比例由公司章程规定。监事会中的职工代表由公司职工通过职工代表大会、职工大会或者其他形式民主选举产生。

监事会设主席一人，由全体监事过半数选举产生。监事会主席召集和主持监事会会议；监事会主席不能履行职务或者不履行职务的，由半数以上监事共同推举一名监事召集和主持监事会会议。

董事、高级管理人员不得兼任监事。

监事会或不设监事会的公司的监事行使下列职权。

(1) 检查公司财务。

(2) 对董事、高级管理人员执行公司职务的行为进行监督，对违反法律、行政法规、公司章程或者股东会决议的董事、高级管理人员提出罢免的建议。

(3) 当董事、高级管理人员的行为损害公司的利益时，要求董事、高级管理人员予以纠正。

(4) 提议召开临时股东会会议，在董事会不履行本法规定的召集和主持股东会会议职责时召集和主持股东会会议。

(5) 向股东会会议提出提案。

(6) 依照公司法第一百五十二条的规定，对董事、高级管理人员提起诉讼。

(7) 公司章程规定的其他职权。

7. 公司法定代表人

公司法定代表人依照公司章程的规定，由董事长、执行董事或者经理担任，并依法登记。公司法定代表人变更，应当办理变更登记手续。

8. 股东会会议认为需要规定的其他事项

公司章程最好将公司的存续时间定短点，以一年为宜。这样做的优点是可以根据内外条件的变化修改公司章程。章程中对高级管理人员的范围予以确定，一般来讲，财务负责人、法律负责人、营销负责人，都属于高级管理人员。

最好在章程中规范公司的印章管理制度，避免因出现问题导致印章管理混乱或股东承担意外的法律风险。

公司章程写好后，特别要注意：股东应当在公司章程上签名、盖章；公司章程应向工商行政管理机关备案；公司企业法律事务专业性很强，建议向专业人士咨询。

11.4.2 合伙协议书的编写

1. 订立合伙协议书的内容

(1) 订立原则。

(2) 各自出资及所占比例。

(3) 经营期限。

(4) 经营方式及分配原则。

(5) 债务承担。

(6) 合伙终止条件。

(7) 有关法律规定及补充规定。

2. 合伙协议书范文

合伙协议书

合伙人：甲(姓名)，男(女)，　　年　月　日生

现住址：市(县)街道　(乡 村)　号

合伙人：乙 同上

合伙人本着公平、平等、互立的原则订立合伙协议如下。

第一条 甲乙双方自愿合伙经营×××(项目名称)，总投资为×万元，甲出资×万元，乙出资×万元，各占投资总额的×%、×%。

第二条 本合伙依法组成合伙企业，由甲负责办理工商登记。

第三条 本合伙企业经营期限为十年。如果需要延长期限的，在期满前六个月办理有关手续。

第四条 合伙双方共同经营、共同劳动，共担风险，共负盈亏。企业盈余按照各自的投资比例分配。企业债务按照各自投资比例负担。任何一方对外偿还债务后，另一方应当按比例在十日内向对方清偿自己负担的部分。

第五条 他人可以入伙，但须经甲乙双方同意，并办理增加出资额的手续和订立补充协议。补充协议与本协议具有同等效力。

第六条 出现下列事项，合伙终止。

(1) 合伙期满。

(2) 合伙双方协商同意。

(3) 合伙经营的事业已经完成或者无法完成。

(4) 其他法律规定的情况。

第七条 本协议未尽事宜，双方可以补充规定，补充协议与本协议有同等效力。

第八条 本协议一式×份，合伙人各一份。本协议自合伙人签字(或盖章)之日起生效。

合伙人：×××(签字或盖章)、×××(签字或盖章)、×××(签字或盖章)

×年×月×日

11.4.3 股份有限责任公司发起人协议书的编写

1. 股份有限责任公司发起人协议书的内容

股份有限责任公司发起人协议书是拟设立公司的主要事宜达成的协议。在公司成立前，股东之间的关系和利益由协议调整，公司成立后，由公司章程和公司法调整，并由合同关系转为法定关系。

股份有限责任公司发起人协议书的内容主要有以下几点。

(1) 公司经营项目、宗旨使命、范围、生产规模。

(2) 公司注册认缴资本、各方出资、出资方式、出资期限、承担责任。

(3) 公司组织机构、经营管理。

(4) 公司名称和住所。

(5) 其他说明的内容。

2. 股份有限责任公司发起人协议书范文

股份有限公司发起人协议书范文

第一章 总则

第一条 遵照《中华人民共和国公司法》和其他有关法律、法规，根据平等互利的原则，经各发起人友好协商，决定设立“__________股份有限公司”（以下简称公司），特签订本协议书。

第二条 本公司采取募集设立方式，各股东以其所认购股份为限对公司承担有限责任，公司以其全部资产对公司债务承担责任。公司具有独立的法人资格。

第三条 公司为永久性股份有限公司。

第二章 发起人

第四条 公司发起人分别为：甲、乙、丙、丁

各发起人共同委托__________办理设立公司的申请手续。

第三章 宗旨、经营范围

第五条 公司的宗旨是适应市场经济的要求，使公司不断发展使全体股东获得良好的经济效益，繁荣社会经济。

第六条 公司的经营范围为：__________。

第四章 股权结构

第七条 公司采取募集设立方式，募集的对象为法人、社会公众。

第八条 公司发起人认购的股份占股份总额的__________%，其余股份向社会公开募集。同意发起人以现物出资，出资标的为__________设备，折价__________元，折合股份__________股。

第九条 公司股东以登记注册时的认股人为准。

第十条 公司全部资本为人民币__________元。

第十一条 公司的全部资本分为等额股份。公司股份以股票形式出现，股票是公司签发的有价证券。

第十二条 公司股票采用记名方式，股东所持有的股票即为其认购股份的书面凭证。

第五章 筹备委员会

第十三条 根据发起人提议，成立公司筹备委员会，筹备委员会由各发起人推举的人员组成，筹备委员会负责公司筹建期间的一切活动。

第十四条 筹备委员会的职责。

(1) 负责组织起草并联系各发起人签署有关文件。

(2) 就公司设立等一应事宜负责向政府部门申报，请求批准。

(3) 负责开展募股工作，并保证股金之安全性。

(4) 全部股金认缴完毕后30天内组织召开和主持公司创立会暨第一届股东大会。

(5) 负责联系股东，听取股东关于董事会和经营管理机构人员构成及人选意见；并负责向公司第一届股东大会提议，以公正合理地选出公司有关机构人员。

(6) 全体发起人对届期无人认购和未缴纳的股份负连带认购和缴纳责任，对现物出资估价高于最后审定价格之差价负连带补缴责任。

(7) 如果公司不能成立，设立费用由发起人平均负担，对设立债务负连带偿还责任。

第十五条 筹备委员会下设办公室，实行日常工作制。

第十六条 筹备委员会成员不计薪酬，待公司设立成功后酌情核发若干补贴。所发生的合理开支由公司创立大会通过后由公司实报实销。发起人的报酬由各发起人协商，报公司创立大会及第一届股东大会通过。

第十七条　筹备委员会自合同书签订之日起正式成立。待公司创立大会暨第一届股东大会召开，选举产生董事后，筹备委员会即自行解散。

第六章　附则

第十八条　各股东应将认购的股款汇入公司筹备委员会指定的银行账户。缴款时间以汇出日期为准。

第十九条　本协议书一式________份，发起人各执一份，每份具有同等效力，自签毕后生效。若违反本协议，对其他发起人负损害赔偿责任。

发起人签名盖章：（时间地点、法人名称、住所、法定代表人、法人证件号码、自然人姓名住所、国籍、身份证或护照号码）

资料来源：第一范文网 www.DiYiFanWen.com 等资料整理

11.5　与创业联系紧密的法律法规

新创企业注册登记后，开始企业运营，但必须遵守国家法律法规。与创业联系紧密的相关法规，需要创业者认真学习和掌握。

11.5.1 《中华人民共和国合同法》及相关条款

《中华人民共和国合同法》是调整流通领域债权债务关系的基本法律。为了利用合同法来保护好自己，你应该了解《中华人民共和国合同法》的以下条款。

（1）当一方以欺诈、胁迫的手段订立合同，损害国家利益的；恶意串通、损害国家、集体或第三人利益的；以合法形式掩盖非法目的的；损害社会公共利益的；违反法律、行政法规的规定的，合同无效。

（2）当出现以下情形时，合同可变更或可撤销：因重大误解订立的合同或在订立合同时显失公平的，当事人(无论其是否受到损害)享有变更权或撤销权；一方以欺诈、胁迫的手段或乘人之危，使对方在违背真实意思情况下订立的合同，则受损害方(需举证受害事实)享有变更权或撤销权。

（3）违约责任的形式主要有实际履行合同、赔偿损失和违约金、制订定金法则以及当事人约定的其他补救措施。但是，因不可抗力致使合同不能履行或不完全履行的，依法可以相应地免除或减轻当事人的责任。

11.5.2 《中华人民共和国劳动法》和《中华人民共和国保险法》及相关条款

只要你聘用员工，就必须了解《中华人民共和国劳动法》和《中华人民共和国保险法》中的重要的条款，包括以下几点。

（1）试用期不得超过 6 个月。

（2）劳动者加班的，支付不低于工资的 150％的工资报酬；休息日安排劳动者工作有不能安排补休的，支付不低于工资的 200％的工资报酬；法定休假日安排劳动者工作的，支付不低于工资的 300％的工资报酬。

（3）员工如果因工伤残，抚恤金应由企业支付。工伤伤残程度被定为五级和六级并由企业支付伤残抚恤金的员工，企业和员工应该继续缴纳养老保险费，伤残员工达到国家规定的退休年龄办理退休手续后，其养老金待遇由养老保险金支付。

(4) 企业缴纳基本养老保险费的比例，一般不得超过工资总额的20%，如果企业的工资总额低于当地社会平均工资的60%，则以当地社会平均工资的60%缴纳。企业缴纳的基本医疗保险费率一般是基本工资总额的6%左右。城镇企事业单位按照本单位工资总额的2%缴纳事业保险金。

11.5.3 《中华人民共和国知识产权法》及相关条款

当你创立一家高科技企业时，就应该了解《中华人民共和国知识产权法》的一些条款。你需要了解著作权、商标、域名、商号、专利、技术秘密等各自的保护方法，从而建立起完整、立体的知识产权保护体系。

11.5.4 《中华人民共和国担保法》和《中华人民共和国票据法》及相关条款

担保法是调整债务人、担保人与债权人之间所发生的民商法关系的法律规定的总称。票据法是指国家专门规定票据关系以及与票据行为有密切关系的法律规范的总称。一旦有了实际需要，你就应该去了解这两部法律的相关内容。

11.5.5 《中华人民共和国税法》和《中华人民共和国会计法》及相关条款

创业者必须按《中华人民共和国会计法》履行应尽的法律责任和义务，不准做假账是根本要求。会计核算管理坚持实事求是，不得欺上瞒下，按《中华人民共和国会计准则》进行会计管理工作。创业者必须按我国税法规定依法纳税。我国的税种按课税对象的不同可以划分为流转税、所得税和财产税3种。其中，流转税是以商品或劳务交易额为征税对象的税种，对生产、流通、分配各环节都可征税，包括增值税、营业税、消费税、关税等。所得税是对纳税人所得或收益课征的税种，来源是财产的收益或财产所有人的收入，包括房产税、车船使用税、契税等。与企业和企业主有关的税种主要有：增值税、营业税、消费税、关税、个人所得税、企业所得税、城市维护建设税、教育费附加税等。

11.5.6 《注册资本登记制度改革方案》及相关条款

国务院公布《注册资本登记制度改革方案》不仅对注册资本登记制作出了明确规定，而且对年检、信用体系、约定机制、违规惩治、监督管理等方面作出了具体规定。

(1) 改革年度检验验照制度。将企业年度检验制度改为企业年度报告公示制度。企业应当按年度在规定的期限内，通过市场主体信用信息公示系统向工商行政管理机关报送年度报告，并向社会公示，任何单位和个人均可查询。企业年度报告的主要内容应包括公司股东(发起人)缴纳出资情况、资产状况等，企业对年度报告的真实性、合法性负责，工商行政管理机关可以对企业年度报告公示内容进行抽查。经检查发现企业年度报告隐瞒真实情况、弄虚作假的，工商行政管理机关依法予以处罚，并将企业法定代表人、负责人等信息通报公安、财政、海关、税务等有关部门。对未按规定期限公示年度报告的企业，工商行政管理机关在市场主体信用信息公示系统上将其载入经营异常名录，提醒其履行年度报告公示义务。企业在三年内履行年度报告公示义务的，可以向工商行政管理机关申请恢复正常记载状态；超过三年未履行的，工商行政管理机关将其永久载入经营异常名录，不得恢复正常记载状态，并列入严重违法企业名单（“黑名单”）。

(2) 构建市场主体信用信息公示体系。完善市场主体信用信息公示制度。以企业法人国家信息资源库为基础构建市场主体信用信息公示系统，支撑社会信用体系建设。在市场主体信用信息公示系统上，工商行政管理机关公示市场主体登记、备案、监管等信息；企业按照规定报送、公示年度报告和获得资质资格的许可信息；个体工商户、农民专业合作社的年度报告和获得资质资格的许可信息可以按照规定在系统上公示。公示内容作为相关部门实施行政许可、监督管理的重要依据。加强公示系统管理，建立服务保障机制，为相关单位和社会公众提供方便快捷服务。

(3) 完善信用约束机制。建立经营异常名录制度，将未按规定期限公示年度报告、通过登记的住所(经营场所)无法取得联系等的市场主体载入经营异常名录，并在市场主体信用信息公示系统上向社会公示。进一步推进“黑名单”管理应用，完善以企业法人法定代表人、负责人任职限制为主要内容的失信惩戒机制。建立联动响应机制，对被载入经营异常名录或“黑名单”、有其他违法记录的市场主体及其相关责任人，各有关部门要采取有针对性的信用约束措施，形成“一处违法，处处受限”的局面。建立健全境外追偿保障机制，将违反认缴义务、有欺诈和违规行为的境外投资者及其实际控制人列入“重点监控名单”，并严格审查或限制其未来可能采取的各种方式的对华投资。

(4) 强化司法救济和刑事惩治。明确政府对市场主体和市场活动监督管理的行政职责，区分民事争议与行政争议的界限。尊重市场主体民事权利，工商行政管理机关对工商登记环节中的申请材料实行形式审查。股东与公司、股东与股东之间因工商登记争议引发民事纠纷时，当事人依法向人民法院提起民事诉讼，寻求司法救济。支持配合人民法院履行民事审判职能，依法审理股权纠纷、合同纠纷等经济纠纷案件，保护当事人合法权益。当事人或者利害关系人依照人民法院生效裁判文书或者协助执行通知书要求办理工商登记的，工商行政管理机关应当依法办理。充分发挥刑事司法对犯罪行为的惩治、威慑作用，相关部门要主动配合公安机关、检察机关、人民法院履行职责，依法惩处破坏社会主义市场经济秩序的犯罪行为。

(5) 发挥社会组织的监督自律作用。扩大行业协会参与度，发挥行业协会的行业管理、监督、约束和职业道德建设等作用，引导市场主体履行出资义务和社会责任。积极发挥会计师事务所、公证机构等专业服务机构的作用，强化对市场主体及其行为的监督。支持行业协会、仲裁机构等组织通过调解、仲裁、裁决等方式解决市场主体之间的争议。积极培育、鼓励发展社会信用评价机构，支持开展信用评级，提供客观、公正的企业资信信息。

(6) 强化企业自我管理。实行注册资本认缴登记制，涉及公司基础制度的调整，公司应健全自我管理办法和机制，完善内部治理结构，发挥独立董事、监事的监督作用，强化主体责任。公司股东(发起人)应正确认识注册资本认缴的责任，理性作出认缴承诺，严格按照章程、协议约定的时间、数额等履行实际出资责任。

(7) 加强市场主体经营行为监管。要加强对市场主体准入和退出行为的监管，大力推进反不正当竞争与反垄断执法，加强对各类商品交易市场的规范管理，维护公平竞争的市场秩序。要强化商品质量监管，严厉打击侵犯商标专用权和销售假冒伪劣商品的违法行为，严肃查处虚假违法广告，严厉打击传销，严格规范直销，维护经营者和消费者合法权益。各部门要依法履行职能范围内的监管职责，强化部门间协调配合，形成分工明确、沟通顺畅、齐抓共管的工作格局，提升监管效能。

（8）加强市场主体住所(经营场所)管理。工商行政管理机关根据投诉举报，依法处理市场主体登记住所(经营场所)与实际情况不符的问题。对于应当具备特定条件的住所(经营场所)，或者利用非法建筑、擅自改变房屋用途等从事经营活动的，由规划、建设、国土、房屋管理、公安、环保、安全监管等部门依法管理；涉及许可审批事项的，由负责许可审批的行政管理部门依法监管。

资料来源：中国新闻网，2014 年 2 月 20 日

11.6　大学生创业优惠政策

为鼓励自主创业，国家和地方出台了一系列优惠政策，包括税收方面的优惠和注册方面的优惠。以下主要介绍国家出台的政策。对于本地的优惠政策，要咨询本地相关政府机关。

11.6.1　一般自主创业所得税优惠政策

企业所得税法规定，符合相关条件的企业，可以免征、减征企业所得税。

（1）自主创业从事蔬菜、谷物、水果的种植；农作物新品种的选育；中药材的种植；林木的培育和种植；牲畜、家禽的饲养；林产品的采集；灌溉、农产品初加工、兽医、农技推广、农机作业和维修等农、林、牧、渔服务业项目；远洋捕捞。取得项目所得，免征企业所得税。从事花卉、茶以及其他饮料作物和香料作物的种植；海水养殖、内陆养殖项目，取得项目所得，减半征收企业所得税。

（2）自主创业从事国家重点扶持的《公共基础设施项目企业所得税优惠目录》规定的港口码头、机场、铁路、公路、城市公共交通、电力、水利等公共基础设施项目投资经营的所得，自项目取得第一笔生产经营收入所属纳税年度起，第一年至第三年免征企业所得税，第四年至第六年减半征收企业所得税。

（3）自主创业从事符合条件的公共污水处理、公共垃圾处理、沼气综合开发利用、节能减排技术改造、海水淡化等项目的所得，自项目取得第一笔生产经营收入所属纳税年度起，第一年至第三年免征企业所得税，第四年至第六年减半征收企业所得税。

（4）自主创业从事符合条件的技术开发、技术转让所得，一个纳税年度内，居民企业技术转让所得不超过 500 万元的部分，免征企业所得税；超过 500 万元的部分，减半征收企业所得税。

（5）自主创业从事国家非限制和禁止行业，并符合下列条件之一的企业，减按 20%的税率征收企业所得税。工业企业年度应纳税所得额不超过 30 万元，从业人数不超过 100 人，资产总额不超过 3000 万元；其他企业，年度应纳税所得额不超过 30 万元，从业人数

不超过 80 人，资产总额不超过 1000 万元。

(6) 从事拥有核心自主知识产权，并同时符合下列条件的企业，减按 15%的税率征收企业所得税。

第一，产品(服务)属于《国家重点支持的高新技术领域》规定的范围。

第二，研究开发费用占销售收入的比例不低于规定比例。

第三，高新技术产品(服务)收入占企业总收入的比例不低于规定比例。

第四，科技人员占企业职工总数的比例不低于规定比例。

第五，高新技术企业认定管理办法规定的其他条件。

另外，自主创业所办的企业符合条件的，所发生的开发新技术、新产品、新工艺的研究开发费用或者安置残疾人员及国家鼓励安置的其他就业人员所支付的工资的支出，可以在计算应纳税所得额时加以扣除。

11.6.2 大学生创业国家优惠政策

近年来，为支持大学生创业，国家和各级政府出台了许多优惠政策，涉及融资、开业、税收、创业培训、创业指导等诸多方面。

自主创业注册资本优惠：大学毕业生在毕业后两年内自主创业，到创业实体所在地的工商部门办理营业执照，注册资金(本)在 50 万元以下的，允许分期到位，首期到位资金不低于注册资本的 10%(出资额不低于 3 万元)，1 年内实缴注册资本追加到 50%以上，余款可在 3 年内分期到位。

税收优惠：大学毕业生新办咨询业、信息业、技术服务业的企业或经营单位，经税务部门批准，免征企业所得税两年；新办从事交通运输、邮电通信的企业或经营单位，经税务部门批准，第一年免征企业所得税，第二年减半征收企业所得税；新办从事公用事业、商业、物资业、对外贸易业、旅游业、物流业、仓储业、居民服务业、饮食业、教育文化事业、卫生事业的企业或经营单位，经税务部门批准，免征企业所得税一年。

银行信贷优惠：各国有商业银行、股份制银行、城市商业银行和有条件的城市信用社要为自主创业的毕业生提供小额贷款，并简化程序，提供开户和结算便利，贷款额度在 2 万元左右。贷款期限最长为两年，到期确定需延长的，可申请延期一次。贷款利息按照中国人民银行公布的贷款利率确定，担保最高限额为担保基金的 5 倍，期限与贷款期限相同。

中介服务优惠：政府人事行政部门所属的人才中介服务机构，免费为自主创业毕业生保管人事档案(包括代办社保、职称、档案工资等有关手续)2 年；提供免费查询人才、劳动力供求信息，免费发布招聘广告等服务；适当减免参加人才集市或人才劳务交流活动收费；优惠为创办企业的员工提供一次培训、测评服务。

对于大学生创业的优惠政策，其税收优惠占有重要地位，具体有 18 项优惠政策。

(1) 2013 年 12 月 31 日前，大学生创业举办的商贸企业、服务型企业(除广告业、房屋中介、典当、桑拿、按摩、氧吧外)、劳动就业服务企业中的加工型企业和街道社区具有加工性质的小型企业实体，在新增加的岗位中，当年新招用持再就业优惠证的人员，与其签订 1 年以上期限劳动合同并依法缴纳社会保险费的，按实际招用人数予以定额依次扣减营业税、城市维护建设税、教育费附加和企业所得税。定额标准为每人每年4800元。

(2) 2013年12月31日前，持再就业优惠证的大学生从事个体经营的(除建筑业、娱乐业以及销售不动产、转让土地使用权、广告业、房屋中介、桑拿、按摩、网吧、氧吧外)，按每户每年8000元为限额依次扣减其当年实际应缴纳的营业税、城市维护建设税、教育费附加和个人所得税。

(3) 大学生创业举办的企业从事技术转让、技术开发和与之相关的技术咨询、技术服务业务取得的收入免征营业税；居民企业在一个纳税年度内技术转让所得不超过500万元的部分，免征企业所得税，超过500万元的部分，减半征收企业所得税。

(4) 大学生创业举办的企业经省高新技术企业认定管理机构按高新技术企业认定办法认定的高新技术企业，减按15%的税率征收企业所得税。

(5) 大学生创业举办的境内新办软件生产企业经认定后，自获利年度起，第一年和第二年免征企业所得税，第三年至第五年减半征收企业所得税。软件生产企业的职工培训费用，可按实际发生额在计算应纳税所得额时扣除。国家规划布局内的重点软件生产企业，如当年未享受免税优惠的，减按10%的税率征收企业所得税。集成电路设计企业视同软件企业，享受软件企业的有关企业所得税政策。

(6) 大学生创业举办的企业从事动漫产品自主开发、生产动漫产品涉及营业税应税劳务的(除广告业、娱乐业外)，暂减按3%的税率征收营业税。

(7) 大学生举办的非营利医疗机构按照国家规定的价格取得的医疗服务收入，免征各项税收。大学生举办的营利性医疗机构取得的收入，直接用于改善医疗卫生条件的，自其取得执业登记之日起3年内给予下列优惠：对其取得的医疗服务收入免征营业税；对其资产自用的部分免征增值税；对其自用的房产、土地免征房产税、城镇土地使用税。

(8) 大学生从事婚姻介绍行业，免征营业税。

(9) 大学生转让著作权，免征营业税；取得的稿酬所得，按税法规定予以减征应纳税额的30%。

(10) 大学生创业举办的企业从事下列行业之一的，免征企业所得税：蔬菜、谷物、薯类、油料、豆类、棉花、麻类、糖料、水果、坚果的种植；农作物新品种的选育；中药材的种植；林木的培育和种植；牲畜、家禽的饲养；林产品的采集；灌溉、农产品初加工、兽医、农技推广、农机作业和维修等农、林、牧、渔服务业项目；远洋捕捞。

(11) 大学生创业举办的企业从事花卉、茶以及其他饮料作物和香料作物的种植；海水养殖、内陆养殖减半征收企业所得税；农业机耕、排灌、病虫害防治、植物保护、农牧保险以及相关技术培训业务，家禽、牲畜、水生动物的配种和疾病防治项目免征营业税。

(12) 大学生创业举办的企业从事符合条件的环境保护、节能节水项目的所得，自项目取得第一笔生产经营收入所属纳税年度起，第一年至第三年免征企业所得税，第四年至第六年减半征收企业所得税。

(13) 大学生举办的创业投资企业采取股权投资方式投资于未上市的中小高新技术企业2年以上的，可以按照其投资额的70%，在股权持有满2年的当年抵扣该创业投资企业的应纳税所得额；当年不足抵扣的，可以在以后纳税年度结转抵扣。

(14) 大学生创业举办的企业符合小微企业条件的，按减20%的税率征收企业所得税：

工业企业，年度应纳税所得额不超过30万元，从业人数不超过100人，资产总额不超过3000万元；其他企业，年付应纳税所得额不超过30万元，从业人数不超过80人，资产总额不超过1000万元。

(15) 大学生创业举办的企业缴纳城镇土地使用税确有困难的，经地税机关审核批准后，可减征或免征城镇土地使用税。缴纳房产税确有困难的中小企业，可向市、县人民政府提出申请减免房产税。经有关部门鉴定，对毁损不堪居住和使用的房屋和危险房屋，在停止使用后，可免征房产税；房屋大修停用在半年以上的，在大修期间免征房产税。

(16) 大学生个人或者创业举办个体工商户专营种植业、养殖业、饲养业、捕捞业且经营项目属于农业税、牧业税征税范围的，其取得的上述4项所得暂不征收个人所得税。

(17) 大学生属于海外留学人员且从事高新技术开发、研究，创办高新技术企业取得的工薪收入，经有关税务机关审批，可视同境外人员收入，在计算个人应纳税所得额时，除减除规定费用外，还可适用附加减除费用的规定。

(18) 对高校毕业生从事个体经营(限制行业除外)，并按规定提供相关证明材料的，根据有关文件规定免征收税务登记证工本费。

11.6.3 小微企业的优惠政策

为切实减轻小微企业的负担，促进小微企业的健康发展，财政部会同国家发展改革委印发通知，决定从2012年1月1日至2014年12月31日，对小微企业免征管理类、登记类、证照类行政事业型收费，具体包括：企业注册登记费、税务发票工本费、海关监管手续费、货物原产地证明书费、农机监理费等22项收费。通知指出，各有关部门要督促本系统内相关收费单位加强对小微企业享受收费优惠政策的登记备案管理，确保符合条件的小微企业享受收费优惠政策。各省、自治区、直辖市财政、价格主管部门要通过多种新闻媒体，向社会公布对小微企业免征的各项行政事业性收费，使小微企业充分了解和享受收费优惠政策。同时，要加强监督检查，对不按规定落实免征行政事业型收费政策的部门和单位，按规定给予处罚，并追究责任人员的行政责任。

11.7 创业警诫

11.7.1 大学生创业警诫

目前，大学生创业能够存活5年以上的不足20%，绝大部分创业者在5年内失败。认真总结大学生创业失败的案例并加以分析，发现有10个方面是需要注意的，或者可以称为创业十诫。

(1) 不要进入不熟悉的行业，做熟悉的才能易于成功，不懂不做。

(2) 不要急于冒进，追求高额利润，短期行为坚决防止。

(3) 不要忽视成本核算、盈亏平衡的分析，控制成本。

(4) 不要合伙做小本生意。大生意合伙，小生意单干。

(5) 不要选择错的店址。地利也能决定创业成败，店差一寸，利差一丈。

(6) 不要让市场假象欺骗，先调研，后运作。

(7) 不要选没有潜力的产品，选成长期的产品，流行短命，潜在长命。

(8) 不要盲目过高估计自己。注重市场和产品分析。

(9) 不要漠视政策和法律，不要违反政策法律，这是创业底线。

(10) 不要轻易相信别人，防止创业陷阱，头脑清，眼睛亮，心有底。

资料来源：吴静．创业十诫[M]．北京：电子工业出版社，2009.

11.7.2 创业失败研究分析

创业的失败

——靳海涛　深圳创新投资集团董事长

什么是创业失败？倒闭了是失败；可能成为一个伟大的公司却陷入平庸也是失败；预期目标和现实相差很大，也是失败；想做大做强，但总是小打小闹，也是失败；一遇风雨就飘摇也是失败。这些都是广义的失败。

做创投的都要研究失败。投资初创期的项目，可能是成二败八；投资成长期的项目，可能是成五败五；投资相对成熟的上市前的公司，可能是成七败三。创业者经历的失败就更多了，创业者个体的失败率非常高，所以研究失败非常重要。我从5个层面并用一些案例，来说明什么因素导致了失败。第一是创业者的精神和道德层面；第二是企业发展战略层面；第三是公司治理结构层面；第四是产品技术层面；第五是商业策略与经营模式层面。

1. 创业者的精神和道德层面

缺乏理想。每一个成功的企业家，给我的第一感觉就是有理想。反之，投资失败的企业，失败的首要原因就是缺乏理想和情操，把钱放到至高无上的地位。我们原来投资的一家企业做艾滋病药研究，预期可以是一个明星企业。如果这个企业还存在的话，肯定在创业板第一批上市公司阵容里。但是它倒闭了，老板也锒铛入狱了。为什么呢？在做企业的过程中，他利用这个平台，想自己挣更多的钱。如果一个创业者把钱看得最重要，早晚要失败，因为他可能为了钱做一些不该做的事情。

所以，做小生意勤快就够，做中型生意要拼智慧，如果要做大生意，必须靠德，也就是说要有理想。只适应顺风顺水，缺乏坚持的决心和毅力。我们投了一个企业，做生物新药。在过去十年里，它没有一分钱收入，但是它坚持下来了。在美国的同类药，去年卖了78亿美元，而我们做的这个药，价格可以便宜一半。这个成功是一个大成功，但如果没有永不言弃的精神，这个公司早干不下去了。

我们投资的另一家企业，在路由器行业兴盛时做路由器，做得不是太成功，就转向网络安全。干了一段，又不行。现在转向了系统集成——一个在中国可能做不大的行业。如果这位创业者坚持做路由器，我想这家公司至少不是现在这种境地。过于依赖以往的经验，因循守旧拒绝改变。产品要升级，模式要创新，管理上也要创新。任何一方面，如果依赖以往的经验，都可能导致失败。我们投资过一个资源类行业企业，条件非常好。但是它死守传统，不去开发创新的产品，也没有开拓创新的模式。金融危机前，传统的产品每年能贡献5000万～6000万元利润，金融危机以后只有500万了，处于半死不活的状态。

我们投资东莞的一家光电企业，以前做钢结构，后转向高科技，现在是LED照明的亚洲老大，它的路灯已经超过3000公里。你创新了，做了一个新产品，不用担心过去的产品，这是环境变化带给企业的变化。

缺乏务实精神。有些创业者不是扎扎实实地干，而是投机取巧。比如说靠忽悠，靠忽悠能成一时，无法成一世。讲门子、盼速成，希望一件事情很快能成功。天上掉馅饼也许有一次，不会有第二次。企业缺乏务实精神，今天不失败，明天也会失败。为上市而上市，既害人又害己。企业上市，应该是水到渠成的过程，不是靠单纯的包装。为上市巧做假账，毛利或者净利突然提升。为上市拆东墙补西墙，拆一次可以，但如果遇到环境变化，那可能拆西墙补东墙也不够。还有的企业为了上市而盲目扩张，结果不能适应市场需要，或者没有团队去经营扩张以后的资产而最终失败。

2. 企业发展战略层面

不清楚长期战略，创业不能只知道今天干什么，不知道明天干什么。长期发展战略处在一个混沌状态，你就没法给员工指明方向。我们投资做太阳能的晶科能源时，公司单一做拉晶，在行业内处于二三流地位，很快碰上金融危机。面临金融危机，企业认真分析了行业状况，做了战略调整，由原来的拉晶扩展到电池片，再扩展到电池组件，2010年在纽交所发行股票上市，前段时期又以很高的价格增发了一次，晶科2010年前三季度实现净利润人民币5.14亿，其中第三季度实现2.59亿，环比增长43.6%，同比增幅高达1865%，这家企业已经进入了第一流的太阳能企业行列。

企业步入金牛业态后，现金流非常好，就一定要考虑转型升级。如果金牛的时候不转型，不做战略调整，有朝一日可能变成瘦狗。

战略只在浅层打转，缺乏探求深层规律的魄力和本领。一些企业只是在过往经验上找出路，只在表面资源上做文章，结果导致企业都没长大。一定要跳出来，通过创新方式使企业获得发展。也有企业不敢扩张或者无序扩张，扩张是一把双刃剑。对于创业者来讲，第一，不能做小脚女人，不去扩张。第二，不能偏听偏信资本运作者的主意，在不该扩张的时候去扩张。要按照自己的发展规律去做。扩张不及则忧，但扩张过度，比不及还差，就像一句成语“过犹不及”。一家位于兰州的企业的创业者认为不需要扩张，可以满足市场需要。隔几年一看，满足不了市场需求了，于是想要扩张，却突然发现，第一钱不够，第二竞争对手已经一大帮了。这就是“不及则忧”。

另有一家企业，本来有合适的时机上市。但它认为规模大了以后可以卖更好的价钱，于是买了美国的一整条生产线，结果这条生产线从建立那天起就没有一分钱的盈利，企业现在已经倒闭了。如果它不盲目扩张，上市有了更多钱以后，再看究竟应该采取什么方式扩张，也许已经成功了。这就是“过犹不及”。

扩张应该循序渐进。我们投过一家做工业化厨房的企业，第一个厨房还没有运行，就去扩张做第二个厨房。第一个厨房的运营是非常必要的，在运营中找到好和不好的地方，再根据运行的实际情况建第二个厨房。结果还没能把第二个厨房扩张起来，资金链就断裂了。

我们现在投了一个做连锁餐饮的项目，创业者要来深圳收购15个网点。我对他说，千万不要一下子收购15个，极限不能超过3个。结果他试了3个点，深圳两个，东莞1个，都失败了，因为产品不适合在这个地方经销。所以，创业如果不知道行不行，就要先试，在循序渐进地推行。

资本运作战略出问题。很多企业家缺乏资本运作的判断能力，偏听偏信财务顾问。但如果企业制定了资本运作的规划，企业家一定要自己首先搞明白，完全明白是不大容易的。要持续积累，这是非常重要的。

大体了解后，还要做到兼听则明。只听一家财务顾问给出的意见也许会违背企业利益最大化。因为财务顾问是有特长的。比如说我的特长是做美国上市，我如果给你推荐别的地方，我的饭碗就没有了。

财务杠杆的战略不当。不利用财务杠杆，没有合理的负债，那你就不是一个很好的企业家。但如果负债过高，流动性风险就增高，正常情况下高负债还能撑得住，一遇到经济环境变化，特别是金融危机，就撑不住了。

企业相互乱担保害人害己，而且丧失了被营救的条件。我们投资过一家细分行业老大的企业，一味搞扩张，钱不够就借款。借款得找人担保，就跟另外一家企业搞互保，结果扩张本身失败了。原本还有挽救的机会，但跟他互保的对象也失败了，就没有办法救。所以相互乱担保是害人害己的办法，千万不要为降低财务成本而搞互保。

3. 公司治理结构层面

实施家族式管理，缺乏辅助决策体系的监督。很多创业企业是家族企业，不少还是夫妻店。我的观点是，如果一个企业想成功，必须关掉夫妻店。家族企业想成功，必须适度地进行决策阳光化。家族企业会产生什么问题呢？第一是员工缺乏责任感。第二是碰到困难的时候，员工很难跟你同舟共济。第三是无法做到集思广益。

核心创业人员持股比例过低。核心创业人员的持股比例如果低于30%，成功率就低(国有企业除外，国有企业给员工10%或15%的股份就很好了，因为基础不一样)。我们投过这样的企业，行业很好，企业水平也很高，但从这个公司出来的人，已经缔造了一批伟大的公司，而这个企业却走向没落。原因就是骨干没有股份。还有一些靠风投支持下来的公司，大股东是风险投资机构，创业团队持股比例很小，这种企业的成功率也低。创业者骨干股份少，做事的心态和办法都不一样。另外，老板不变，团队常变不可取。遇到困难，应该让团队去持股而不是换一个团队、改一个产品，这种做法成功率不高。激励与约束不匹配。激励不到位，等于不激励。该花100元的只花了60元，等于白花。我一贯的主张是，单给团队高薪水、高待遇是不行的，应该给他股份。约束力非常重要。约束的目的是什么呢？就是让人“有贼心无贼胆”。贼心管不了，但贼胆可以靠制度来管。创业团队的智力结构过于单一，风格过于重合。创业团队如果知识结构不齐全，都是一类专长的人，很容易出问题。有人适合高技术，有人善于搞管理，有人善于搞经营；内向的人适合搞科研，外向的人适合搞经营——应该作这样的分析判断，做到人员合理搭配。人才结构好的企业，成功率非常好；人才结构不好的企业，成功率低，或者成功了也是小成功。

实际控制人的精力过于分散。很多创业家同时做很多事情，不如专注做一件事情，如果作为老板，你已经不专注了怎么办？第一，你的CEO必须持有公司股份，太少了不行；第二，你应该有人格魅力，在员工面前，你的人格魅力非常重要。如果人格魅力不够，失败的可能性更大。

4. 产品技术层面

(1) 知识产权保护不力。知识产权的保护，对企业盈利能力影响非常大。中国也有靠知识产权为主要营收的企业，更多的情况是，由于知识产权保护得比较好，企业获得了一个比较好的发展环境。如果在知识产权方面有重大瑕疵，这样的项目不要做。技术门槛和市场门槛低。

门槛包括两个：技术门槛和市场门槛。门槛高低，不能用简单和复杂来区分。有的企业做的事情，看起来很简单，但门槛很高。新浪、携程都挺简单，但市场地位高，有规模，这样的企业门槛很高。

(2) 可替代性强。作为创业者，替代趋势的分析非常重要。有3种替代：第一种是革命性的，比如说LCD(液晶)替代CRT；第二种是多样性的，比如电影和电视剧，过去电视剧胜过电影，后来电影归来了；第三种是差异性的，比如网下网上购物方式的长期共荣。一些专业的软件公司，市场占有的差不多之后就下来了，又去规划另外一个专业软件。开始规划的时候，就要多规划几个产品，奋斗空间不能太窄。如果人家认为你有天花板，就不会有兴趣。你想私募很困难，或者上市了股票价格走不上去，这都是天花板造成的。

(3) 单一市场。以前中国企业能出口是好企业，现在要既能出口又能内销才算好。两个市场都敢卖，就说明对国内和国外的销售都掌握了规律。单一市场有一个很大的疑问——经济周期和宏观环境变化可能导致生存困难。

(4) 对资源和环境的依赖大。创业或投资，朝减少消耗的方向走，成功的可能性就更大。对于现有的企业来讲，有两条对策：第一要逐步减少对资源和环境的依赖；第二要提高应对环境变化的本领。在金融危机时有一个现象：需求减少了，但有限的需求会特别集中，这会造成个别企业更加优秀。我们扶植上市的东方日升是作太阳能的。2007年利润是2000万元，2008年太阳能行业大洗牌，东方日升的利润涨到8000万元。2009年利润达到1.35亿元，2010年1～9月业绩1.5亿元。它何以持续增长？因为有消化环境的本领。

(5) 没有差异化的竞争优势。产品与技术的水准要与众不同。产品与技术市场基础要牢固，市场要有一个认可度。我认为，创业要争取做哪怕很小的细分市场的第一、第二，做后边的不行，另外，产品与技术的经营管理要略胜一筹。核心就是成本控制，成本控制好了，就可能在别人不挣钱的时候挣钱，在别人挣小钱的时候挣大钱。

5. 商业策略与经营模式层面

泡沫阶段赶潮流。创业也好，投资也好，不要在行业中后期或顶点进入，否则未来3～5年都是艰难的生存期。

我们曾经投资了一家企业，投资当年就是利润最高点，因为这个行业走到顶点了。要选择在行业的爬坡阶段投资。2006年年底，我们投资了做锂电池正极材料的企业，利润不足300万。在别人还不敢投的时候我们投了，结果企业高速成长，2009年利润已经达到4000万元，上市了，我们赚了近50倍。

产业链过长。干一件事，要考虑你的链条究竟有多长。我们投资了很多芯片设计公司，后来发现到终端短的企业都成功了，而到终端长的企业，情况不太好，这就叫“链条过长容易断”。

我们还投资了电视购物公司。电视购物公司在国外挺好，在中国却没有一个伟大的公司出现。细分起来，就是因为需要解决的问题太多。首先，要有频道资源，可能这个城市签了那个城市签不下来。第二，要选择好的产品也不容易。第三，购物人的观念也非常重要。中国是一个不够诚信的国家，大家对电视购物不相信，影响了营销效果。第四，还有跟商家利益分配的问题，事情很复杂。因为环节，某一个点出了问题就不行。制约点太广、太多。同样的道理，如果办成了一件事情需要盖很多“公章”，这时就很难。产品也一样，如果你做的产品配套环节太多，也会非常困难。

雪中送炭还是锦上添花，这是需求分析的问题。每一个项目，你都可以这样去考虑：它是雪中送炭还是锦上添花。雪中送炭要比锦上添花好。例如，手机支付有两种：一种可以把信用卡集成在手机SIM卡上。付款只要带手机就可以。另一种模式是把通过桌面执行的电子支付搬到手机上。前一种模式是雪中送炭，后一种模式是锦上添花。同样两个项目，雪中送炭的应该是优先选项，如果是"锦上添花"型项目，那必须高举高打。领先一大步等于赔钱等三年。要干领先一小步的事，而不要干领先一大步的事。领先一大步的事由国家来干。

忽略新项目的凌乱美。对项目亮点的准确判断是成功的一半。比如腾讯，10年前，或者说凌乱美没看明白，没投。如果当时投500万元，现在的市值应该是400亿元。所以，不能忽略创新项目的凌乱美，对项目的亮点判断是很重要的。

不当杂货铺掌柜。每一个企业都应该专业化，如果已经专业化，就要把细分领域做精。我们也做过这样的项目，企业本身业务是专业化的，但它没有把专业化的一个细分领域去做精，而是每一个都是做，最后它失败了。

单一依赖。对单一客户和市场的依赖也很可怕，有的时候企业家觉得单一依赖很舒服—对特定市场的依赖，是因为这个市场提供的利润高，换了一个特定市场可能利润低。做资本运作的时候，如果你多个市场，投资人的想象空间就大，估值就高。所以，不管从经营角度来讲，还是从投资角度来讲，都要尽量规避单一依赖。

资料来源：www.howvc.com，2011年3月1日，刘志阳. 创业管理[M]. 格致出版社，上海出版社，2012.

本章小结

本章运用调查问卷的调研成果，对大学生创业倾向现状进行了分析，探讨了大学生创业的社会价值及作用。概述了大学生创办新企业的组织选择，各种组织形式的比较。新创企业开办之前的准备工作，新创企业的注册登记，有关文本的编写与范文。简述了与创业联系紧密的法律法规及相关条款，介绍了目前大学生创业的各项优惠政策，提出了大学生创业特别要注意的问题即创业警戒。引用靳海涛的文章，借鉴思考风险投资的成功经验与启示。

复习思考题

1. 怎样认识大学生创业的社会价值？讨论大学生创业活动的特点。
2. 根据调查统计，你怎样认识大学生创业现状？存在什么主要问题？怎样解决？
3. 评价大学生创业的优势和劣势。
4. 怎样理解大学生创业的重点方向？
5. 怎样确定新创企业组织形式？
6. 了解并掌握创办新企业的程序。

7. 怎样写好有关文本?

8. 掌握与创业联系紧密的法规以及大学生创业的优惠政策。

9. 从哪几个方面防止创业失败的陷阱，提高创业成功率?

10. 大学生创业要警戒的问题有哪些?

11. 靳海涛的《创业的失败》一文，学习后有哪些体会和启示?

实训实练

1. 寻找学校内创业或已经创业成功的同学作为访谈对象，调查了解创业成长的历程，包括：成长背景、成长历程、成长战略、成长遇到的问题及解决办法、成长特点、未来发展趋势等，总结企业发展的经验，诊断和分析问题，运用学到的创业理论知识，为企业未来发展提出有针对性的解决方案，并反馈给受访企业。

2. 按照创办企业注册流程等要求，选择一种组织形式，进行创办企业注册登记训练。内容包括：企业名称、经营场所、法定代表人及住址、注册资本、经营范围、股东人数及各自出资额或以技术等作为出资额等。写出合伙协议，公司章程等有关文本。

创业案例过程研究与思考

乔赢：红高粱挑战麦当劳失败教训

1997—1998年，河南郑州以经营传统烩面为主的快餐连锁公司“红高粱”曾红极一时，遍布全国开设快餐分店。当时河南省主要报纸纷纷刊出《“红高粱”红透京城》、《河南“红高粱”对擂美国“麦当劳”》之类的文章。“红高粱”曾在深圳开过若干个分店，引得深圳一家报纸登出《红高粱挑战麦当劳》的文章，文章大意是：代表中国民族快餐业的红高粱将在不久的将来把洋快餐麦当劳赶出中国市场，为民族快餐业大争一口气。在洋快餐进军中国的号角声中，志在创办民族品牌的中式快餐店“红高粱”曾一炮打响，很快红遍半个中国。

然而，寄托着无数国人民族感情的“红高粱”品牌到了1999年年底却在一片叹息声中轰然坍塌，而麦当劳和肯德基却红火如初。“红高粱”神话的总工程师乔赢从风光无限的大老板沦为令人扼腕的阶下囚，其由“红”变“黑”的演变过程如下。

1. 初涉商海，深入调研，破解麦当劳

乔赢很小就表现出一种异于常人的禀赋。他自幼酷爱“二胡”，在名师的指点下，10岁就小有名气。12岁那年，在一个偶然的机会他读到了《回忆马克思和恩格斯》一书，从此迷恋上了一代伟人马克思、恩格斯。凡是马克思、恩格斯喜欢的书，喜欢研究的学科，他都有浓厚的兴趣。这些书对他的人生观、价值观的形成产生了不可估量的影响。1976年，年仅15岁的乔赢成了一名令人羡慕的军人。服役期间，他继续奋发学习，几乎借阅了团部图书馆里的全部书籍。机遇总是偏爱有准备的人。1980年，他被选送到解放军坦克学院学习，获取了哲学和经济学双学位。1987年，他到解放军信息工程学院担任教师。生龙活虎的军营生活拴不住乔赢的心，投身经济大潮的欲望时时牵动着他的神经。1990年，他如愿以偿地转业郑州“杜康大酒店”任副总经理，随后投奔当时如日中天的商业神话世界——河南省亚细亚集团有限公司。但在那里，他并未得到重用，胸怀大志的乔赢不甘受此冷落，1994年辞去了工作，勇敢地投入到市场经济的汪洋大海之中。刚刚下海泛舟，他就被北京王府井大街的“麦当劳”中人潮涌动的景象所吸引。他按进店人数和人均消费粗略计算，这个店一天的营业额竟高达20万元左右。这哪里是快餐店，简直就是一台“超级收款机”！乔赢在震惊之中兴奋不已。

他在那里待了整整一天！此后一年，北京、广州、深圳等地凡有麦当劳的地方，都留下过乔赢的身影。他终于破解了“麦当劳”兴旺之谜：一个响当当的品牌，一个营造欢乐气氛的店堂，一套行之有效地操作模式和标准化产品等，为什么不能用中式食品制造出同样的效果？他发现，正是这些不同于中国餐馆的管理经营方式，使早就被一些西方人称为“垃圾食品”的餐饮让人趋之若鹜。在考察麦当劳时，民族自尊心极强的乔赢下定决心，立志创造一个中式快餐品牌，当中国的“麦当劳”。

2. 选中羊肉烩面，贴近百姓生活，创造中国“麦当劳”

很快，乔赢看中中原百姓百吃不厌的羊肉烩面以及当时红动世界的中国大片《红高粱》。

乔赢选中了营养丰富、味道鲜美、亿万河南人久吃不厌的食品——羊肉烩面，这是一个让国外人难以理解的食品，但这种食品在河南省独具魅力。位于市中心的老字号“合记羊肉烩面”贵在汤上，这汤是由18种原料精心熬制而成。该馆最善于熬汤的4位师傅，当时仅存一位贴师傅。于是乔赢就将贴师傅请来一起研究开发羊肉烩面快餐。在一次文艺界名流的聚会上，河南一位雕塑家听闻乔赢正在创办中式名牌快餐。妙手偶得为之取名“红高粱”。闻得此名，周身的热血一下涌到乔赢的脑门，这不正是他昼思夜想、处心积虑想要的名字吗？红高粱，火红的红高粱，生长在贫瘠的土地上却蕴藏着旺盛的生命力，索取最少，奉献最多，多么确切地代表着中国人埋在心底深处的一种民族精神啊。更重要的是，这个名字与著名导演张艺谋所拍的当时轰动世界的电影同名。善于造势、借势的乔赢终于找到了中式快餐的实与名。1995年他注册成立了河南省红高粱烩面公司，开始打造他的红高粱快餐帝国。

1995年4月15日——40年前麦当劳开张的日子，乔赢筹资创办的第一个红高粱快餐店在郑州最繁华的闹市二七广场开业了。自此，“红高粱”在郑州登场亮相。这家以经营烩面为主的小店以麦当劳为样板，店堂明亮、员工统一着装、使用快餐桌椅和收银机。一开张就显示了不同寻常的局面。

这个面积不足100平方米的小餐馆，日营业额从2000元逐步上升，不久就冲破了万元大关，座位每天的周转次数高达22人次。开业仅几个月，“红高粱”已经名利双收。首站告捷后乔赢又在郑州开了7家“红高粱”分店。对于白手起家的乔赢来说，从开始东借西凑的44万元启动资金滚到500多万元，时间仅用了短短的8个月。

3. 一炮打响，进驻北京王府井，商业运作创奇迹

在向洋快餐进军中国的号角声中，志在创办民族品牌的中式快餐店“红高粱”一炮打响，很快红遍中国。国内800余家媒体连续报道，国外70余家媒体相继转载，美国三大有线电视网轮播“爆炒”。

滚滚而来的财源远远超出了乔赢的心理预期。此时，一个更大的构思在乔赢心中闪现：创造中国的名牌快餐，要成为中国的快餐大王。为了抢占名牌制高点，乔赢力排众议，在红高粱创立不到一年之际，执意进军北京王府井叫板麦当劳。王府井是中国的商业第一街，发生在这条街上的事情，就是在全中国，全世界关注的事情。麦当劳进军中国第一站首选王府井，看中的就是这一点。乔赢知道中国人有解不开的中国情结，也深谙与媒体交往之道，他需要更大的出人意料的广告效应。他将“红高粱”安营扎寨到全北京房租最惊人的一个地方：距麦当劳王府井店22米的王府井入口处，日租金为每平方米近7美元。

1996年2月15日，“红高粱”王府井分店开业。仅200平方米140个座位的“红高粱”，规模不足麦当劳的1/3，气魄也略输风骚，但在吸引食客方面毫不逊色，一样的熙熙攘攘，一样的宾客盈门。这绝非仅仅因为羊肉烩面鲜美可口，更重要的是它调动了中国人的民族情绪。许多京城德高望重的老同志们都到“红高粱”吃饭，他们说“要吃就吃咱中国人的快餐”！乔赢进军王府井的战略，一下把“红高粱”提升到与“麦当劳”对等较真的位置上。一时间，“红高粱挑战麦当劳”、“大碗面叫板汉堡包”、“河南小子挑战巨无霸”的新闻也炸开锅。“红高粱”一夜之间名声大噪，乔赢也成为众星捧月的新闻人物。

“挑战麦当劳”这个响亮的口号刺激了人们的胃口：“红高粱”店从早到晚都是爆棚满座，要求加盟的来信雪片一样飞来，投资者蜂拥而至，从一定程度上说，“红高粱”品牌塑造是中国餐饮和商业史上的奇迹。

乔赢准确判断出中国已经出现了工业化社会的社会条件和生活方式，现代快餐业在中国已经有了市场需求，并准确地借助20世纪90年代民族主义情绪复苏的“势”，旗帜鲜明地提出了“红高粱挑战麦当劳”的口号，在负债20万元的情况下，用一年多的时间，不到200万的宣传费投入，把红高粱和一碗烩面做成了全国知名品牌，几乎策动了整个媒体为其摇旗呐喊。

1996年10月，美国连锁业协会主席和餐饮协会主席飞抵北京会见乔赢。新加坡、美国、英国、德国等几十个国家和地区邀请“红高粱”，有些还免费提供场地，与那些花几个亿取得中央电视台“标主”的企业相比，“红高粱”的造势效率是前者的几万倍。国内几乎没有几家企业能像“红高粱”一样，花小钱造大势。

4. 头脑膨胀，急于扩张，企业陷入财务困境

遗憾的是，乔赢在天时地利应有尽有时，决策上出现了失误，没有把机会转变成为踏踏实实的经营，走入连锁误区，造成盲目扩张，最终毁掉了“红高粱”。连锁理论认为，先建一家成功的店铺做样板，然后复制，越多越好经营，越多越好管理。然后，“红高粱”在郑州走红，靠的是首家采用明亮店堂、快餐座椅、收款机经营形式；在全国走红，靠的是善于借势，凭借“红高粱叫板麦当劳”的新闻炒作。“红高粱”其实并没有形成真正叫板的实力，它不像麦当劳那样，有着一套标准的操作规范及完整的企业理念和价值观念作为强大的后盾，只是需要一个卖点提高自己的知名度。吹起的气球没有蛊惑住别人，却欺骗了乔赢自己，他以为只要一个一个去克隆，就能盈遍天下，乔赢没有料到，在自己勾勒全国连锁的经营网络时，危机悄然而降。

1996年，乔赢选择了一家承诺3个月内筹资2000万元，但不求控股的房地产公司作为投资合作伙伴。在得到180万元的预付金后，乔赢很快在海南、天津等地选定10个分店，将一年来的300余万元利润投了进去。然后，3个月的期限到了，房地产公司承诺的2000万元资金却不见踪影。没有后续资金，各地分店处于停顿状态，要钱的电话一个接一个打来，郑州、北京两家直营店赚来的钱和好不容易从银行贷出的100万元填进窟窿，泡都没冒一下就被吸了进去。缺少资金源的“红高粱”，却在投资上大手大脚，有着惊人的浪费：郑州市建设路“红高粱”店，投资300万元，业内评估价值仅为80万元；海口店，投资280万元，评估价值仅60万元；深圳店，投资500万元，评估价值仅140万元；天津东站店，投资280万元，评估价值70万元。不善理财的“红高粱”陷入了财务困境。

5. 非法集资，破法律底线，被判4年有期徒刑

“红高粱”连锁梦想破灭为了解决财务问题，乔赢将自称能帮他渡过难关的弓建军委以副总经理之职，弓建军的锦囊妙计就是一条——集资。最后以乔赢为首的红高粱团队研究采纳了“高息集资，解决资金危急，挽救民族品牌”的良策。红高粱开始以月息2.5%，年息30%的利率吸收资金。这个诱惑太大了，在高息利诱下，集资对象突破公司内部员工，扩散到社会各界，有的人甚至托熟人“入会”。社会资金源源不断地注入，为乔赢筑起了一道强大的经济后盾。拖了10个月、损失1000余万元的10个“红高粱”分店终于开业。乔赢重新找回当初风光无限的感觉，在全国各地飞来飞去，四处考察市场，并宣称“哪里有麦当劳，哪里就有红高粱”，“到2000年，要在全世界开2万家连锁店，70%在国内、30%在国外”。

进入1998年，乔赢不再四处奔波建店，原因很简单，他没钱了。“怎么会没钱了呢?”他惊愕地回过头来，开始审视自己种下的一棵棵“红高粱”。这本身便极具讽刺意味，几千万元的资产已经像水一样一瓢一瓢地泼了出去，此时他才关心是否有人为每一瓢水买单。经过资产清点，乔赢发现他在各地兴建的直营店大多负债累累，几近倒闭，企业总负债3000万元。焦头烂额之际，河南财经学院一位企业管理专家提出一套卧薪尝胆的方案：收缩战线，放弃半截子工程；避开新闻界，闭门练兵一年；完成新产品研发、服务方式的特色化、中央厨房标准化运作3项任务。然而，仍然沉浸在当中式快餐领袖美妙感觉中的乔赢确一门心思想做大，拒绝收缩战线。

为了“红高粱已不是简单的经济现象，它标志着民族一时的觉醒”这个虚名，他固执地认为只有全线出击，才能形成“红高粱”席卷全国之势，“红高粱”从此失去了重整河山的机会。乔赢并非不识良

策，而是有苦难言，此时，高息揽得的资金已经把他仅仅套牢，他根本没有“补课”的时间和力量。昏招过后是险招，他开始用错误弥补错误，用骗钱的办法还钱。

1998年6月，新加坡霸菱亚洲投资公司向名声在外的“红高粱”伸出合作的橄榄枝，提出双方合资在中国香港上市的意向，这对困境中的乔赢来说，无疑是一次极好的机遇。然而，为了让对方多出资金，乔赢再一次自作聪明，在对方来郑州考察时，布置“红高粱品管委”的会员进店免费吃饭，造成生意火爆的假象，同时高薪聘请财务专家造出20个直营店的假账，企图以此将对方“套牢”为自己“解套”。然而，假的毕竟是假的，漏洞百出的账表，让对方愤然离去。乔赢已经没有自尊可言，骗不了别人，就骗自己。穷途末路，对哲学有研究的他，竟祭起了“五行”的旗帜，把自己的经营宗旨概括为“金木水火土”五个字，那些房租昂贵的直营店，按“五行八卦”的方位布置桌椅，营业面积使用率竟达不到50%。这件事，被许多朋友看做乔赢“没救”的证据。

1998年年底，“红高粱”开始全面崩溃，各地的直营店纷纷倒闭，加盟店纷纷解约，债主纷纷上门，曾经风光无限的乔赢开始害怕见人，于是躲到北京，行踪不定，使出最后一招：赖账！一直生活在虚幻梦想中的乔赢，改不掉务虚不务实的毛病，1999年以后的媒体上，不甘寂寞、不甘失败的乔赢又开始在媒体上露脸。他宣传自己在酝酿“二次创业”，这次他看中了互联网经济，声称：“如果早两年出现电子商务，我的头发就不会白了。我要让新一代中国人用鼠标吃饭！他相信互联网和电子商务给中国餐饮业及中国传统产业带来了前所未有的发展机遇，并宣称红高粱正在向电子商务进军。”

然而，乔赢跳的这支舞遇到了冷场，与第一次造势不同，这次没人为他鼓掌捧场。1998年5月25日，红高粱停止集资后，6月25日恢复正常兑付，随后又推迟到7月10日，但仍无力兑付。10月8日，乔赢做出最后承诺：“1998年12月31日以前兑付本金10%，1999年上半年全部兑付完毕，请大家给我运作的时间和空间。”不久，亚洲金融风暴爆发，红高粱与一公司的合作化为乌有。对付无法实现，乔赢又展示了他骗子的一面，一会说钱是现成的，一会说努力筹资。12月31日下午，乔赢从北京打来电话说“已准备了100万元，但红高粱营业执照过期，账号没有了，无法打款过来”，此时的乔赢俨然成了一个商业骗子。当天，红高粱二七店被查封，此时，红高粱总部已是人去楼空，希望落空的群众终于忍无可忍。

1999年年初，化名王涛等83名群众联名就红高粱非法吸收公众存款的行为向中国人民银行郑州中心支行、郑州市公安局进行举报。郑州市公安局金水分局受命立案侦查。此时的红高粱已经成为一个空壳，车辆、办公用具等值钱的东西早已被法院查封或执行，公司账目一片混乱。经侦查，红高粱通过高息诱骗800多人上当，涉案金额3100万元，除去还本付息部分外，尚有2310万元无法归还给集资群众。2000年10月29日深夜，乔赢在北京丽都饭店职工公寓被捕。

2002年6月，“红高粱”总经理乔赢因涉嫌非法吸取公众存款3153万元，造成2307万元损失，被河南省郑州市金水区人民检察院依法提起公诉。郑州市金水区人民法院判决认定，乔赢等人未经中国人民银行批准，擅自向社会不特定对象变相吸收存款，数额巨大，其行为已构成非法吸收公众存款罪，判处红高粱总经理乔赢、副总经理弓建军等人有期徒刑4年，并处罚金5万元，两人均表示服从判决不再上诉。风靡一时的河南红高粱快餐连锁有限公司就这样彻底走下了历史舞台。乔赢创业成功得益于良好的商业模式，好的战略定位及宣传前期“红高粱”成功的重要因素。然后，他的失败确是头脑膨胀，盲目扩张，不注重后期的战略调整，破法律底线，创业初期也并不具备挑战“麦当劳”的实力。其创业失败是必然的结果。

资料来源：根据中世主编《中国企业死亡的14个拐点》；乔赢著《永不言败——我挑战了麦当劳》；3158.cn《中式快餐红高粱由盛至衰的故事》等编写

【思考与讨论】

1. 红高粱最初成功及最终失败的原因分别是什么？怎样才能预防这类问题的发生？
2. 企业进行扩张时要考虑哪些方面的因素？怎样防止扩张陷阱？

附　　录

1. 中国创业支持机构

1）项目名称：KAB(Know About Business)创业教育机构(中国)项目

机构简介：KAB创业教育项目是国际劳工组织为培养大学生的创业意识和能力而研发、推广的创业教育课程和培训体系，它与已经在各国广泛实施的“创办和改善你的企业”项目(SIYB)共同构成一个完整的创业培训体系。通过教授和操练有关企业和创业的基本知识和技能，帮助学生对创业树立全面认识，普及创业意识和创业知识，培养有创新精神和创业能力的青年人才。项目课程一般以选修课的形式在大学开展，学生通过选修该课程可以获得相应的学分。围绕该课程，学生还可以参加KAB创业俱乐部，创业大讲堂的课外实践活动。目前已在全球30多个国家开展。2005年8月，共青团中央、全国青联与国际劳工组织合作，开始在中国大学中开展KAB创业教育(中国)项目。

网站：http://www.kab.org.cn

2）项目名称：中国青年创业国际计划(Youth Business China，YBC)

机构简介：中国青年创业国际计划由共青团中央、中华全国青年联合会、中华全国工商业联合会于2003年11月共同倡导发起。该项目参考总部在英国的青年创业国际计划扶助青年创业的模式，动员社会各界，特别是工商界的力量为青年创业提供咨询以及资金、技术、网络支持，以帮助青年人创业。为青年创业者提供以下5方面的帮助：①创业导师：创业导师由企业家、企业中高级管理人员、咨询师、律师、专业人士志愿担任。他们既是青年人的经营和技术顾问，又是青年人的朋友。②专业咨询：由各行业协会、工商服务机构、专业公司为青年创业者提供咨询服务。③创业培训：为创业者提供创业培训。④信息和网络：为创业者提供工商、金融、法律等企业经营所需的信息，帮助青年进入当地工商网络。⑤创业启动金：建立专项青年创业基金，为青年创业提供资金支持。

网站：http://www.ybc.org.cn

3）项目名称：YESplan(China Young Entrepreneur Supporter)中国青年创业支持计划

机构简介：中国青年创业基金对于初创型企业，通过大赛及专家评审筛选出优秀项目给予小额资助；对于成熟型企业，通过各级团组织、青联、青企协、青科协、科技主管部门、行业协会等向中国青年创业基金推荐需要融资的项目，经专家评估、项目筛选后进行培训或直接推荐给创投及私募股权机构，并根据需要给予持续专家辅导，从而建立完整的创业资金扶持体系。宗旨是公益扶持，财智推动。在大学举办创业讲座和创业计划竞赛，推广青年创业项目，为青年创业者提供资金支持和创业指导。

网站：http://www.ddfchina.org/yesplan.html

4）机构名称：北京光华慈善基金会创业教育部

机构简介：北京光华慈善基金会(Bright China Foundation，BCF)由香港光华控股有限公司捐资设立。在创业教育领域，BCF秉承“授人以渔”的理念，与美国国家创业指导基金会(NFTE)合作致力于在中国“普及创业教育，创造积极人生”。北京光华慈善基金会与政府部门、教育机构和非营利组织积极合作，共同培养创业教育师资，为职校学生、贫困地区的大中学生和成年人开展创业教育，帮助他们挖掘潜能、培养自信、树立积极乐观的人生态度，鼓励他们勤工助学、小本创业，从而锻炼实践能力、提升全面素质，推动他们自力更生、摆脱贫困，并有能力帮助别人，最终促进当地经济的发展。

网站：http://www.bcf.org.cn/cyjyb.asp

5）项目名称：SIYB(创办和改善你的企业)中国项目

机构简介：SIYB中国项目由中国劳动和社会保障部于国际劳工组织合作，在英国国际发展部和日本政府资金援助下于2004年7月开始实施。开发创业教材，培训创业教师，为失业者和有志创业者提供实用技能培训和小额担保贷款。

网站：http://www.siyb.com.cn

6）项目名称：阿里巴巴·阿里学院

机构简介：阿里巴巴于2004年创立阿里学院，学院秉承“把电子商务还给商人”的目标，全心致力于电子商务人才培养，立志服务千万网商以及高校学子。近年来，阿里学院对阿里巴巴近千万企业会员多年商战中积累的经验进行了研究、总结和加工，设计成适合中小型企业的电子商务管理和实战课程，帮助更多企业走上电子商务之路、更好地应用电子商务。“阿里学院”在线培训。阿里巴巴电子商务认证，明日网商孵化计划，中国大学生实习实践计划。网站主要栏目包括创业必备技能、创业必备工具、创业网上分享、创业学习资讯、创业互相交流等。

网站：http://www.alixueyuan.net

此外，各省市、自治区工青妇组织等，教育部，各高校都设有创业支持帮扶项目，可进行网上查询阅览。

2. 创业资讯网站

1）网站名称：中国青年报·创业版

网站简介：中国青年报的网络专题频道，通过大量有价值的创业资讯，以及包括共青团中央、劳动与社会保障部等发起的多项帮助青年创业的项目和服务，指导和帮助青年人更好地开始自己的事业，为自身和社会创造价值。

主要栏目：创业资讯，大学生创业，创业时评，创业专题，创业英雄，创业园，创业咨询，创业培训课程，创业政策，创业法规，创业案例，创业俱乐部等。

网站：http://www.zqb.cyol.com

2）网站名称：“我能创未来”——中国青年创业行动

网站简介：由中央电视台CCTV—2、中国青年创业国际计划(Youth Business China，YBC)共同创办。这是一场线上线下互动的电视活动而非单纯的展播，这是一场真实的鼓励青年创业的公益活动而非简单的创业故事的再现。活动口号：创业——相信自己！活动宗旨：点燃青年创业梦想，引领创业文化。活动行踪：访谈、创业盛会、主题日。网站通过多媒体和互动方式，给创业者们以激励和帮助。

主要栏目：创业英雄会，创业故事，点将台，创业论坛，加入创业俱乐部，寻找时代英雄等。

网站：http://www.space.tv.cctv.com/podcast/qingnianchuangye

3）网站名称：创业邦

网站简介：创业邦成立于2007年1月，由美国国际数据集团(IDG)和清科集团共同投资设立。创业邦致力于成为中国创业类的第一媒体集团，帮助中国新一代的创业者实现创业梦想，推动中国中小企业成长壮大。创业邦网是中国创业者的社区和自媒体平台，致力于成为中国创业者的网上家园。

网站：http://www.cyzone.cn

3. 公益创业支持机构

1）非营利组织孵化器(NPI)

项目名称：上海浦东非营利组织发展中心是在政府主管部门和国内外资助型机构的支持下于上海浦东正式注册的民间非营利组织。它从创立伊始，就以“助力中国社会创新，培育公益创业人才”为己任，旨在为初创和中小型民间公益组织提供关键性支持。

网站：http://www.npi.org.cn

2）机构名称：NPP(New Philanthropy Partners)新公益伙伴

主办单位：麦肯锡公司、德勤华永会计师事务所、奥美整合行销传播集团、君合律师事务所、摩托罗拉(中国)电子有限公司、诺华(中国)、永丰余集团、中国青少年发展基金会、中国扶贫基金会。

机构简介：NPP公益伙伴成立于2006年11月，是由数家专业公司、企业和基金会共同发起成立的公益组织。NPP的使命是以专业和创新的精神，促进中国公益产业发展。

网站：http://www.nppcn.com

3）机构名称：上海映绿公益事业发展中心

机构简介：上海映绿公益事业发展中心是一家致力于公益组织能力建设与发展的非营利性专业机构，于2004年2月在上海浦东新区成立。服务内容：为公益组织和志愿团体提供培训、咨询服务，并组织各种公益组织与企业、媒体、政府及学术界进行交流合作的活动，同时为公益组织和志愿团队提供项目支持和财务监管。

网站：http://www.npodevelopment.org

4）机构名称：北京光华慈善基金会(Bright China Foundation，BCF)

机构简介：北京光华慈善基金会由香港光华控股有限公司捐资成立。于2005年4月在北京市民政局登记注册，有系统有组织地承担起光华控股有限公司履行社会责任的职能，同时也致力于成为社会各界在公益、慈善领域的平台。基金会坚持“授人以渔”的理念，以“帮助人在尊严中发展，激发人在发展中奉献”为使命，项目选取侧重于对人的能力培养，以及对于受益人公益素质的提高。面向全国贫困地区，致力于创业培训、教育支持、疾病预防、卫生和扶贫工作。当前项目已经覆盖了云南、贵州、四川、陕西等省的多个贫困市、县。

网站：http://www.bcf.org.cn

5）机构名称：南都公益基金会(Narada Foundation)

机构简介：南都公益基金会成立于2007年5月11日。南都基金会是一家经民政部批准成立的全国性非公募基金会，业务主管单位为民政部。南都基金会的使命是支持民间公益，关注转型期的中国社会问题，资助优秀公益项目，推动民间组织的社会创新，促进社会平等和谐。

网站：http://www.nandufoundation.org

6）机构名称：友成企业家扶贫基金会

机构简介：友成企业家扶贫基金会是经中华人民共和国国务院批准成立、在民政部登记注册、具有独立法人资格的非营利性社会公益组织；是国内首家由两岸三地著名企业家发起，以扶贫开发等公益事业为主要目的，以资助项目为主要运作模式的创新型非公募基金会。基金会的主管单位为国务院扶贫开发领导小组办公室。以创建和谐社会为目标，推动企业家群体参与公益事业，积极探索政府与民间力量相结合的可持续开发扶贫道路。重点关注边缘化弱势群体，开展有针对性的公益活动，并注重公民素质的提升和公益理念的传播。

网站：http://www.youcheng.org

7）项目名称：中国企业社会责任指南

机构简介：中国企业社会责任指南通过建立一个中英文对照的权威数据库，介绍在中国开展企业社会责任活动的有关机构、专家，旨在增进国内外社会对中国企业社会责任发展现状的了解，并提供有关机构的基本信息和联系方式，以帮助有需要的团体在中国寻找最合适的合作伙伴。

网站：http://www.chinacsrmap.org

4. 创业投资机构

1）机构名称：中国投资网

机构简介：中国投资网是由中投在线国际资讯(北京)有限公司承办，面向中国市场的风险投资门户网站，同时也是国家各大相关部委、各相关行业协会支持唯一官方媒体。中国投资网拥有良好的政府资源和行业影响力，是一家以风险投资为核心的跨媒体运营机构。

网站：http://www.chnvc.com

2）机构名称：投资中国网

机构简介：China Venture投中集团是一家中国领先的投资市场信息咨询机构，为活跃于中国市场的投资机构、投资银行与企业等提供专业的第三方信息咨询服务，包括研究数据产品、行业投资报告、定制研究咨询等服务。同时运营中国投资行业媒体平台，并举办各种类型投资会议。在北京和上海设有办公室。投资中国网致力于打造中国最专业的投资市场行业门户，为投资机构和创业企业提供及时、全面的资讯与社区平台服务。投资中国网主要包括投资资讯、投资数据、研究观点、投资项目等栏目。

网站：http://www.chinaventure.com.cn

3）机构名称：EZCapital

机构简介：EZCapital恒峰资本于2008年2月正式上线。专注于IT、互联网、清洁技术、传媒产业、制造业、消费产业、金融服务等高成长企业及私募股权投资、风险投资相关的专业资讯平台。皆为全球投资人士、专业服务机构和创业者提供权威财经新闻、分析和评论，同时对中国国内的创投时间进行全面的报道，不间断播报来自全球各大市场的私募股权投资资讯。

网站：http://www.ezcap.cn

4）更多投资机构

上海创业投资有限公司 www.shvc.cn
上海多媒体产业园投资有限公司 www.mpvc.cn
资本道 www.zibbon.com
中国民间资本网 www.ourzb.com
新华美通 www.xprn.com
清科集团 www.zero2ipo.com.cn
软件银行中国风险投资基金 www.sbcvc.com
今日资本集团 www.capitaltoday.com
中创投资咨询 www.chinavest.com
红鼎创投 www.holdingvc.com
上海首华创业投资有限公司 www.sinohead.com
上海融恩投资咨询有限公司 www.lachinacapital.com
北极光创业投资基金 www.nlightvc.com
Atlas Venture 基金 www.atlasventure.com
德丰杰全球创业投资基金会 www.dfjeplanet.com
元成基业有限公司 www.vcdaddy.com
泰山国际有限公司 www.taishancapital.com
富鑫创业投资集团 www.vcfortune.com
3i 投资集团 www.3i.com
富国投资集团 www.richinacapital.com
软银中国创业投资有限公司 www.sbcvc.com
上海浦东科技投资有限公司 www.pdvc.com
招商局科技集团有限公司 www.cmtech.net
凯雷投资集团 www.carlyle.com
新企业投资 New Enterprise Associates www.nea.com
亿友娱乐(中国)有限公司 www.efriendsnet.com
寰汇投资集团 www.ggvc.com
赛富投资亚洲基金管理有限公司 www.sbaif.com
华威科创投资管理顾问(北京)有限公司 www.cidequity.com
IDG 技术创业投资基金 www.idgvc.com
启明创投 www.qimingventures.com
德同中国投资基金 www.dtcap.com

上海鼎辉投资管理有限公司 www. d-hui. com
上海鼎嘉创业投资管理有限公司 www. zj-vc. com
晨兴科技投资公司 www. morningsidetech. com
联讯创业投资股份有限公司 www. harbingerventure. com
汉能投资集团 www. hinagroup. com
富达基金(香港)有限公司 www. fidelity. com. hk
曼哈顿资本集团 www. mcgholding. com
新扬管理顾问股份有限公司 www. paclink. com. tw
明顺投资股份有限公司 www. mstz168. com
卓凡创业投资有限公司 www. jovanventures. com
信中利投资集团公司 www. chinaequity. net
美国老虎科技基金 www. tigervc. com
招商局富鑫资产管理有限公司 www. cmfvc. com
龙科创业投资管理有限公司 www. dragontechventures. com
美国梧桐投资公司 www. sycamorevc. com
深圳市创新投资集团有限公司 www. szvc. com. cn
祥峰中国投资公司 www. vertexmgt. com
兰馨亚洲投资集团 www. orchidholdings. com
红杉资本中国基金 www. sequoiacap. com
Doll 资金管理有限公司 www. dcmvc. com
上海华盈创业投资基金管理有限公司 www. venturetdf. com
高盛(亚洲)有限责任公司 www. gs. com
华平创业投资有限公司 www. warburgpincus. com
上海联创投资管理有限公司 www. newmargin. com
美国中经合集团 www. wiharper. com
英特尔投资(中国)有限公司 www. intel. com
联想投资有限公司 www. legendcapital. com. cn
霸菱投资(香港)有限公司 www. bpepasia. com
汉鼎亚太投资公司 www. hqap. com
西门子通信投资公司 www. siemensmobileacceleration. com
联创策源风险投资公司 www. ceyuanvc. com
橡子园创业投资管理(上海)有限公司 www. acorncampus. com
上海实业控股有限公司 www. sihl. com. hk
中科招商创业投资管理有限公司 www. leadvc. com
成为创业投资有限公司 www. chengwei. com
蓝山中国资本 www. blueridgecapital. com
美国高通公司投资部 www. qualcomm. com/ventures

深圳城市达晨创业投资有限公司 www. fortunevc. com
美国国际集团 www. aig. com
上海蝶龙商务咨询有限公司 www. dragon-groove. com
米拉德国际控股集团公司 www. naspers. com
梅菲尔德投资管理公司 www. mayfield. com
摩根士丹利添惠亚洲投资有限公司 www. morganstanley. com
日本亚洲投资(香港)有限公司 www. jaic-vc. co. jp
上海张江高科技园区开发股份有限公司 www. 600895. com
渣打银行(香港)有限公司 www. mergers-china. com
国际金融公司 www. ifc. org
OAK 风险投资合伙基金 www. oakinv. com
三井创投公司 www. mitsuiventures. com
新宏远创基金 www. nhfund. com
美国新桥投资管理公司 www. newbridgecapital. com
富达国际创业投资有限公司 www. fidelityventures. com
和通国际 www. hotung. com. tw
清华科技园创业投资有限公司 www. tspz. com
清华科技创业投资有限公司 www. tsinghuavc. com
上海张江创业投资有限公司 www. zj-vc. com
光大控股创业投资管理(深圳)有限公司 www. everbright165. com. hk
深港产学研创业投资有限公司 www. iersite. com
软库发展有限公司 www. softbank. com. hk
长江实业(集团)有限公司 www. ckh. com. hk
联合运通投资顾问有限公司 www. genesis-cap. com
太平洋风险投资公司 www. pacificventurepartners. com
融勤国际 www. rongqin. com
毕思高(上海)商业公司 www. bscope. com
奥斯汀风险投资公司 www. austinventures. com
Sierra Ventures www. sierraven. com
香港李嘉诚基金会 www. lksf. org
新鸿基有限公司 www. shkco. com
浙江省科技风险投资有限公司 www. xvc-zj. com
软银亚洲信息基础投资基金 www. sbaif. com
华登国际风险投资基金 www. wiig. com
渣打创业投资集团 www. charterventures. com
上海复旦量子创业投资管理有限公司 www. fudan-venture. com
此外，还可以查询各省市、自治区开发区、行业或企业等新成立的投资管理公司。

5. 创业英雄演讲精选(题目为编者所加)

苹果与人生

乔布斯在斯坦福大学毕业典礼上的演讲

(2005 年 6 月 12 日)

我今天很荣幸能和你们一起参加毕业典礼，斯坦福大学是世界上最好的大学之一。我从来没有从大学中毕业。说实话，今天也许是在我的生命中离大学毕业最近的一天了。今天我想向你们讲述我生活中的三个故事。不是什么大不了的事情，只是三个故事而已。

第一个故事是关于如何把生命中的点点滴滴串连起来

我在大学读了六个月之后就退学了，但是在十八个月以后——我真正的做出退学决定之前，我还经常去学校。我为什么要退学呢?

故事从我出生的时候讲起。我的亲生母亲是一个年轻的、没有结婚的大学毕业生。她决定让别人收养我，她十分想让我被大学毕业生收养。所以在我出生的时候，她已经做好了一切的准备工作，能使得我被一个律师和他的妻子所收养。但是她没有料到，当我出生之后，律师夫妇突然决定他们想要一个女孩。所以我的生养父母(他们在待选名单上)突然在半夜接到了一个电话：“我们现在这儿有一个不小心生出来的男婴，你们想要他吗?”他们回答道：“当然!”但是我亲生母亲随后发现，我的养母从来没有上过大学，我养父甚至从没有读过高中。她拒绝签这个收养合同。只是在几个月以后，我的父母答应她一定要让我上大学，那个时候她才同意。

在十七岁那年，我真的上了大学。但是我很愚蠢地选择了一个几乎和你们斯坦福大学一样贵的学校，我父母还处于蓝领阶层，他们几乎把所有积蓄都花在了我的学费上面。在六个月后，我已经看不到其中的价值所在。我不知道我真正想要做什么，我也不知道大学能怎样帮助我找到答案。但是在这里，我几乎花光了我父母这一辈子的全部积蓄。所以我决定要退学，我觉得这是个正确的决定。不能否认，我当时确实非常的害怕，但是现在回头看看，那的确是我这一生中最棒的一个决定。在我做出退学决定的那一刻，我终于可以不必去读那些令我提不起丝毫兴趣的课程了。然后我可以开始去修那些看起来有点意思的课程。

但是这并不是那么罗曼蒂克。我失去了我的宿舍，所以我只能在朋友房间的地板上面睡觉，我去捡可以换 5 美分的可乐罐，仅仅为填饱肚子，在星期天晚上，我需要走七英里路程，穿过这个城市到 Hare Krishna 神庙(注：位于纽约 Brooklyn 下城)，只是为了能吃上好饭——这个星期唯一一顿好一点的饭，我喜欢那里的饭菜。

我跟着我的直觉和好奇心走，遇到的很多东西，此后被证明是无价之宝。让我给你们举一个例子吧。

Reed 大学在那时提供也许是全美最好的美术字课程。在这个大学里面的每个海报，每个抽屉的标签上面全都是漂亮的美术字。因为我退学了，不必去上正规的课程，所以我决定去参加这个课程，去学学怎样写出漂亮的美术字。我学到了 san serif 和 serif 字体，我学会了怎么样在不同的字母组合之中改变空白间距，还有怎么样才能做出最棒的印刷式样。那种美好、历史感和艺术精妙，是科学永远不能捕捉到的，我发现那实在是太迷人了。

当时看起来这些东西在我的生命中，好像都没有什么实际应用的可能。但是十年之后，当我们在设计第一台 Macintosh 电脑的时候，就不是那样了。我把当时我学的那些东西全都设计进了 Mac。那是第一台使用了漂亮的印刷字体的电脑。如果我当时没有退学，就不会有机会去参加这个我感兴趣的美术字课程，Mac就不会有这么多丰富的字体，以及赏心悦目的字体间距。因为Windows只是抄袭了Mac，所以现在个人电脑就不会有现在这么美妙的字型了。

当然我在大学的时候，还不可能把从前的点点滴滴串连起来，但是当我十年后回顾这一切的时候，真的豁然开朗了。

再次说明的是，你在向前展望的时候不可能将这些片断串连起来；你只能在回顾的时候将点点滴滴串连起来。所以你必须相信这些片断会在你未来的某一天串连起来。你必须要相信某些东西：你的勇气、目的、生命、因缘等，这个过程从来没有令我失望，只是让我的生命更加地与众不同。

我的第二个故事是关于爱和失去

我非常幸运，因为我在很早的时候就找到了我钟爱的东西。Woz和我在二十岁的时候就在父母的车库里面开创了苹果公司。我们工作得很努力，十年之后，这个公司从那两个车库中的穷小子发展到了超过四千名的雇员、价值超过二十亿的大公司。在公司成立的第九年，我们刚刚发布了最好的产品，那就是Macintosh。我也快要到三十岁了。在那一年我被炒了鱿鱼。你怎么可能被你自己创立的公司炒了鱿鱼呢？嗯，在苹果快速成长的时候，我们雇用了一个很有天分的家伙和我一起管理这个公司，在最初的几年，公司运转得很好。但是后来我们对未来的看法发生了分歧，最终我们吵了起来。当争吵不可开交的时候，董事会站在了他的那一边。所以在三十岁的时候，我被炒了。在这么多人目光下我被炒了。在而立之年，我生命的全部支柱离自己远去，这真是毁灭性的打击。在最初的几个月里，我真是不知道该做些什么。我觉得我很令上一代的创业家们失望，我把他们交给我的接力棒弄丢了。我和创办惠普的David Pack、创办Intel的Bob Noyce见面，并试图向他们道歉。我把事情弄得糟糕透顶了。但是我渐渐发现了曙光，我仍然喜爱我从事的这些东西。苹果公司发生的这些事情丝毫地没有改变这些，一点也没有。我被驱逐了，但是我仍然钟爱我所做的事情。所以我决定从头再来。

我当时没有觉察，但是事后证明，从苹果公司被炒是我这辈子发生的最棒的事情。因为，作为一个成功者的负重感被作为一个创业者的轻松感觉所重新代替，没有比这更确定的事情了。这让我觉得如此自由，进入了我生命中最有创造力的一个阶段。在接下来的五年里，我创立了一个名叫NeXT的公司，还有一个叫Pixar的公司，然后和一个后来成为我妻子的优雅女人相识。Pixar制作了世界上第一个用电脑制作的动画电影——《玩具总动员》，Pixar现在也是世界上最成功的电脑制作工作室。在后来的一系列运转中，Apple收购了NeXT，然后我又回到了Apple公司。我们在NeXT发展的技术在Apple的今天的复兴之中发挥了关键的作用。而且，我还和Laurence一起建立了一个幸福完美的家庭。

我可以非常肯定，如果我不被Apple开除，这其中一件事情也不会发生的。这个良药的味道实在是太苦了，但是我想病人需要这个药。有些时候，生活会拿起一块砖头向你的脑袋上猛拍一下。不要失去信仰。我很清楚唯一使我一直走下去的，就是我做的事情令我无比钟爱。你需要去找到你所爱的东西。对于工作是如此，对于你的爱人也是如此。你的工作将会占据生活中很大的一部分。你只有相信自己所做的是伟大的工作，你才能怡然自得。如果你现在还没有找到，那么继续找、不要停下来，只要全心全意地去找，在你找到的时候，你的心会告诉你的。就像任何真诚的关系，随着岁月的流逝只会越来越紧密。所以继续找，直到你找到它，不要停下来！

我的第三个故事是关于死亡的

当我十七岁的时候，我读到了一句话："如果你把每一天都当作生命中最后一天去生活的话，那么有一天你会发现你是正确的。”这句话给我留下了一个印象。从那时开始，过了33年，我在每天早晨都会对着镜子问自己：“如果今天是我生命中的最后一天，你会不会完成你今天想做的事情呢?”当答案连续多天是“No”的时候，我知道自己需要改变某些事情了。

“记住你即将死去”是我一生中遇到的最重要箴言。它帮我指明了生命中重要的选择。因为几乎所有的事情，包括所有的荣誉、所有的骄傲、所有对难堪和失败的恐惧，这些在死亡面前都会消失。我看到的是留下的真正重要的东西。你有时候会思考你将会失去某些东西，“记住你即将死去”是我知道的避免这些想法的最好办法。你已经赤身裸体了，你没有理由不去跟随自己内心的声音。

大概一年以前，我被诊断出癌症。我在早晨七点半做了一个检查，检查清楚地显示在我的胰腺有一个肿瘤。我当时都不知道胰腺是什么东西。医生告诉我那很可能是一种无法治愈的癌症，我还有三到六个月的时间活在这个世界上。我的医生叫我回家，然后整理好我的一切，那是医生对临终病人的标准程序。那意味着你将要把未来十年对你小孩说的话在几个月里面说完；那意味着把每件事情都安排好，让你的家人会尽可能轻松地生活；那意味着你要说“再见了”。

我拿着那个诊断书过了一整天，那天晚上我作了一个活切片检查，医生将一个内窥镜从我的喉咙伸进去，通过我的胃，然后进入我的肠子，用一根针在我的胰腺上的肿瘤上取了几个细胞。我当时是被麻醉的，但是我的妻子在那里，后来告诉我，当医生在显微镜下观察这些细胞的时候他们开始尖叫，因为这些细胞最后竟然是一种非常罕见的可以用手术治愈的胰腺癌症细胞。我做了这个手术，现在我痊愈了。

那是我最接近死亡的时候，我希望这也是以后的几十年最接近的一次。从死亡线上又活了过来，我可以比以前把死亡只当成一种想象中的概念的时候，更肯定一点地对你们说：没有人愿意死，即使人们想上天堂，也不会为了去那里而死。但是死亡是我们每个人共同的终点。从来没有人能够逃脱它。也应该如此。因为死亡就是生命中最好的一个发明。它将旧的清除以便给新的让路。你们现在是新的，但是从现在开始不久以后，你们将会逐渐的变成旧的然后被送离人生舞台。我很抱歉这很戏剧性，但是这十分的真实。你们的时间很有限，所以不要将它们浪费在重复其他人的生活上。不要被教条束缚，那意味着你和其他人思考的结果一起生活。不要被其他人喧嚣的观点掩盖你真正的内心的声音。还有最重要的是，你要有勇气去听从你直觉和心灵的指示——它们在某种程度上知道你想要成为什么样子，所有其他的事情都是次要的。

当我年轻的时候，有一本叫做“整个地球的目录”振聋发聩的杂志，它是我们那一代人的圣经之一。它是一个叫Stewart Brand的家伙在离这里不远的Menlo Park编辑的，他像诗一般神奇地将这本书带到了这个世界。那是20世纪60年代后期，在个人电脑出现之前，所以这本书全部是用打字机、剪刀还有偏光镜制造的。有点像用软皮包装的google，在google出现三十五年之前：这是理想主义的，其中有许多灵巧的工具和伟大的想法。Stewart和他的伙伴出版了几期的“整个地球的目录”，当它完成了自己使命的时候，他们做出了最后一期的目录。那是在70年代的中期，我正是你们的年纪。在最后一期的封底上是清晨乡村公路的照片(如果你有冒险精神，那么可以自己找到这条路的)，在照片之下有这样一段话：“求知若饥，虚心若愚”。这是他们停止了发刊的告别语。“求知若饥，虚心若愚”，我总是希望自己能够那样，现在，在你们即将毕业，开始新的旅程的时候，我也希望你们能这样：求知若饥，虚心若愚。非常感谢你们。

软件发展的趋势及影响

微软公司董事长比尔·盖茨在中国北京大学的演讲

2007 年 4 月 20 日，比尔·盖茨访问北京大学，北京大学举行隆重的仪式，授予比尔·盖茨北京大学名誉校董，以及光华管理委员会名誉委员名誉。

比尔·盖茨(1955 年 10 月 28 日—现在)，是一名美国企业家、软件工程师、慈善家以及微软公司董事长。下面是演讲词。

大家早上好！微软认为计算将是个人的，在人们创造出来的所有工具中，个人电脑将是重要的一点，它能够为人们提供沟通以及创造做生意的全新方式，这让充满了好奇心的学生，更好地获取各种各样的信息，让他们找到自己问题的答案。在过去的 30 年中，确实是令人难以置信的。我们看到计算以后的方式发展，在 30 多年以前，可能有几百台电脑，现在有高达几亿台电脑，现在全球有 10 亿人是 PC 机的用户，而且互联网把这些 PC 机的用户连接起来，让他们共享信息。这就意味着软件和软件的创造力比以往更加重要。

大概在 30 多年以前，软件公司的数量非常少，事实上我还记得软件工程获得最高的奖项在当时就是销售一个软件产品是 1000 个拷贝，而微软在这方面卖出 100 万个这样的软件，我们也意识到这个行业在不断地发生变化。另外个人电脑的价格在逐渐下降，有一个纵向的循环，看到机器的价格下降，机器变得越来越有吸引力，同时能够吸引更多潜在的软件购买者，越来越多的软件公司再提供一些专业软件，专门于医生、牙医或者其他各个你能够想到的行业。软件是机器变得更加有吸引力，同时批量生产使价格在逐渐下降。我们从纵向的循环当中受益匪浅，当然个人电脑的成本在逐渐下降，我们看到，软件通过互联网以前所未有的速度更多更快地提供给了人们，同时我们也发现，软件可以在更多的地方来运行。软件可以在电话上运行，可以在汽车里运行，也可以在控制电视机电子配件中运行，所以软件是无所不在的。

我们现在在互联网上运行服务，我们提供地图的服务或者搜索的服务，或者是销售的服务都用到软件。现在网络服务的软件已经成为非常重要的趋势，也成为软件开发商的重要趋势，它在逐渐地增加和提高人们的计算速度。所以我们可以看到这些技术的进步，使我们能够在未来 10 年当中会看到更多的技术进步，现在有不断硬件的创新，可以看到微软的创新也能够使我们计算能力提高。同时现在这些处理器有更多的精细管，也能够提供定型的、直频的程序。这样我们就能够创造出一些非常高级的软件。实际上软件服务器的核心也在为所有的雇员、客户以及公民提供数据库的重组。

对于硬件所完成的各种活动来说，软件都在其中扮演着越来越重要的角色，同时我们也看到装置本身的尺寸也在发生变化。电话一直是话音的装置，你可以用它浏览，用它做日历表，还可以做地图导引的服务，还可以有摄像机。你到一个商店里，看到了一个产品，可以把产品的条形码照下来，这个软件可以帮你分析，这个产品是不是一个很好的产品，它的价格如何。如果进商务旅店，你会拿出你的电话照相机，可以照下来这些人，也可以了解这些人都是什么样的背景，同时可以看到软件史的变化时越来越有效。就像 PC 一样，PC 也可以有各种用途，而且尺寸也越来越小。最早有平板电脑，就像是一页纸一样薄，我们可以把这些平板电脑的价格降到几百美元之下，也就是说所有的学生都可以从中受益，如果他们需要买纸的教科书的话，可以买这样的平板 PC，平板 PC 能够帮助他们上网，在网上能够看到不仅仅是一本教科书，而且可以搜索到所有相关的资料包括视频资料，也就是说互联网就像是一个博大的图书馆，能够为他们提供海量的信息。笔记本成了学生的工具也是一个媒介。通过这些媒介，可以获取到所有的信息，而新的尺寸实际上也能够使我们使用量在继续提高。所有这些革命特别是在应用方面的革命都是非常广泛的。

你可以想一下电话服务，在过去，电话和个人电脑、互联网是分割开的，但是有了小交换机之后，就发生了变化，你可以在Windows计算机的操作系统下使用软件，使它能够联网，而现在这个软件就可以使速度提高，可以用屏幕，回到办公室的时候，或看到未接电话的清单，对于你来说，在你有时间的时候回电话，可以来应答你想接的电话。可以让电话的体验比过去提高很多。

在过去，只能看到你只能打电话的这些人，但是现在有了这个软件之后，你可以了解你所要连接的这个人是什么状况，你可以和他进行随时随地的沟通，同时我们可以看到实现了数字化，对于任何一类的商务来说，无论是飞机票还是卖新闻的设备还是卖股票，所有这些活动都变化得数字化了，在过去如果你是一个公司，你用一种设备，你想卖这个设备，要想找到买家是非常复杂的。而现在放在数字市场中，很多的人会意识到这个产品，这个设备所具有的价值，通过数字的方式就比过去能够找到更多的客户。我们的确需要软件，需要有进步，需要网络更加安全。而软件在这方面变得非常地强有力，我们讲到税收记录、医疗记录，所有这些数字化的设计都会放在网络上，我们必须需要软件。软件能够让所有的装置互通，需要软件集成各种信息，这样就可以了解销售的趋势。同时也许你要改变什么事情的时候，能够迅速做到，同时软件行业在不断进步，在推出各种新的前所未有的应用。我们有了一个新的模型方面的方式，我们要实现过去不能实现的任务，我们需要软件能够适用于人们的工作，也通过软件满足自己的需求，同时我们可以看到在连接互联网方面的软件出现了爆炸式的增长和发展。

所有的这一切，都在发生，实际上在中国一本畅销书《世界是平的》，这本书讲到了中国经济的发展，这些都是与核心通信技术的发展分不开的，信息通信技术的发展推动通信走到了更高的层面，同时也看到，也相信，我们都在不同的领域使用软件，比如我见到了中国首席科学家，随着经济的发展，他们用很好的软件来发现各种现在使用系统的测定，同时需要新的软件来支持它。通过软件人们能够使自己的工具做得更好，在设计汽车、设计飞机的时候，我们所能够想到的所有事情都能够出现数字化的革命，而数字化的革命会使这一切和以前大不相同。

上述所讲到的这些，有很多部分都是和互联网有关的。以前都是以低速上网就是拨号上网，要花很长时间能够上网，而且速度非常慢。而今天我们想要获得更丰富的信息，包括视频的信息，我们需要高速的连接，这就使我们想到了宽带连接，宽带的价格一直是局限性的因素，但是现在竞争的价格逐渐降低，如果我们看一下未来的无线技术，可以看到微软正在构筑软件，在充分地利用这些优势，使宽带价格降低，特别是在世界，我们可以看到宽带的可用性仍然比较低，在任何国家都是这样。

我们可以看到，在美国和中国宽带的增长率是非常令人感到惊喜的，中国的宽带用户已经超过了美国的宽带用户。这是中国超过美国的很多项内容之一，美国需要迎头赶上。而中国一旦成为了世界上最大的市场，就会保持这样的位置，这是非常令人感到惊喜的事情。不仅在宽带方面，在移动电话方面，在运营商的数量发面，我们都看到中国发展得非常迅速。这些就使得中国的政府还有各个教育机构的工作也能够变得更加高效，同时中国的宽带普及率也在提高。现在80%的家庭都获得了网络的连接。我们现在已经可以使用宽带的服务。

我们也想到在工作和休闲的时候，生活方式的改变。比如说在看电视节目，有的时候你只看那些大众的流行的show，但是当电视节目上网之后，你可以看到你所感兴趣的节目，无论是体育节目，还是可以让孩子参与的那些节目。因为在你想要看节目的时候，都可以看到，因为电视节目也可以放在互联网上。所有各种show的节目也可以变得更加互动。而广告也会有所不同。因为广告会是针对你个人推出的广告，对于你来说更具吸引力，因为你对于广告商说，也更加具有价值。我们还看到人们在玩游戏的时候，也需要互相交流，互相谈判，所以用PC机及专用的机器实现互动的游戏。而工作本身也会发生改变，你可以通过数字摄像机还有电脑来制作文件，同时也可以把它传送给那些感兴趣的人。公司需要更好的培训，通过视频的方式，通过文本的方式，在网上提供培训。当我们想到信息的时候，想在信息海洋导航的时候，需要高速。

这里有一个简单的例子，你在调查雇员的时候，问他们工作日程的安排，他们经理是不是平均有效，可以通过网络定期地做员工调查，这样经理人也可以采用这些数字和工具，以一种非常直截了当的方式进行调查，能够提高工作效率。

中国是一个大的市场，同时它也是市场发展贡献的因素，实际上中国对整个市场的贡献是非常大的，我们对此感到非常的高兴。因为我们看到有成千上万的软件公司在这个市场上经营业务。而且它也创造了成百上千万的工作机会。这也会推动信息技术的发展。创新在这里也是发展非常迅速的。在这里要提到两个大学，北京大学和清华大学，还有其他的一些高校，他们也逐渐迈入世界领先的教育机构行列，我们也看到很多公司也由此受益，发展地非常迅速。

作为微软来说，我们承诺在计算机科学方面做我们的工作，而且我们和这些高校合作方面，也取得很大的成就。我们推动高科技，同时也在推动操作系统的设计，还有店面的设计。我们再提供一些世界一流的定义。很多人都已经具备了这种令人难以置信的设计能力。实际上很多人都到这样的大学里接受计算机科学的学习和教育。我们也可以看到，中国将成为必须贡献于这个市场发展的重要力量。这对于软件的发展也是非常重要的。微软对于过去取得的这些发展成就并不自满，我们将要继续加快我们的工作。我们在中国建立起了创新中心，软件公司可以到这里实验自己所开发的软件，我们在大连和长春和当地高校也在做这方面的合作。我们的重点也是放在那些新办的企业上。和联想共同合作，特别在移动性方面做了很多合作。因为在这个市场上，移动性变得非常重要。在过去的一年当中，所发送短消息的数字达到了140亿条，很多都是通过软件联系起来，他们做了很多令人难以置信的工作，对我们来说数字技术是可以让所有人都享受到的，可以培训教师，建立起一些专门的学校，还可以做各种计算。

我们对此是有承诺的，我们有专门的研发队伍和当地的大学进行合作。软件能够给人们带来惊喜，在这里会出现各种各样非常多的突破。我们能看到这些突破有很多是通过软件公司，软件公司是所有这些软件的核心，确实当我们想到你们到这里来，在这里所发挥的角色，多么让人们感到兴奋。谢谢！

像树的人生

俞敏洪在《赢在中国》的演讲

人的生活方式有两种方式，第一种方式是像草一样活着，你尽管活着，每年还在成长，但是你毕竟是一棵草，你吸收雨露阳光，但是长不大。人们可以踩过你，但是人们不会因为你的痛苦，而产生痛苦；人们不会因为你被踩了，而来怜悯你，因为人们本身就没有看到你。所以我们每一个人，都应该像树一样的成长，即使我们现在什么都不是，但是只要你有树的种子，即使被人踩到泥土中间，你依然能够吸收泥土的养分，自己成长起来。当你长成参天大树以后，遥远的地方，人们就能看到你；走近你，你能给人一片绿色。活着是美丽的风景，死了依然是栋梁之才，活着死了都有用。这就是我们每一个同学做人的标准和成长的标准。

生命的意义

俞敏洪在同济大学的演讲

同济大学的同学们大家晚上好！

其实人活着就挺好，至于生命有没有意义另当别论。活着每天都会有太阳升起来，每天都会看到太阳落下去。你就可以看到朝霞，看到晚霞，看到月亮升起和落下，看到满天的繁星，这就是活着的最美好的意义所在。

没想到同济大学的同学们把我如此“高大”的形象放在大屏幕上，这就是理想与现实的差距。所以我相信同学们看到我的第一眼一定感到非常的失望。实际上，每一个人都是非常普通的，我们很多时候会发现生命中非常重要的东西跟我们未来的幸福和成功其实没有太多的联系。比如，有人认为，相貌跟未来的成功会有很多的联系；有人认为，自己的家庭背景会跟成功有必然的联系；有人认为，上名牌大学的人会成功，在大学里成绩好的人比学习成绩差的人更加容易取得成功……所有这些因素可能有部分是对的，但大部分基本无效，比如说相貌。如果说一个人的相貌和成功有关，那就不会有马云和阿里巴巴，因为如果在座的同学认为马云长得好看，那一定是审美出了问题。

当然，这并不意味着相貌好看的人就做不成事情，比如说，另外一位大家比较熟悉的公司老总百度老总李彦宏。李彦宏非常英俊潇洒，他所有的照片看上去都像电影明星一样，但是他也取得了成功。所以不管相貌如何，都能取得成功，只不过李彦宏和马云坐在一起吃饭的时候，他们通常不太愿意坐在相邻的椅子上，因为两个人的对照到了惨不忍睹的地步，解决的方法就是把我放到他们两个中间，起到一个过渡的作用。像我这样，相貌没有什么特点的人也能取得成功。所以不管是男是女，最重要的是自己内心世界的丰富，自己风度和气质的培养，自己胸怀的扩展以及对理想目标坚定不移的追求。随着年龄的增加，这些会慢慢变成你的智慧，所有这一切才是构成你成功的真正的本质。那么成功和家庭背景有没有关系呢？我们常可以看到一些权贵富贵出身的人，他们一出生就含着金钥匙。比如，我们可能会看到，自己左边的一些同学穿着名牌服装，右边的拎着名牌的皮包，前面坐着市委书记的女儿，后面坐着中央领导的儿子，而你可能就是一个来自普通工人家庭的大学生。

有的时候你会心存不满，但这个世界本来就充满着不公平，而很多不公平常常就在你的眼前闪现。你会说，这个世界怎么会对我这样，为什么他什么都有，而我什么都没有？我在大学里也有过这种很正常的心理。比如，我的同学有部长的儿子、有大学教授的女儿，而我却是一个农民的儿子。3 次高考后才走进了北京大学，穿着布衣挑着扁担走进去的。你会发现你总赶不上他们的状态，倒不如说赶不上他们的脚步。你会发现即使他们停下来一辈子什么都不做，他们所拥有的东西都比你多。

比如，在大学一年级的时候，班上那个部长的孩子每周五都有开着奔驰 280 的司机把他接回去。你想我们那个时候连自行车都买不起，他居然坐着奔驰 280，那是一种什么样的感觉。你感到这辈子基本就完蛋了。但是同学们你们要记住一个真理，生命总是往前走的，我们要走一辈子。我们既不是只走过大学四年，或研究生，我们要走一辈子。可能走到 80、90 岁，虽然走到 80、90 岁时，人生到底怎么样你是不知道的，你唯一能做的就是要坚持走下去。所以我非常骄傲地从一个农民的儿子走到北大最后又走到了今天。我的心态很平衡，但其实我走了很远。当然，有的同学会说，你进了北大就已经很成功了。确实，北大增加了我很多成功的因素。比如，因为北大读书气氛很浓厚，所以我读了很多的书，思维变得很敏锐。

我们的人生必须像连绵不绝的山脉一样，像青藏高原一样的度过。总是有无数的险峰在眼前需要我们去征服，而一旦我们登上险峰后，生命中无限的风光就会展现出来，整个世界都尽收眼底。当然，攀登并不是一件容易的事情，你必须付出很多代价，但这种代价都是值得的。你爬到一座山头，如果要去另外一个山头，必须从底下开始重新攀爬，因为没有任何两个山头是连在一起的。

最精彩的人生是到老年的时候能够写出一部回忆录来，自己会因曾经经历过的生命而感动，会感动别人继续为生命的精彩而奋斗，这时候我才能说我的生命很充实。很多同学家境富裕，要买手机、电脑，父母都会满足你，你在得到的一瞬间会感到很快乐，但因为容易得到，所以容易失去。因为容易，所以不会珍惜。而生命中最美好的就是珍惜得到的东西，珍惜的前提必定是因为你得来不易。

后来我班级里很多同学都联系出国，我看了羡慕，想要追赶他们的步伐，所以也开始联系出国。整整 4 年，联系了无数的美国大学和专业，没有一个美国大学给我奖学金。尽管拿到了几张录取通知书，但去美国大使馆签证，每次都拒签。当然，现在我的签证除了伊拉克的没有，其他国家几乎都有了。现在美国给我的签证是 10 年多次往返商务签证。因为新东方是在美国上市的，他必须允许我任何一天随时随地都能进入美国。所以当我儿时的朋友到现在还在面向黄河，这辈子还没有走出过我们镇的时候，我已经走遍了世界各地。大家想，在徐霞客、苏轼那个没有任何交通工具的时代，都能游遍山水，写下许多让我们感动和动人的文字，而在我们这个科技兴盛的时代，如果没有在世界上留下一些的文字和足迹，你怎么对得起自己。

有的同学说，俞老师因为你现在有钱了所以可以这么做。坦率地说，以前我没钱我也会这样做。因为小时候我最崇拜的人物就是徐霞客，因为他是我的老乡，住在我家隔壁。只不过他是 400 年前住在我家隔壁，要知道地方上的名人对地方上少年的影响是非常巨大的。有次，我坐在长江边上看日出日落，我就在想徐霞客怎么能走那么远呢？所以也会向往这辈子我是否能跟他走的一样远。

正是因为有这样一个榜样在，我才会发现高考一次、两次我都不绝望，因为我知道走出农村边界的唯一办法就是考上大学。我想把农村户口变成城市户口，因为当时城市户口是可以到处走的。尽管我平时很平和，但心中总是有一种愿望，叫做穿越地平线走向远方的渴望，就是看到眼前的地平线我总是不满足的，我总是希望翻开地平线看看另一边到底是什么样的。

大家都知道，只要你不断地超越地平线一定会有很多的风景在你眼前展示出来。这跟你有没有钱没关系。而我曾怀揣 100 元人民币，走到了泰山，走到了黄山，走到了九华山，走到了庐山。我一边走一边帮人家干活，走到九华山发现没钱了，就睡到一个农民家里。那个农民在江边给我弄了个床，还找我要钱，而我口袋里只有 5 块钱。于是，我就说帮他一起插秧来抵消住宿费。他左看右看说，大学生怎么会插秧呢？结果插了一天我插了四分之三，而他只插了四分之一，把他感动得半死不活。他说，你怎么会插得那么快呢？我说，我 14 岁那年就获得过我们县的插秧冠军。然后，他晚上杀了一只鸡要我一起喝酒。他越聊越觉得我不像大学生更像农民。第二天我走的时候，他居然掏了10块钱给我说，我知道你口袋里没钱了，明天还要去庐山，这点钱就给你当路费。

生命是有各种活法的，但是哪怕你坐到书斋中间，一辈子也要让自己的生命变得伟大。陈景润一辈子没出过书斋，不也是世界上最伟大的数学家？所以不管在什么状态下也要像一首诗写的那样“相信未来，热爱生命”。所以只有当我们的生命有了期待以后，才会有进步。有的时候，我们选择前进，不是因为我们有多么坚强。有这么一句话让我很感动，也变成了我的座右铭：“坚持下去不是因为我很坚强，而是因为我别无选择。”新东方有一个运动，叫作徒步50公里。任何一个新东方新入职的老师和员工都必须徒步50公里，而未来的每一年也都要徒步50公里。很多人从来没走过那么远的路，一般走到10公里就走不动了，尤其是要爬山涉水地走。每次我都会带着新东方员工走，走到一半的时候会有人想退缩，我说不行，你可以不走，但是把辞职报告先递上来。当走到25公里的时候你只有3个选择，第一，继续往前走；第二，往后退；但当你走到一半的时候，你往后退也是25公里，还不如坚持往前走呢；第三，站在原地不动。而在人生旅途中停止不前还有什么希望呢？

我们人生有很多迷茫和痛苦，而只要你坚持往前走，痛苦往往会解决掉。在走的过程中，我也痛苦得流过泪，也曾经痛苦得嚎啕大哭过，但我知道真的坚持下去不是因为你坚强而是因为你别无选择。走到最后你会发现总会有成果。我没想到新东方能从培训13个学生，现在变成培训175万学生。其实所有这一切你都不一定要去想，只要坚持往前走就行了。

我们生命中总要去追寻一种经历，有的时候我们觉得人连条鱼都不如，因为我在加拿大的时候，我看过加拿大三文鱼回流，每次它回流产卵的时候，我总会发现生命极其壮观，鱼卵产在沙子里会被其他动物吃掉很多。第二年春天的时候剩下的鱼卵会变成小鱼，小鱼会顺流而下，流到湖里，而在湖里又会被其他鱼类吃掉一些。一年后，长大的鱼会顺着大河奔入海洋，然后绕太平洋一周，每四年一个循环。如果三文鱼就在海洋中待着不回到湖里产卵，它就不会死，但它是受到内心的召唤集中在河口开始往前游，一旦游进河的时候就再也不吃任何东西拼命地往前游，然后游到目的地开始配对产卵，产好后就双双死亡。你会看到成千上万的红色死鱼漂在河上，而老鹰和黑熊就在边上等着。

我看了后特别感动，一条小小的三文鱼也知道，生的使命是不能放弃。那我们人生的使命呢，比如父母为我们献出了青春财富，把你养育成人。而我们未来变成父母后也是一样。我们孩子的成长就是你的使命，而我们其他的使命感，如何让自己活得更加幸福，如何帮助别人，让这个社会变得更加有意义。为什么宗教人士会活得相对简单，因为他们灌输了一种使命感。而连一条鱼都经历了小溪流、湖泊、大海，它尝到了淡水的清香和海水的苦涩，完成了生命的周期。如果我们这一辈子都没有苦涩，没有幸福和甜美，那生命是很遗憾的。

而你现在的状况并不决定于你的未来，我在北大的时候受到的打击比较多，首先是身份上的悬殊，确实我是穿着大补丁走进校园的，我们体育老师上课从来不叫我的名字的，都是叫那个大补丁来做个动作。因为我在农村锻炼过，跳跃性动作做得蛮好看，所以我常常被叫出来做演示。

开学第一天晚上，全班开班会，我起来讲了一句话。现在新东方的王强老师是我们班级的班长，站起来跟我说你能不能不讲日语。因为我一直在农村上学，所以我们的语文老师从来没用普通话给我们上过课，我当时根本不知道普通话该怎么说。北大当时按照英语成绩分班，我当时因为高考英语考得蛮好所以被分到了A班，其实我的听说水平并不好，所以到了A班一个月以后就被贬到了C班，而C班主要是针对那些语音语调及听力障碍的同学。等后来，我发现我和同学的智商真的有差距，我的那些同学平时看他们学习也并不怎么认真怎么一到期末考试就能考出好成绩，我每天学习时间都要比他们多两三个小时，但每次期末考试都在全班倒数几名。这让我的心情非常郁闷。

当时，我们班50个同学，25个男生25个女生。一开始我听完这个数字就特别兴奋，但是没想到我们班的女生没一个正眼瞧我一眼的。到了2001年的时候我们全班同学聚会，大家从世界各地赶回来。蓦然回首，大家突然发现班上那个挺没出息的，普通话也讲不好的，默默无闻的那个人怎么就成了全班最出色的了。这个时候女同学们都热情地走上来握住我的手，后悔当初没下手。

所以后来大学女生问我，俞老师我们现在找男朋友要什么标准，我说很简单，参考我的长相。当然如果长得像我，那是绝对不能放过的。凡是长得比我难看的也不要放过，因为这个世界上的规律就是，越难看的人内涵越丰富。

大三的时候我最喜欢读的是《红楼梦》，而且刚好读到林黛玉咳嗽而死的那一章。结果发现自己也在吐血。到医院，医生一查说得了肺结核立刻关起来，一关就是一年。我跟医生说像我这样的小伙子怎么会得肺结核呢？医生让我讲讲现状。我说，您看我学习特别刻苦，可成绩就是上不去，班里没有一个女孩子喜欢我。他说，这种情况不得肺结核是完全不可能的。

但这个病也给我带来了心态上的调整，因为我在大学一二年级，想要追赶我的同学就是我的精神支柱。但是到了三年级，病了一年后我完全改变了，我觉得活着就挺好。然后我就给自己订了一个最低标准，至少保证大学毕业拿到毕业证书，最后国家给我分配一份工作就挺好。虽然我并没有放弃努力，结果反而获得一个更加开阔的心胸。所以，到现在为止我学会了永远不要去比，因为总有比你更加优秀的，也总有比你更加落后的。

这个世界上最正确的是跟自己比，想一想今天是不是比昨天进步了一点，想一想明年是不是比今年更加好一点。想一想，10年以后的你是不是比今年的你要更加出色。这样的心态一直保持到我大学毕业。

大学毕业的时候，每个人都要上去讲一段话，比如后半辈子怎么过，我就上去讲了这么一段话：我说，同学们大家都很厉害，我追了大家5年没追上，但是请大家记住了，以后扮演一个骆驼的同学肯定不会放弃自己，你们5年干成的事情我干10年，你们10年干成的事情我干20年，你们20年干成的事情我干40年，实在不行我会保持心情愉快身体健康，到了80岁后把你们一个个送走了我再走。这是我个人保持到现在的人生态度，而我认为这种人生态度对我来说非常有效。

有人问我，如果新东方没了怎么办？其实新东方早晚会没的，因为它已经是一个商业化运作的教育机构。大家想一想，前些天我们看到的一个消息，GE公司是美国的标志，不照样濒临破产了吗？新东方可能以后也会这样，变成历史的痕迹。但是我想，即使新东方没有了我依然很成功，因为我的心态很成功。我追求生命的那种向往和穿越地平线的渴望不会改变。我认为，新东方给我的是一种精神，一种力量，而不是新东方本身给我带来多少钱，当然如果新东方给我更多的钱，我也愿意要，不要钱才是傻瓜呢。但更重要的是，有了钱能否做出一些更加有意义的事情来。比如说我现在一直都想做一个小小的私立大学，可能我无法做到像同济大学那么大，但做到它的十分之一总是可以的吧？我在北京已经买了一块地，正在建大学校区，造完后它就跟新东方的上市公司脱钩了，变成一个非营利性的大学校园，那它可能就变成了你做的另外一件事情。

如何把自己的生命变得更充实是最重要的事情，所以说，哪天新东方不存在了是非常正常的。如果新东方没了，我照样会过来跟大家做讲座，而且心情会更加的开朗。因为没有繁琐的事情了。我只要换个题目就行了，今天叫“度过有意义的生命”，下次我改成“我是如何把新东方做没了的”。

而在大学中，我们要做的几件事情就是：第一，把自己的知识结构打造完整；第二，就是要在大学里尽可能地多交朋友，因为你终身的朋友、合作者一定来自于你的大学；第三，如果有可能的话，在大学里谈一场比较专一的恋爱，因为回顾我北大的生活一片灰色。我想为什么会是灰色呢？其实，不是因为成绩不好，而是因为在大学5年我从来没有过花前月下的时光。所以一直成了我大学时代的遗憾。去年北京大学让我给所有北大新生做开学典礼的时候，我给他们强调一句，什么都不重要，重要的是谈恋爱，而且谈恋爱也不用害怕失败，因为自杀也自杀不了，未名湖就那么浅，跳下去还能爬起来；第四，就是为未来的工作做好打算。未来的工作跟你有多少朋友、跟你的专业知识学的多少是相关的。好好掌握你的专业，再差的专业也一定有人用，只要你学得好。

我有一个朋友学的是越南语，越南语的确很少用，但所有的中央领导去越南都要找他，因为他是一流的越南语同声翻译专家。我还有一个大学同学研究蒋介石，研究了10年，穷困潦倒。但后来他去美国做了一个报告，美国方面帮他召开了一个中国现代史人物研讨会，他在报告上讲了自己的研究经过，结果下面一个老教授热泪盈眶。下来后一问，这个老教授也在美国研究了30年蒋介石，孤苦伶仃，就是找不到另一个研究蒋介石的，没想到有个“傻瓜”也在研究蒋介石。于是5万美元一年，让我同学跟着他在美国读研究生，然后读了四年的博士生。读完以后老头退休，他就变成了那个学校的教授。我去看他的时候，他已经在纽约买了套小房子，买了辆车娶了个老婆养了条狗。当时他跟我说，俞敏洪你看现在这一切都是蒋介石“给”我的。

我想用这个例子来说明什么呢？就是研究什么不重要，重要的是只要你真的喜欢就去做，然后就会有人用你。反过来，如果你觉得这个专业你不太喜欢，但很适合我找工作，这要不要学？当然要学。我就是这样一个状态，我从来没喜欢过英语，当初考英语只是因为数学不行。不喜欢英语是因为我的模仿能力不强。像我的班长王强，能够把任何话都模仿得惟妙惟肖。我普通话练了一年，才练成大家能听懂的样子。我老婆是天津人，跟我一吵架就用天津话骂我，但是我到现在为止只会说一句天津话。就是当她拿起棍子打我的时候，我向她大吼一声，“干嘛”(天津话)。

但是后来我发现英语成了我生命中的工具，因为英语，我在北大当了老师。其实当初留北大并不是成绩好，而是当时正好四六级考试，北大各个系的同学都要学两年英语，结果北大急缺老师。而一些优秀的毕业生都去了外交部、经贸部，工资又高。后来我们系主任急了说，最后5名给我留下来。留下来的5个人现在都变成博士生导师了，可见现在北大教育质量如何。当然这是句玩笑话，他们后来也经过自己的努力，经历了很多次考试成了很优秀的教师。

在登山的时候，你会在乎登山杖你喜欢不喜欢吗？不会，你只会在乎能否帮你登上山顶。那么英语就是我的登山杖，尽管我不是特别的喜欢，但我知道我要想攀上更高的人生的山峰就必须需要这个登山杖。我本来想把自己变成中国英语专家前100位的，后来发现一点戏都没有，因为中国留学生归来的越来越多了，有的在国外待了10年、20年，回来了怎么看英语水平都比我高。那我只能缩小范围，想变成英语语法专家。后来发现背单词不用动脑筋，所以就开始拼命地背单词，结果变成了中国还算不错的词汇专家。

除了学专业外，同学们要在大学里多读书。新东方人读书都非常多。读书多，就意味着眼界更加的开阔，更加会思考问题，更具有创新精神。新东方流传一句话叫做“底蕴的厚度决定事业的高度”。底蕴的厚度主要来自于两方面，第一多读书，读了大量的书你的知识结构自然就会完整，就会产生智慧；第二就是多人生经历。把人生经历的智慧和读书的智慧结合起来就会变成真正的大智慧，就会变成你未来创造事业的无穷无尽的源泉和工具。

比如，新东方招聘重要岗位的人才都是我面试。我只有几个问题，第一你大学读了多少本书，如果你说只读了几十本书，那肯定我不会要你。我心中的最低标准是200本书，而我在大学里读了800本书。新东方还有更红火的王强老师，在大学里读了1200本书，平均每天一本。有的人会问我，读过了忘了跟没读过有什么区别呢？其实完全不一样。就像你谈恋爱，一个谈过恋爱后又变成光棍汉的人和一个光棍汉相比是有自信的。因为当他看到别人在谈恋爱的时候，他会在旁边“嘿嘿，想当初老子也是谈过恋爱的嘛”。实在不行来不及读，你可以到书店看着那些书，记着那些名字用手摸一下，这样也能增加一点人文气质。

我有一个理念，人活着要过一种诗意的生活，我们有多少时候是停下来看看月亮的，在假期去内蒙古看一下漫天的繁星的，有多少同学看着朝霞和晚霞时心中感受过生命的涌动的。当然也要身体力行。大学时候，有一个非常著名的诗人叫海子，写了著名的诗句“面朝大海，春暖花开”，但非常可惜的是他没能抵抗现实社会的压力，卧轨自杀了。所以我们说一个人不能只在语言上表达诗意，还要在现实中去表达诗意。所以你必须克服现实中的障碍和挫折。有首诗叫“大漠孤烟直，长河落日圆”。我对“长河落日圆”有非常深刻的感觉，但对“大漠孤烟直”却没有什么概念。所以，进入北大校门之后第一件事情就是走向沙漠，走向戈壁滩，走向大草原。而到今天为止，这些地方成了我的精神家园。如果生命中一有过不去的事情，我就去蒙古草原上跟牧民一起骑马。牧民曾经说过，在汉人当中从来没看到像你那样不要命的。

回过来讲诗意的生活，在大学里打游戏上MSN不叫诗意的生活，而在一张床上拿着书一边看书然后慢慢地睡着那就是一种诗意。要关注时事政治，要把握一些世界大事。这种能力将在你日后创业的过程中起到很大的作用。另外就是要尽可能地多交朋友，交朋友首先你要做个好人，你要做一个让人放心的人。在中国企业界就是这样的状态，如果你是个好心的人，在困难的时候一定会有人帮助。比如，蒙牛的牛根生大家都听说过，他为人处世很实在。所以蒙牛出事后，他需要资金，只需要打个电话我们就会把钱汇过去。而为什么连合同都不签我们就给他，道理很简单，信任。

我也碰到过这样的情况，2003年的时候遇到SARS，我们马上给学生退学费，新东方的流动资金一下子退光了。而当时我算下来，账上还缺2000万。于是我分别给两个朋友打了电话，一人一千万当天晚上就搞定了。所以，你变成一个让别人相信的人，比做一个让别人防着你的人，得到的好处要多得多。而建立这种信任，要做到以下几个要素：要以别人为中心不要以自己为中心；要有服务精神。

当时我那些大学同学觉得我没出息，但为什么会回来跟我创业呢？这跟我大学里的行为有关。我大学里是个学习不好但挺喜欢帮别人的人。我们宿舍当时从来不排值日生，因为地全是我扫的。还有就是宿舍的水也基本都是我打，而他们之所以后来放弃国外优秀的条件来和我一起创业还是跟我当时宿舍打水有关系。若干年后，我去找那些大学同学回来，他们说连你那么没出息的人在中国都赚钱了那我们回来还了得？第二个理由是，我们知道你是个特别好的人，你有饭吃不会给我们喝粥，你有粥喝不会让我们饿死，所以就回来了。所以在大学毕业连一个朋友都没有的人，这辈子想成功几乎是不可能的。

还有在大学里要交几个真正能帮助你的人，比如：心胸比你开阔，眼光比你敏锐。我在大学里交的就是这样的朋友，做人就要跟着牛人跑。比如，王强老师有天才的一面，而这些是我学不到。他喜欢读书，他一进大学就会把生活费一分为二，一份用来买书，一份用来买饭票，饭票吃完了决不用买书的钱，他宁可偷别人的饭票，我觉得这个习惯很好，我也一分为二，饭票吃完了我就偷他的。每到周末我们就去买书，我不知道买什么书，所以他买什么我跟着买什么，他被我弄烦了说你能不能不跟着我，我说你是我的班长有责任帮助落后同学。其实我知道他想把我赶走，因为当时他是我们班女生追求的对象，如果我不跟着他他就会带女生出去买书，我当时就看穿了他这个阴谋。到现在为止我的读书老师就是王强，他的藏书接近6万本，他每当看到有好的便宜的书就会帮我买，贵的会发个消息让我自己买。

到现在为止我都要不断地读书。因为每当聚会，他们谈起好书的时候，一旦我没读过就会被他们说“你大学时候不用功，怎么现在还是这样。”所以，我们的读书氛围之所以非常的浓厚，最重要的原因就是王强，而你非常需要这样的朋友。还有就是徐小平老师。大学里我觉得这个老师很好，很想认识。一个礼拜后我买了支小钢笔送给他，敲开他家的门，他问我，你是谁。我说，我是你的学生，听了你的课后很感动，所以想跟你交个朋友，这是我带给你的小礼物。徐小平一看我手中拿着礼物就让我进去了，进了他家的门发现有一大群年轻老师在那。原来他有个习惯，一到周五晚上都会招一批老师来他家聊天。我当然很想听，问我能不能留下来听，他说不行啊，我们聊的都是些男男女女的问题，像你这样的纯情少年会被污染的。幸亏我反应快说，徐老师我在这方面刚好需要启蒙教育。机会总是自己发现的。我发现没有人给他们烧水，于是，我就帮他们烧水煮方便面。连续去了4个礼拜，到了第5个礼拜我不去了。为什么不去，不是因为我烦了，而是我觉得一个人在该显示重要性的时候一定要显示出来。果然徐小平一个电话过来说，你这个兔崽子怎么还不过来。我知道，不是我离不开他们而是他们离不开我了。从此，在一年的时间里，我不停听他们聊天，等到我办新东方的时候，我去的第一家就是徐小平家。我跟他说新东方不缺英语老师，但缺有思想的人物，所以希望你回去管理新东方的思想。所以在大学里要做的另外一件事情就是一定要交朋友，让自己变成一个别人信赖的人。而如果能谈一场恋爱还是很不错的。但谈恋爱有一个非常重要的前提条件就是要一心一意地爱。所谓一心一意的爱不是说，大学里只能谈一次恋爱，而是说一次只能谈一个。要爱到一个什么程度呢？要有这样的一个感觉，“为什么我的眼睛充满泪水？是因为我爱你爱得深沉”。

第二个要素就是当你真的爱上一个人后，要以恰当的方式告诉他你爱他而不能只放在心里。我在大学就吃亏在爱上不少女孩子，但只放在心里，怕被别人拒绝。但其实人的追求最好还是表现出来，就算被一个女孩子拒绝了，她回家一定会在日记上写上，“今天又有一个男孩追我咯”。有一年去美国，跟一个以前班里很喜欢的女孩一起吃饭，她和她老公跟我一起吃饭。吃饭的时候我跟她说，其实我在大学对你特别有好感。她当时一拍大腿说当时你为什么不告诉我呢？

第三条就是谈的要大度，所谓的大度就是说当另一个人爱上其他人的时候一定要大度地对他说，你的幸福就是我的幸福，你的快乐就是我的快乐。我始终觉得人在世界上总是有缘分的，如果大学没有人爱你，在你以后的人生中总是会有人爱你，等你一起牵手走向今后的旅程。

我是一个特别热爱生命的人。我走路连蚂蚁都不敢踩，我想踩死那只公蚂蚁那只母蚂蚁怎么办。我吃鱼都不敢吃，我想吃了那条母鱼那公鱼该多痛苦啊，所以我一般不吃鱼要吃吃两条。当然，大学的恋爱是一个过程，不管研究生还是本科生，毕业以后真结婚的比恋爱要少得多。比如我们班十几对谈恋爱，大学毕业后结婚了三对，两年后离婚了两对。现在还剩下一对，这一对就是王强老师和他的夫人，我大学的同班同学。他们两人现在还过着幸福的生活。

那么如果对大学的爱情有不满的也没有关系，看看我就行了。很多人都以为我不正常了，但是我还是照样地结婚了，照样找到心爱的人，照样生孩子，也有了比较美好的家庭。总而言之，生活就是这样美好的往前走。有平凡，有激动，有漫漫长夜，也有美丽的日子，这就是我们的生活。

还有就是工作问题。工作问题是一个比较简单的问题。我相信同济大学的同学在找工作的时候都不会有太大的困难，但是有同学问我要不要创业。人生一辈子不创一次业一定是一件非常糟糕的事情。人一辈子总是要为自己干件事情，创业就是为自己干的事情。一份工作大家一起干，但是你并不一定大学毕业就要创业。为什么呢？因为创业需要经验和许多前提条件。

第一，你的专业知识能在你创业中的运用；第二，你有能和同学朋友相处并且有分配利益关系的能力；第三，你要有对付中国社会如此复杂局面的能力；第四，你要有基本的商业操作原则或者商业运作知识；第五，自己要是个具有领导力的人；第六，你要有自己领域的运作知识和专业知识。

比如，你想搞个培训学校，那你的运作知识从什么地方来呢？这个运作知识需要你通过观察别人怎么做得来的。如果当初我直接从北大出来就做新东方，那我是永远做不成的。我做新东方有两个前提条件。第一个，我在北大做了六年老师，所以做老师做得不错。还有第二个前提条件，我做新东方以前，我在另外一家培训机构干了近三年，我就在观察它是怎么做的。我碰到许多大学创业失败的人。我说你们怎么不创业了？他们说，同学之间只要一碰到利益关系，互相全是“狗屁”。是不是这样？是的，但是你会处理了就不是“狗屁”了。我和新东方这帮朋友也有利益关系，但是我不就处理好了吗？所以说现在关键是考虑有没有这样的本领。要创业但是我鼓励同学们先去某一个行业至少观察一到两年，最好是三到四年，慢慢积累自己的才能，自己也慢慢变得成熟，个性也慢慢变得稳定，最后再创业这样失败的机会也少了很多。

创业有两种状态，第一种就是从零做起，我自己就是从零做起，马云也是从零做起。第二种创业就像杨元庆，也算创业，杨元庆是接柳传志的班最后变成了联想老总。美国著名的管理学家、企业家杰特威尔逊，他也是从一个普通工人做起，做了20年变成公司的老总；在公司老总的位置上干了20年把公司变成了全世界最大的公司。这也是创业，不一定是自己干。

有学生问，俞老师，我怎么把一个培训机构和你干得一样大？很简单先到新东方来打扫卫生，如果你把卫生打扫得非常干净，那么我把你提升为卫生部长，如果你卫生部长干得好你就变成新东方后勤主任，等到你变成新东方后勤主任的时候，我就把你送到哈佛大学去学习了，学习完了回来我就把后勤行政全部交给你，你就变成后勤行政总裁。第几位？第二位。我“一翘辫子”你就是总裁了对不对？所以我们的成熟是慢慢来的，就像一棵树长大也是慢慢长大，哪有一下子就能变成自己创业成功的人？虽然这种人还是有的，但也是少数。我是32岁创业的，32岁才有了新东方。所以不要着急，人一辈子做多大的事都无所谓。

还是我的老话：把生命活得精彩一点。我的比喻就是大树与小草的比喻，还有另外一个比喻：人的生活就像溪流一样，总有一个梦想——流进大海。有的人这一辈子没有流向大海，这条河就是不完整的。长江流向大海，黄河流向大海，但长江、黄河以自己不同的方式流向大海。长江开山劈石穿过大山流向大海，黄河没有开山劈石，结果绕过九曲十八弯。但是不管怎么样，生命再弯最后目标不变。我们唯一要记住的就是要像黄河、长江一样不断地向前流，但是不能变成黄河、长江里面的泥沙，最后自己沉淀下去，把生命给沉淀没了。总而言之，生命的精彩只靠自己不靠别人。从来没有什么救世主，想要活得精彩、幸福，只能靠我们身边的每一个朋友的共同努力！

伟大的人生

俞敏洪在北京大学2008年开学典礼上的演讲词

各位同学、各位领导：

大家上午好！(掌声)非常高兴许校长给我这么崇高的荣誉，谈一谈我在北大的体会。(掌声)

可以说，北大是改变了我一生的地方，是提升了我自己的地方，使我从一个农村孩子最后走向了世界的地方。毫不夸张地说，没有北大，肯定就没有我的今天。北大给我留下了一连串美好的回忆，大概也留下了一连串的痛苦。正是在美好和痛苦中间，在挫折、挣扎和进步中间，最后找到了自我，开始为自己、为家庭、为社会能做一点事情。学生生活是非常美好的，有很多美好的回忆。我还记得我们班有一个男生，每天都在女生的宿舍楼下拉小提琴，(笑声)希望能够引起女生的注意，结果后来被女生扔了水瓶子。我还记得我自己为了吸引女生的注意，每到寒假和暑假都帮着女生扛包。(笑声、掌声)后来我发现那个女生有男朋友，(笑声)我就问她为什么还要让我扛包，她说为了让男朋友休息一下(笑声、掌声)。我也记得刚进北大的时候我不会讲普通话，全班同学第一次开班会的时候互相介绍，我站起来自我介绍了一番，结果我们的班长站起来跟我说："俞敏洪你能不能不讲日语？"(笑声)我后来用了整整一年时间，拿着收音机在北大的树林中模仿广播台的播音，但是到今天普通话还依然讲得不好。

人的进步可能是一辈子的事情。在北大是我们生活的一个开始，而不是结束。有很多事情特别让人感动。比如说，我们很有幸见过朱光潜教授。在他最后的日子里，是我们班的同学每天轮流推着轮椅在北大里陪他一起散步。(掌声)每当我推着轮椅的时候，我心中就充满了对朱光潜教授的崇拜，一种神圣感油然而生。所以，我在大学看书最多的领域是美学。因为他写了一本《西方美学史》，是我进大学以后读的第二本书。为什么是第二本呢？因为第一本是这样来的，我进北大以后走进宿舍，我有个同学已经在宿舍。那个同学躺在床上看一本书，叫做《第三帝国的兴亡》。所以我就问了他一句话，我说："在大学还要读这种书吗？"他把书从眼睛上拿开，看了我一眼，没理我，继续读他的书。这一眼一直留在我心中。我知道进了北大不仅仅是来学专业的，还要读大量大量的书，你才能够有资格把自己叫做北大的学生。(掌声)所以我在北大读的第一本书就是《第三帝国的兴亡》，而且读了三遍。后来我就去找这个同学，我说："咱们聊聊《第三帝国的兴亡》。"他说："我已经忘了。"(笑声)我也记得我的导师李赋宁教授，原来是北大英语系的主任，他给我们上《新概念英语》第四册的时候，每次都把板书写得非常的完整，非常的美丽。永远都是从黑板的左上角写起，等到下课铃响起的时候，刚好写到右下角结束。(掌声)我还记得我的英国文学史的老师罗经国教授，我在北大最后一年由于心情不好，导致考试不及格。我找到罗教授说："这门课如果我不及格就毕不了业。"罗教授说："我可以给你一个及格的分数，但是请你记住了，未来你一定要做出值得我给你分数的事业。"

(掌声)所以，北大老师的宽容、学识、奔放、自由，让我们真正能够成为北大的学生，真正能够得到北大的精神。当我听说许智宏校长对学生唱《隐形的翅膀》的时候，我打开视频，感动得热泪盈眶。因为我觉得北大的校长就应该是这样的。(掌声)

我记得自己在北大的时候有很多的苦闷。一是普通话不好，第二英语水平一塌糊涂。尽管我高考经过三年的努力考到了北大——因为我落榜了两次，最后一次很意外地考进了北大。我从来没有想过北大是我能够上学的地方，她是我心中一块圣地，觉得永远够不着。但是那一年，第三年考试时我的高考分数超过了北大录取分数线七分，我终于下定决心咬牙切齿填了“北京大学”四个字。我知道一定会有很多人比我分数高，我认为自己是不会被录取的。没想到北大的招生老师非常富有眼光，料到了三十年后我的今天。(掌声)但是实际上我的英语水平很差，在农村既不会听也不会说，只会背语法和单词。我们班分班的时候，五十个同学分成三个班，因为我的英语考试分数不错，就被分到了A班，但是一个月以后，我就被调到了C班。C班叫做“语音语调及听力障碍班”。(笑声)我也记得自己进北大以前连《红楼梦》都没有读过，所以看到同学们一本一本书在读，我拼命地追赶。结果我在大学差不多读了八百多本书，用了五年时间(掌声)。但是依然没有赶超上我那些同学。我记得我的班长王强是一个书癖，现在他也在新东方，是新东方教育研究院的院长。他每次买书我就跟着他去，当时北大给我们每个月发二十多块钱生活费，王强有个癖好就是把生活费一分为二，一半用来买书，一半用来买饭菜票。买书的钱绝不动用来买饭票。如果他没有饭菜票了就到处借，借不到就到处偷。(笑声)后来我发现他这个习惯很好，我也把我的生活费一分为二，一半用来买书，一半用来买饭菜票，饭票吃完了我就偷他的。(笑声掌声)

毫不夸张地说，我们班的同学当时在北大，真是属于读书最多的班之一。而且我们班当时非常的活跃，光诗人就出了好几个。后来挺有名的一个诗人叫西川，真名叫刘军，就是我们班的。(掌声)我还记得我们班开风气之先，当时是北大的优秀集体，但是有一个晚上大家玩得高兴了，结果跳起了贴面舞，第二个礼拜被教育部通报批评了。那个时候跳舞是必须跳得很正规的，男女生稍微靠近一点就认为违反风纪。所以你们现在比我们当初要更加幸福一点。不光可以跳舞，而且可以手拉手地在校园里面走，我们如果当时男女生手拉手在校园里面走，一定会被扔到未名湖里，所以一般都是晚上十二点以后再在校园里面走。(笑声掌声)

我也记得我们班五十个同学，刚好是二十五个男生二十五个女生，我听到这个比例以后当时就非常的兴奋(笑声)，我觉得大家就应该是一个配一个。没想到女生们都看上了那些外表英俊潇洒、风流倜傥的男生。像我这样外表不怎么样，内心充满丰富感情、未来有巨大发展潜力的，女生一般都看不上。(笑声掌声)

我记得我奋斗了整整两年希望能在成绩上赶上我的同学，但是就像刚才吕植老师说的，你尽管在中学高考可能考得很好，是第一名，但是北大精英人才太多了，你的前后左右可能都是智商极高的同学，也是各个省的状元或者说第二名。所以，在北大追赶同学是一个非常艰苦的过程，尽管我每天几乎都要比别的同学多学一两个小时，但是到了大学二年级结束的时候我的成绩依然排在班内最后几名。非常勤奋又非常郁闷，也没有女生来爱我安慰我。(笑声)这导致的结果是，我在大学三年级的时候得了一场重病，这个病叫做传染侵润性肺结核。当时我就晕了，因为当时我正在读《红楼梦》，正好读到林黛玉因为肺结核吐血而亡的那一章，(笑声)我还以为我的生命从此结束，后来北大医院的医生告诉我现在这种病能够治好，但是需要在医院里住一年。我在医院里住了一年，苦闷了一年，读了很多书，也写了六百多首诗歌，可惜一首诗歌都没有出版过。从此以后我就跟写诗结上了缘，但是我这个人有丰富的情感，但是没有优美的文笔，所以终于没有成为诗人。后来我感到非常的庆幸，因为我发现真正成为诗人的人后来都出事了。我们跟当时还不太出名的诗人海子在一起写过诗。后来他写过一首优美的诗歌，叫做《面朝大海，春暖花开》，我们每一个同学大概都能背。后来当我听说他卧轨自杀的时候，嚎啕大哭了整整一天。从此以后，我放下笔，再也不写诗了。(掌声)

记得我在北大的时候，到大学四年级毕业时，我的成绩依然排在全班最后几名。但是，当时我已经有了一个良好的心态。我知道我在聪明上比不过我的同学，但是我有一种能力，就是持续不断的努力。所以在我们班的毕业典礼上我说了这么一段话，到现在我的同学还能记得，我说："大家都获得了优异的成绩，我是我们班的落后同学。但是我想让同学们放心，我决不放弃。你们五年干成的事情我干十年，你们十年干成的我干二十年，你们二十年干成的我干四十年。"(掌声)我对他们说："如果实在不行，我会保持心情愉快、身体健康，到八十岁以后把你们送走了我再走。"(笑声掌声)

有一个故事说，能够到达金字塔顶端的只有两种动物，一是雄鹰，靠自己的天赋和翅膀飞了上去。我们这儿有很多雄鹰式的人物，很多同学学习不需要太努力就能达到高峰。很多同学后来可能很轻松地就能在北大毕业以后进入哈佛、耶鲁、牛津、剑桥这样的名牌大学继续深造。有很多同学身上充满了天赋，不需要学习就有这样的才能，比如说我刚才提到的我的班长王强，他的模仿能力就是超群的，到任何一个地方，听任何一句话，听一遍模仿出来的绝对不会两样。所以他在北大广播站当播音员当了整整四年。我每天听着他的声音，心头咬牙切齿充满仇恨。(笑声)所以，有天赋的人就像雄鹰。但是，大家也都知道，有另外一种动物，也到了金字塔的顶端，那就是蜗牛。蜗牛肯定只能是爬上去。从低下爬到上面可能要一个月、两个月，甚至一年、两年。在金字塔顶端，人们确实找到了蜗牛的痕迹。我相信蜗牛绝对不会一帆风顺地爬上去，一定会掉下来、再爬、掉下来、再爬。但是，同学们所要知道的是，蜗牛只要爬到金字塔顶端，它眼中所看到的世界，它收获的成就，跟雄鹰是一模一样的。(掌声)所以，也许我们在座的同学有的是雄鹰，有的是蜗牛。我在北大的时候，包括到今天为止，我一直认为我是一只蜗牛。但是我一直在爬，也许还没有爬到金字塔的顶端。但是只要你在爬，就足以给自己留下令生命感动的日子。(掌声)

我常常跟同学们说，如果我们的生命不为自己留下一些让自己热泪盈眶的日子，你的生命就是白过的。我们很多同学凭着优异的成绩进入了北大，但是北大绝不是你们学习的终点，而是你们生命的起点。在一岁到十八岁的岁月中间，你听老师的话、听父母的话，现在你真正开始了自己的独立生活。我们必须为自己创造一些让自己感动的日子，你才能够感动别人。我们这儿有富裕家庭来的，也有贫困家庭来的，我们生命的起点由不得你选择出生在富裕家庭还是贫困家庭，如果你生在贫困家庭，你不能说老爸给我收回去，我不想在这里待着。但是我们生命的终点是由我们自己选择的。我们所有在座的同学过去都走得很好，已经在十八岁的年龄走到了很多中国孩子的前面去，因为北大是中国的骄傲，也可以说是世界的骄傲。但是，到北大并不意味着你从此大功告成，并不意味着你未来的路也能走好，后面的五十年、六十年，甚至一百年你该怎么走，成为了每一个同学都要思考的问题。就本人而言，我觉得只要有两样东西在心中，我们就能成就自己的人生。第一样叫做理想。我从小就有一种感觉，希望穿越地平线走向远方，我把它叫做"穿越地平线的渴望。"也正是因为这种强烈的渴望，使我有勇气不断地高考。当然，我生命中也有榜样。比如我有一个邻居，非常的有名，是我终生的榜样，他的名字叫徐霞客。当然，是五百年前的邻居。但是他确实是我的邻居，江苏江阴的，我也是江苏江阴的。因为崇拜徐霞客，直接导致我在高考的时候地理成绩考了九十七分。(掌声)也是徐霞客给我带来了穿越地平线的这种感觉，所以我也下定决心，如果徐霞客走遍了中国，我就要走遍世界。而我现在正在实现自己这一梦想。所以，只要你心中有理想，有志向，同学们，你终将走向成功。你所要做到的就是在这个过程要有艰苦奋斗、忍受挫折和失败的能力，要不断地把自己的心胸扩大，才能够把事情做得更好。

第二样东西叫良心。什么叫良心呢？就是要做好事，要做对得起自己对得起别人的事情，要有和别人分享的姿态，要有愿意为别人服务的精神。有良心的人会从你具体的生活中间做的事情体现出来，而且你所做的事情一定对你未来的生命产生影响。我来讲两个小故事，讲完我就结束我的讲话，已经占用了很长的时间。

第一个小故事。有一个企业家和我讲起他大学时候的一个故事，他们班有一个同学，家庭比较富有，每个礼拜都会带六个苹果到学校来。宿舍里的同学以为是一人一个，结果他是自己一天吃一个。尽管苹果是他的，不给你也不能抢，但是从此同学留下一个印象，就是这个孩子太自私。后来这个企业家做成功了事情，而那个吃苹果的同学还没有取得成功，就希望加入到这个企业家的队伍里来。但后来大家一商量，说不能让他加盟，原因很简单，因为在大学的时候他从来没有体现过分享精神。所以，对同学们来说在大学时代的第一个要点，你得跟同学们分享你所拥有的东西，感情、思想、财富，哪怕是一个苹果也可以分成六瓣大家一起吃。(掌声)因为你要知道，这样做你将来能得到更多，你的付出永远不会是白白付出的。

我再来讲一下我自己的故事。在北大当学生的时候，我一直比较具备为同学服务的精神。我这个人成绩一直不怎么样，但我从小就热爱劳动，我希望通过勤奋的劳动来引起老师和同学的的注意，所以我从小学一年级就一直打扫教室卫生。到了北大以后我养成了一个良好的习惯，每天为宿舍打扫卫生，这一打扫就打扫了四年。所以我们宿舍从来没排过卫生值日表。另外，我每天都拎着宿舍的水壶去给同学打水，把它当作一种体育锻炼。大家看我打水习惯了，最后还产生这样一种情况，有的时候我忘了打水，同学就说：“俞敏洪怎么还不去打水”。(笑声)但是我并不觉得打水是一件多么吃亏的事情。因为大家都是一起同学，互相帮助是理所当然的。同学们一定认为我这件事情白做了。毕业又过了十年，到了1995年年底的时候新东方做到了一定规模，我希望找合作者，结果就跑到了美国和加拿大去寻找我的那些同学，他们在大学的时候都是我生命的榜样，包括刚才讲到的王强老师等。我为了诱惑他们回来还带了一大把美元，每天在美国非常大方地花钱，想让他们知道在中国也能赚钱。我想大概这样就能让他们回来。后来他们回来了，但是给了我一个十分意外的理由。他们说：“俞敏洪，我们回去是冲着你过去为我们打了四年水。”(掌声)他们说：“我们知道你有这样的一种精神，所以你有饭吃肯定不会给我们粥喝，所以让我们一起回中国，共同干新东方吧。”才有了新东方的今天。(掌声)人的一生是奋斗的一生，但是有的人一生过得很伟大，有的人一生过得很琐碎。如果我们有一个伟大的理想，有一颗善良的心，我们一定能把很多琐碎的日子堆砌起来，变成一个伟大的生命。但是如果你每天庸庸碌碌，没有理想，从此停止进步，那未来你一辈子的日子堆积起来将永远是一堆琐碎。所以，我希望所有的同学能把自己每天平凡的日子堆砌成伟大的人生。(掌声)

最后，我代表全体老校友向在座的三千多位新生表一个心意，我代表全体老校友和新东方把两百万人民币捐给许校长，为在座同学们的学习、活动和成长提供一点帮助。尽管新东方面临着市场竞争，但该公司有着明显的竞争优势，例如强大的品牌、广泛的内容以及1700名经过培训的教师。过去三年里，新东方为打造这样的基础设施和管理团队投入了近1亿美元资金。这是一个明智之举，因为新东方已经实现盈利，并且为未来的发展打下了坚实的基础。

企业家的社会责任

蒙牛集团董事长牛根生在美国哈佛大学演讲后的感想

2008年3月9日，我受邀在哈佛大学就企业社会责任发表演讲。据有关媒体的同志讲，我是“中国历史上第一个受邀在国际上讲企业社会责任的企业家”。缘何？原因大概有三：第一，中国有企业(现代意义的企业)的历史太短；第二，中国讲企业社会责任的历史也不长；第三，国际舞台上某一领域话语权的让渡标志着该国在这一领域的崛起——中国企业社会责任开始在国际舞台上崛起了！在哈佛演讲后，我有五个方面的感想。

第一个感想：“财富权”往往决定“话语权”。马克思曾说，资本主义在它不到100年的时间里所创造的生产力，比过去所有时代所创造的生产力总和还要多还要大。看了这句话，由不得要问：中国生产力创造的黄金时代是落在哪个区间了呢？它与我们的国际话语权究竟是一种什么关系？国际上的发言权，在某种程度上是取决于财富、取决于生产力水平的。人类历史再往前推516年，在“西半球不知道东半球，东半球不知道西半球”的那个漫长时代，古中国曾经拥有过世界上最强大的物质财富与精神财富，但由于时代所限，祖先们没怎么在国际上发出过声音。接下来的“屈辱近代史”大家都了解了，列强瓜分中国，“八国联军”所在的每一国，都用中国人的血汗钱垫高了自己的“脚跟”——最早的掠夺者大英帝国自不必说，法、德、俄、意、美也不必说，就连此前追随中国几千年的日本小兄弟也“回刀屠师”，用大清帝国的巨额赔款充实了百年维新的底子。从这个意义上追本溯源，我们甚至可以说：发达国家的“长城”是用发展中国家的“砖头”砌成的！(再说得委婉一点：发达国家的“长城”中有我们发展中国家的“砖头”。)那时，被人一只脚踩住左肩、另一只脚踩住右肩的殖民地、半殖民地国家，只能切肤痛感一个真理：“落后就要挨打！”“弱国无外交！”(无话语权)

新中国改革开放30年，是财富创造最快的时期。套用马克思的句式，我们可以说：中国在最近30年所创造的生产力，比它过去300年所创造的生产力总和还要多还要大，这正是我们今天获得话语权的源泉所在。把生产力搞上去，是我们赢得国际“话权语”最为根本的路径！

第二个感想：远离战争，也要拒绝“斗争”。美国的崛起，与一战、二战都未在其本土上“腥风血雨”是有关联的。哈佛大学的传奇，从源头上讲，也可以说是哈佛先生所捐财富催生出的灿烂奇葩。据介绍，哈佛大学的毕业生中，共有六位曾当选过美国总统，他们是约翰·亚当斯(美国第二任总统)、约翰·昆西·亚当斯、拉瑟福德·海斯、西奥多·罗斯福、富兰克林·罗斯福(连任四届)和约翰·肯尼迪；哈佛大学的教授团中，总共产生34名诺贝尔奖得主。物质决定意识，意识反作用于物质——经济与文化就是这样循环渐进的。不管是被迫，还是主动，当我们“与别人较劲”的时候，收获的是“零和游戏”；当我们“与自己较劲”的时候，你赢我赢，没有输家。

20世纪的中国，我把前半叶看作“负数”，后半叶看作“正数”。为啥？战争，人死物伤，减法；和平，国泰民安，加法。最近60年，我把前30年看作“虚数”，后30年看作“实数”。为啥？前30年有“斗争”，“与天斗，与地斗，与人斗，其乐无穷”，外斗修帝主义，内斗地富反坏，直斗得天昏天暗，是非难辨，人身不保，生产力的创造自然也就退居“二线”了。后30年虽有竞争，却没“斗争”，所以，人的主观能动性得到空前解放，我们成为全世界最为耀眼的一个“增长极”！下一个30年，“竞争”与“合作”的关系怎么处理？“和谐”怕是硬道理。

第三个感想：“一穷二白”与“后来居上”。在哈佛大学接受提问的时候，话赶话，赶出这样一个回答：先富有先富的累赘，后富有后富的便利——西方人过去已经购买过的东西，像房子和房子里的贵重物品，他现在就不需要购买了；而我们中国许多人过去没买过这些东西，所以购买力就旺盛。一穷二白也有一穷二白的好处，可以画最新最美的图画。这里好有一比：改革开放30年，这当中许多人曾有个“铁饭碗”，这是优势，似乎不用为未来发愁；但也是劣势，反而捆住了自己的手脚。而另一些连饭碗也没有的人，只好“自己给自己造饭碗”，于是，这些人成为中国最早的万元户、百万富翁乃至杰出企业家。西方人富了，富有富的副作用，食利阶层逐步扩大，许多人是在“用钱挣钱”，那种为工作“殚精竭虑，废寝忘食”的“原始图景”在他们的生活中渐行渐远。但我们没有钱，我们还得艰苦创业，我们还得把自己的脑力和体力挖掘到最大化，“别人睡觉的时候，我们得走着”——而这，正是我们可以后来居上的理由。众所周知，新建企业的设备一般总是比先建企业的设备要前卫一些，而先建企业又不可能一夜之间把所有的旧设备统统扔进垃圾场。后发国家与先发国家之间也往往面临着同样的际遇。这也是后来居上的理由。

每一个后发国家的崛起，都与新的历史潮流有关。在互联网、信息化这个历史潮流滚滚涌来的时候，全世界所有国家几乎一下子站到了同一起跑线，这就是机遇。我们中国创业者最大的幸福，就是坐拥全世界最大的市场。而且，你对这个市场的脉搏最有可能把握得最准。所以，还是我老说的那句话：你只要做成中国第一，那你就有机会成为世界第一。

第四个感想：跨国公司与中国公司谁更“善”？在哈佛打嘴仗，有提问者说美国公司“如何如何负责”，中国公司“如何如何不负责”……我说，当中国古人说“己所不欲，勿施于人”、“穷则独善其身，达则兼济天下”时，你们还没建国呢！跨国公司虽然很强，但它们在中国，财富度和慈善度是不成比例的，所做善事的比例还不如我们中国企业大。你们不是有这个做善事的习惯吗？那么为什么你们拿走我们的市场，拿走销售额，拿走利润，却不留下更多的善事？结论：外国的月亮不见得就比中国圆。一位对跨国公司有着深刻了解的政界人士曾私下对我说：跨国公司的账算得特细，他们在公益上只花一点点小钱，却用它撬出更大的蛋糕。千万不要误解，别以为我要抨击“公益背后有收益”这一现象。

我和公司管理层有过多次讨论，最后得出的结论是：衡量一个企业是否履行社会责任，宜用“行为标准”，而不宜用“动机标准”。不管跨国企业，还是中国公司，只要你做了好事就行，我们最好不要过分琢磨它背后隐藏的动机。第一，探讨动机没有意义，因为同样一件事你可以推测出一万个不同的动机，孰是孰非？第二，如果做了公益有收益，那叫“好人得好报”；如果做了公益的人和不做公益的人统统获得一样的回报，那事实上就等于“好人不得好报”；好人得好报，天公地道；难道非得好人不得好报，你才高兴？第三，做公益也要讲可持续发展，如果只有公益没有收益，只出不入，那就无法形成良性循环，只能进行单向性乃至一次性的“断头公益”；而只有形成“公益—收益—公益”的良性循环、永续循环，才能完成可持续发展的“千头公益”、“万头公益”。所以，如果本着“动机论”，那么，“不为收益做公益”固然是一种高尚，但“为了收益做公益”同样也是一种善举；如果本着“效能论”，那么，“公益背后无收益”是一种“有限公益”（竭泽而渔），“公益背后有收益”是一种“循环公益”（渔养并重）。行文至此，自然有朋友要问了：你是属于“公益—收益”式呢，还是属于“公益—无收益”式呢？坦率地说，这两种我都做过。救人、济穷、赈灾、助学，这方面的投入我们仅最近三年就花出近两三个亿，把它归入“不为收益做公益”的范畴，大家大概没有意见。但我们扶植奶农的活动，的确是“公益”、“收益”双丰收。我们向农民发放种草补贴，投放养牛保险(1000 万元)，发放养牛贷款(年保持 1 亿元以上的规模)，提供免费培训，进行胚胎移植与性控技术(母牛生母犊率高达 93%以上)等等，这些既有帮助农民脱贫致富的“公益成分”，也有为企业获得优质奶源的“收益成分”。

在企业社会责任的履行上，存在“公益背后有收益”与“公益背后无收益”之分，也存在“有限公益”与“循环公益”之别，这种认识我们早几年就是有的。但这次巧了，因为要去哈佛大学，我们搜集资料时才偶然发现，迈克尔波特教授 2006 年曾提出一个理论，将社会责任模式区分为两类：一是“反应型责任模式”，企业向社会捐献，或消减自身对社会带来的负面影响(如环保)；二是“战略型责任模式”，企业和社会双赢(如企业由于开发出污染小的汽车而获得巨大的商业利润)，这也算世界虽大，东西一理，所见略同吧。

在哈佛，提问者最不明白的问题是：“你为什么把股份全部捐了?”“你为什么不给后代留下一代?”这和国内的提问是一样的。现在，再回到开头的问题上吧：在中国，跨国公司与中国公司谁更“善”? 这个问题的答案其实并不重要，但有一样东西很重要：中国人的责任自信!

第五个感想：大品牌就得负大责任。这不是口号，不是面具，而必须化作企业的“实践”与“瓤子”。承担社会责任是企业的第一要务。为什么？

第一，无责任则无品牌。薪水微薄，员工不满意；质量低劣，顾客不买账；信誉欠佳，银行不放贷；贡献平平，政府不支持……不承担责任的品牌大不了。

第二，大品牌伴随大监督。你是大品牌，所以，媒体盯你最勤，队友跟你最紧，社会评你最多。不要说“他比我差为什么你不说他”，因为你是大品牌。不要说“你不怕死我也不怕死”，因为你是大品牌。不要说“我栽了树凭什么你也乘凉”，因为你是大品牌。你的四周布满了眼睛，怀疑的眼睛，期待的眼睛，威慑的眼睛，完善的眼睛。

第三，大品牌关联大市场。假如市场扩大一倍，你受益的比例比别人大；假如市场萎缩一圈，你受损的程度比别人深。你与整个行业同进同退，共生共荣。因此，你要承担更大的责任，你要代表行业与消费者沟通；你要代表行业肩负起产业进步的使命；你要比小品牌更多地关注全局，为了避免“死掉一个小品牌，毁掉一个大行业”的株连效应，你甚至要为小品牌充当免费的导师。

第四，大责任通向大舞台。负一省之责，你是一省品牌；负一国之责，你是一国品牌；负全球之责，你是世界品牌。责任有多大舞台就有多大。

第五，大品牌责任系大人群。你是行业领导者，最多的人信赖着你，最多的人支持着你，你的一举一动牵涉着最多人的利益，那么，你不负大责任谁负？总之，大品牌就得负大责任。有时候，超额负点责任也不怕。

下面这个真实的故事，是我 3 月 16 日在央视《中国青年创业行动》栏目里讲的：2005 年有一天，东部沿海的一个城市传来一个消息，说“一盒酸奶喝死了一个孩子!”紧跟着，媒体来了，要报道！我说：“不行。等查清了再说，一切后果我负责。”大家都知道，食品安全，人命关天。一旦发生命案，要的就不是一条命，而是两条命——顾客的命没了，企业的命也没了。最终，公安局查清楚了：是孩子姥爷下的毒。原来，这个孩子天生弱智，而女婿还想要一个孩子，就与女儿闹离婚。姥爷心疼女儿，就决定“千斤重担一人挑”，对外孙实施“安乐死”。恰恰这个傻外孙脑子虽傻，肚子却不傻，平时就喜欢喝蒙牛酸奶。这样，他姥爷就在酸奶里下了“毒鼠强”。这个事情跟我们没关系！但是，在情况没查清的时候，我们立即回收了这个城市的所有酸奶，一共30吨，统统销毁！为什么？因为消费者的安全与健康是第一位的。是你的责任，你要承担起来；不是你的责任，你不妨也先承担起来，是是非非过后再说。我在这里想提醒大家的是：创业难，你不难别人都要难你！即使你兢兢业业，都有可能死掉；而你要是马马虎虎，那活着是偶然的，死掉是必然的！

创业没有终点

蒙牛集团董事长牛根生博客节选

常常听到一个观点：“创业难，守业更难。”这是真的吗？如果这是真的，那么，创业和守业的界限在哪里呢？销售额100亿之内是创业，100亿之外就是守业吗？诞生10年之内是创业，10年之外就是守业吗？品牌第二是创业，第一就是守业吗？

海尔不再创业，而只在守业吗？微软不再创业，而只在守业吗？世界500强不再创业，而只在守业吗？人类存在了100多万年，但今天仍在创业，从来没听谁说过：地球人是在“守业”。美国存在了200多年，但今天仍在创业，从来没听谁说过：美国是在“守业”。爱迪生活到老发明到老，也从来没听谁说过：爱迪生是在“守业”。其实，创业和守业不是前后关系，不是并列关系，而是包含与被包含的关系：创业是永恒的，守业是相对的；守业是创业的另一种表现形式，一切守业都是创业的子集。攻占新市场固然是创业，守住旧市场何尝不是创业！

市场是变化的，客户是变化的，对手是变化的，自身也是变化的。不创造新产品，能守住吗？不创造新渠道，能守住吗？不创造新客户，能守住吗？以不变应万变，能守住吗？——守业，本身也是一种创业。那种“增长就是创业，不增长就是守业”的观念，实在是充满天真。把“创业”与“守业”视作两个不同范畴的概念是有害的，它会使许多人误解为：创业是需要“动”的，守业是需要“静”的；创业是需要“激情”的，守业是需要“寂寞”的；创业是需要“扩张”的，守业是需要“内敛”的；创业是需要“大刀阔斧”的，守业是需要“平平淡淡”的……一句话，创业比守业离创造更近，守业比创业离激情更远。这是完全错误的。正是这种错误观念，让李闯王打进了北京便放下了枪，让商务通盛到极处后便衰到极处，让成千上万的学子考入大学后便开始最不“大学”（相对于考前的大学特学）：他们本以为可以松一口气了，于是罢橹停桨，结果一退千里。

做企业，永远需要动，永远需要激情，永远需要创造、创造、再创造！一句话：永远需要处在“创业态”。这世界只有“创业态”，没有“守业态”。创业是唯一的“长生不老”药，当你不再创业而妄想“守业”的时候，前面的路只剩下一条：萎缩，衰落，死亡。要么自我革命，要么被人革命，没有第三条道路。

我是挨过饿又吃到红烧肉的

联想控股集团董事长柳传志在第十届中国企业未来之星年会上的演讲

2010第十届中国企业“未来之星”年会于6月25—26日在南京举行，联想集团董事长柳传志演讲中谈到，中国企业发展环境已经非常适宜，与他当初创业初期非常不同，现在如果用“鸡蛋孵小鸡”比喻的话，温度已经非常合适了。他谈到他是挨过饿又吃到红烧肉的，懂得珍惜当前的环境并适应它，利用它更好地发展。

以下是柳传志演讲的全文。

尊敬的罗市长，各位朋友，今年的“未来之星”的评选已经第十届了，正像刚才东华社长所讲的，这十届评下来，应该是说非常严肃和认真的，因为现在这个评选活动，真的挺多，有的呢就确实还是有猫腻的，这个评选的严肃认真可以从结果中看出来。在十届之中，确实出现了不少成功的企业，出现了一些特别成功的企业，在这个“未来之星”之中，以前评选的企业之中，市值过百亿美元的就有好几家，能够成为世界知名的企业，这真的成为中国的中小企业发展中一个目标，因此“未来之星”评选真的成为一个品牌。我们也特别高兴，希望中国所有的媒体都能够严肃认真地做这样的活动，这样的话，对这个中国的企业竞争，正常的竞争，那就确实是一种激励。

我们注意到，就是一个企业如果要取得初步的成功，比如进入到一个中型企业，进入一个“未来之星”，被评选上，这个我想靠他有一个好的产品，一个好的盈利模式，一个好的运营，这个就可以做到。但是要做到特别成功，持续发展，变成一个长久的企业，我觉得呢，可能到最根本的，是要靠企业家的这个人本身的品质，我觉得这是最根本的了。因为我们自己也在做投资，所以在反复分析什么样的企业能够真正做得长久，能够真正做大。在我自己感到企业家的这个品质里面，要做一个成功的企业家，真正把企业做强做大，我觉得有三条很重要，

第一条目标要明确，意志要坚定。这个我想大家都能理解，就是在成功的企业家当中，没有一个是不受到挫折的，这确实要走很多弯路，要跌跌碰碰，我把这个放在第一条，就是因为我 1984 年创业开始的时候，正是中国计划经济向市场经济过渡的时候，那个时候的企业遇到很多今天的企业没有遇到的难题，在那种情况下能够坚持下来，在后来的竞争中能够坚持下来，我觉得目标明确，意志坚定，应该是这个企业家要做大做好的第一条标准，一个必然条件。

第二条企业家的学习能力。学习能力就是说我们做的事情环境不停在变，我们要不停调整自己的战略，在这种情况下，学习能力是要很强的。我觉得学习能力在 30%应该是从书本上得到的，更多的一部分应该是从自己的实践中得到的。联想的企业都有这种习惯，每打一个胜仗或一个败仗都要重新研究，(联想内部叫复盘，下围棋的术语)当时是什么条件打赢了，因为人们都有这样的习惯，打一次胜仗以后，以为以后一定胜利，其实边界条件不一样了未必如此。打了败仗也要认真研究，也要从同行打的胜仗败仗当中得到启示，这个是学习能力的一种表现。比如联想 1994、1995 年的时候，当时跟外国企业竞争很激烈，我们只占中国市场份额百分之二点几，到 2001 年占到中国市场份额的 30%左右。重要一条是我们向电视机同行学到的产品技术的。当时的联想是没有能力直接向核心技术冲击的，但是我们发展了所谓叫“产品技术”，就是把成熟的技术用在这个市场需求的产品上解决问题。在 20 世纪 90 年代上半届的时候，中国人用的彩电大多数都是日本的，由于日本国内的电网电压比较稳定，所以电视机的电源部分用不着做得多么精致，整个就够用了。但是中国的电网电压飘浮比较大，从一百多伏到三百多伏，这种情况下中国电视机厂家就把这部分进行改装，这其实就是很成熟的技术，但是用了以后，电视机的效果马上就好了很多，这个给了我们很大的启发。1997 年互联网开始以后，大家都说用电脑上网，实际上个人上网非常困难，为什么呢？因为你要想上网的话，你要买电脑，你要把盖子打开，自己去插一个卡，自己再装一个软件，还要到电信机关登记，所以说实际上上网是很困难的事情。但是联想做了一个机器叫做一键上网，买我们的机器以后按

一个键就可以上网，这没有什么高难度的事情，就这一项使得联想的市场份额提高了将近7%。后来联想推出“一键恢复”技术，电脑系统乱了以后，按一个键就可以恢复，我觉得企业家的学习能力是特别重要的，埋怨环境其实是没有意义的。

第三条情商还是要高的。企业家要有很宽阔的胸怀，要能很好地容忍、用人，能够让利，能够严格要求自己，以身作则，才能使企业的文化很好地建立起来。大家知道，由于经济危机的导火索，加上某些原因，联想集团电脑的这一块业务出现了大的亏损，亏了二亿六千多万美元，这个时候我们做了组织架构的调整，当时国际董事对于中国人在这种困难的情况下担任董事提出了质疑，主要认为国际CEO走了以后，他身边带的骨干会不会走，提出很大的质疑，事实的结果，自从这一个转折点以后，联想的业绩就大幅攀升，开始有大亏损，下一个季度打平，跟着开始比较大规模的盈利。

那么，为什么没有像原来那个国际董事们预料的，他们担心的这些国际骨干会走呢？一个重要的原因，实际上就是杨元庆用建班子的方法，在他周围建了9个人的领导核心集体，有4个外国人，有4个中国人。当时营业额直掉的时候，你说这些外国同事，他们就这么有信心？我想肯定不是。我想他们当时不走的原因，一个是当时经济危机，工作也难找。第二个看着“钱的面子”也不会马上走。我们当时马上制订了完成任务的高额激励计划。但是后边可不是为了这个，后边是用建班子的工作方法和以前的工作方法是不一样的，就是说在一些重大决策，都是经过反复“务需”以后才来制定的，制定的决定都是可以执行下去的。过去的CEO做的重大决定只要跟一两个关键人物讨论决定，比如并购另外一家公司他只要跟CFO讨论有没有钱，跟战略官讨论就可以了。实际上你买那家公司以后，和你本身的业务会发生冲撞，他需要的产品和你原来的产品都会有冲撞，这个事先不会讨论，如果有班子的存在，包括提拔干部都不只是人力资源部的人在考虑，是整个班子在考虑，制定的战略正确性就会好很多，但是这个要很大的容忍的度量。现在我敢说联想集团恢复了什么什么，其实不仅仅是因为业绩的明显恢复，实际上是因为我自己觉得这个班子真的实现一个好的企业文化逐渐形成了，才敢站在这里说这个话。因此说一个人的情商要高，要能够容纳各方面的人，要很好地虚心地向国际人士去学习，互相能够该妥协的地方能够妥协，这是一个企业家做大的一个重要保证。

我相信各位在领导自己的企业的时候，真的要往大做，做到像做软件，做到几千人，做到几万人的时候，如果你不能用一个班子来工作的话，我相信这个企业做到一定的程度就截止了。

所以我想这三条是非常重要的，这三条是一个企业成功的必要条件，但是还不是充分条件，因为机遇还是很重要的，比如像我自己，我觉得我最大的机遇是什么呢？就是我在40岁的时候碰上改革开放这个大的环境，假定中国企业的生长环境，拿鸡蛋孵小鸡来做比喻的话，一个鸡蛋孵小鸡的合适温度是36.7度，但是在“文化大革命”以前的那个年代，中国的那个环境温度我估计是99度，任何鸡蛋都孵不出来。到了改革开放以后，我估计大概在40度左右，生命力极顽强的鸡蛋就能够冒出来。我们生命力极强活下来了。我们自己不要抱怨环境，抱怨其实都没有任何意义，我们努力去提高自己的生长能力。所以我觉得，我在40岁的时候能赶上38、39度的环境，顽强地生长到一个更合适的环境茁壮地成长，这个就是机遇了。

所以今天我觉得我们在座的“未来之星”，这些年轻的朋友，你们是属于这个没挨过饿的人吃红烧肉，跟我这个挨过饿的人吃红烧肉的感觉是不一样的。希望大家格外珍惜今天这个时代，这真的是中国一百多年、二百多年没有的一个好的适合企业发展的时代。另外又是在中国，是一个特殊的适合企业生长的好的环境，希望大家借助这个环境能够成功地发展，谢谢大家。

联想的创业经验与教训

联想控股集团董事长柳传志在无锡“联想之星创业大讲堂”上的演讲，2010年5月31日。下面是演讲词。

今天在座的主要是创业者，特别是海归创业者。如果让我只讲一句话，我想讲的是：大家要创业的话，是不是真想清楚了。因为创业这条路确实不好走，不但道路崎岖，还要符合好几个条件，最后才能走到成功。当然，创业也不是一条不归路，即使失败了也就是受到资金损失，人本身还是会受到历练的，可以退回去做公务员或者到企业里继续打工，然后再卷土重来。对于今天在座的海归创业者们，一开始就更要想清楚走什么路，因为你们要退回到原来的位置可能比较困难。

创业成功不仅仅意味着你的企业上市了，更重要的是你真的能把企业做大做强。每个人在创业之前，并不知道自己是不是适合创业，我今天要讲的，就是创业者要想成功应该具备的一些必要条件，但哪些是先天的，哪些是能够通过后天锻炼出来的，我没有弄清楚。

1. 在困难与诱惑面前从来不动摇

我以前说过一句话，“困难无其数，从来不动摇”，这是千真万确的。联想成长的时候，可能比大家面临的困难更多，主要是环境困难。20世纪80年代，中国还处在计划经济时代，刚开始向市场经济转，由于种种不规范的商业行为我们被骗过多次。最初起家的20万元资本，大概不到半年的时间就被人骗走了14万元。1987年时，在深圳被一家私人的进出口公司骗走了300万元。当时我甚至有拿板砖拍他的心，在他们家蹲守了很长时间，最后这笔钱追了回来。

当时海淀区的一些领导对创办高科技企业既不理解也不支持，我们推出了第一代产品联想式汉字系统，物价部门找上来认为超利润要罚款，我带着一个女同事周日等在他家门口。我当时已经40岁了，在科学院里是有一定地位的技术人员，遇到这些困难就要很快进行心理调整。

再举一个例子，联想当初走的是“贸工技”这条路，我们最高的理想就是做自己品牌的电脑，以为条件具备时就可以向计划部门去申请批文，但根本拿不到申请单。后来我们和香港的一家小公司合作，办起了香港联想，用做代理业务挣的钱开了一个小作坊，生产电脑主机板并到外国去参加展览。有关部门的领导同志去参观展览会时发现竟然有个摊位是大陆人开的，后来找到我们给了批文。大家可以想象，这跟今天的条件有多么大的不同。

后来香港房地产涨价，我们把工厂搬到了深圳，当时的海关人员给了我们很不公正的待遇，凡是联想送货的车一到，海关人就出来查查，查完了以后重新排队，后来就下决心迁到了惠州。当时的困难和诸位今天创业完全不同，但要不是憋着一股我非做成不可的劲儿，早就坚持不住了。但我们就在这种情况下也没有动摇过，就想尽办法过这个关。另外也要经受住诱惑，比如当时我们组装电脑要进口元器件，进口就需要有批文，我们发现倒卖批文赚钱比做电脑容易多了，很多人第一桶金都是这么来的。但我们能够不受诱惑，千万想清楚，要把路走好，不要在改革中做牺牲品。

2. 企业家要能“写菜谱”

作为企业家，要有很强的学习能力。蒙牛创始人牛根生有句话，“改造环境、改造别人难上难，改造自己最容易”，我觉得说得挺对。有些人的性格特点就是不能改造自己，那可能真的不适合做企业。企业家是串起一条珍珠项链的那根线，每个人才都是一颗颗珍珠，能不能把他们串起来，这考验的其实是学习能力。我想强调的学习能力，更多的是：从书本里或者外面的事情学习了以后，再结合自己要做的事情，反复去考虑，去复盘。联想很喜欢说“复盘”，其实我根本不会下围棋。每次完成一件事，把你当时怎么做的重新想一遍，把边界条件想清楚，通常你做成功的事情，并不是由于你的成功而成功，而是某种边界条件的作用，换了边界条件以后你这事就未必能成功。你不想清楚，这个事就做不了，经常思考、反省的人进步就会很快。而在思考时，要着重想自己身上的问题，不要太多考虑别人该怎么样。在打仗中，就要不断地根据自己的情况研究出一套方法，而不是按照已有的菜谱去做菜，要找出规律，写出菜谱来。

我们所处的PC行业，成本高低非常重要，原因是元器件部分占了成本的80%以上，而技术发展太快，当新的存储器芯片一出现，老产品随时就可能降价。我们后来就研究了一套土办法，一种小步快跑的办法，怎么去订货等等，这招非常灵，在那一年之内，我们用六次降价的方式，一次次打击了竞争对手，包括几个外资的大公司也没辙。那年有些IT相关的媒体就报道说“联想要跳楼了”等等，实际上我们利润大增，市场份额大增，就是因为我们根据具体情况研究透了这个问题。

技术问题也要研究，我们刚开始时没什么钱投入做基础研发，就从电视行业里受到了很大的启发。那时中国电网的电压还不太稳定，如果电视厂商用好一点的元器件，设计得也好一点，电视机性能就会提高很多。所以我们就发展所谓的产品技术，就是把技术跟市场的实际需求相结合，可以提高产品的毛利率。1998～1999年时，互联网开始普及，但普通消费者上网还很麻烦，要自己装软件，还要到电信机关登记才能上网，我们就推出了一款电脑，“一键上网”，仅凭这一项我们提高了9%市场份额。像这样真正能解决实际问题，就是学习能力的一种表现。

再往下要研究管理。你要想长期发展的话，一定要做好三件事，“建班子，定战略，带队伍”。做企业有点像爬珠穆朗玛峰，你从北坡和南坡都能登顶，管理的实质是一样的，但不管怎么样，必须要有自己一套稳定的说法，坚决按照管理三要素去做。联想集团并购IBM的PC业务以后，取得了很丰硕的成果，营收规模上增长了几倍，但金融危机一来，就遇到了一定问题。这时，我们坚决做出了调整，之前我已经不做联想集团的董事长了，现在我又重新回来，杨元庆担任CEO，我们还宣称，联想集团已经从悬崖边上到了一个转折点，马上要进入胜利的高速列车的轨道。

我相信事实一定如此，为什么呢？我们在并购之前，就把事情想得比较明白，并购中最大的风险还是人员磨合。李书福买了沃尔沃以后，他非常聪明的是用物理并购，两边的业务不往一块搁，而我们并购时是准备进行化学整合。我们的办法是，第一任CEO一定是国际化的，我们就在边上站着看，杨元庆担任董事长，之后元庆很快搭建了中西合璧的班子，让国外的这些高管能非常好地跟中国人一起合作，调动他们的积极性。我们一边做，一边总结，然后根据具体情况来处理，所以我觉得我们能写菜谱。

3. 情商不可或缺

企业家也要有很高的情商。有的人智商很高，但情商不高，不能容人，老想显示自己的能耐。你真想做大事情，就要能跟更多的人一起合作，合作时要能让利，这个“利”不仅是经济利益，还有名誉等各个方面都要替合作者考虑，你才能有做统帅的能力。我们最近投资类型的业务做得非常好，一批批往外出人，就是我们把干活出人才看得很重，这跟一把手能容人能让利有关系。

情商跟建立企业文化也有关系，一家企业最后能不能真的站稳脚跟，企业文化是最难的，而且是最重要的一环。联想在1998年要上ERP，这本身对企业是极大的推动，要是没有ERP的话，今天不可能并购IBM的PC业务。但当时我们的顾问德勤公司就讲，你们做的时候要小心，在中国的大企业还没有上ERP的成功先例。原因在于ERP里面重要的一条是业务流程重组，一定要各部门一把手连续开会才能定得下来，当时正是业务比较忙的季节，来的都是二三把手，什么事都定不下来，那就不能按期完成。这时我开了一个会，中心意思是，ERP如果做不成，公司是个什么结果跟大家说明白，我记得当时自己罚薪半年，主管副总裁罚薪八个月，真耽误事的人就开除，结果ERP按时高质量完成任务，做得非常漂亮。

在公司15周年庆功会上，好几个人用哭哭啼啼的方式纪念这个伟大的日子，当时确实有很多困难，但是每个人都充满了自豪，我们完成了一件人们看来根本不可能完成的事。其实文化就是一个军队的魂，一个团打得只剩几个人，重新组织起来的团打起来还一样，这就是文化。企业的核心价值观就是所有员工都承认的东西，什么叫对，什么叫不对，大家统一认识。企业利益要放在第一位，不能谋取私利，然后还有求实进取、以人为本等等。核心价值观是怎么形成的呢？我现在做联想集团的董事长，就是制片人，负责整个公司文化的形成，大家统一思想，宣传贯彻很重要。而且要以身作则，在美国公司的墙上看到他们一条标语——“以身作则，不是劝导他人的重要途径而是唯一途径”，美国人把话说得这么绝，还真的就是这样。联想为什么能做到？跟我们创始人以身作则有很大的关系。一开始我们特别穷，有一个副总在港商给他贿赂时，他能坚决拒绝；我原来抽了很多年烟，由于公私烟分不清楚，我们四个创始人决心不抽了，遗憾的是我只抽过两毛钱的烟，现在的好烟一根也没抽过。联想前前后后有10个人被送到司法机关，这说明尽管制定了严格的制度不允许谋私利，但还是有人不信，那就只能依法办事。在座的各位将来创业时，公司能不能打硬仗，文化非常重要，在于你们能不能以身作则，形成好的文化。

我的创新创业之路

百度公司董事长兼CEO李彦宏在北京大学毕业典礼上的演讲

2008年7月10日

李彦宏，百度公司创始人、董事长兼CEO，全面负责百度公司的战略规划和运营管理，经过多年发展，百度已经牢牢占据中文搜索引擎超过7成的市场份额。创立百度之前，李彦宏已经跻身全球最顶尖的搜索引擎发展趋势和方向的基础发明之一。李彦宏曾经获得“CCTV2005中国经济年度人物”、“IT十大风云人物”、“改革开放30年30人”等荣誉称号，美国《商业周刊》、《财富》等杂志也多次将李彦宏评为“全球最佳商业领袖”和“中国最具影响商界领袖”。下面是演讲词。

尊敬的闵书记、徐校长，各位老师，各位家长，亲爱的学弟学妹们：大家上午好。

今天，站在各位同学毕业典礼的讲台上，我最大的感受就是非常地荣幸，在各位生命中最值得纪念的时刻与你们在一起，让我百感交集。我仿佛找回了17年前，坐在你们中间，对这个再熟悉不过的校园感到万分的留恋，也对即将展开的新生活有期待、有迷茫甚至有所畏惧。

说实话，我今天除了荣幸之外，还有一些紧张。因为我知道，在座的不仅有我十分尊敬的师长，更多的是未来中国最有影响力的一群人。你们中一定会有未来中国最杰出的科学家，最成功的企业家，最优秀的政治家、外交家。如果我这个曾经住在43楼522的北大男生今天和大家交流的内容，能够为各位即将铺展开的未来有些许帮助的话，那我也会觉得，这是经历了2005年百度在纳斯达克的辉煌上市后，我所经历的一个光荣时刻。今天回忆10多年前，我走入社会的感觉，那是让视野顿时豁然开朗的一步，走出校园后看到的是一个充满机会、日新月异的新天地。大家今天所面对的中国与世界，与10年前我所见到的华尔街和硅谷，当然会有很大的不同。但以我在美国8年，回到中国8年多的经历，我更感受到今天，社会经济文化生活各个方面都充满了活力，你们面对的是更广阔的天地，一定将大有所为。

今天想给大家分享一些我的经历和对生活的感悟。

第一，是关于选择的故事。

进北大前我非常喜欢计算机，我相信未来的计算机肯定会被广泛应用，而单纯的学计算机恐怕不如把计算机和某项应用结合起来有前途，于是我选择了北大的信息管理系，而不是计算机系。

我有个姐姐先我5年考上了北大，她告诉我北大的学生出国都很容易，她告诉我外面的世界很精彩。上了北大之后，我却发现我的情报专业出来并不容易，而最先进的计算机技术那时候在美国。我被迫开始思考自己的下一步，并通过不断参与各种活动来丰富自己的视野。我去学了不少计算机系的课，我翻阅了很多美国有关情报学的论文，希望能够在国际学术期刊上找到自己的机会，我作为那是唯一的理科生参加了学校的辩论会竞赛，我听了各种各样的讲座：气功、哲学、电影，我参加了合唱团，还在国庆的时候到天安门广场去跳集体舞，我尽情地享受这北大带给我的各种机会，我接触到了各种各样的人，每个人都有他们自己的思路，每个人都不一样，每个人都很精彩。这让我们逐渐形成了不轻信、不跟风的思维方式。对于我未来人生道路的选择，北大4年让我具备了独立思考的能力。

我在美国读计算机时候，本来是读博士的，后来选择了放弃。原因是发现我更希望我做的东西能够被很多很多人使用，而不喜欢去研究一个别人已经研究了10年的命题。1997年，我离开自己奋斗了3年多的华尔街，前往当时在硅谷很著名的搜索引擎公司Infoseek。在硅谷，我亲见了当时最成功的搜索技术公司如何在股市上呼风唤雨，见识了每天支持上千万流量的大型工业界信息系统是怎样工作运转，我也见证了Infoseek后来的每况愈下和惨淡经营。但最重要的是，在Infoseek，我找到了我一生的兴趣所在—互联网搜索引擎。那时，在北大所学的信息检索方面的理论，让我比任何计算机系科班出身的工程师都更能够理解普通用户习惯于怎样的信息获取方式。我意识到搜索能让每个人与所需要信息的距离只有鼠标的点击一下那么远，这种感觉是那么美妙。从那以后，我从来没有离开搜索引擎超过24小时，不是因为我是工作狂，而是因为我喜欢。

百度公司走过了8年的历程，今天已经成为一个市值超过100亿美元的公司，为越来越多的人提供服务。最大的心得就是要选择做自己喜欢做的事情，我们需要从自己真正的心里面去做选择，并不是你认为社会期望你这样做，父母期望你这样做，朋友期望你这样做。只有这样，你才会越工作越开心，在遇到困难遇到挫折的时候，不会被沮丧击败，而全身心地去享受整个过程。

第二，是关于专注的认识。

我一生有两个最后的幸运：一是找到我的太太；二是从事一份自己喜欢的工作。但太太与工作唯一的不同就是：太太只有一个，而工作每时每刻都充满了诱惑。很多人都会专注于一个妻子，但很多人都会喜欢上多个不同的工作。在百度上市之前，百度只做一件事情就是中文搜索。在创业初期，搜索在美国硅谷并不是炙手可热的概念，当时更热的是门户，是电子商务，以及后来在中国火起来的无线、网游等等。百度在招第一批职员的时候，碰到一位我特别希望他能加盟的人，他技术很好，可惜他对我说如果我们不做 e-Commerce 他就不来了。2001 年，曾经有一位百度的工程师找到我，很认真地说他想做网上购物，结果被我拒绝了，并为此离开了百度。百度上市后，也有一些共事多年的老同事先后离开了百度去尝试更多的业务。很多时候，我感到百度能一直坚持搜索时因为我对专注有宗教一般的信仰。普通人很难想象对于一个有 2 亿用户的公司，每天要面对多少诱惑。百度可以做一百件事，最后我们只选择了一件，并一做就是 8 年，而且还会再做下去。人一生中可以完成的事情是有限的。只有专注才能让自己变得足够优秀。所以说："有所不为，才能有所为"。

第三，是关于视野的感悟。

回头望望自己走过的路，我会发现，这个世界的广阔是自己很难想象的。很多当时觉得非常大的困难，现在看来不过是一些小事，很多当时感觉到棘手的事，现在也只是茶余饭后的话题罢了。

百度在 2000 年成立时，并不直接为网民提供搜索服务，我们只为门户网站输出搜索引擎技术，而当时只有门户需要搜索服务。2001 年夏天，我做了这样一个决定，从一个藏在门户网站后面的技术服务商，转型做一个拥有自己品牌的独立搜索引擎。这是百度发展历程中唯一的一次转型，会得罪几乎所有的客户，所以当时遭到很多投资者反对。但当我把视线投向若干年以后时，我不得不坚持自己的观点。大家知道，后来我说服了投资者，所以才有了大家今天看到的百度。

百度从后台走向了前台，加上我们的专注与努力，今天运营着东半球最大的网站。事实上，从创立百度的第一天起，我的理想就是"让人们最便捷地获取信息"。这个理想不局限于中文，不局限于互联网。作为一名北大信息管理系的学生，百度从第一天起，就胸怀远大理想：我们希望为所有中国人，以至亚洲，以至全世界的人类，寻求人与信息之间最短的距离，寻求人与人的相亲相爱。所以说：事业有多远，世界就有多大。

最后，我在这里衷心祝贺你们顺利完成在北京大学的学习，祝愿你们未来的道路越走越宽广，世界在你手中。也让我们一起祝福我们的母校传承历史、继往开来、再攀高峰。谢谢大家！

创业要心怀感恩与敬畏之心，勇于承担社会责任

阿里巴巴董事局主席兼首席执行官马云演讲

2010 年 9 月 10 日至 11 日，第七届网商大会在杭州市浙江省人民大会堂召开。马云在开幕式的演讲中表达了他对创业这个时代的感恩敬畏之心，表达了勇于承担社会责任，对中国经济发展，世界互联网发展的信心，积极乐观的面向未来。下面是演讲词。

1. 平凡的人，创立了不平凡的事业

我心里充满了感恩和运气。我不如施瓦辛格，远远不如他，他带着一些钱来到美国，他有很好的身体条件，我各方面都不如他，我是没有半点理由在中国成功的。跟所有人一样，我自己觉得我平凡得不能再平凡了，家境也不见得多好，我们家没钱、没势、没有一官半职，我走

到今天能够有这么多荣誉，我心里充满了感恩。

我很荣幸做了阿里巴巴网，可以和大家一起参与做淘宝网，而且一路走得那么顺利，真的很幸运。你今天问我："你们是怎么走过来的？你们真聪明。"甚至有很多人说："马云，你太能干了，有远见卓识，了不起！"有时候看到网上表扬我的话，我真的觉得很不好意思，我哪有那么神？我自己都不知道是怎么赢的，但是输了我知道是怎么输的，输了都是因为我一时的贪恋或者一时的冲动所致。但事实上我觉得每一次创业的成功，首先感谢的是这个时代，感谢中国经济的发展，互联网的发展，还要感谢我的同事没日没夜的努力，是他们一点一滴地把这个东西变成了现实。任何一个故事、任何一个互联网的概念，假如没有别人的参与，是十分艰难的，是几乎不可能实现的。

我记得从1999年开始做阿里巴巴的时候，我们想给中小企业做平台。我们自己的想法谁会相信？但是很多小企业相信了我们，然后我们一点一滴做起来。刚开始做淘宝网的时候，我们是7个人在杭州的湖畔花园创业。当时，我们每个人要找4件产品挂上去，一共要找28件商品挂到网上，使得人家可以拍卖。结果，我回家怎么找也找不出4件东西。那一天，7个人总共凑了17件商品上来，当然没人来买，我们就自己买自己的。后来，有一个客户把东西挂上来的时候，我们赶紧把它买下来，只要有人挂上我们就买，市场就是这么一点点做起来的，我们感谢客户的信任。然后，来卖的人越来越多，来买人也越来越多，形成了今天这样的市场。没有客户的信任，没有大批用户的信任，今天就不可能有阿里巴巴，也不可能有淘宝网，所以我特别感恩。这一辈子如果说今天没了，我都已经满足了，因为真的有那么多人关心我，那么多人支持我，那么多人说感谢我，我觉得非常羞愧，感谢我干什么？这不是我的功劳。我只说了一句话：那我们就做吧，只要为别人好的事我们就做。

我今天早上和所有的女企业家在这儿交流的时候，我就觉得我已经到了知天命的年龄，人家说60知天命，我45岁不到就开始知天命。知天命不是悲观而是乐观，知道未来还能干多少年，还能活多少年，知道活下来能做什么，我想做什么事，这些想清楚之后我越来越积极。我感谢这个社会，感谢所有的客户，感谢所有的员工，感谢所有人的支持，只有这样做，我们才能越做越踏实，越做越好。我觉得，我们除了感恩以外还要有敬畏。我们充满着敬畏，很多时候的成功不是我们的原因，我们不知道缘故，莫名其妙什么事情帮了我们。走到今天，我们一次一次碰上了灾难，一次一次渡过，我们很努力吗？未必，不是很努力就可以起来的，背后总有一股力量支持着我们。我们昨天很幸运，明天还会幸运吗？中国做企业的人一开始是胆子大、机遇好，成功以后还认为是自己能干，自己有机会，但再试一次就失败了。对阿里巴巴来讲，我们有敬畏之心，我不知道背后是什么东西，我相信未来10年、20年没有那么顺利，我们愿意为这10年、20年怀着敬畏之心不断改变自己。所以，这两个心(感恩之心、敬畏之心)我觉得非常重要，尤其是敬畏之心。很多人说，这个人好勇敢，我觉得勇而敢者死，勇而不敢者胜，我们勇而不敢。很多时候，我说我有这个勇气，我敢动，但是最后我不敢，我对规则，对规律，对莫名其妙的力量有尊重，有敬畏。

2. 怀着感恩敬畏之心，用好社会资源才会不断前进

今天的阿里巴巴能走到现在，而且越到现在我们越充满感恩，越到现在我们越有敬畏之心。我认为，现在很多年轻人有点浮躁，缺乏了信仰。何为信仰？信就是感恩，仰就是敬畏，还有要改变自己。我们总埋怨外界，别人是错的，却从来没有想过自己应该干吗，该做什么样的事情来完善自己。这几天我听到所有的成功人士，所有经历过的人，不管他吃了多少苦都从

来没有抱怨过。施瓦辛格说：“我感恩，我感谢美国，我感谢加州。”我感谢谁？我感谢客户。这些话你能听得出来他是真的还是假的，是演给别人看的还是发自真心的。但是敬畏之心更为重要，在今天的中国尤其要记住，我们其实跟国外的差距还非常遥远，跟美国的距离很遥远，跟日本的距离很遥远，跟很多发达国家的距离也很遥远。前几天很荣幸见到了一位我很尊重的领导，他讲到，我们真觉得今天经济的发展就能够超越美国，人民币就能取代美元了吗？我们需要做多少的事？他讲到美元取代英镑花了多少年，这个故事让我感慨万千。他说，1894 年美国的 GDP 超过了英国，两次世界大战以后美国已经成为最大的债权国，但美元还是没有取代英镑，一直到 1974 年中东战争、石油战争之后美元才开始全面取代英镑，这一共花了 80 年时间。我特别崇拜邓小平的韬光养晦、休养生息。中国的经济要走的路很长，中国的企业要走的路很长。淘宝、阿里巴巴，我觉得我们真的就是一个婴儿，刚刚开始走路，多少企业做互联网，多少人想做电子商务，多少人想做伟大的公司，但是都失败了。为什么我们成功了，凭什么我们会成功，凭什么别人会感谢我们？这让我和我的团队——阿里巴巴的人都在不断地思考。我们想回报社会，这不是假的，是真心诚意的。最近，盖茨和巴菲特来劝中国的很多富翁捐钱，捐钱其实很容易。阿里巴巴的高管团队都认识到，今天我们的钱不是我们的，我一直认为，你有 100 万人民币、几百万人民币，其实是最幸福的，这钱是你的，你是自由的，这钱归你花。当你的钱达到几千万元时，你就开始担心投资、利息。你有上亿元的时候，一定要记住这是社会的资源，你要替社会花好这些钱。我从来没有想过我的钱是我的，从来没想过阿里巴巴今天近 200 亿元的现金是阿里巴巴的，不是的，是社会对我们的信任，把资源交给了我们，让我们更好地利用，让更多的人有就业机会，让更多的人成长起来，这是我对今天中国经济的看法。

3. 创业者要勇于承担社会责任

有时候，我们往往把富人和企业家的概念混在一起，常常说，你们这批有钱人，你们这批富人如何如何。是有很多人做得不对，但是今天的企业家，今天在这儿的中小企业，今天在这儿的网商，我们就想改变商人“一切以利益为重、不考虑别人利益”的观念，我们正在努力。我们这一代和上一代的企业家最大的区别，就是我们不仅在社会中寻找机会，更要去解决社会的问题，要让商业社会更加透明，更加开放，更加承担责任，用未来的眼光去看问题。

美国人有时候来谈理想，我完全支持。盖茨是我的朋友，巴菲特我非常敬重，而且这些钱本来就不是我们的，是社会的。我觉得今天中国更多的企业家，更多的有钱人，更多掌握资源的人都希望这样做。我们的孩子需要就业机会，我们的环境需要保护，我们的需要更多，我们的水需要更干净，我们要把钱花在这儿。其实捐出去真的挺难的，我把钱交给他，他能管好吗？我把这些钱投到更多的网店上去，用这些钱帮助更多的企业的时候，我觉得更充实。我死的时候假如有很多钱没有花掉我会很后悔，当然如果不给孩子留下任何东西，这也是不负责任的，都留给孩子是肯定不负责任的。我不能把钱 100% 都捐了，不给孩子留一点，一个不考虑自己的人，你不要相信他会去考虑社会。我不相信我这个人是无私的。没有私，那是最大的私，我们一定得考虑，但是留多少这是一门艺术。因为我们这一代人所有的努力，除了希望自己好以外，还希望孩子好。我觉得有两样东西是真正对未来好，这也是阿里巴巴今天很多人立志想做的事：第一，孩子们的心灵；第二，环境。假如孩子们是不成熟的，不能用自己的眼光、独特的思考来看待未来，你给他们再多的钱，他们还是会把这个世界搞得一塌糊涂。假如我们的环境很糟糕，那我们的环境在杀掉我们的孩子，所以我觉得这两点一定要关注。

4. 给儿子的三条建议

我儿子18岁的时候我给他写了一封信，提了三个建议。

第一，永远用自己的眼光思考问题，不能别人说东就是东，别人说西就是西。我和在座大家有一个不一样的地方，我十二、三岁的时候就在杭州西湖学英语。很多外国游客经常到杭州来旅游，我坚持了九年时间，不管刮风下雨，总是带着他们在西湖边转，做免费的导游，他们免费教我英文。我给他们当导游，我学的是文化，我觉得老师讲的世界和英文与老外讲的不一样。我一直认为，中国是全世界最强的国家，从小到大我觉得我们是要解放全人类的，最后发现人家要“解放”我们。1985年，我第一次去澳大利亚的时候，我吃惊得要命：澳大利亚怎么那么发达，那么先进？我们那个时候刚刚有万元户。我心里特别震撼，特别难过，从此以后，我养成了一个习惯：任何问题都要用自己的眼光去思考。

第二，永远积极乐观地看待未来。我们碰上的困难够多了，但是以前困难，将来还会更困难，我们现在比第一次世界大战的黑暗、第二次世界大战的黑暗不知要幸运多少倍。我们也抱怨过20世纪60年代的人，特讨厌20世纪40年代、20世纪50年代，今天他们在讨厌我们“80后”，“90后”。我们都有被讨厌的时代，但我永远相信一代超过一代，一代胜过一代，这是我们今天的信心所在。

第三，要有精神信仰。今天，很多年轻人没有自己的信仰，就是没有感恩，没有敬仰。我没有权利和资格批评“80后”和“90后”，我对他们充满了信心。今天，他们展现出来的问题我们都有过。我记得我父辈跟我讲过：“你怎么会喜欢这种摇滚歌手？”我觉得他们也喜欢过，他们有过杨子荣、李玉和，只是每一代人不一样而已。孩子们有偶像比没偶像要好很多，孩子们有梦想比没梦想要好很多，梦想可以变，但不能没有，永远乐观看待自己。我为什么不怪“80后”、“90后”？我们的父辈经过“文化大革命”时期，我们这一辈人翻开书的第一句话是跟着毛主席走。我坚信“90后”，“00后”的孩子会为我们找回这个信仰，因为他们没有信仰中国就很麻烦，他们听东就是东，听西就是西，我们就没有希望。

5. 永不放弃原则

今天在互联网上，在阿里巴巴这个平台上面，在公司内部，我和同事们交流，我们很难让全社会和我们想的一样。事实上，我们要尊重不同的声音。要有不同的声音，我可以不同意你，但是我尊重你讲话的权力。开放就是这样，别人可以骂我，没关系，但我尊重你，你可以讲，而我有我的观点。就像有人提及比较敏感的话题，有人到淘宝示威游行，请！你有你讲话的权利，我有我的原则，但是原则是不能变的。假如所有人都放弃了原则，放弃了坚持，放弃了走正路，走阳光路，结果会怎么样？90%的人是好人，90%的人是走阳光大道的。

今天的社会，我们永远看到的是指责、埋怨，都是别人不对，我心里特别难过。我希望阿里人、淘宝人，所有的创业者们用积极的、乐观的心态看外面。“我们今天看见的官都是贪官，我们今天的企业全在贪赃，我们看到的医院都没有良心，我们看到的教授都抄袭……”但事实上呢？今天的政府比十年前更加廉政，更加能干，今天的企业家比十年前更能承担责任，今天的学校比十年前更加有学术水平，今天的医院比十年前的设备更好，今天的房子比十年前的要好很多，但是我们永远没有把这些比较拿出来扶正祛邪，社会需要正气，年轻人需要正气，未来我们的孩子需要正气。

这个世界是由一个个普普通通的人组成的，因为由人组成所以才普通，因为平凡才有魅力。这世界没有神，但我确实见过各种各样出色的人。在座的所有创业者们，我们一辈子的精力就在干两件事：认识不同的人，经历不同的事。人生到了最后，不管你多有出息，不管你多牛，不管你多伟大，都去火葬场。历史上像秦始皇一样的伟人，在我们中学的课本上也就只有三行字，你还想多伟大？我们每一个人来到这个世界上体验、经历，让自己快乐，也让别人快乐，这是我最近想得越来越多的事，在公司内部也想和大家分享。昨天很多人去参加了淘宝晚会，觉得你们公司这些员工为什么会充满激情，为什么这么干？因为他们知道自己在为什么而干。如果你是普通员工，你必须为自己干，员工说我不为自己干，我就为大家干，那是宣传，很难的。当你是经理时，你必须为别人干。你有七八个下属，他们靠着你，你的脾气好坏都会影响这些人的情绪，影响他们的未来，你这时候你是为别人干。当副总裁的时候，你为大家干、为人类干，才能把企业做起来。人的境界在不同的时候有不同的体现。一位很伟大的朋友也跟我讲过，人一定要想清楚三个问题。

第一，你有什么。

第二，你要什么。

第三，你放弃什么。

每个人都要明白我有什么，我今天觉得我马云既有很多，也缺少很多，因为有些东西本来就不是我的。淘宝用户、阿里巴巴用户，这是社会的，这些钱也不是我的。你想干吗，然后你必须丢掉什么，这世界一定有人骂你，有人恨你。有个社会学的概率：6人之中有人杰，7人之中有混蛋。抓6个人，关在一个房间里．你去观察中间一定有一个人是领导；你关7个人，你观察2个小时，其中一定有一个是混蛋。

我以前很痛苦，心想："我都是为别人好，怎么这个家伙这样？"后来，我问了克林顿，我说："我做一个决定永远有30%、40%的人会反对，真是痛苦之极。"克林顿说："你很好了，有30%的人支持我就已经很了不起了。"我突然觉得有道理，后来再去调查社会，发现很有意思。所以，今天淘宝缺的不是工程师，淘宝缺政治学家、社会学家。淘宝有2亿用户，请问有1%的人反对就是200万人反对，怎么可能是1%，一定是30%，将近6000万。你想让6000万人高兴就让200万人反对，你到底愿不愿意干？我觉得我们很荣耀，我们这一辈子能够有感恩之心、敬畏之情去改变自己，帮助别人，因为我们是平凡的人，吃五谷杂粮。我告诉大家，我和任何人没区别，千万不要认为阿里巴巴是马云做的，我只是运气比较好，不用干活动动嘴就够了。而且，很多时候是我的员工、我的同事在关键的时候拍桌子说就这样了，我一听有道理，应该是这样的。

我已经好几年没有拍桌子说"就按照我说的办"，我都是拍了桌子说"就按照你说的办"。这个就是未来，因为年轻人懂得未来。我前段时间去见支付宝的总裁，他休假去了。他休假回来，我说"总要干活了吧"，他说"现在胸无大志"，我说"这个境界高了"。其实后来才真正明白，胸无大志才是最伟大的。什么叫伟大？伟大就是无数的平凡、单调、枯燥累积出来的。他说："我现在就是把体验做好，客户不爽就一点一滴把服务做好。他说：现在胸无大志，我觉得这个就是大志。我们有一个经理前两天被我批评了，我说："你以为真打仗？你喜欢把毛主席打仗的那套东西弄进来，但现在是和平时代，如果还把打仗那套弄进来，你就像石光荣一样永远成功不了。打什么？要建设！公司一旦确定方针之后，踏踏实实做好客服，单调、平凡、枯燥、重复，把它们做成乐趣，你就伟大了。"我觉得对阿里巴巴来讲，这就是我们今天要面临的。阿里巴巴做的最大决定就是未来十年我们将会脚踏实地，休养生息，去帮助我们的小企业，帮助所有的买家，让他们帮助我们循环起来，继续发展。我们很平凡，十年以内我们已经知道自己要什么，所以我那天才会写出那封信。我坚信“80后”、“90后”、“00后”的孩子一定比我们强。今天，我们的麻烦不是他们惹的，是我们惹的，是我们的父辈种下去的，所有成功的人都没有抱怨，抱怨一点用都没有，要去改变它，点点滴滴地去改变。

我今天讲了那么多，就是想表达我的感谢。阿里人不仅是我一个人，是一批人有这样的感恩之心。我们还有敬畏之心，是对未来的敬畏，对正义的敬畏，对理想的敬畏，对不可知的敬畏。我们会改变自己，我们会坚持原则，希望大家支持这些年轻人，支持这些理想主义者，帮助他们。我们不能期望世界一日之间会变好，但是扶正祛邪是正道，把正气弘扬了，邪的东西自然会下去。社会需要正气，社会需要感恩，社会需要敬仰，社会更需要变革。

我们一起努力，特别感谢大家！

创业需要坚持梦想

2008年10月25日，第二期“河南青年创业大讲堂”在郑州市郑东新区国际会展中心开幕。马云面对数千名大学生开讲“阿里巴巴是如何炼成的”，他介绍了自己学生时代学习英文的体会和后来创业英文对自己的帮助，他总结了阿里巴巴的发展与创业的经验。下面是演讲词。

1. 创业是一种梦想的实现，越是困难越要坚持

这是我第一次来河南，谢谢大家这么早来听我交流创业经验。感谢团省委的精心组织，感谢这个机会。大概一年多没有跟这么多创业者一起交流了，我今天有一点紧张。其实我们都是同类，我也是个创业者。很多人讲马云怎么成功，但是我自己最怕“成功”这两个字。因为每次有所成功，或者自己感觉成功的时候，麻烦就来了，而实际上这么多年我几乎没有感到成功。互联网泡沫结束以后到互联网又起来，到2004年快10年了。我想反正创业就是这个感觉，后面10年我希望争夺的不是成功而是失败和挫折，挫折越多心里感觉越踏实，我想追求的不是成功，而是一种经历，一种对创业的感觉。外界对我的了解，对阿里巴巴的了解很多是通过媒体和杂志。我看到很多写阿里巴巴和我的书，但是没有一本书是我写的。我不知道别人写了什么东西……

我想很多人眼里看到的一个人，未必是你们心里想看到的。今天我们就创业这个问题进行探讨，我先把自己的经历跟大家分享一下，很多人对我的了解都是通过报纸、杂志之类，我现在经常想看到别人写的书，有一天我看杂志上面写一个人特别厉害，我自己也觉得非常厉害，后来发现这个人原来就是我。我肯定没有别人所说的那么好，肯定也不像别人所说的那么坏，这么多年的创业经验告诉我，别人怎么看自己并不重要，创业者其实追求的是一种梦想的实现。我刚才讲从来没有人说我特别聪明，2007年阿里巴巴上市了，突然很多人说我是英雄，然后股票上涨的时候，大家都很高兴，我真不知道发生了什么事情，因为你没有做任何事情，股票却像发疯一样往上涨；你也没有做任何事情，股票就往下跌。我想跟大家讲，如果马云能够成功，80%的人都能成功。我们没什么靠山、背景和资源关系，一切都是普普通通，平平淡淡。其实创业并不高深，我想跟大家讲一下我是怎么走过来的，这个心路历程和经历也许会对大家有所帮助。

1992年我教英文的时候，我们学校的统考通过率只有60%。英文是非常难的，考个三四十分就不错了。那年四级统考，我们创了一个纪录，到今天为止还没有被打破，第一年的学生参加统考都通过了。同样的卷子一个星期后再考一遍，只有40多分。我想跟大家讲，人是有

巨大潜力的，很多时候没有被发现。你以一般的速度不管怎么跑也跑不出你的潜力，除非是老虎追你的时候，你跑得最快。在关键时刻，在任何压力挑战下，请大家不要轻易放弃，这世界上最大的失败是放弃，放弃是很容易的，但是坚持是非常艰难的。我这一辈子，最大的体会是在最困难的时候熬一熬就过去了。在所有人倒下的时候，你还半跪在地上，你就赢了。这是我亲身的经历，我也形成了这样的性格，所以今天无论碰到什么灾难我都告诉自己，越是困难越需要坚持，最后比的是耐力。

2. 一技之长是实现创业梦想的助推器

我的书没读好，成绩大概从来没有进过班级前三名。我在很多小学、中学、大学都讲，你是不是名牌学校毕业不重要，我是在杭州一个没名气的学校上的。当时，人家上了 3 天课，我还在玩，小学我大概念了 7 年，因为我们小学所有人参加重点中学的考试，没有一个人被录取，我便再复习 3 个月，再考。杭州人知道，杭州历史上有一个天水中学，它是直接由小学“升级”成中学的，因为没有中学愿意接受这批学生。所以多读了一年书，一年后再去考，还是没有人考上。最后把我们强制分到了中学。我中学努力学习，成绩也就排在班里 10 名左右。

在上初中之前有一件事改变了我，有一个地理老师讲课的时候讲到一件事：“今天早上我到西湖边上见到很多老外。有个老外跟我讲英语，我问他从哪个国家来，他回答了一个我听不懂的名字。老外就拿了张地图指点给我，我这才知道他来自什么国家。”其实老师是为了表达地图的重要性。但我听了以后觉得这个老师真厉害，竟然可以跟老外讲英文呢。我就对英文感兴趣了，不管怎么样，我每天一定到西湖边上练英文，所以很多人认识我。我把自行车也骑破了，早上 5 点钟我一定起来，9 年内，我可能跟几千个老外交流过。我把能看到的英文都背了，我就是想吸引老外的注意。我带他们在西湖观光，我做免费的导游，他们教我英文。我发现老外跟我讲的中国和世界与我知道的中国和世界完全不一样，这让我很吃惊。

1985 年，一个曾经和我互相写英文信的朋友邀请我去了澳大利亚，我可能是去澳大利亚的非因公和探亲的第一个中国人。很多观念其实都是在很小的时候接受的，由于别人的观点和我听到的观点不一样？不知道什么是真什么是假，坚持了 9 年以后，我对英文和对西方的观点有了不同的认识。今天世界各地的论坛我都浏览，无论是什么档次的，我能够听懂他们在说什么，知道全球的眼光是怎么回事儿，所以这方面我可能比绝大部分的人有优势。我从小在西湖边上学的是山寨英文，但是我明白我在说什么，我们毕竟不是想做英文教授。在座的所有学英文的人要记住，语言是用来交流的。

用山寨英文跟全世界交流，我并不觉得丢脸，老外要是不服输就讲两句中文试试。讲我自己创业经验的时候，我就理直气壮，我在世界各个论坛上讲，我从来没有觉得丢脸，因为我讲的任何东西是我自己的东西，讲自己的东西的时候心里是踏实的，所以我的英文帮了我很多。如果你将来要创业，你必须有全球化的眼光，语言是关键。

我从小学毕业开始，就对语言感兴趣。我高中时数学曾经考了 1 分，说实话我觉得没有什么丢脸的。我在高一的时候，还是数学课代表。高二的时候一个同学被别人欺负了，我去找那个人算账与他打了一架，最后学校把我开除了，我没有办法就转校了，直接进了高考复习班。那时候，因为没有读过高二，我真的是搞不清楚，考试到最后半个小时就乱填，最后数学考了 1 分。结果那一年，大学差了 16 分没考上，我就去找工作。

这都是真实的事。我先去报考杭州市警察学校，我们 6 个同学去的，除了我之外 5 个都被录取。然后我去报考服务员，我表弟排在我后面，我表弟长得非常帅，结果排了一上午的队，最后录取了我表弟。当时我心里也挺难过，但是现在不难过了，多少年过去了，他还在那个宾馆洗衣服。最后通过我爸的关系，我在杂志社里给人捆杂志，捆好了之后拿到火车站。我每天的工作就是打包、踩车，每天快快乐乐地工作，我觉得生活就应该是这样，一点也没有想过有什么不好。

但是有一次，我看了一部小说《人生》，感触很深，书中那个主人公想尽一切办法参加高考，人家那么努力，我也该去考一次。结果那年考惨了，我英文不错，但是其他都不好，离大学录取分数线大概相差了140多分，数学虽然认真学了几个月，但也只考了29分。第三年我白天踩三轮车，晚上上夜校，特别辛苦，其实那时候有一种不放弃的精神支撑。那一年高考，第二天要考数学，前一天一点底也没有。老师当天晚上跟我讲，马云如果你数学及格，我的名字就倒过来写。我想反正我是考不及格，于是好多题目都是用公式去套，考完之后，我就觉得特别好。那年高考数学我考了89分，经常给我补习数学的同学考了61分，这个事儿大家觉得很奇怪，甚至认为考卷批错了。

从那时我明白了一个道理：临阵磨枪，总比不磨要好。我过的是专科分数，没法上本科。杭州师范学院因为外语系男生少，就降分录取了我。到今天为止，我认为全世界最好的大学是杭州师范学院，在那儿我特别自信、快乐。我有个亲戚天天逼孩子好好读书，我跟他说，你自己读书怎么样？他说高中没有毕业。我说那为什么你要孩子天天学习？很多父母希望把孩子送到重点小学、重点中学去。我自己觉得找一个让孩子能够放松的环境很重要，我觉得改变我的是我的学校，它让我特别放松。如果你毕业于一般的学校，你要用欣赏的眼光看自己。有人说我长得丑，但是我不觉得，我只是有点怪，反正全世界再要找出像我这样一个人挺难的……

3. 诚信是创业者必备的素质

在重要的时候做了重要的决定，会影响你一辈子。我那时候想，一定不当老师，而杭州师范学院是专门培养中学老师的。1988年毕业时，学校拿到一个去大学教书的名额，其实是一个同学开后门拿到的这个名额。那个电子学院要这个学生的时候，校长说这个同学不能去，因为只有一个名额，我们要高度重视这个名额。结果那个后门就白开了。后来考虑了一下就让我去，但是对方学校不要，觉得我这个人怎么看都不顺眼，他们认为我肯定是有背景。我们校长发脾气，他说反正就这个人，其他人不能去，我就去了，发现人家学校的老师都是研究生毕业，都是教授，我特别被人看不起。当年我走出杭州师范学院的时候，校长讲去那个学校5年之内不许出来。我答应了到后来才发现这个承诺太沉重了，一个月工资就89块钱，每次我想要走的时候就想着再熬一熬吧。后来深圳有人给我一个月薪1200块钱的翻译工作，但是我想，既然承诺了就要坚守，最后还是没去。

1993年、1994年海南开放，我的朋友全去海南了，其中有个朋友，就是农夫山泉的老板。我们同时创业，我踩三轮车的时候，他做泥水匠，后来他去《浙江日报》做记者，然后去海南创业了。那时候去海南创业是一种热潮，我受到的诱惑不光是做翻译、做外贸，还有创业。但是5年没到，就是不能去，我觉得承诺很重要。因为我带着师弟师妹的一种期望——假如我能做好，他们以后去大学教书的机会就多了。我认认真真地教书，认认真真地工作。但是我教书的风格又被他们批评，我不备课，在6年教书生涯中，我经常坐在讲台上上课，6年以内没有写过黑板字。我觉得一遍遍地写东西没有意义，又不是练书法。后来就形成了“马家军”，我的学生连续4年英文演讲比赛成绩是最好的。

1994年的时候我被评为“学生最喜欢的十大教师”之一，我认为学生喜欢我很重要的原因之一是我不布置作业，我跟他们多沟通交流。直到今天，我的很多学生还在我的公司里面，他们解放了自己的思想，对很多东西兴趣很大。他们不是傻考试，这不是因为我好，是因为他们潜力非常大。1994年年底，我被学校评为“十大杰出教师”，那时候感觉特别好，但是突然想到5年到了。5年到了，本来天天想逃出去，但是现在觉得一切都非常好，越来越好的时候不想离开学校了。特别是马上就要当副教授了，要分煤气，说不定还有分房子的时候。我每一次放弃都是机会很好的时候，在不好的时候人是不能放弃的……

4. 创业者要善于抓住别人没有看到的机会

当初我为什么选择了创业？我今天不断提醒自己，哪怕我失败了，去告诉别人我的经历，分享的都是失败的经历，别人要听，也是吸取教训。我想讲一个观点，多花时间去听别人是怎么失败的，不要花时间去听别人是怎么成功的。

2000年在北大的一个演讲中，我说5年之后，要回学校当老师。但是2005年我要离开公司的时候，董事会说我真的要当老师，可以成立一个大学，让我去过过当老师的瘾。孙正义跟我是在1999年认识的，当时我们在上海参加一次会议。孙正义在日本软银投资的七八十家公司，每个公司都要去演讲。我是最后一个讲的，我上去讲了三句话，我说：第一，孙正义你投资我的时候，我要做电子商务；第二，今天我还是做电子商务；第三，今天和你投资的时候唯一不同的是，当时我没有资本。我那时候发现，七八十个人把梦想都换掉了，我没有换掉自己的梦想，直到今天我还是没有放弃。这个梦想不改变，只要坚持走下去，一定能走出去。

孙正义听了以后感觉很有意思，他说初恋是最美好的，但是绝大多数人把初恋忘掉了。在成功的时候要想这些问题，在挫折的时候也要想这些问题，你才有可能会成功。记得当时我离开学校后的想法是：如果我成功了，我就去哈佛上课；如果我失败了，我就去北大上课。失败的经历是最宝贵的，成功的经历是瞎扯。你要用自己的脑袋去思考。我第一次去哈佛上课的时候，那时候我们就是无知者无畏，在台上瞎说。我讲真话，我申请过10次哈佛工商管理硕士，但是都被拒绝了。

大家在学习案例的时候，要学会自己思考。做任何事情都要自己思考，要有独特的观点。其实2007年年底和2008年年初，我已经非常明确经济要出现问题。你要用自己的脑袋去思考，创业者必须有独特的眼光。什么叫远见？远见是你看到别人没有看到的东西，并且能够施展出来。不能施展出来，那是乱想，或者你只看见别人都看见的东西，那你不可能成功。所以我认为大家任何时候都要自己去思考，因为遇到的很多灾难性的痛苦，很多时候是一样的，只不过你不愿意听别人，不愿意反思自己，很多人犯错误的出发点和手法差不多，一般都是有钱了就开始犯错误，没钱的没怎么犯。

我到美国去参观一个高速公路的项目的时候，没想到被美国人骗了，威胁了，然后我就到了西雅图的一栋楼里面，第一次接触电脑。那时候都是有钱的公司才有电脑。两万美元一台，是让人心里面很怕的东西。很小的房间，七八台电脑，几个老外，他们说这是互联网，你可以搜。我不敢碰，他们说你按一下没有关系。我就打了一个词“啤酒”去搜索，那时候网速特别慢。后来我又搜索关于中国的东西，但好几次都没有信息。我就很好奇地问能不能输一个公司到里面，那时我在杭州刚刚组建了一个公司，叫做海博翻译社。没有想到早上挂上去，下午就有邮件，我觉得这个东西靠谱，这个东西有意思，这个东西有点味道，心想我如果创业的话说不定可以试试看。那时候中国和美国的互联网接口带宽是64k，说是互联网太勉强。人家觉得我们是骗子，很多企业界的朋友，当年我去找他们融资，10万元就可以让公司起来，但是他们都拒绝了我。

今天见到了，他们都说那个时候怎么就那么傻，没有投你呢？那个时候我也没说清楚。“互联网将改变人类生活的方方面面”，这是我当时编出来的一句话。我说是比尔·盖茨说的。1995年比尔·盖茨世界首富的名声响起来，我已经向他道歉好几次了。但是我讲的是真话，不是假话，确实要改变，但是也没想到那么快。开通互联网的时候，我是中国电信的第八个用户，在杭州，用了一台486上网，要拨号上网，到美国搞了半天。为了证明我不是骗子，我把电视台的很多朋友、记者叫到家里，让他们观摩一下什么叫互联网，在房间里面拨弄电脑，花了3个半小时才拨通，出现了第一个界面，那个时候我激动万分……在北京我们做得非常成功，可能创造了无数个中国第一，但是那一年发生了分歧。我认为我们应该帮助中小企业创造价值，想办法帮他们挣钱，我们领导认为应该针对大型国企；还有另一派认为应该是控制企业。但是我觉得我不一定是错的，他们也不一定是对的。所以互联网我们是第一个，1997年、1998年中国可能没有其他企业依靠互联网挣钱，但是我们净赚了281万元。后来我带了6个年轻人回去创业。

我其实是雅虎中国的第一任总裁候选人，我有一个情结。杨致远跟我认识的时候，我觉得雅虎的模式未必适合中国，我相信中小企业，相信电子商务，这是我自己的梦想。同时，我可以推荐你们去雅虎，一两万元的月薪，或者去其他公司，但是如果你们愿意跟我回家的话，我付你们500块钱一个月，10个月以后，如果失败，大家自己去找工作。这帮人走出去3分钟以后，又回来，说咱们回家去做。

5. 创业要先明确使命，始终坚守核心价值观

收购雅虎中国，我们走了9年，我觉得唯一没有变化的东西就是我们永远坚信中小企业和电子商务能够帮助中国企业成长，只有帮助你的客户赚钱了，帮助你的员工富起来了，你才能富起来。我们必须讲创业真实的东西，20世纪70年代创业的人是靠勇气，20世纪80年代是靠关系。如今新时代已经到了，我们坚持讲真话，我自己理解，中小企业将影响未来的世界，全世界绝大部分的就业机会是中小企业提供的。中小企业对整个社会、对每个人的梦想是很好的。我们参与了《赢在中国》，作为一个创业者，我觉得挺有意思的。两分钟之内听懂别人的意思，真不容易，还得点评，点评依靠我自己的经验和经历，在经营过程中，我也学习体会了很多，可能会对你们有一点帮助。我今天还活着，这公司还存在着，并且发展得不错，原因是什么？我觉得没有什么秘诀。

一是不断反思自己当时为什么创业，今天公司这么大了，我还在反思。

二是我在哈佛讲过，我没有倒下的主要原因是我没有钱，我是两万元钱起来的，因为没有钱，所以我对每一分钱都非常小心，养成了一个非常节约的习惯。你有几百万元的时候，你称自己很有钱，你有1亿元的时候，你说自己很有资本，但是当你有一二十亿元的时候，那是资源。很多企业失败，大都是在有钱的时候。今天阿里巴巴拥有160亿元的现金储备，我们每个月都赢利，即使都是免费，但我们还是赢利的，不要在乎别人行不行，你自己行才是最重要的。所以知道公司有这么多的现金，我还是每天提醒很多人，要当自己没有钱，这不是钱，是资源。

三是因为不懂技术，我对所有创业者讲，对这个行业懂不懂并不重要，重要的是有没有激情。自己不懂技术，你可以请世界上最懂技术的人一起工作，不懂技术要学会尊重技术，阿里巴巴一直被外界认为是不懂技术的人在领导。我觉得恰恰相反，因为不懂技术，我心里没底，

所以我们请最好的技术人员。说好的东西，肯定会有人来挑战你。还有一个是服务好不能说，怎么好都是应该的，有些东西是不能说的。我到今天为止还是搞不清楚什么叫程序，怎么会运行起来这并不重要，我们同事间的合作非常愉快。几年前我是阿里巴巴所有产品的检测员，因为我不懂技术，我怕技术。我使用互联网最多的是邮件、浏览器，我连DVD也不知道怎么放，我觉得技术人员是帮助不懂技术的人把技术搞得更简单，所以技术人员能够搞出来很好的产品。假如我不会用，我认为80%的人也不会用，正因为阿里巴巴搞得那么简单，把简单留给别人，把复杂留给自己，自己才能兜着走。把技术搞简单，很多技术人员创业一定要记住，关键看你这个技术对社会有没有用，必须一切以客户需求为价值取向。

四是少做计划，但是方向明确，使命感和价值观的目标明确。我们公司最重要的是企业文化，我们必须统一，不管员工来自哪里，必须到杭州进行为期一个月的培训。我坚信做任何事情，要永远清楚自己的使命是什么。阿里巴巴的使命是让天下没有难做的生意。我们都要问自己能否帮助你完成这个使命……

五是有共同的目标。一个组织必须有共同的目标，你去检验一个公司的好与坏，去问他们的员工，如果问七八个人回答都一样，这个公司就是有凝聚力的。如果每个人的回答不一样，就应先明确自己的使命。今天要把一万多名阿里巴巴的员工团结在一起，那是很难的。我特别为我们的员工骄傲，虽然他们是很难管理的。他们都很聪明，每个人都认为自己是天下第一，尤其是现在的年轻人。但是怎么团结这些人，需要一个大家都能认同的价值观，就是进来的人必须认同，必须坚守。所以我想今天做企业．越做越伟大的是，你终于发现，其实全世界的企业很多东西都是相同的。所以我想跟大家分享的是，创业除了要有激情，还要有制度、使命感和文化价值观。

我讲过很多次，100个人创业，95个人无声倒下了，剩下的5个人，你是看着他倒下了，只留下一个，也未必是最出色的。今天要告诉大家的是，要去看为什么95个人会倒下？这是我的看法，希望大家能在这随意的演讲里面，听到自己需要的东西。

比亚迪股份有限公司董事局主席兼总裁王传福

在深圳特区成立三十周年纪念大会上的演讲

2010年9月6日

尊敬的胡锦涛总书记，各位领导，各位嘉宾，今天我很荣幸能代表参加深圳经济特区建立三十周年的庆祝大会，此时此刻，我作为一名亲自参与深圳经济特区建设的创业者，我由衷的为我们国家和深圳经济特区改革开放所取得的伟大成绩而感到骄傲和自豪。

比亚迪公司1995年在深圳创建，到今年才15年的历史，15年公司已经涉足IT、汽车、新能源三大产业，从创业初期的二十多人，发展到二十万名员工，从外租厂房到拥有十一大工业园，已成为网络遍布全球的国际化企业。我们的英文缩写是BYD，Bulid Your Dreams代表的就是一种实现梦想而奋斗的精神。敢于创新、敢于实现是我们创业的精神支柱，正是抱着这种信念，当充电电池产业由国外巨头占据绝对优势，一套设备动辄数千万元，甚至上亿元，我们仅仅凭着进来的250万，以自主研发的设备和工艺，形成了自己独特的竞争优势，一举打破了国外企业的垄断格局。三年时间占据了全球近40%镍铬电池市场，到2008年已经成为全球最大的充电电池制造商。

当人们还为比亚迪在电池领域奇迹般崛起而震撼的时候，我们又义无反顾的投入了竞争白热化的汽车产业，通过几年时间的努力，于2009年达到全国自主品牌轿车销量第一，并自主研发了大型动力电池，解决了电动汽车最核心的电池技术，在世界上形成了领先的优势。2008年比亚迪制造了全球第一款不依赖于充电站的双模电动车在深圳上市，今年5月比亚迪制造的全球第一批纯电动出租车在深圳上路运行。

回顾过去创业发展15年，比亚迪创造了奇迹，这首先要感谢党的改革开放政策，感谢深圳这片创新、创业的热土，作为改革开放政策的忠实执行者和先行者，深圳经济特区给包括民营企业在内的国内企业发展营造了最佳的环境，给了我们创新的土壤，创新的气氛和敢创、敢试、敢为天下先的创新精神。发展永无止境，创新也永无止境，我们始终坚信技术可以改变实践，创新造福人类。当今世界能源危机和气候变化已成为全球性的课题，可持续的发展正在成为全球性的潮流，我们将致力于用创新的激情，超前的研发，科技的产品，努力实现电动汽车储能电站，太阳能电站在中国率先大规模应用的三大绿色梦想，努力化解能源危机，减轻化学能源的污染，努力为建设一个绿色的中国，绿色的地球增添自己的力量。

当然我们也深知实现这些理想存在着巨大的技术障碍，但是作为中国人，我们从不畏惧任何技术难题，别人有，我们敢做，别人没有，我们敢想，深圳三十年的高速发展历程，给我们企业带来了启示就是，一定不能墨守成规，要打破常规，敢想、敢干、敢竞争，用持续的创新不断去创造业绩，实现梦想。我们坚信在克服实现能源危机，实现绿色技术的道路上，一定会涌现一批创新的企业，伟大的企业，这当中一定会有中国的技术，中国企业的一席之地，比亚迪愿意为此不懈努力，谢谢！

致奋斗

万达集团董事会主席王健林于2013年7月6日中央电视台在北京世纪坛主办的“中国创业榜样”的演讲。以下是演讲词。

什么叫奋斗？我觉得奋斗是一种状态，一种精神。我简单概括两句话，奋斗就是勤奋的工作，充实的生活。我相信绝大多数的同学都梦想成功。但是怎样才能成功呢？我总结了一下，成功有三方面的因素：勤奋、才智和机遇。这三个方面都缺一不可，但我觉得最重要的还是勤奋。首先，勤奋能弥补你才智的不足。

我给大家讲一个小故事，25年前我下海创业做房地产，那时我还是一个转业军人，什么都不懂，我的同事都怀疑我，同行都笑话我。多数人给我这样的评价：从哪来一定会滚回哪里去。面对这些眼光和讥讽，我下定决心首先要把业务学好。所以在接下来的四五年时间里，我放弃了所有的休息时间，白天上班，晚上看图纸，学习书本知识，和别人讨论，所有的时间我都拿来学习。就在这五年的时间里，我学习了房地产行业所有的业务知识。我现在可以毫不夸张的说，我已经成为了房地产界的专家。所以，奋斗能够弥补才智的不足。

古人有一句话：勤能补拙。还有一句话叫奋斗可以发现机遇，可以把握机遇。

2006年我们做了万达广场，开始的时候不太火，通过分析我们得出，需要有一些娱乐和餐饮的元素放进去。那就要懂电影院，可是那时候中国的电影院也就是十家八家，票房才8亿。所以对于这个项目的投资争议非常多，可以说当时只有我一个人在坚持，而其余所有的人都在反对我。这时候，我就跟大家讲：美国只有2亿多人，却有80多亿的票房。我相信总有一天我们会发展的比美国的市场还要大。所以我坚持做了电影院，2006年我们进入，2008年我们就遇到了中国电影事业蓬勃发展的好时机。从2008年到现在，中国电影市场环比递增

35%。按照这个速度，我预计四年到五年，中国会超过美国，成为全球第一市场。

这种机遇的来临就源自于我们的勤奋。现在那么多人觉得我们做电影院，怎么那么聪明赚那么多钱。可是你想想，如果没有这种奋斗和勤奋是不可能获得这种机遇的。所以古人那句话没有错，天道酬勤。勤奋可以弥补一切。当然光有勤奋是不够的，勤奋还有和你的才能在一起，还要和运气在一起，这两个方面需要大家在创业的过程中不断地去弥补和充实。

在结束这短短的演讲之前，给大家分享一句我非常喜欢歌词，来自《真心英雄》：我们的心中都有一个梦，但是没有人能随随便便成功。所以我们要认真对待生活中的每一分钟。

同学们，大家奋斗吧！

我的失误与教训

2001年2月史玉柱在中国民营科技企业新世纪高峰论坛会议上的演讲

我是一个中国著名的失败者。今天我在这里，总结一下过去失误的地方和教训，希望对大家有所帮助。

1. 投资的失误

一个企业真正走入困境，很少是因为管理不善，很少是因为企业操作的问题，给企业造成最大的损失就是它做了不该做的事情，不该投资去投资，这种投资是最大的失误，这是我们过去亲身经历过的。作为投资，企业应该进行大量的论证，国外企业投资的话，只是总投资的百分之几，不然就会给企业造成资金周转不灵的状态。

结合过去的教训，我们总结出来，如果再投资，要本着几个原则。

(1) 这个投资一定是朝阳产业，如果不是就不投资。

(2) 要看这个行业你熟不熟，熟的就做，不熟的行业不做。

(3) 你的干部队伍具备不具备，在新的投资中，你企业人员最大的特长能不能发挥最大，发挥出来就做，发挥不出来就不做。

(4) 发现苗头不对要当机立断不做，如果你撑到最后，结果你的资金就会被耗光。

以上是我第一个教训，就是关于投资的问题。

2. 资本结构不合理

这个问题尤其突出的是流动性太差，过去巨人的资本结构，要么就是办公楼，要么就是巨人大厦，要么就是一些债权，这个资本的结构不能流动，一旦出现问题，"抗病"能力特别弱。比如说上市公司的股权，甚至金融上市公司的股权搭配这个资本就特别好，企业不会像过去那样。

还有就是过去巨人的资本结构的应收款，就是债权。我们巨人有商业的债权，巨人没有停止的时候，这部分是资产；巨人一休克这资源就变成零了，这样资源运作有一些问题。

我们总结了过去的教训，再重新建立的时候，尽量缩小。目前我们在外面没有债务，去年我们做了十几个月，一份债务都没有，可能是过去跌摔得太重了。

3. 管理不规范

管理涉及方面很多。

第一个是责权利要配套。过去我们开会经常会说，《巨人报》也提出过，但都是停在口号上面，真正地做到没有，没有做到。我认为对干部的责任，他的权利，他的义务三者必须配套，少一个都不行。我们过去有这种情况，有权力的没责任，有责任的没权利，也没有利益这种现象。我们分公司的经理，开始的权力很大，后来觉得有问题，权利又限制的很小。比如说今天晚上请人家吃饭，晚上得发个传真到总部批准，某种程度上和公司的关系不是很顺。管理上仍有问题。

第二个是贷款问题，这是个非常重要的问题。现在在中国，企业和金融业之间信用存在一定的危机，贷款如果管不好，乱账的问题特别严重，尤其是在医药和保健领域里面，乱账率非常高，是销售额的20%～30%。国外有一些公司，他欠款不多，所以我们自己定了纪律，我情愿生意做得小，但第一天就要良性循环，不赊账，不欠别人的，这样企业就不会在贷款方面出现大的漏洞，拖垮一个企业。

第三个就是管理上没有重点。过去管理上面面俱到，没有重点，如果你看我们的管理制度，感觉还好。管理制度就有一尺厚，每个方面都有，财务的管理、营销的管理、质量的管理等，十几大册，每个册里面都有分册，包括统计报表怎么做都有，很细，但是管理出现问题的时候，你要抓矛盾的主要方面。当时我们没有注意这个问题，不是每一个方面都可以搞好的，实际上做不到。管理在有些地方要粗犷一些，主要是责权利的配套，有些细的地方不应该管理，过去我们没有这样做，最后导致巨人的管理流于形式，是企业没有战斗力。

4. 企业文化流于形式化、不适用

过去的巨人企业文化是要做东方的巨人，那个东西没有用，企业文化是管理的核心，除了正常的管理之外，企业还存在不好的氛围，应该对它进行补充和约束，这样有利于企业的发展。光提口号是没用的。过去的口号提得比较响亮，可在做事的时候很多不好的气氛。

第一个是说做不到。开会的目标，大家都报了，报得很高，月底一看普遍完成不到50%，下次还这样。另外总部和下面的承诺也常常不兑现，上面和下面说到做不到，这样新的危机靠管理不行，这个问题解决不了。所以说我们现在，提到就做到，我们努力做，现在至少经理报的跟月底相比，实际上都大于计划书。这是企业文化暴露出的问题。

第二个是我们的干部不敢于承担责任。一到承担责任的时候你推我，我推你，只要一个事没做好，每次都花很长时间找谁承担这个责任，找不到人，一个比一个会说。不承担责任，下次再失误也无所谓。每次出了责任又找不到人，后来我们也提出一个解决的办法。

第三个是每个人对别人要求很高，自己的要求很低，总是盯着别人的部门。国人有这样的现象，往往自己做出的贡献看得一清二楚，怎么苦过来的，别人做一件事他认为很简单，普遍存在这样的现象。这样的客观现象对别人的功劳不屑一顾，对别人的失误看得很厉害，对自己的失误能够原谅。这样的话，怎么搞企业文化？只有每个人对自己严一点，对别人宽一点，严于律己，宽以待人，这样才有利于公司的发展。

第四个是企业文化的问题，就是喜欢强调困难，强调苦劳，这件事情我没有功劳有苦劳。对中国人来说，苦劳和功劳没有任何区别的。苦劳是没有做成任何事情，所以企业应该只认功劳，不应该有苦劳，重在结果。过去一件事没完成，我们巨人在最低谷的时候，1997年、1998年推行这个效果，对战斗力有所提高。

第五个就是好的时候大手大脚，浪费情况严重。人一旦大手大脚就浮了，人不艰苦的话他的战斗力不够。解放战争时期，国民党的国防指挥部有漂亮的大楼，共产党的却是山顶的房屋。一个企业即使效益再好，艰苦奋斗还是要强调的，如果不强调这一条，这个企业的战斗力就会较弱。

后　　记

我是2007年开始学习研究创业管理并于2009年开设创业管理课程，2011年主持的吉林省教育科学“十二五”重点规划课题《应用型本科高校创业人才培养模式研究》已结项。经过多年的积累和研究，在认真听取学生、同行及有关专家学者的意见建议的基础上，以教育部颁布的《创业教学大纲》为框架蓝本，编写出集基本理论、案例、技能、实训实练、创业英雄演讲及创业辅助机构介绍于一体的《创业基础：理论应用与实训实练》教材。无论在理论梳理、编排结构、内容扩展，还是理论应用、技能训练、案例深度分析等方面都有新的突破和探索。本书分为11章，包括：创业活动与创业教育、创业过程、创业机会挖掘与评价、创业团队、构建商业模式、撰写商业（创业）计划书、新创企业融资、新创企业战略规划的制定与控制、新创企业市场营销、新创企业人力资源管理、大学生创业。为使创业理论与实践紧密结合，本教材选取在国内外有重大影响的20个创业典型案例以及4个国内大学生创业案例进行总结分析与评价，国外的包括：费雷德里克·特曼、比尔·盖茨、史蒂夫·乔布斯、迈克尔·戴尔、山姆·沃顿。国内的包括：柳传志、李嘉诚、王传福、牛根生、张瑞敏、史玉柱、马云、李彦宏、雷军、张朝阳、王健林、俞敏洪、张茵、马化腾、乔赢以及大学生创业的李嘉喜、李鹏、张艳宇、周鼎凯。此外，从大量的文献中，精心选取10名在国内外有重要影响的创业者在重要会议的演讲，他们讲述创业的心路历程，非常值得大学生在学习创业理论的同时，学习、借鉴、思考他们的创业精神和经验教训，使大学生在创业活动中，少走弯路，创业成功。

本讲义的编著经过较长期的反复修改过程，先后给学生印发4次作为校内讲义，在认真听取学生等各方面的意见建议的基础上，又经过了比较系统的补充、修订、完善和提高工作，直到完成教材编著任务。教材编著中没有节假日，没有寒暑假，殚精竭虑，日复一日，虽然很累，但很有成就感。感谢学院领导、教务处和图书馆的大力支持；感谢商学院领导及其他同事的热情帮助和鼓励；感谢北京大学出版社王显超等有关同志付出的辛劳，为本书做了认真细致的编辑和校对工作，使本书减少了一些错误；感谢爱人和儿女的支持与帮助；感谢那些曾经直接或间接地支持帮助过我的朋友们！由于作者水平有限，疏漏或不当之处敬请领导、专家，特别是学生提出反馈信息或批评建议，以便进一步修改完善，不断提高教材的质量。在编著教材过程中，参考使用了已公开发表的研究成果和文献资料，在此，向有关作者表示感谢！

郭占元
2014年6月15日
于长春光华学院公寓

后 记

参考文献

[1] [美]杰弗里·蒂蒙斯，小斯蒂芬·斯皮内利．创业学[M].6 版．周伟民，吕长春，译．北京：人民邮电出版社，2005.

[2] [美]萨尔曼．创业管理[M].2 版．北京：中国人民大学出版社，2005.

[3] [美]彼得·德鲁克．创新与企业家精神[M]. 北京：机械工业出版社，2006.

[4] [英]钟普洋，叶松茂．草根创业的 5 项修炼[M]. 北京：电子工业出版社，2011.

[5] 张文松，等．创业学[M]. 北京：机械工业出版社，2012.

[6] 林嵩，谢作渺．创业学：理论与实践[M]. 北京：清华大学出版社，2008.

[7] 京弘博．创业训练营[M]. 北京：人民出版社，2012.

[8] 江展增．创业梦想[M]. 北京：新华出版社，2011.

[9] 卢飞成．创业能力[M]. 杭州：浙江大学出版社，2012.

[11] 刘志阳．创业管理[M]. 上海：格致出版社，上海人民出版社，2012.

[11] 朱益新．创业实务[M]. 北京：中国人民大学出版社，2013.

[12] [美]马里奥特．青年创业指南：创建和经营自己的企业[M]. 北京：经济日报出版社，2004.

[13] [美]邦斯．创业者的第 1 堂课[M]. 北京：人民邮电出版社，2004.

[14] [美]萨尔曼．创业企业融资堂课[M]. 北京：中国人民大学出版社，2003.

[15] 吴晓波．激荡 30 年[M]. 北京：中信出版社，2007.

[16] 雷中辉，卢爱芳．你拿什么吸引我——创业者必知的风投规则[M]. 北京：北京大学出版社，2007.

[17] 王昊青．创业悟语[M]. 上海：上海人民出版，2008.

[18] 刘平．创业攻略[M]. 北京：中国经济出版社，2008.

[19]《财富人生》节目组．财富人生[M]. 上海：上海教育出版社，2003.

[20] 程欣乔，辛保平，宗春霞．老板是怎样炼成的[M]. 北京：清华大学出版社，2005.

[21] [美]巴隆．创业管理：基于过程的观点[M]. 北京：机械工业出版社，2005.

[22] [美]库洛特克，霍志茨．创业学：理论、流程与实践[M]. 北京：清华大学出版社，2006.

[23] [美]毕海德．新企业的起源于演进[M]. 北京：中国人民大学出版社，2004.

[24] [日]大前研一．差异化经营[M]. 北京：中信出版社，2006.

[25] [美]柯林斯．基业长青[M]. 北京：中信出版社，2003.

[26] [美]卡尔·J. 施拉姆．创业力[M]. 上海：上海交通大学出版社，2007.

[27] 陈铮．成功不是偶然[M]. 上海：立信会计出版社，2012.

[28] 吴静．创业十诫[M]. 北京：电子工业出版社，2009.

[29] [美]沃尔特·艾萨克森．乔布斯[M]. 北京：中信出版社，2011.

[30] [美]戈尔茨坦．稳赚：低风险创业[M]. 北京：中信出版社，2005.

[31] 肖建中．边打工边创业[M]. 北京：中国经济出版社，2005.

[32] [美]约翰·纳斯比特．中国大趋势[M]. 长春：吉林出版集团，中华工商联合出版社有限责任公司，2009.

[33] 陈晓红，吴运迪．创业与中小企业管理[M]. 北京：清华大学出版社，2009.

[34] [美]吉姆·梅林斯．再造卓越[M]. 北京：中信出版社，2010.

[35] [美]杰克·M·长普生，安东尼·C·沃伦．创业学[M]. 北京：中国人民大学出版社，2009.

[36] 郭占元．管理学理论与应用[M]. 北京：中国经济出版社，2011.

[37] 郭占元．创业学理论与应用[M]．长春：长春光华学院校内讲义，2013.
[38] 杨雨山．蒙牛教主——牛根生[M]．太原：山西人民出版社，2008.
[39] 成时．史玉柱传奇[M]．北京：中国经济出版社，2009.
[40] 郑月玲．创业三剑客[M]．北京：人民邮电出版社，2009.
[41] 广天响石阿里巴巴研究中心．马云说[M]．北京：中华工商联合出版社，2011.
[42] 刘沁玲，陈文华．创业学[M]．北京：北京大学出版社，2012.
[43] 严中华．社会创业[M]．北京：清华大学出版社，2008.
[44] [英]迈克尔·莫里斯．成功创业的14堂课[M]．王聪，译．北京：电子工业出版社，2010.
[45] 史玉柱口述，优米网．史玉柱自述：我的营销心得[M]．北京：同心出版社，2013.
[46] [美]王查德·史密斯，等．创业金融[M]．北京：机械工业出版社，2011.
[47] 俞敏洪口述，优米网．在痛苦的世界中尽力而为[M]．北京：当代中国出版社，2012.
[48] [日]梅田望夫．G时代创业的五大定律[M]．周晓含，译．长沙：湖南科技出版社，2012.
[49] [美]史蒂夫·布兰克．创业者手册[M]．新华都商学院，译．北京：机械工业出版社，2013.
[50] [美]C.K普拉哈拉德，M.S克里斯南．创业成功定律[M]．林丹明，徐宗林，译．北京：中国人民大学出版社，2009.
[51] [美]罗布·亚当斯．避开创业9大陷阱[M]．刘昊明，等译．北京：机械工业出版社，2005.
[52] [美]霍华德·H弗雷德里克，唐纳德·F库洛特克，理查德·M·霍杰茨．创业学[M]．蒋春燕，译．北京：中国人民大学出版社，2011.
[53] [美]威廉·A·萨尔曼，霍华德·H史蒂文森，迈克·J·罗伯特，阿玛·布海德．创业管理[M]．郭武文，译．北京：中国人民大学出版社，2005.
[54] [美]布鲁斯R·巴林格，R·杜安·爱尔兰．创业管理：成功创建新企业[M]．张玉利，王伟毅，杨俊，等译．北京：机械工业出版社，2006.
[55] 李家华．创业基础[M]．北京：北京师范大学出版集团，2013.
[56] 新东方教育集团 www.neworiental.org
[57] 蒙牛集团 www.baikc.baidu.com
[58] 联想集团 www.lenovo.com
[59] 阿里巴巴网络有限公司 www.1688.com
[60] 腾讯控股集团公司 www.tencenen.com
[61] 中国创业网 www.cyechina.com/www.cgol.cn
[62] 中国 www.tv.cntv.cn/live/cctv2
[63] 全国大学生创业服务网 http://cy.ncss.org.cn/cydx/cydx/274894.shtml
[64] 大学生创业网 http://v.studentboss.com/2013/0528/890.html

北京大学出版社本科财经管理类实用规划教材（已出版）

财务会计类

序号	书名	标准书号	主编	定价	序号	书名	标准书号	主编	定价
1	基础会计（第2版）	7-301-17478-4	李秀莲	38.00	25	税法与税务会计实用教程（第2版）	7-301-21422-0	张巧良	45.00
2	基础会计学	7-301-19403-4	窦亚芹	33.00	26	财务管理理论与实务（第2版）	7-301-20407-8	张思强	42.00
3	会计学	7-81117-533-2	马丽莹	44.00	27	公司理财原理与实务	7-81117-800-5	廖东声	36.00
4	会计学原理（第2版）	7-301-18515-5	刘爱香	30.00	28	审计学	7-81117-828-9	王翠琳	46.00
5	会计学原理习题与实验（第2版）	7-301-19449-2	王保忠	30.00	29	审计学	7-301-20906-6	赵晓波	38.00
6	会计学原理与实务（第2版）	7-301-18653-4	周慧滨	33.00	30	审计理论与实务	7-81117-955-2	宋传联	36.00
7	会计学原理与实务模拟实验教程	7-5038-5013-4	周慧滨	20.00	31	会计综合实训模拟教程	7-301-20730-7	章洁倩	33.00
8	会计实务	7-81117-677-3	王远利	40.00	32	财务分析学	7-301-20275-3	张献英	30.00
9	高级财务会计	7-81117-545-5	程明娥	46.00	33	银行会计	7-301-21155-7	宗国恩	40.00
10	高级财务会计	7-5655-0061-9	王奇杰	44.00	34	税收筹划	7-301-21238-7	都新英	38.00
11	成本会计学	7-301-19400-3	杨尚军	38.00	35	基础会计学	7-301-16308-5	晋晓琴	39.00
12	成本会计学	7-5655-0482-2	张红漫	30.00	36	公司财务管理	7-301-21423-7	胡振兴	48.00
13	成本会计学	7-301-20473-3	刘建中	38.00	37	财务管理学实用教程（第2版）	7-301-21060-4	骆永菊	42.00
14	管理会计	7-81117-943-9	齐殿伟	27.00	38	政府与非营利组织会计	7-301-21504-3	张　丹	40.00
15	管理会计	7-301-21057-4	形芳珍	36.00	39	预算会计	7-301-22203-4	王筱萍	32.00
16	会计规范专题	7-81117-887-6	谢万健	35.00	40	统计学实验教程	7-301-22450-2	裘雨明	24.00
17	企业财务会计模拟实习教程	7-5655-0404-4	董晓平	25.00	41	基础会计实验与习题	7-301-22387-1	左　旭	30.00
18	税法与税务会计	7-81117-497-7	吕孝侠	45.00	42	基础会计	7-301-23109-8	田凤彩	39.00
19	初级财务管理	7-301-20019-3	胡淑姣	42.00	43	财务会计学	7-301-23190-6	李柏生	39.00
20	财务管理学原理与实务	7-81117-544-8	严复海	40.00	44	会计电算化	7-301-23565-2	童　伟	49.00
21	财务管理学	7-5038-4897-1	盛均全	34.00	45	中级财务会计	7-301-23772-4	吴海燕	49.00
22	财务管理学	7-301-21887-7	陈　玮	44.00	46	会计规范专题(第2版)	7-301-23797-7	谢万健	42.00
23	基础会计学学习指导与习题集	7-301-16309-2	裴　玉	28.00	47	基础会计	7-301-24366-4	孟　铁	35.00
24	财务管理理论与实务	7-301-20042-1	成　兵	40.00					

工商管理、市场营销、人力资源管理、服务营销类

序号	书名	标准书号	主编	定价	序号	书名	标准书号	主编	定价
1	管理学基础	7-5038-4872-8	于干千	35.00	29	市场营销学：理论、案例与实训	7-301-21165-6	袁连升	42.00
2	管理学基础学习指南与习题集	7-5038-4891-9	王　珍	26.00	30	市场营销学	7-5655-0064-0	王槐林	33.00
3	管理学	7-81117-494-6	曾　旗	44.00	31	国际市场营销学	7-301-21888-4	董　飞	45.00
4	管理学	7-301-21167-0	陈文汉	35.00	32	市场营销学（第2版）	7-301-19855-1	陈　阳	45.00
5	管理学	7-301-17452-4	王慧娟	42.00	33	市场营销学	7-301-21166-3	杨　楠	40.00
6	管理学原理	7-5655-0078-7	尹少华	42.00	34	国际市场营销学	7-5038-5021-9	范应仁	38.00
7	管理学原理与实务（第2版）	7-301-18536-0	陈嘉莉	42.00	35	现代市场营销学	7-81117-599-8	邓德胜	40.00
8	管理学实用教程	7-5655-0063-3	邵喜武	37.00	36	市场营销学新论	7-5038-4879-7	郑玉香	40.00
9	管理学实用教程	7-301-21059-8	高爱霞	42.00	37	市场营销理论与实务（第2版）	7-301-20628-7	那　薇	40.00
10	管理学实用教程	7-301-22218-8	张润兴	43.00	38	市场营销学实用教程	7-5655-0081-7	李晨耘	40.00
11	通用管理知识概论	7-5038-4997-8	王丽平	36.00	39	市场营销学	7-81117-676-6	戴秀英	32.00
12	管理学原理	7-301-21178-6	雷金荣	39.00	40	消费者行为学	7-81117-824-1	甘瑁琴	35.00
13	管理运筹学（第2版）	7-301-19351-8	关文忠	39.00	41	商务谈判（第2版）	7-301-20048-3	郭秀君	49.00
14	统计学原理	7-301-21061-1	韩　宇	38.00	42	商务谈判实用教程	7-81117-597-4	陈建明	24.00
15	统计学原理	7-5038-4888-9	刘晓利	28.00	43	消费者行为学	7-5655-0057-2	肖　立	37.00
16	统计学	7-5038-4898-8	曲　岩	42.00	44	客户关系管理实务	7-301-09956-8	周贺来	44.00
17	应用统计学（第2版）	7-301-19295-5	王淑芬	48.00	45	公共关系学	7-5038-5022-6	于朝晖	40.00
18	统计学原理与实务	7-5655-0505-8	徐静霞	40.00	46	非营利组织	7-301-20726-0	王智慧	33.00
19	管理定量分析方法	7-301-13552-5	赵光华	28.00	47	公共关系理论与实务	7-5038-4889-6	王　玫	32.00
20	新编市场营销学	7-81117-972-9	刘丽霞	30.00	48	公共关系学实用教程	7-81117-660-5	周　华	35.00
21	公共关系理论与实务	7-5655-0155-5	李泓欣	45.00	49	跨文化管理	7-301-20027-8	晏　雄	35.00
22	质量管理	7-5655-0069-5	陈国华	36.00	50	企业战略管理	7-5655-0370-2	代海涛	36.00
23	企业文化理论与实务	7-81117-663-6	王水嫩	30.00	51	员工招聘	7-301-20089-6	王　挺	30.00
24	企业战略管理	7-81117-801-2	陈英梅	34.00	52	服务营销理论与实务	7-81117-826-5	杨丽华	39.00
25	企业战略管理实用教程	7-81117-853-1	刘松先	35.00	53	服务企业经营管理学	7-5038-4890-2	于干千	36.00
26	产品与品牌管理	7-81117-492-2	胡　梅	35.00	54	服务营销	7-301-15834-0	周　明	40.00
27	东方哲学与企业文化	7-5655-0433-4	刘峰涛	34.00	55	运营管理	7-5038-4878-0	冯根尧	35.00
28	市场营销学	7-301-21056-7	马慧敏	42.00	56	生产运作管理（第2版）	7-301-18934-4	李全喜	48.00

序号	书 名	标 准 书 号	主 编	定价	序号	书 名	标 准 书 号	主 编	定价
57	运作管理	7-5655-0472-3	周建亨	25.00	75	现场管理	7-301-21528-9	陈国华	38.00
58	组织行为学	7-5038-5014-1	安世民	33.00	76	现代企业管理理论与应用（第2版）	7-301-21603-3	邸彦彪	38.00
59	组织设计与发展	7-301-23385-6	李春波	36.00	77	服务营销	7-301-21889-1	熊 凯	45.00
60	组织行为学实用教程	7-301-20466-5	冀 鸿	32.00	78	企业经营ERP沙盘应用教程	7-301-20728-4	董红杰	32.00
61	现代组织理论	7-5655-0077-0	岳 澎	32.00	79	项目管理	7-301-21448-0	程 敏	39.00
62	人力资源管理（第2版）	7-301-19098-2	颜爱民	60.00	80	公司治理学	7-301-22568-4	蔡 锐	35.00
63	人力资源管理经济分析	7-301-16084-8	颜爱民	38.00	81	管理学原理	7-301-22980-4	陈 阳	48.00
64	人力资源管理原理与实务	7-81117-496-0	邹 华	32.00	82	管理学	7-301-23023-7	申文青	40.00
65	人力资源管理实用教程（第2版）	7-301-20281-4	吴宝华	45.00	83	人力资源管理实验教程	7-301-23078-7	畅铁民	40.00
66	人力资源管理：理论、实务与艺术	7-5655-0193-7	李长江	48.00	84	社交礼仪	7-301-23418-1	李 霞	29.00
67	政府与非营利组织会计	7-301-21504-3	张 丹	40.00	85	营销策划	7-301-23204-0	杨 楠	42.00
68	会展服务管理	7-301-16661-1	许传宏	36.00	86	企业战略管理	7-301-23419-8	顾 桥	46.00
69	现代服务业管理原理、方法与案例	7-301-17817-1	马 勇	49.00	87	兼并与收购	7-301-22567-7	陶启智	32.00
70	服务性企业战略管理	7-301-20043-8	黄其新	28.00	88	统计学（第2版）	7-301-23854-7	阮红伟	35.00
71	服务型政府管理概论	7-301-20099-5	于干千	32.00	89	广告策划与管理：原理、案例与项目实训	7-301-23827-1	杨佐飞	48.00
72	新编现代企业管理	7-301-21121-2	姚丽娜	48.00	90	客户关系管理理论与实务	7-301-23911-7	徐 伟	40.00
73	创业学	7-301-15915-6	刘沁玲	38.00	91	市场营销学（第2版）	7-301-24328-2	王槐林	39.00
74	公共关系学实用教程	7-301-17472-2	任焕琴	42.00	92	创业基础：理论应用与实训实练	7-301-24465-4	郭占元	38.00

经济、国贸、金融类

序号	书 名	标 准 书 号	主 编	定价	序号	书 名	标 准 书 号	主 编	定价
1	宏观经济学原理与实务（第2版）	7-301-18787-6	崔东红	57.00	24	保险学原理与实务	7-5038-4871-1	曹时军	37.00
2	宏观经济学（第2版）	7-301-19038-8	蹇令香	39.00	25	东南亚南亚商务环境概论	7-81117-956-9	韩 越	38.00
3	微观经济学原理与实务	7-81117-818-0	崔东红	48.00	26	证券投资学	7-301-19967-1	陈汉平	45.00
4	微观经济学	7-81117-568-4	梁瑞华	35.00	27	证券投资学	7-301-21236-3	王 毅	45.00
5	西方经济学实用教程	7-5038-4886-5	陈孝胜	40.00	28	货币银行学	7-301-15062-7	杜小伟	38.00
6	西方经济学实用教程	7-5655-0302-3	杨仁发	49.00	29	货币银行学	7-301-21345-2	李 冰	42.00
7	西方经济学	7-81117-851-7	于丽敏	40.00	30	国际结算（第2版）	7-301-17420-3	张晓芬	35.00
8	现代经济学基础	7-81117-549-3	张士军	25.00	31	国际结算	7-301-21092-5	张 慧	42.00
9	国际经济学	7-81117-594-3	吴红梅	39.00	32	金融风险管理	7-301-20090-2	朱淑珍	38.00
10	发展经济学	7-81117-674-2	赵邦宏	48.00	33	金融工程学	7-301-18273-4	李淑锦	30.00
11	管理经济学	7-81117-536-3	姜保雨	34.00	34	国际贸易理论、政策与案例分析	7-301-20978-3	冯 跃	42.00
12	计量经济学	7-5038-3915-3	刘艳春	28.00	35	金融工程学理论与实务（第2版）	7-301-21280-6	谭春枝	42.00
13	外贸函电（第2版）	7-301-18786-9	王 妍	30.00	36	金融学理论与实务	7-5655-0405-1	战玉峰	42.00
14	国际贸易理论与实务（第2版）	7-301-18798-2	缪东玲	54.00	37	国际金融实用教程	7-81117-593-6	周 影	32.00
15	国际贸易（第2版）	7-301-19404-1	朱廷珺	45.00	38	跨国公司经营与管理（第2版）	7-301-21333-9	冯雷鸣	35.00
16	国际贸易实务（第2版）	7-301-20486-3	夏合群	45.00	39	国际金融	7-5038-4893-3	韩博印	30.00
17	国际贸易结算及其单证实务	7-5655-0268-2	卓乃坚	35.00	40	国际商务函电	7-301-22388-8	金泽虎	35.00
18	政治经济学原理与实务（第2版）	7-301-22204-1	沈爱华	31.00	41	国际金融	7-301-23351-6	宋树民	48.00
19	国际商务	7-5655-0093-0	安占然	30.00	42	国际贸易实训教程	7-301-23730-4	王 茜	28.00
20	国际贸易实务	7-301-20919-6	张 肃	28.00	43	财政学	7-301-23814-1	何育静	45.00
21	国际贸易规则与进出口业务操作实务（第2版）	7-301-19384-6	李 平	54.00	44	保险学	7-301-23819-6	李春蓉	41.00
22	金融市场学	7-81117-595-0	黄解宇	24.00	45	中国对外贸易概论	7-301-23884-4	翟士军	42.00
23	财政学	7-5038-4965-7	盖 锐	34.00	46	国际经贸英语阅读教程	7-301-23876-9	李晓娣	25.00